朗诵实践谈

百篇百感

瞿弦和 张筠英 著

中国戏剧出版社
CHINA THEATRE PRESS

图书在版编目（CIP）数据

朗诵实践谈 ：百篇百感 / 瞿弦和，张筠英著. 一
北京 ：中国戏剧出版社，2021.12
ISBN 978-7-104-05152-7

Ⅰ. ①朗… Ⅱ. ①瞿… ②张… Ⅲ. ①朗诵一语言艺
术 Ⅳ. ①H019

中国版本图书馆CIP数据核字(2021)第208370号

朗诵实践谈 ：百篇百感

责任编辑：赵宇欣
责任印制：冯志强

出版发行：中国戏剧出版社
出 版 人：樊国宾
社　　址：北京市西城区天宁寺前街2号国家音乐产业基地L座
邮　　编：100055
网　　址：www.theatrebook.cn
电　　话：010-63385980（总编室）　010-63381560（发行部）
传　　真：010-63381560

读者服务：010-63381560
邮购地址：北京市西城区天宁寺前街2号国家音乐产业基地L座

印　　刷：北京鑫益晖印刷有限公司
开　　本：889mm×1198mm　1/16
印　　张：33.25
字　　数：650千字
版　　次：2021年12月　北京第1版第1次印刷
书　　号：ISBN 978-7-104-05152-7
定　　价：396.00元

自 序

“行是知之始。”①

我们从朗诵过、录制过、讲解过、拍摄过的作品中选出百篇，每篇集中一点感悟与思考，称之“百篇百感”。

后附十篇论文，是我们对朗诵、演播、配音、主持、教学的归纳。

“纸上得来终觉浅，绝知此事要躬行。”②

瞿弦和　张筠英

2021 年 7 月

① 陶行知语。

② 出自陆游《冬夜读书示子聿》。

目录

近现代作品

古典诗词

外国作品

论 文

近现代作品

百篇
百感

气盖千古

——朗诵毛泽东诗词《沁园春·雪》

这是毛泽东主席宏伟壮丽的诗词，20世纪60年代，我们就能熟练背诵了。

朗诵这首词必须了解创作背景，这是毛泽东主席1936年2月率红军抗日先锋队渡黄河东征时创作的。在这之前，1935年12月，中共中央在陕北瓦窑堡召开了政治局会议，当时长征胜利不久，毛主席以巨大气魄宣布："我们中华民族有同自己的敌人血战到底的气概，有在自力更生的基础上光复旧物的决心，有自立于世界民族之林的能力。"这首词显示出毛主席高瞻远瞩的伟大气魄。

朗诵时要有气势，词分上下阕，通过咏雪论史，表达了人民才是历史的真正创造者。上阕写景，写冰雪，写河流，写山岭，要读得舒展。比如"千里冰封，万里雪飘"，一写大地，一写天空，"千""万"二字要拉开，读出辽阔之感。冰雪内存勃勃生机，透过冰雪可看到激流滚滚。

下阕，毛主席用诗词的艺术语言评判历史人物，用"惜""略输""稍逊""只识"评点秦始皇嬴政、汉武帝刘彻、唐太宗李世民、宋太祖赵匡胤、元太祖铁木真的局限性，朗诵时要站位高，居高临下，以体现对百代历史的评述。

1993年，中央电视台录制了这首词，我与二十四位女舞蹈演员合作，导演创编了两大段舞蹈"万里雪飘"和"万山红遍"，身着银白色长裙手持银色纱巾的演员通过变换的队形，显示雪花飞舞，一个个技巧的串联引出朗诵者，我在舞台的主持区朗诵。而在"俱往矣，数风流人物，还看今朝"之后，全体舞蹈演员迅速将银白色长裙换成红色，音乐推向高潮，彰显气盖山河的气势。

2009年在央视"我们的节日"栏目中我也朗诵了毛主席的诗词《沁园春·雪》。导演安排了一组大学生，以不同的雕塑进行了配合，产生了特殊的效果。

2011年在"声音的暖流"晚会中，我们又请了钢琴演奏家闫寒和芭蕾舞演员孙梦婧、长笛演奏员张靓配合，让她们选择白色服装，在钢琴和长笛演奏的旋律中，以芭蕾的旋转和大跳表现"万里雪飘"，很有美感。

2019年，中国煤矿文工团民乐队演奏管弦乐，我朗诵了这首《沁园春·雪》。乐队指挥突出了唢呐，形成一种气盖千古的气势。而在音乐舒展时，我有意处理了“江山如此多娇，引无数英雄竞折腰”这一句，这是上下两阕的过渡，不仅连接得天衣无缝，而且立意更为鲜明。我尝试了在普通话读完后，又用湖南方言读一遍，加深了对毛泽东主席的崇敬。

2020年的演出更为难忘，央视网在张家口的长城脚下搭了个大舞台，背景是被称为“万里长城第一门”的大境门。在“大好河山”四个大字的城门旁通过投影技术将毛主席诗词《沁园春·雪》全诗呈现在城墙上。傍晚突降的雨水，衬托出演出背景的壮观，导演王雪纯让音乐编辑选择合适的背景音乐，在大家熟知的“激情燃烧的岁月”主旋律的基础上，加进了大提琴演奏家李维的演奏，使背景音乐更加恢宏、辽远。

我在雨中走上宽阔的舞台，真有一步一个脚印的感觉，在真实的城门前，我停留片刻，此刻再看“大好河山”四个字，心中涌起对人民的崇敬，更深体会到领袖毛主席的伟大，体会到毛主席高瞻远瞩、光复旧物的决心。

纪念建党百年，在各类诗会中朗诵毛主席的《沁园春·雪》的机会更多，“气盖千古”的诗篇永存心间。

筠英在诗会上朗诵过毛主席诗词《七绝·为女民兵题照》和《沁园春·长沙》，有着共同的体会。她说，我们从小就受党的培养，毛主席的丰功伟绩、革命先烈的英勇不屈印记在脑海里。我们都曾代表全国少年儿童给伟大领袖毛主席献过花，1953年国庆节在天安门城楼上，当我把鲜花献给毛主席时，他亲切、慈祥、高大的形象，我终生难忘。朗诵毛主席诗词要有一种高屋建瓴、气盖千古的感觉。不仅如此，我们在朗诵老一辈无产阶级革命家诗词的实践中，同样有这种记忆。

2019年12月1日在全国政协礼堂举办的“德润中华——朱德诗词朗诵会”上，我们一起朗诵了朱德诗作《辛亥革命杂咏》。

这组七绝共八首，作于1961年，朱德同志时年75岁。人们习惯尊称朱德同志为老总，他是辛亥革命的亲身参与者，作为一个共产主义者，他在诗中客观科学地描写了历史人物和史实，诗的语言真可谓深入浅出，朗诵时要留给读者更多的回味。

我们要求自己认真查阅资料、重读历史、理解诗句内涵。朗诵时男女分读各段，语速适中，一定要让听众听清楚。

陈毅诗会我们参加过两次，在准备的过程中，我们还向陈毅元帅的儿子陈昊苏部长请教，昊苏同志是我们文化艺术界的领导之一，也是一位诗人。他的讲解加深了我们对诗句的理解。

第一次陈毅诗会是2001年在八一礼堂举行。我们朗诵的是《记淮河前线见闻》，等弦乐团伴奏，指挥家谭利华对节奏进行了细致处理。

第二次陈毅诗会是2021年在世纪剧院举行，我们朗诵的是《渡黄河作歌》。读这首诗，我们都能感觉到陈毅元帅的革命乐观主义精神。这首诗是1948年创作的，当时胜利的前景已成必然。我们将每个段落从不同的角度，用男女分诵来表现。这样，一方面脱离了单调之感，另一方面更突出了作者的精神境界。

第一段，每行七言句，我们都划分为男四字、女三字，或女四字、男三字，虽然看起来有些散碎，但是便于突出作者的幽默感。分成两个人读，后三个字很容易有语调变化，变为一高一低、一强一弱、一颂扬一嘲弄。如“江淮河汉/入掌握，南京群丑/苦无计”。

第二段是描写当时国民党走投无路的处境：“婉转哀怜求美帝”“可怜位置次奴隶”……整体是嘲讽、蔑视。没有第一段那么多停顿，而是两句一个整体，分三个整体来读，把国民党事与愿违的状态清楚地做了对比。

第三段第一句，两人合诵：“皇皇华夏岂无人”是用反问铺垫，“解放军旗伸正义”用高声强调，读出曙光和信心，是推向高潮的次高潮。

关键是第四段的四个“吁嘻——歌兮”，我们均用合诵。前三个，与一歌、再歌、三歌对应的“歌黄河”“歌反攻”“歌民主”，我们反而分别采用男女分别承担，最后一句“华夏独立新世纪”，男女合诵达到最高潮。

至于第五段，只有一句“濡笔淋漓我兴豪，但恐才薄难抒意”，我们完全跳出诗句前面的基调，在向观众鞠躬之前，伴着掌声向前轻迈一步，并未下场，观众有些好奇，静候着我们的举动，我们微笑着，非常生活化地、谦虚地低低读出作者的这句心声，观众会意地笑了！

导演和舞台监督说：“有意思！观众没想到，有趣儿！”

“百年乔木诗词朗诵音乐会——纪念胡乔木诞辰100周年”，2012年在全国政协礼堂举行。我们朗诵了乔木诗歌《赠谷羽》。

这首诗最使人难忘的是最后一句，“夕阳更比朝阳好，伴君不觉已黄昏”，这也真的代表了我们俩的心里话，2012年，我们俩也结婚45周年了，从大学同班，携手走过了半个多世纪，夕阳当然没有朝阳那样蓬勃，但心里的积淀、感情的深沉增添了另外的色彩，家庭的稳定、天伦的乐趣、性格的沉稳是年轻时不可比的。因此最后这句，我们重复了两次，鞠躬后特意挽手下场。

活动组织者、诗人、中外新闻社常务副总编胡树萌充满感情地说：“记忆力真好，独诵节目能脱稿！你们两口子朗诵乔木写给夫人谷羽的那首诗，结束时挎胳膊一起下场，我们都鼓掌了，增添了诗的寓意。”

《沁园春·雪》①

毛泽东

北国风光，千里冰封，万里雪飘。
望长城内外，惟余莽莽；大河上下，顿失滔滔。
山舞银蛇，原驰蜡象，欲与天公试比高。
须晴日，看红装素裹，分外妖娆。
江山如此多娇，引无数英雄竞折腰。
惜秦皇汉武，略输文采；唐宗宋祖，稍逊风骚。
一代天骄，成吉思汗，只识弯弓射大雕。
俱往矣，数风流人物，还看今朝。

1993 年，在中央电视台，与舞蹈演员合作，朗诵毛主席诗词《沁园春·雪》

2001 年，在中国剧院“陈毅诞辰百年诗会”朗诵《记淮海前线见闻》

2011 年，在“声音的暖流”晚会上朗诵音诗画作品《沁园春·雪》，与钢琴、长笛、芭蕾合作

① 臧克家主编：《毛泽东诗词鉴赏》，河南文艺出版社，2005 年。

2012 年，在全国政协礼堂“百年乔木诗词朗诵音乐会——纪念胡乔木诞辰 100 周年”，朗诵《赠谷羽》

2012年，在中央电视台“我们的节日·春节”栏目与戏剧演员合作，朗诵《沁园春·雪》

2019 年，与民族管弦乐合作朗诵《沁园春·雪》

2019 年，在全国政协礼堂“德润中华——朱德诗词朗诵会”朗诵《辛亥革命杂咏》

2020 年，在央视频播出的“长城谣”歌诵会上与大提琴合作，朗诵《沁园春·雪》

2021 年，在世纪剧院“陈毅一百二十周年诞辰——霜重色愈浓”诵读演唱会朗诵《渡黄河作歌》

睹物思情

——朗诵邓颖超散文《海棠花祭》

2008 年在总理的故乡——淮安举办了一场纪念总理的朗诵音乐会，我的学生刘宝林担任了这场音乐会的导演，我们俩被邀请参加。他见我就说："您的那首《海棠花祭》我已布置了很好的舞台，台右有一棵盛开的海棠花树，在诗的结尾会有漫天的海棠花从天而降，还有从台左至右的台阶……您若还有什么要求告诉我。"我问他从哪里上场，他说从台阶上的上场口出场，并补充说上场后的调度由我自己设计，但最后要走到海棠花树下，他好把海棠花撒下。

在音乐的配合下，我上场了。"春天到了，百花竞放。西花厅的海棠花又盛开了。看花的主人已经走了……"读到这里，我突发奇想，应该在台阶上摆上两把藤椅，一个桌子，桌上放一把茶壶，两个茶杯，就好像十二年前周总理还在。而周总理和邓颖超一定在这样桌子旁的椅子上欣赏过海棠花盛开的情景。我向导演提出这一组道具的要求，导演立刻叫人搬来桌椅，茶壶，茶杯。

排练重新开始了，音乐开始后上场，在"看花的主人已经走了"这一句之后正好走到一把椅子后侧。接着我用手抚摸椅背，同时读出"走了十二年了，离开了我们，他不再回来了"，然后把视线转到台阶下的海棠树上。

到第二段开始时，我走到椅子正后，时而双手抚摸椅背，时而视线转向前方回忆，时而转看树的花枝……并自然地向前走到第二把椅子后，到"十二年了，这十二年本来是短暂的，但是，偶尔我来感到是漫长漫长的"这一句时不自觉往回走去，回到第一把椅子后面，同时说出"仿佛你仍在我们中间"，此时，这一把椅子的作用真是"恰到好处"，朗诵者通过这一把椅子，情感随之而来，思念之情不断加强，激情的产生是不难的，同时几次对椅子的抚摸，观众完全明白，这是周总理常坐的，也是常坐在那里观花的。睹物思情，观众也和朗诵者一样有了实物感。然后朗诵者逐渐下了台阶，走到上场一侧回忆与周总理相处的几十年……

到"我们的爱情，融入到人民之中……为共产主义的理想而奋斗。这是我们最可靠的，长期相爱的基石和保证”时，朗诵者已移步到下场口的海棠树下，此时大量的海棠花从天而降，缓缓落下，海棠花雨，可以说是他们爱情的见证，纯洁而美好，当然这更是一种意境，是一种思想感情的升华。

看着美妙的海棠花雨向下飘落，朗诵者用带有颤音的，但虚高的语调轻轻地含泪微笑着说出最后一句：“我的同志，我的战友，我的伴侣，听了这些我相信你会含笑九泉的。”这一句似乎是两个人之间的对话，是柔声细语的夫妻之间特有的表白，同时也是革命同志所特有的告慰。

随后大幕也缓缓落下。

《海棠花祭》节选[①]

邓颖超

春天到了，百花竞放。西花厅的海棠花又盛开了。看花的主人已经走了，走了十二年了，离开了我们，他不再回来了。海棠花现在依旧开得鲜艳，开得漂亮，招人喜爱。它结的果实味美，又甜又酸，开白花的结红海棠，开红花的结黄海棠，果实累累，挂满枝头，真像花果山。

你在的时候，每当海棠花开，白天你在繁忙的工作之中，抽几分钟散步观赏；夜间你工作累了，也会在树前抬头看了又看，然后又去继续工作。你散步的时候，有时约我一起，有时和你身边工作的同志们一起。你看花的背影，仿佛就在昨天，就在眼前。十二年了，这十二年本来是短暂的，但是，偶尔我感到是漫长漫长的。你不在了，每到海棠花开放的时候，常常有爱花的人来看花。在花下树前，大家一边赏花，一边缅怀你，想念你，仿佛你仍在我们中间。可是你离开了这个院落，你离开了它们，离开了我们，你到哪里去了？我相信你一定随着春天温暖的风，又踏着严寒冬天的雪，你深入到祖国的高山、平原，飘进了黄河、长江，又融入无边无际的海洋。

你离开人间的时候，我了解你。你把满腹的忧党、忧国、忧民，埋藏在心里，这些

① 摘自搜狐网 https://www.sohu.com/a/215265119_696845。

忧恨和你一起走了。可是，你没有想到，人民的力量，人民的觉醒，我们党的中坚优秀领导人，很快就一举粉碎了“四人帮”。“四人帮”粉碎之后，祖国的今天，正在开着改革开放之花，并且结出丰硕的果实，使我们的国家繁荣昌盛，给人民带来幸福。曾记否？我们之间经过鸿雁传书，我们之间的鸿雁飞过欧亚大陆，越过了海洋，从名城巴黎，到海滨之城天津。感谢这些绿衣使者把书信送到我们的手里。我们的书信，可以说是情书，也可以说不是情书，我们书信里谈的是革命，是相互的共勉。我们的爱情总是和革命交织在一起，我们的爱情，融入到人民之中，融入到朋友之中，融入到青年和儿童之中。因此，我们之间谁也没计较过谁的相貌，也没有计较过性格有什么差异，为共产主义的理想而奋斗。这是我们最可靠的，长期相爱的基石和保证。我们的爱情是深远的，是永恒的。

我现在老了，但是我要人老心红，志更坚，我要生命不息战斗不止，我要更努力地为人民服务。我的同志，我的战友，我的伴侣，听了这些我相信你会含笑九泉的。

2008年，在江苏淮安“纪念周恩来总理诗会”上朗诵邓颖超散文《海棠花祭》

浪漫中的真实感

——朗诵王海成小说片段《在那遥远的地方》

听！这是《在那遥远的地方》这一著名歌曲的主旋律。伴随着主题曲的旋律，踏着主题曲的节奏，朗诵开始了："这是一首动人的歌，也是一个真实的故事。这首歌人人都会唱，但这故事知道的人却不多……"

这些词句原本稿子上是没有的，这个引子是我们加上的。开篇词与音乐旋律互相映衬，把人们带进了一个优美的爱情故事中。说来真是有缘，正当我们准备李桦的著作《西部歌王》的演播时，煤矿文工团的作家白云海来电话说："今天王洛宾要来我家叙谈，你们不是正准备演播他的小说吗？"我们兴奋地立即动身前往。一开门，看到一位瘦瘦的带着笑容的，很有神的长者。在谈话中，他畅谈自己的生活、爱情、自己钟爱的作曲事业……他说话不仅真诚，还不时带一点儿小幽默或是大哲理——那都是他亲身经历的总结。健谈、机智、幽默、平和，他热情、敏感的心始终感染着我们。

《在那遥远的地方》，这首歌背后一定是有故事的，因为讲故事是长篇小说的优势。我们在中央台录制《西部歌王》是描写王洛宾的，还有一部他的儿子王海成写的小说《我的父亲王洛宾》。而舞台上朗诵的片段是以他的儿子所写的小说片段为主改编的。

现在回想我们与广播电台有着历史性的渊源。张筠英是在话剧"杨开慧"演出后，开始与瞿弦和一起在电台演播诗歌、散文、短篇小说、中篇小说、长篇小说。

弦和回到祖国后，加入了中央人民广播电台少儿演播组，在康瑛、钟晓冬等老师的辅导下开始播音，他至今记得，朗诵的第一首儿童诗是苏联的儿童诗《怕黑暗的别佳》，第一篇散文是《为军属徐大爷砌台阶》……我们俩为中央台、北京台及地方台录制了大量诗歌、散文、短篇小说、中长篇小说及广播剧。其中诗人纪宇的《风流歌》、钱刚的报告文学《唐山大地震》、从维熙的长篇小说《北国草》、康式召的《大学春秋》、王朝柱《李大钊》、李桦的《西部歌王》影响广泛。

1984 年我们被中央人民广播电台文艺部列为"全国受听众欢迎和喜爱的十大演播家"，1991 年被中国广播学会授予"优秀演播家"称号，2019 年被中广协授予"70 年 70

人杰出演播家”荣誉称号。

《在那遥远的地方》作为舞台演出的一个朗诵节目需要浓缩，需要单刀直入，直奔主题。

朗诵开始：“那是 1941 年的春天，当时在青海西宁工作的王洛宾被邀请参加一部电影的拍摄工作。”为了能较有趣地表现这初恋的美好瞬间，我们描述了藏族姑娘天然的美貌，调皮地在骑马时让马匹小惊一下，身子一歪就靠到了王洛宾的身上了……她的笑声、羊儿“咩……咩……”的叫声，我们都在语言中有所体现，美丽的姑娘加上活泼、天真，王洛宾短时间就有了一见钟情的激情。

而到了晚上分别之时，王洛宾走到卓玛窗户下，窗内影子晃动，天空上挂着半个月亮，于是《半个月亮爬上来》的旋律在脑海中响了出来。

半个月亮爬上来，咿啦啦，爬上来，

这是我们那个时代很熟悉的旋律，所以像脱口而出一样，小声哼哼起这首歌，此时窗内也是同时大声唱出这首歌，两个人不谋而合，王洛宾喜上眉梢。待他走过青海湖，再回头望去，一首梦幻曲便在耳边响起。不知是谁为德国作曲家舒曼的《梦幻曲》填上了中国的歌词——啊！一片轻纱，遮盖彩虹，虚无缥缈，万里空无。

卓玛那妩媚的面容，调皮的一笑，在羊圈栅栏门羊鞭的从重落轻的一皮鞭……禁不住心灵的律动，诞生了这首流传至今、经久不衰的《在那遥远的地方》……这首歌词是他心情的真实写照，优美的旋律是他对美丽的姑娘的爱慕怀念之歌。

在舞台上演出时，羊的叫声、《半个月亮爬上来》的歌曲（片段）、《梦幻曲》（片段）、《在那遥远的地方》（片段），我们都是唱出来的。而在最后一首点题的《在那遥远的地方》最后四句，我们边唱边跳，跳起藏族舞蹈的几个典型动作，场下响起一阵阵掌声。我们心里也笑了，仿佛自己在草原上抒发温暖的激情。

2001 年中央电视台“周末喜相逢”栏目播出了这个节目。

《在那遥远的地方》①

王海成

女：这是一首动人的歌。

男：也是一个真实动人的故事。

女：这首歌人人都会唱。

男：但这故事知道的人却不多。那是1941年的春天，中国电影创始人之一郑君里先生到青海拍摄一部电影，邀请当时在西宁工作的王洛宾参加，他们一起来到了青海湖畔的拍摄现场。

女：导演郑君里物色了一位藏族千户长的女儿名叫卓玛，来扮演影片中的牧羊姑娘，而让王洛宾担当她的助手，于是王洛宾身穿藏袍，跟着卓玛赶着羊群晨出暮归，就这样过了三天梦幻般的牧羊生活。

男：卓玛是个非常漂亮的藏族姑娘，圆圆的脸庞，黑皮肤泛着红润，活像是山野里开放的鲜花。

女：按照导演的要求王洛宾要和卓玛同骑一匹马，王洛宾紧张地坐在卓玛的身后，双手紧紧地抓住马鞍。

男：忽然，卓玛高喊了一声。

女："嘚啾……"

男：马儿飞快地在草原上奔跑起来，王洛宾的身子一颠，向后一仰，惊慌之中本能地拦腰抱住了卓玛。

女：（笑声）

男：原来卓玛是有意捉弄王洛宾，然后她把身子仰靠在王洛宾的怀中，把马缰递给王洛宾，任他跃马扬鞭，似乎把自己的命运也交给了王洛宾。

男：黄昏暮归，草原上夜已降临。

合："咩咩——""咩咩——"

① 李桦：《西部歌王——王洛宾大写真》，中国文联出版社，1992年。

女：羊儿咩咩地叫着，乖乖地进了羊圈，王洛宾木然地站在栅栏旁痴痴地望着披着一身晚霞的卓玛，仿佛她就要化作一朵彩云飘然而去，而她也要跟它一起飞向虚无缥缈的空际。

男：卓玛注意到那一双异族青年人的眼睛驻留在自己身上，那炽热的目光穿过厚实的藏袍融入自己的心房，她避开王洛宾的视线，慢慢地关闭羊圈，许久许久，她缓缓地转过身来，把那张绯红的笑脸对着王洛宾，举起手中的牧鞭，轻轻地打在王洛宾的身上。

女：（笑声）

男：卓玛转身跑去，那咯咯的笑声划破了草原之夜的寂静，一个天真、俏皮、美丽的藏族姑娘在王洛宾的身上留下了终生难忘的一鞭。

女：第三天的晚上，王洛宾跟卓玛在集镇上看完电影之后，两个人踏着洒满月光的草地，走回卓玛的帐房。

男：他们多么希望这是一条走不到尽头的路啊，然而帐房无情地出现在他们的眼前，卓玛掀起毡帘半个身子探进帐房，她侧转身来，回眸一望，眼睛里带有几分惆怅，脸颊上绽开两朵笑靥，向王洛宾投来最后的一瞥。

女唱：半个月亮爬上来，咿啦啦，爬上来，照在我的姑娘梳妆台，咿啦啦，梳妆台。

男：毡帘落了下来，把他们分隔在两个世界，王洛宾徜徉在青海湖畔，回头张望着卓玛的帐房。

女：天亮了，卓玛赶着她的羊群回部落去了，而王洛宾也结束了自己的拍摄任务。

男：驼队就要出发了，王洛宾骑在骆驼上不停地回首张望，青海湖渐渐留在了远方，这时王洛宾想起了德国作曲家舒曼的那首《梦幻曲》，不知是谁为他填上了中国的歌词。

女唱：一片轻纱，遮盖彩虹，虚无缥缈，万里空无。

男：是啊，锁住了万般世界却锁不住我的白日梦啊。

女：随着驼峰起伏，驼铃叮当，王洛宾沉浸在梦幻世界中，卓玛像一位美神出现在他的眼前，她那健美的身躯，妩媚的笑靥，火热的眼窝，轻轻打在身上的皮鞭，站在毡房前投来的最后一瞥，这一切汇成爱的河流，在心中激荡。此时，只有二十八岁的王洛宾禁不住心灵的律动，在驼峰上歌唱。

男唱：在那遥远的地方，有位好姑娘，人们走过她的帐房，都要回头留恋的张望，我愿做一只小羊跟在她身旁，我愿她拿着细细的皮鞭不断轻轻打在我身上。

男、女合唱：我愿她拿着细细的皮鞭不断轻轻打在我身上。

1993 年，在中央人民广播电台录制李桦的长篇小说《西部歌王》

2000 年，在中央电视台“戏剧人喜迎 2000 年”晚会演出《在那遥远的地方》

2001 年，在中央电视台“周末喜相逢”演出《在那遥远的地方》

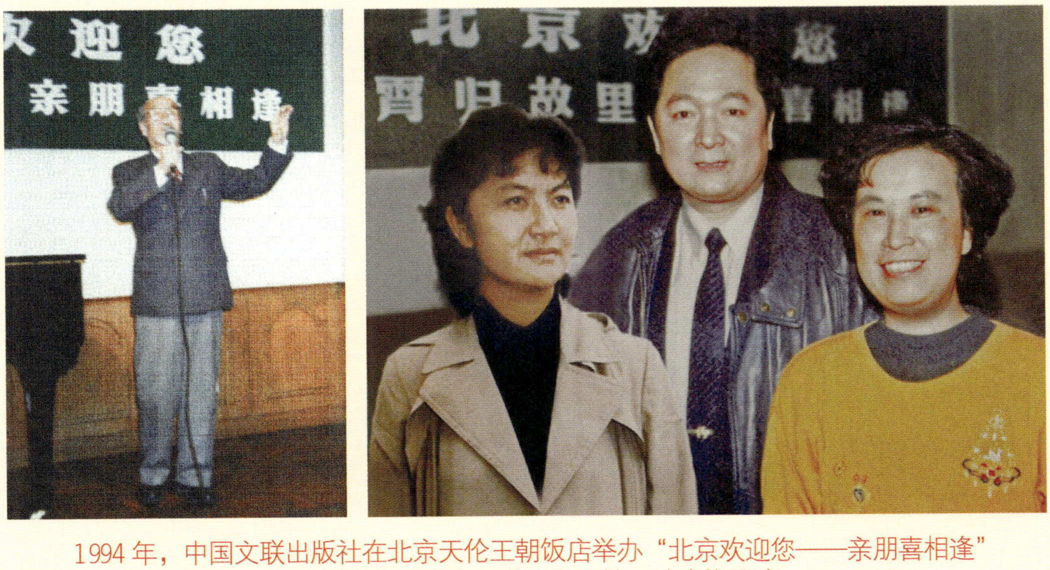

1994 年，中国文联出版社在北京天伦王朝饭店举办“北京欢迎您——亲朋喜相逢”王洛宾专场晚会，瞿弦和主持，叶咏梅导演

灵感与细节

——朗诵艾青诗歌《大堰河——我的保姆》

《大堰河——我的保姆》是诗人艾青的成名作，也是我最喜爱的诗歌之一。我数次在舞台上朗诵，在艾青诗歌节上朗诵，也曾在中央人民广播电台录制，在“世纪诗人——艾青专辑”中录像。这首诗让我与诗人艾青成了忘年交。

艾老曾不止一次地对别人说：“朗诵我诗最多的是话剧演员瞿弦和，我写大堰河时没有流泪，不知为什么，每次听瞿弦和朗诵，我都会流泪。”最近我们去看望艾青老师的夫人高瑛，她又一次说：“艾青特别喜欢你，这话是他在诗会结束后返家途中，在车里对作家曹禺说的，当时我在场。”

我曾去过艾青老师在北京的住所，也去过浙江金华艾青故居，使我对这首诗的理解一次次加深，朗诵的艺术手法也更加恰当。

我曾问过艾青老师：“您当时为什么要写这首诗？”他告诉我，那是1932年在监狱的牢房里（他因加入左翼美术家联盟而被捕）踱步时他看见雪花从高处的铁窗飘进来，雪花飘落的景色与他给“大堰河”扫墓时相仿，触景生情，浮现出他的乳娘大堰河的形象、行为、命运——点点滴滴，他一气呵成写下这首长诗。

讲述时，艾青老师充满着对大堰河的同情、感激和热爱。这种“灵感”使我顿时感受到诗人创作的激情，理解了诗的基调和主题。

我去过浙江金华艾青故居，拍摄过“世纪诗人——艾青专辑”，亲眼看到故居“天伦叙乐”的匾、雕花的床，踏着木梯上楼看“檐头的瓦菲”，走进大堰河居住的矮房，看烧饭的灶，还穿过土路到大堰河的墓地——这些“细节”，使我在朗诵时，一次次调整着调度、手势和语速。

现在网上播放的资料，可以看到我是这样处理的：出场之后，在舞台的一侧，第二道边幕的外侧读出开始的两句“大堰河，是我的保姆。她的名字……”，然后走向台后，向大堰河的雕像（或大屏幕上的雕像照）深深鞠躬，仿佛是年老的乳儿来到了大堰河的身旁。鞠躬之后读出：“我是地主的儿子；也是吃了大堰河的奶而长大了的大堰河的儿子，大堰河啊，我的保姆。”并走到另一侧的石凳上（也可不用道具），在这个过程中，要使观众的注意力转到大堰河的雕像或图像上，让观众觉得台上不是朗诵演员，而是大堰河的乳儿向大家讲述大堰河的故事。

接下来描述故居外景的诗句，要注意“看到雪”的“雪”字，这个“雪”字要读出诗人创作的灵感，仿佛雪花演变成生活画面，显现出一位千千万万中国母亲的形象。

“你用你厚大的手掌把我抱在怀里，抚摸我”是动情点，我做了一个抱婴儿的形象动作，右手呈抚摸状，声音略带颤音，每次读到这里，都会感觉到对母爱的享受。

大堰河煮饭、放酱碗、拿鸡蛋——每个细节都不要轻易放过，这种细节正体现着中国妇女的平凡。而大堰河含笑劳动的描述，要读好这个“笑”字，勤劳、纯朴、宽厚，正是由此而生，“笑”表现着她的乐观和善良，历尽沧桑，永不失母爱的光辉。与“笑”相对的还有“哭”，那就是乳儿回到地主家的那一刻，她是多么不舍啊，诗人写道：“你为什么要哭啊？”反衬出诗人对自己家庭的陌生和距离，对大堰河的不舍。大堰河对乳儿的爱融在“贴大红大绿的关云长”，切“冬米的糖”——直到喝“乳儿的婚酒”，这几句要读得有幸福感，要注意下面一句“大堰河梦没有做醒时已死了”，在死之前要有停顿，充满无限同情。“她死时，乳儿不在她的旁侧”，要把“不”字强调，作为动情点。

节奏的变化，应是从“她含泪的去了”开始，下面的“棺材”“稻草”“土地”……是对大堰河坎坷、不幸的一生的同情。“四块钱……几束稻草……几尺长方……一手把……”如泣如诉。

艾青老师是学美术的，对色彩是极为敏感的，最后的段落中出现了黄、紫、黑等诗句，这些字加深了诗句的内容，朗诵时并不用刻意强调，而是增添内心的感受，激发更大的激情。大家会发现最后一段八个“呈给”不能慢，在“我是吃了你的奶而长大了的你的儿子”之后再停顿，读出最后的“敬你，爱你”。

喜欢这首诗的人很多，在各种朗诵比赛中也常被选用，一定要相互协调，有松有紧，而且每次朗诵过程都会产生新的灵感和新的细节处理，这正是永葆诗歌生命力的所在。

《大堰河——我的保姆》（节选）[1]

艾 青

大堰河，是我的保姆。
她的名字就是生她的村庄的名字，
她是童养媳，
大堰河，是我的保姆。

我是地主的儿子；
也是吃了大堰河的奶而长大了的
大堰河的儿子。
大堰河以养育我而养育她的家，
而我，是吃了你的奶而被养育了的，
大堰河啊，我的保姆。

大堰河，今天我看到雪使我想起了你：
你的被雪压着的草盖的坟墓，
你的关闭了的故居檐头的枯死的瓦菲，
你的被典押了的一丈平方的园地，
你的门前的长了青苔的石椅，
大堰河，今天我看到雪使我想起了你。

你用你厚大的手掌把我抱在怀里，抚摸我；

① 牛汉、郭宝臣编著：《艾青名作欣赏》，中国和平出版社，1993 年。

在你搭好了灶火之后，
在你拍去了围裙上的炭灰之后，
在你尝到饭已煮熟了之后，
在你把乌黑的酱碗放到乌黑的桌子上之后，
在你补好了儿子们的为山腰的荆棘扯破的衣服之后，
在你把小儿被柴刀砍伤了的手包好之后，
在你把夫儿们的衬衣上的虱子一颗颗的掐死之后，
在你拿起了今天的第一颗鸡蛋之后，
你用你厚大的手掌把我抱在怀里，抚摸我。
……
大堰河，为了生活，
在她流尽了她的乳液之后，
她就开始用抱过我的两臂劳动了；
她含着笑，洗着我们的衣服，
她含着笑，提着菜篮到村边的结冰的池塘去，
她含着笑，切着冰屑悉索的萝卜，
她含着笑，用手掏着猪吃的麦糟，
她含着笑，扇着炖肉的炉子的火，
她含着笑，背了团箕到广场上去
晒好那些大豆和小麦，
大堰河，为了生活，
在她流尽了她的乳液之后，
她就用抱过我的两臂，劳动了。
……
在年节里，为了他，忙着切那冬米的糖，
……
为了他，走到她的身边叫一声“妈”，
大堰河，把他画的大红大绿的关云长贴在灶边的墙上，
大堰河，会对她的邻居夸口赞美她的乳儿；
大堰河曾做了一个不能对人说的梦：

在梦里，她吃着她的乳儿的婚酒，
坐在辉煌的结彩的堂上，
而她的娇美的媳妇亲切地叫她“婆婆”。

大堰河，深爱着她的乳儿！
大堰河，在她的梦没有做醒的时候已死了。
她死时，乳儿不在她的旁侧，
她死时，平时打骂她的丈夫也为她流泪，
五个儿子，个个哭得很悲，
她死时，轻轻地呼着她的乳儿的名字，
大堰河，已死了，
她死时，乳儿不在她的旁侧。

大堰河，含泪的去了！
同着四十几年的人世生活的凌侮，
同着数不尽的奴隶的凄苦，
同着四块钱的棺材和几束稻草，
同着几尺长方的埋棺材的土地，
同着一手把的纸钱的灰，
大堰河，她含泪的去了。
……
大堰河，今天，你的乳儿是在狱里，
写着一首呈给你的赞美诗，
呈给你黄土下紫色的灵魂，
呈给你拥抱过我的直伸着的手，
呈给你吻过我的唇，
呈给你泥黑的温柔的脸颜，
呈给你养育了我的乳房，
呈给你的儿子们，我的兄弟们，
呈给大地上一切的，

我的大堰河般的保姆和她们的儿子，
呈给爱我如爱她自己的儿子般的大堰河。

大堰河，
我是吃了你的奶而长大了的
你的儿子，我敬你
爱你！

1985 年，全家人去看望艾青老师

2015 年，看望艾青夫人高瑛老师

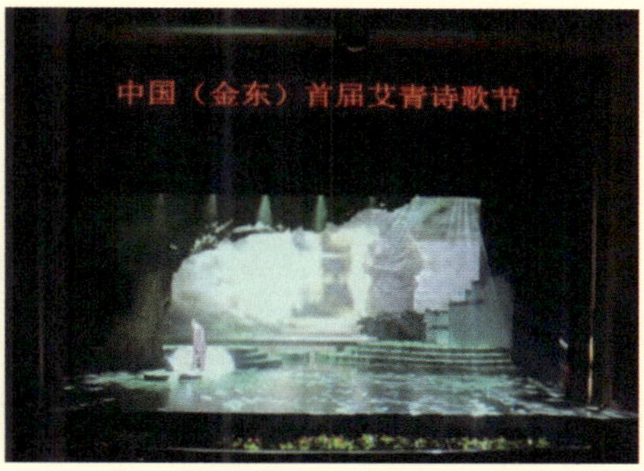

2016 年，在浙江金华艾青诗歌节朗诵《大堰河——我的保姆》

2019 年，在深圳读书月活动上朗诵《大堰河——我的保姆》

深挖作品时代背景

——朗诵艾青诗歌《我爱这土地》

“为什么我的眼里常含泪水，因为我对这土地爱得深沉。”诗人艾青这句诗早已深入人心，以至于日常生活往往能引用此句，说明人们太熟悉了。说个笑话，一次我们走在大风中，弦和眼睛很不舒服，问我：为什么我的眼里有眼泪，我毫不犹豫脱口而出：因为你对这土地爱得深沉。说完，我们俩相视一笑。

2017 年，原文化部第五届中国诗歌节开幕，王晓鹰导演让我们俩一起朗诵这首诗。这可有些犯难，因为诗很短又要两个人朗诵，何况这首诗人人皆知，到底能有什么特别的处理，让这首短诗放出光彩呢？

首先，我们重读几遍，给自己提几个问题。为什么诗中要说“嘶哑”的鸟？为什么说“连羽毛也腐烂在土地里面”？为什么“眼里常含泪水”？

这些都是与创作背景以及诗人写这首诗的目的有关。我们在朗诵前加了说明，当作朗诵这首诗的前言说给观众听：“这首诗是艾青老师 1938 年抗战初期创作的，诗中他激励广大民众团结起来，拯救这多灾多难的祖国，拯救这生我养我的土地。”

这段话是我们加上去的，为的是一开始就把观众引领到那个灾难深重的抗日战争时期。这样开始时就不把这只鸟当作普通的拥有美妙歌喉的鸟，而是为了拯救祖国喊哑了喉咙的鸟。

在此之前我听到过很多青少年朗诵这首诗，其中一部分朗诵得很轻松，不知压抑下的反抗是什么滋味，不知要牺牲自己来拯救祖国需要怎样的内在力量。

为了让他们体会这个时代是什么样的，我常常会让他们唱一遍国歌或朗诵一遍国歌的歌词：“起来，不愿做奴隶的人们，把我们的血肉筑成我们新的长城，中华民族到了最危险的时候，起来！起来！起来！我们万众一心，冒着敌人的炮火前进！前进！前进！进！”

这时同学们会因国歌的启发而知道《我爱这土地》这首诗是写在祖国到了最危险的时刻。要做什么？要团结一致，冒着敌人的炮火前进。此时我们眼前会出现肩并肩、手挽手迎着敌人的枪口前进的画面，朗诵这首诗时应该有压抑紧迫之感。

双人朗诵应是比单人朗诵形式多样，力度增强，但必须是配合默契的，否则会使节奏拖沓。

在处理此问题时，我听了多首重唱的歌曲，从中学到了不少有用的东西。虽然以前我们也朗诵过多首双人配合的诗歌、散文、小说，但这一次我还是用了一些新的、适合此诗的新手段，取得了较好的效果。在诗歌节第一次彩排时，导演组异口同声地说：“噢！这首诗还能这样朗诵，真是出乎意料，很感动！”

下面是男女合诵时如何分配诗句的：

<table>
<tr><td>男：假如我是一只鸟，</td><td rowspan="2">音乐起，上场，并把解说词读完，两人向前鞠躬后开始</td></tr>
<tr><td>女：假如我是一只鸟，</td></tr>
<tr><td>合：我也应该用嘶哑的喉咙歌唱：</td><td>强调嘶哑，并配合手势</td></tr>
<tr><td>男：（加“歌唱这”）这被暴风雨所打击着的土地，</td><td>加词为了承上启下</td></tr>
<tr><td>女：（加“这”）这永远汹涌着我们的悲愤的河流，</td><td></td></tr>
<tr><td>男女轮诵：这无止息地吹刮着的激怒的风，</td><td>加强语势</td></tr>
<tr><td>合：和那来自林间的无比温柔的黎明……</td><td>突换语调</td></tr>
<tr><td>男：然后，</td><td rowspan="5">音乐停（约 15 秒）
强调温暖，希望与前面的对比，也为第二段落“死了”的转换做铺垫</td></tr>
<tr><td>女：然后，</td></tr>
<tr><td>男：我死了，</td></tr>
<tr><td>女：我死了，</td></tr>
<tr><td>合：连羽毛也腐烂在土地里面。</td></tr>
<tr><td>男：为什么我的眼里常含泪水？
因为我对这土地爱得深沉……</td><td>此时起音乐</td></tr>
<tr><td>男女轮诵：为什么我的眼里常含泪水？
因为我对这土地爱得深沉……</td><td></td></tr>
<tr><td>合：因为我对这土地，
对这土地爱得深沉！</td><td>配合形体</td></tr>
</table>

双人合诵的诗句是朗诵时要强调的，特别是最后点题的句子，采用了多次不同的方法来重复。语调是上升式的，达到了全诗最高点。

而音乐，在诗歌节上是一台钢琴和一支长笛。彩排的前一天，我到了宾馆，得知是现场伴奏，我想她们一定用的是歌唱家廖昌永演唱的那首《我爱这土地》的旋律，我反复推敲，找到了前奏中适合诗句开始的乐句，又找到“为什么我的眼里常含泪水”的音乐是哪个乐句合适。当天上午和演奏家张佳佳刘颖琋在后台商量，把我的想法告诉她们，她们说：“这好办，没问题！只是如果诗句‘死了’之后，哪句赶不上那个旋律，不知道该快还是慢？”我说：“对！你们的节律是一定的，而我们朗诵有快慢，快与慢会按现场情况、自己情绪的高低而定。因此当我们读完‘无比温柔的黎明’时，要用一个乐句的结尾，还应加上一个大约 15 秒的停顿，而这个停顿给诗句造成空灵的氛围，这个地方是个大转折，然后音乐再起，是很合适的。”

经过我们和演奏家的沟通、练习以后，在彩排中，一拍即合，圆满完成。这一处理为这首诗的演出增添了感染力。

从这以后，这首诗成了我们经常演出的节目，有时有现场伴奏，有时也播放背景音乐，我们计算了一下，音乐的中间有 15 秒的停顿，后半段音乐再起。只不过有的时候音响师会以为中间停顿后就没有音乐了，关闭了设备。所以每次上场前要嘱咐好音响师，第一次停顿后不要关闭，15 秒钟后，音乐会再次启动，并进入高潮，直至朗诵完毕。

至于形体动作两人要想配合好，事前也有一定的设计和规定，哪些是同一方向的，如“温柔的黎明”要让人感到和谐；哪些是对称的，如“嘶哑的喉咙”“连羽毛也腐烂在土地里面”。再如“土地”多次出现，有的是较远的视觉，也可以有近处眼前的感觉，还可以是代表祖国大地的向上的感觉，肢体语言是表现力的一部分。

双人是一个小集体，互相配合会产生更灵动变化的结果。

《我爱这土地》[①]

艾　青

假如我是一只鸟，
我也应该用嘶哑的喉咙歌唱：
这被暴风雨所打击着的土地，
这永远汹涌着我们的悲愤的河流，
这无止息地吹刮着的激怒的风，
和那来自林间的无比温柔的黎明……
——然后我死了，
连羽毛也腐烂在土地里面。
为什么我的眼里常含泪水？
因为我对这土地爱得深沉……

2017 年，在第五届中国诗歌节朗诵艾青诗歌《我爱这土地》

2017 年，在中央人民广播电台夏青杯颁奖典礼朗诵艾青诗歌《我爱这土地》

① 牛汉、郭宝臣编著：《艾青名作欣赏》，中国和平出版社，1993 年。

强调引领的诗句

——朗诵艾青诗歌《光的赞歌》

20世纪80年代初期，我们俩在中央人民广播电台录制艾青老师的诗集，其中有《光的赞歌》的全篇。为了读好艾青老师的诗，我们又一次来到他的家，艾青老师和夫人高瑛热情地接待了我们。

艾青老师幽默地说："诗，你们已读过了，有一天我在家里用湿毛巾擦拭台灯，突然被电了一下，我当时有些怕了，心想电真是很厉害的东西，我就想写一首关于电的诗，晚上我开始构思，到了黎明，太阳出来了，普照大地，连电灯也不需要了。哎呀，原来光是这样伟大，任何时候，宇宙的一切都离不开光呀！"

艾青老师有了这种灵感，以对土地、对人民的热情，写出了长诗《光的赞歌》。是啊，回顾艾青老师的早期作品《当黎明穿上了白衣》等，光的形象就已明显出现。

正如北京师范大学吴思敬教授所述："艾青的一生是追求光的一生，苦难的时代过去了，但对光明的向往，却永远不会过时。"长诗《光的赞歌》创作于1978年，共有九个诗节，这是"篇幅宏大、气势磅礴、深沉热烈"的一部作品。

不仅我们在中央人民广播电台录过，还出现过男女各二人、男生六人、女生六人和少年儿童的集体朗诵。下面说说我们拍摄"世纪诗人——艾青"专辑时的具体形式。

对全诗进行节选：由于演出或录像的时间有限，我们要根据不同的要求对长诗进行节选。无论长短，诗的核心不能丢，那就是"光明属于人民""和光一起前进"。我们从九个段落中选择出重点诗句，控制在130行左右，当然每位朗诵者均可用不同的办法节选。

我们把"世界要是没有光"的第二段作为开始，也就是没有光，大自然的春夏秋冬会怎样，江河、森林、大海、雪山便会跳出我们的视线。再接"只是因为有了光"大千世界的美丽，揭露有人害怕光，仇恨光，妄图扑灭光，回顾苦难的年代。

从先哲们"锐利的目光""智慧之光"进入诗人的自述："我也曾经用嘶哑的喉咙歌唱，我曾经为被凌辱的人民歌唱，我曾经为受欺压的人民歌唱，我歌唱抗争，我歌唱革命。"

我们非常注重其中的“我是大火中的一点火星……我投入火的队伍、光的队伍……我永远歌颂光明，光明是属于人民的，未来是属于人民的……和光在一起前进，和光在一起胜利”，这是诗人的一生的追求。

后面的诗句，我们选择了“开始新的长征”“我们要逾越……要攀登……要取的……要抢渡”的决心，一直推至最后的诗句“接受光的邀请……从地球出发飞向太阳”。

现场和资料的结合：我们邀请到表演艺术家林中华老师，他曾担任大型音乐舞蹈史诗《东方红》的朗诵，有很高的艺术造诣。他身材魁梧，声音浑厚，我们发现，他的脸形，特别是半侧面真是太像了，这正是艾青老师最典型、传播最广的一张照片，手夹烟卷，半侧面在黑夜里仰望天空。我们摄制组在他的家中选择合适的角度，�英让林中华老师倚在窗边，点燃一支烟，窗外背景是星空，烟头的闪亮与天上的星星相交，正是诗句“我是大火中的一点火星”产生的想象。林中华老师沉思之中开始读“世界要是没有光”这一段。而后中国传媒大学的六位男同学读出描写各种情景的诗句；而少年儿童则用稚嫩的音节读出“绚丽多彩”“大千世界”“可爱的人间”；六位女主持人柔美地读出“山野的篝火……港湾的灯塔……夏夜的繁星……庆祝胜利的焰火”，这三组再依次读“一切的美都和光在一起”，这一处理变化丰富，节奏流畅。

表达诗人内心追求的诗句均由林中华老师独自完成，摄影师也运用了近景和特写。六位男同学充分呈现阳刚之气，担当了鼓舞和激励的诗句，六位女主持人朗诵了美好和希望的段落，最后三组演员轮诵后，镜头又回到林中华老师一人身上，老艺术家深邃的目光再次突出了作品的主题。

我们俩朗诵《光的赞歌》的录音画面，则编入解说之中，也显得非常自然。并且从此诗的传播之久的角度上加进一些团体、儿童、青年的朗诵，体现此诗传播的广度。

《光的赞歌》（节选）[1]

艾 青

一

……

世界要是没有光
也就没有杨花飞絮的春天
也就没有百花争妍的夏天
也就没有金果满园的秋天
也就没有大雪纷飞的冬天

世界要是没有光
看不见奔腾不息的江河
看不见连绵千里的森林
看不见容易激动的大海
看不见像老人似的雪山
要是我们什么也看不见
我们对世界还有什么留念

二

只是因为有了光
我们的大千世界
才显得绚丽多彩
人间也显得可爱
……

山野的篝火是美的
港湾的灯塔是美的
夏夜的繁星是美的
庆祝胜利的焰火是美的
一切的美都和光在一起
……

四

但是有人害怕光
有人对光满怀仇恨
因为光所发出的针芒
刺痛了他们自私的眼睛

历史上的所有暴君
各个朝代的奸臣
一切贪婪无厌的人
为了偷窃财富、垄断财富
千方百计想把光监禁
……

他们想把火扑灭
在无边的黑暗里
在岩石所砌的城堡里
维持血腥的统治
……

① 牛汉、郭宝臣编著：《艾青名作欣赏》，中国和平出版社，1993 年。

五

……

看见一切事物的底蕴

一切事物内在的规律

一切运动中的变化

一切变化中的运动

一切的成长和消亡

……

八

……

在这个茫茫的世界上

我也曾经用嘶哑的喉咙歌唱

我曾经为被凌辱的人民歌唱

我曾经为受欺压的人民歌唱

我歌唱抗争，我歌唱革命

在黑夜把希望寄托给黎明

在胜利的欢欣中歌唱太阳

我是大火中的一点火星

趁生命之火没有熄灭

我投入火的队伍、光的队伍

把“一”和“无数”融合在一起

为真理而斗争

我永远歌颂光明

光明是属于人民的

未来是属于人民的

任何财富都是人民的

和光在一起前进

和光在一起胜利

……

九

我们的祖先是光荣的

他们为我们开辟了道路

现在我们正开始新的长征

这个长征不只是二万五千里的路程

我们要逾越的也不只是十万大山

我们要攀登的也不只是千里岷山

我们要取的也不只是金沙江、大渡河

我们要抢渡的是更多更险的渡口

我们在攀登中将要遇到更大的风雪、更多的冰川……

但是光在召唤我们前进

光在鼓舞我们、激励我们

光给我们送来了新时代的黎明

我们的人民从四面八方高歌猛进

让信心和勇敢伴随着我们

武装我们的是最美好的理想

我们的心胸燃烧着希望

我们前进的道路铺满阳光

……

让我们以最高的速度飞翔吧

让我们以大无畏的精神飞翔吧

让我们从今天出发飞向明天

让我们把每个日子都当作新的起点

或许有一天，总有一天
我们这个古老的民族
我们最勇敢的阶级
将接受光的邀请
去叩开那些重紧闭的大门
访问我们所有的芳邻
让我们从地球出发
飞向太阳……

2015年，邀请艺术家林中华拍摄艾青诗歌《光的赞歌》

在电台录制艾青诗歌《光的赞歌》

平淡见真情

——朗诵叶延滨诗歌《一个音符过去了》《谢谢黎明》

2017年4月15日，在浙江省金华举办了一场纪念作曲家施光南的音乐会。我们在纪念会上朗诵了一篇著名诗人叶延滨的诗《一个音符过去了》。全诗的每段开头都用了“一”字，作者是用一个音符、一滴水、一根松叶、一只雁翎、一盏灯、一颗流星、一根白发来代表施光南先生给我们留下的印象。这些“一”到底代表什么思想内涵呢？

施光南老师的音乐作品可以说每个人都熟悉一两首以上。他被称为“时代歌手”。他的《在希望的田野上》《打起手鼓唱起歌》两首声乐作品在国际上都有很深的影响。

“一”是数字中最小的量化数字，第一段的“一个音符”难道他的作品只有一部、一个乐句、一个音符吗？当然不是，一是少，但也包括无限。第二段“一滴水”是很渺小，但大海也是一滴一滴的水聚集汇成的。同样的，“一根松叶”与松涛，“一只雁翎”与雁阵，“一盏灯”与村庄，同样是小与大、少与多、有限与无限的含义。这“一”让人们反而有更多的想象空间。

在朗诵中为了突出“一”所带来的想象与空间，每段应有不同的处理。

诗中的第一段“一个音符过去了”，是真的过去了吗？没有！旋律还在传唱，读“过去了”后不要停顿，要有一个假定的问号，然后紧接着就是回答“旋律还在飞扬”。

第二段中前两句是水和浪花走了，但是走进了大海，大海更辽阔了。把前两句读成一句，紧接着转到第三句。第三句是此段强调之处；我感觉作者要说的是音乐家逝世了，去了，但他的音乐融入人民大众中，旋律仍然在大地传唱。

再如第四段，一只燕翎去了，还是在说作曲家的逝去，但紧跟着是一个转折，“秋天，霜花”形成了更大的雁阵，更多的霜花还在追赶雁阵。这个庞大的阵式代表作曲家的影响在今天不断扩展。跟随着，继承着他的精神的队伍更强大了。

最后再解释一下最后的一段，前两句是说作曲家的手拂过额头的形象，今天还是那么鲜活地活在人们心中。

这首诗结束在诗句“他活在我们想他的日子，日子说：他在前面等你……”。生活中悼念古人、亲人的词千千万，这样的词特别是对上了年纪的人来说，是心中想对思念的人说的话。此事让我想起1987年我婆婆去世，我的妈妈为悼念她，在自制的小白花圈上写了一副对联，至今我记忆犹新，上联“不是永别”，下联“是再见”，横批“一路走好”。

这种词语只有对逝去的死者有深刻感情的人才能写出来。

叶延滨很善于写有哲理性的抒情诗，我们从这样的诗中能领悟到很多生活的真理。

他运用的词语是普通人容易理解的，但其中包括的情感真挚又深沉，理解了诗中的含义，朗诵者很容易产生激情。

在我们朗诵这首诗时，舞台上出现了施光南的肖像，仿佛施光南仍活在我们心中。

叶延滨老师的作品很多，我们也在不同的场合朗诵过他的其他作品。

2020年我们又在北京“东苑戏楼”及中国教育电视台春节诗会上朗诵了诗人叶延滨的另一首富有哲理的诗《谢谢黎明》。

“谢谢黎明”是全诗的开始，黎明是大自然的现象，是太阳出来之前的一瞬间而已。

俗话说“一年之计在于春，一天之计在于晨”，“晨”是什么？指的就是从黎明开始的早晨，似乎人们都是在这个时刻从梦中醒来，开始一天的生活。那么“黎明”在诗中代表的是：带来光明的人。为什么可以说黎明也可以代表人呢？因为诗中已把“黎明”拟人化，“诗人称他为‘老朋友’”，“老朋友”意味着生活中经常会出现的、感情上永远惦记、依赖的人，可以说是生命中给你力量的人。

“黎明”还给予万物生命思想的启迪，“黎明”给予人的力量是所有人都能感受到的。总之，“黎明”是人的生活中最好的朋友。

所以，我们两人朗诵这首诗，从头到尾每个“谢谢好朋友”都是两人合诵的，这是全诗的中心。“黎明”是人类不可或缺的好朋友，多次的重复可以让观众加深印象。

诗是那么短，有没有激情点呢？说窗台上的残雪像是鸟儿丢下的翅膀——好像进入一个神话世界，让人心旷神怡。而想到诗人英娜·丽斯年斯卡娅的诗，好像在写一位年老体衰的人渴望生存的欲望，因为她能见到黎明，就是能生存下来，这也是一个激情点。

黎明的后面必定是光明的象征——太阳的到来。黎明是阳光的先遣军，这个领头军是那样的有魄力、有威力，因此在最后一段，两人的朗诵用重复的用法，多次强调“一切”“影子”，就是要加强这种威力的效果。

同时这首诗也在提醒人们要珍惜生命，珍惜生活的每一刻，特别要珍惜每天黎明的时刻——生活的开始。

《一个音符过去了》[1]

叶延滨

一个音符过去了
那个旋律还在飞扬，
那首歌
还在我们的头上传唱

一滴水就这么挥发了
在浪花飞溅之后，浪花走了
那个大海却依旧辽阔

一根松叶像针一样掉了
落在森林的地衣上，
而树林迎着风
还是吟诵着松涛的雄浑

一只雁翎从空中飘落了
秋天仍旧在人字的雁阵中，
秋天仍旧
让霜花追赶着雁阵南下

一盏灯被风吹灭了
吹灭灯的村庄在风中，
风中传来
村庄见低见远的狗吠声

一颗流星划过了夜空
头上的星空还那么璀璨，
仿佛从来如此
永远没有星子走失的故事

一根白发悄然离去了
一只手拂过额头，还在搜索
刚刚写下的这行诗句——
啊，一个人死了，
而我们想着他的死
他活在我们想他的日子
日子说：他在前面等你……

① 叶延滨：《天鹅飞翔》（汉英对照），花山文艺出版社，2020年。

《谢谢黎明》①

叶延滨

谢谢黎明，谢谢老朋友又一次
把我从另一个天地唤醒

昨天窗台上还有一堆残雪
像一个忘记飞翔的鸟丢下的翅膀

谢谢黎明，谢谢老朋友没忘记
照样给我一次新的惊喜

朔风尖利地拖着最后的暮色逃走
也扯走那个长梦的结尾故事

谢谢黎明，谢谢老朋友的问候
大家好，在阳光下所有的道路都伸直腰

我知道我最喜爱的工作就是开始
从黎明开始生命就像花蕾芳香

谢谢黎明，谢谢老朋友的提醒
我又想起英娜·丽斯年斯卡娅的诗句

“黑夜漫长——生命短促
我甚至没有力量睡醒”

谢谢黎明，谢谢老朋友的忠诚
让我每一天的生命是与你相约开始

也许再长的生命也长不过黑夜
也许最短的生命也应有个黎明

谢谢黎明，谢谢老朋友的相约
用阳光编织生活一切包括她的影子……

2017年，在施光南音乐主题晚会朗诵诗人叶延滨诗作《一个音符过去了》

2020年，在中国教育电视台春节诗会朗诵诗人叶延滨诗作《谢谢黎明》

① 叶延滨：《天鹅飞翔》（汉英对照），花山文艺出版社，2020年。

一个“若”字的提示

——朗诵左远庆诗歌《若我归来》

这首作品的每一段开头都是“若我归来”，“若”字开头，为什么要这样写呢？

“若”是如果、假如的意思，说明这篇作品从头到尾都是处在想象之中。她在对自己的内心说话，说出自己的愿望，自己的向往。

这“若”字代表这篇作品是独白式的诗歌。独白一般来说是一个人在诉说自己的心境，自己的意愿，自己内心的矛盾……

这个“若”字，此时此刻说明她正在抗击新冠病毒的前线，而在紧张工作时她们肯定没有时间想象自己在战胜疫情后回到家中的一切事情。

我设想出最恰当的一幅画，那就是一位医务工作者刚下班，脱掉了沉重的防护服、防护帽，露出了一头秀发，摘下了口罩，露出了有勒痕的面庞……当她走到窗前，望见对面的单元楼里人影活动的景象，她浮想联翩……“若我归来”就自然而然流淌出来。

朗诵者有了画面的支撑，停顿、语调，就自然产生了。

若（停顿）我（停顿）归来

（假如）（能够）（↗）

“若我归来”这关键句的“假如”“能够”是不出声的台词，“假如”后的停顿是想象，“能够”是为了填补“我”和“归来”之间语调的联系，为“归来”找到相应的语调的高度。

那么整篇基调是什么呢？从诗中能感受到她是一个单纯、执着的人，自我感觉是个平凡的医务工作者，同时我们感觉她伟大，是个踏踏实实、淡泊名利的人，又是一个心胸开阔、识大体、顾大局的人。在具体的抗疫阵地命悬一线的最前沿，无论她的内心有多么浪漫的梦境，多么渴望见到亲人，都只能默默地对自己说。所以我认为全诗的基调：是淡淡的美、微微的笑、暗暗的伤、彻彻的悟。她是一个平凡而伟大的女性。

那么为什么这首诗能打动人？我朗诵时是一直含着泪的，很多听众说：“我们听着都哭了。”我在录音的时候，有几处让我哽咽，几乎说不下去：“吃了这碗饭，家国自有安排”“敬业、救人、报国，这是父之言训，母之叨爱，一切都是理所应该。”“说好的我不哭，花也不哭”“感谢我们生活的这个世界”。

如果在舞台上朗诵是完全可以爆发出来高声、高调。但在线上收听时大都是静静的，最好是用压抑的激情来表现。

其实最让人心酸的是诗中写道：“在樱花树丛的浓郁中，找个无人处摘下帽子，让她们看看我无发无天的样子，是不是跟长发飘飘的从前一样可爱？”

“无法无天”还是“无发无天”，一字之差表达是不同的。她虽然是无发（疫情中很多女孩子剃了光头，节省梳理和穿脱防护服的时间），那么她绝对不是遗憾自己剃成光头，而是战胜疫情后轻松的浪漫的样子，“无法无天”正是这样心情的写照。

最后一小段“若我归不来”一句，不是她畏惧抗疫任务，而是她在表达不惧牺牲的大无畏精神，但想到假如——若　　　我　　　归不来

（↑ 假如）（↖真的）（重点↖）

“倒下的是躯体，站立的（大吸气，提起来再呼出去）是永爱。”这个呼吸要让观众听见，真英雄的感觉。

一个“若”字体现了规定情境和基调，补充成在词语中的潜台词，可找到承上启下而变化的语调。

也许有人说“若”既然是想象，是否有些不真实，那么，这首诗就是建立在虚设的基础上，是否就不会感人呢?

我认为不是这样的。诗歌虽有描写各种事物、各个不同的人物心境，但“想象”是诗人，不光是诗人也是各种文艺作品的作者所不可缺少的。

正是这个“若”字，甚至写到了假如自己倒在了抗疫前线，也是含笑而去，自己的精神的力量所在——“爱”，是永远存在的。如果没有想象怎么写出“若我归不来”……呢！当然又怎么能写出胜利返家后的种种情景呢！

这个“若”字更是提供给了朗诵者再创造的广泛的天地，发挥想象力的余地。这个“若”正是诗意的精华所在。

《若我归来》①

左远庆

若我归来，
请不要为我做什么接待。
只想回家好好的睡上一觉，
睁开眼后，
自己还在。

若我归来，
请不要为我做什么安排。
只想在接着上班的时候，
和同事们打个招呼，
就当出差回来。

若我归来，
请不要为我张灯结彩。
不开英雄会，
不搞颁奖台，
我只做了一个医护该做的事。
所有的付出，
是直面生命的责任，
救死扶伤是唯一的品牌。
吃了这碗饭，
家国自有安排。

“挽狂澜于既倒，
扶大厦于将倾”
来不及那样细想；
“苟利国家生死以，
岂因祸福避趋之”，
谈不上这样伟大。
时代让平常的我，
遭遇了疫情，
遇见了国殇，
杏林中人责无旁贷，
我无悔地走上前线，
敬业、救人、报国，
这是父之言训，
母之叨爱，
一切都是理所应该。

若我归来，
赶上春暖花开，
我想去看桃红柳绿，
欣赏高大的英雄树鲜花盛开。
说好的我不哭，
花也不哭，
在樱花树丛的浓郁中，
找个无人处摘下帽子，
让她们看看我无发无天的样子，

① 摘自2020年5月15日江苏省“致敬白衣勇士之歌”台本。

是不是跟长发飘飘的从前一样可爱？

若我归来，
最想吃的是妈妈做的味道。
不是大鱼大肉，
不是山珍海味，
只一盘绿油油的青菜，
外加一碟青椒土豆丝，
别无他爱。

若我归来，
不让家人和孩子来车站接我，
悄悄地推门，
轻轻地额吻，
默默地看着他们熟睡的样子，
补上除夕夜的等待，
等待幸福像花儿一样盛开。

若我归来，
定要感谢我们生活的这个世界。
因为面对疫情，
个人的力量轻如尘埃；
国家的意志，
白衣战士的情怀，
全社会的支持，
所有人对生命的热爱，
像三山五岳巍峨，
像江河大海澎湃！
没有这样的力量整合，
就不会有，
我的胜利归来！

若我归不来，
也如归来一样；
倒下的是躯体，
站立的是永爱！

2020年，线上朗诵左远庆诗歌《若我归来》

现场朗诵左远庆诗歌《若我归来》

突变的节奏

——学讲田连元评书故事《潜伏》

20 世纪 70 年代，有一篇歌颂解放军“英雄的军队，钢铁的纪律”的作品《潜伏》深受欢迎。表演者是田连元老师，他以巧妙的结构“突变的节奏”吸引了观众和听众。

我们特地到他来北京演出的住地求教，田老师热情接待了我们。他好奇地问：“你们怎么对这篇故事感兴趣？”筠英说：“教学上需要告诉学生节奏变化的重要性，话剧演员语言训练中需要借鉴评书语言的艺术处理，我想请您到中央戏剧学院讲课。”“哈哈，你是第一个请我到大学讲课的人。”我说：“我想带这个故事到矿区、到学校演出。”田老师回答：“好，你现场来一遍。”

短短的两个小时，我受益匪浅。带有评书特点的故事《潜伏》给了我很多启示，曲艺类的相声我也曾尝试过，同样让我有很多借鉴学习的地方。

这篇作品简练、生动，表现了解放军某部的三班长在实战“潜伏”中学习邱少云烈士，面对金钱豹突然出现并逼近自己的潜伏点时，沉着冷静，纹丝不动的坚守纪律的精神。故事的前半部分，讲述了演习的严格要求，时间的流动，战士即将完成任务的兴奋……朗诵者要流畅、明朗地讲述。

从“出现了一个连做梦都没梦见过的意外情况”开始，以金钱豹的行动为线，分成三个层次，节奏不断变化。先是描述金钱豹突然出现的情景：两只前爪往地上这么一抠——“咔哧”一声，就抠出两道深沟来；紧接着把尾巴甩了两下，“啪”“啪”抽得树叶子直飞。这两句中的“咔哧”“啪啪”两处象声字要夸大，然后稍做停顿，神秘地读出“深沟”和“直飞”。把金钱豹凶猛的样子描述出来。

接下来三个层次分别是：金钱豹把鼻子贴在地上，朝三班长闻过去了；金钱豹用舌头在三班长的刺刀尖上舔了一下；金钱豹贴着三班长的枪杆子往下闻，离三班长的手就差一韭菜叶啦。这三个过程要读得清楚连贯，让观（听）众仿佛看到实景，而对应的三个用词“鼻子闻、舌头舔、贴近手”，朗诵者要利用手势配合突变的节奏。

如第一个层次，战士小冯的心，“噔”地一下，揪到这儿来了，朗诵者不仅要突出“噔”

字，还可左右手，掌与拳合在一起，放在胸口上。

如第二个层次，战士小冯的心，“忽”地一下，提到这儿来了，朗诵时“忽”字可夸张，还可用右手横掌比画到脖子处。

如第三个层次，战士小冯的心，差点从嗓子眼儿里掉出来，朗诵时可用单手从嘴部甩下。

这些突变的节奏会产生强烈的吸引力。

朗诵是一种语言的表现艺术，根据每次演出的需要或每一场晚会主题的体现，朗诵者可以选用不同体裁的文学作品，包括诗歌、散文、寓言、故事、童话，也可选用演讲词、小说片段、剧本对白、独白等。

《潜伏》①

田连元

在祖国南方的深山密林里，中国人民解放军某部正在进行军事演习，一连的任务是潜伏，要求他们在敌人的眼皮底下，前沿阵地上埋伏下来，要隐蔽八个小时，这八个小时不吃饭，不喝水，不说话，不睡觉，连咳嗽都不行，打喷嚏都得憋着。

战士们按照要求埋伏好了，不了解情况的人到这儿一看，高的是树，矮的是草，根本看不出这儿藏着这么多的解放军。

新战士小冯和三班长距离是二十来米远。小冯心想：三班长是我学习的榜样，每次实战演习都能从难从严地要求自己，我一定要向三班长学习，胜利地完成这次潜伏任务。

时间一分钟一分钟地过去了，八个小时已经过了七个小时五十五分零五秒了，总攻击的时间就要到了。小冯看了看三班长，三班长看了看小冯，两个人会意地笑了笑。小冯心里说：“三班长，咱们就要胜利地完成这次潜伏任务了，三班长，咱们——”啊！就在这个时候，在小冯面前出现了一个连做梦都没梦见过的意外情况！在三班长对过儿的树丛里“唰啦”蹿出了一只花斑点点的金钱豹！这金钱豹一出来，腰一挺，身子往后一坐，

① 摘自田连元评书《故事的故事》。

两只前爪往地下这么一抠——“咔哧”一声，就抠出两道深沟来，紧接着把尾巴甩了两下，“啪”“啪”抽得树叶子直飞，然后就把鼻子贴到地上往前闻，闻着闻着就朝三班长闻过去了，小冯在旁边那心啊，“噔”地一下就揪到这儿来了。

三班长呢，这时候也发现了这个情况，可是他想这次实战演习很重要，没有命令绝不能动。

三班长的前面是一堆灌木丛，他枪上的刺刀尖在灌木丛的上边露出一截刀尖来，这金钱豹走到这灌木丛前面就停住了，它端详了一下这刺刀尖儿，可能它心里说啊，这是什么玩意儿啊，挺白挺亮的，这玩意儿能不能吃啊？它伸出舌头往这刺刀尖上这么一舔，这一舔可不要紧，小冯在旁边的心啊“忽”地一下提到这儿来啦。

三班长呢？他想起了伟大的共产主义战士邱少云，在朝鲜战场上为了革命的利益，为了全局的胜利，忍住烈火的燃烧，英勇地献出自己的宝贵生命。他想：我是一个中国人民解放军战士，我要向邱少云烈士学习，没有命令绝不能动。想到这儿，他就像一块坚硬的磐石，牢扎不动！

这金钱豹舔完了这刺刀尖儿，就顺着枪杆子往里闻，闻着闻着，离三班长的手就差一根韭菜叶儿了，小冯在旁边那心哪，差点从嗓子眼里掉出来！

就在这个时候总攻击的时间到了，嘹亮的冲锋号声震荡山谷，战士们一声怒吼——“杀”就冲出来了，金钱豹不知道发生了什么事情，“嗷”地一声就跑了！

这正是：钢铁的战士，钢铁的纪律，英雄的军队，所向无敌！

田连元讲故事

深入校园学讲故事《潜伏》

向相声艺术家王谦祥、李增瑞学说相声

分层次的视像

——朗诵朱自清散文《荷塘月色》

这篇散文写于1927年7月，正逢大革命失败，四一二屠杀之后的白色恐怖之中，作者对生活感到惶惑矛盾，抑郁而无法平静。对冷清月夜下荷塘景色的描写，流露出想寻找安宁但不可得，幻想超越现实，又无法超越的复杂心情，是那个黑暗时代在作者心灵上的折射。

国家级的节日——第二届中国诗歌节2009年5月在古城西安举行，组委会让我朗诵《荷塘月色》的节选。

编导没有选择前两部分，也就是没有作者交代的去荷塘的缘由和时间，没有了作者表明的“颇不宁静”的心态，而选择了第三部分对荷塘月色的景致详细的描写，增加了朗诵的难度。

荷塘离不开荷叶、荷花，月色肯定有月光、月影。排练时，我感受到编导真是独具匠心。我朗诵的第一句（也就是散文的）第三部分开始就是“曲曲折折的荷塘上面，弥望的是田田的叶子。叶子出水很高，像亭亭的舞女的裙”。服装设计师在舞女的裙上下了功夫，所有女舞者一身绿色长裙，腰、膝、脚各有一片荷叶造型，双手各持一片荷叶，层次多，密集，好看，一排排舞者真有“亭亭”之感，每位演员的头饰都是一朵粉白色的荷花……营造了荷塘的环境。

朗诵者千万不要以为抒情平缓地读出文字就完成任务了，我把眼睛看到的情景，也就是“视像”，分成几个层次，一是天空（星空）、月亮，二是树梢与楼房，三是荷叶与花，四是波纹与水下。荷塘左右的方向也需准确。

如“碧天里的星星”“远处高楼”“叶子与花”“凝碧的波痕”“叶子底下是脉脉的流水”，不同高度分层次的视像，使观众非常清晰。

再如“霎时传过荷塘的那边去了”，从左至右的方向变化，也能产生动感。

舞台的调度也要按照导演的要求，不能为调度而调度，必须明白为什么走动，为什么转身，必须讲出你的依据。

《荷塘月色》朗诵中，导演要求在“而叶子却更见风致了”，这句之后有一个较长停顿，因为此时有一对象征泻下的月光的手持红伞的舞者，横穿舞台而过，我需从舞台中心位置移至下场口的前区。我想，我要感受到下面的文字描写“月光如流水一般，静静地泻在这一片叶子和花上”，也就是仿佛望着月光，走向荷塘的另一边。走的动机有了，很自然，持伞的舞者列队鱼贯出现也突出了。

导演要求我从乐队的平台前出场，乐队坐在古香古色的栏杆后面，由中国民族乐器古筝、琵琶、二胡、笛子组成，也均为女性，也着绿色长裙，在舞台上也形成了层次，整体环境立体化了。

《荷塘月色》（节选）[①]

朱自清

沿着荷塘，是一条曲折的小煤屑路。这是一条幽僻的路；白天也少人走，夜晚更加寂寞。荷塘四面，长着许多树，蓊蓊郁郁的。路的一旁，是些杨柳，和一些不知道名字的树。没有月光的晚上，这路上阴森森的，有些怕人。今晚却很好，虽然月光也还是淡淡的。

曲曲折折的荷塘上面，弥望的是田田的叶子。叶子出水很高，像亭亭的舞女的裙。层层的叶子中间，零星地点缀着些白花，有袅娜地开着的，有羞涩地打着朵儿的；正如一粒粒的明珠，又如碧天里的星星，又如刚出浴的美人。微风过处，送来缕缕清香，仿佛远处高楼上渺茫的歌声似的。这时候叶子与花也有一丝的颤动，像闪电般，霎时传过荷塘的那边去了。叶子本是肩并肩密密地挨着，这便宛然有了一道凝碧的波痕。叶子底下是脉脉的流水，遮住了，不能见一些颜色；而叶子却更见风致了。

月光如流水一般，静静地泻在这一片叶子和花上。薄薄的青雾浮起在荷塘里。叶子和花仿佛在牛乳中洗过一样；又像笼着轻纱的梦。虽然是满月，天上却有一层淡淡的云，所以不能朗照；但我以为这恰是到了好处——酣眠固不可少，小睡也别有风味的。月光

① 朱自清：《朱自清散文精选》，人民文学出版社，2003 年。

是隔了树照过来的，高处丛生的灌木，落下参差的斑驳的黑影，峭楞楞如鬼一般；弯弯的杨柳的稀疏的倩影，却又像是画在荷叶上。塘中的月色并不均匀；但光与影有着和谐的旋律，如梵婀玲上奏着的名曲。

荷塘的四面，远远近近，高高低低都是树，而杨柳最多。这些树将一片荷塘重重围住；只在小路一旁，漏着几段空隙，像是特为月光留下的。树色一例是阴阴的，乍看像一团烟雾；但杨柳的丰姿，便在烟雾里也辨得出。树梢上隐隐约约的是一带远山，只有些大意罢了。树缝里也漏着一两点路灯光，没精打采的，是渴睡人的眼。这时候最热闹的，要数树上的蝉声与水里的蛙声；但热闹是它们的，我什么也没有。

1927 年 7 月于北京清华园

2009 年，在第二届中国诗歌节朗诵朱自清散文《荷塘月色》

人称的调整

——朗诵吉狄马加诗歌《时间的入口》

《时间的入口》，这个题目就很新颖，充满哲理，正像诗人所写“它无色无形无味”，“它从未有过开始，当然也从未有过结束”。

我听到过其他演员朗诵过此诗，从2019年末开始自己也在不同的场合多次朗诵过它。不同的导演有不同的设想，有的大屏幕上展示了城市、农村的景色，有的出现工厂机器、农村田间、战士训练、白领脚步的镜头，也有的在屏幕中闪现不同类型的钟表，钟表或是固定的，或是走动的。更有一次音响临时故障，索性就用黑屏，造型光加追光……

还有的导演在朗诵过程中，让两位青年舞蹈家在舞台后侧的圆形车台上，以现代舞的肢体语言体现对时间的理解。

我最终选用了固定钟表的背景，它占据了屏幕的中央。开始一段“有诗人写过这样的诗句，时间开始了，其实时间从未有过开始，当然也从未有过结束”都是静场，没有任何背景音效。“结束”两字之后，开始响起钟摆的“嘀嗒”声，一声一声卡在30秒，这30秒内要读完“无论在宇宙深邃隐秘的穹顶，还是一粒微尘的心脏，它的手臂，都在不停地摆动，它永不疲倦，那精准的节奏，敲击着未来巨大的鼓面。”这时会有一声鲜明的钟声，音乐随即出现。

我想告诉大家的是，朗诵实践中，我对原诗的人称，在某一段落进行了调整。

原诗中大家看到“今天，我作为一个诗人，我要告诉大家，时间的入口已经被打开。”这里诗人使用了第一人称，而诗中的其他诗句，诗人采用的都是“我们”。我有意把“我们浪费过时间”，这一小段，都变为“我”，我觉得这能唤起许多真实的回忆，工作、学习、个人、集体——都有许许多多的实例，更有“错过时间的机遇”造成的悔憾，读起来有感触，使“时间就是生命”的体悟更显深刻。

正巧我将人称变动的那场诗会，诗的作者吉狄马加到场。演出后回到宾馆，他正要赶乘飞机回京，宾馆大厅里，他对我说：“听到了，这样处理更真实，更合理，非常好。”

在宁夏银川兴庆诗会上，主办方要求在露天舞台朗诵这部作品，演出舞台很大，背景是一片紫色薰衣草，一个彩色的巨型气球，一架黑色的三角钢琴。相比集体朗诵，一个演员在场上就显得有些单薄，这首诗的内涵及人称的调整该怎样突出呢？

人称改变之处，我特意增加了一个明显的调度，从台中向台前走了几大步，贴近了观众，好像在倾诉心语“我曾浪费过时间”，然后将三个“再次出发”处理在不同位置，结尾的诗句“吹响前进的号角”必须回到舞台正中央，象征“再出发”启程。宁夏著名诗人马乐群告诉我：“我们几位诗人在观众席上评论，瞿弦和把诗读懂了。”

《时间的入口》①

吉狄马加

有诗人写过这样的诗句：
——时间开始了！
其实时间从未有过开始，
当然也从未有过结束。
因为时间的铁锤，
无论在宇宙深邃隐秘的穹顶，
还是一粒微尘的心脏，
它的手臂，
都在不停地摆动，
它永不疲倦，
那精准的节奏，
敲击着未来巨大的鼓面。

时间就矗立在我们面前，
或许它已经站在了头顶，
尽管无色、无味、无形，
可我们仍然能听见它的回声。
那持续不断的每一次敲击，
都涌动着恒久未知的光芒。

有时候，
时间是坚硬的，
就好像那发着亮光的金属，
因此——我们才执着地相信，
只有时间，
也只能是时间，
才能为一切不朽的事物命名。
有时候，
时间也是柔软的，
那三色的马鞍，
等待着骑手，
可它选择的方向和速度，
却谁也无法将它改变。

① 原载于《上海文学》，2018年第1期。

但是今天，
作为一个诗人，
我要告诉你们，
时间的入口，
已经被打开，
那灿烂的星群就闪烁在辽阔无垠的天际。
虽然我们掌握不了时间的命运，
也不可能让它放慢向前的步伐，
但我们却能爬上时间的阶梯，
站在人类新世纪高塔的顶部，
像一只真正醒来吼叫的雄狮，
以风的姿态抖动红色的鬃毛。

我知道时间的珍贵，
那是因为我浪费过时间，
我曾经——错失过时间给我们的机遇，
所以我才这样告诉自己，
也告诉别人：时间就是生命。
是的，时间的入口已经被打开，
我们将再一次出发，
迎风飘动着的，
仍然是那面旗帜，
它经历过血与火的洗礼，
但留在上面的弹孔，
直到今天都像沉默的眼睛，
在审视着旗帜下的每一个灵魂。
如果这面旗帜改变了颜色，
或者它在我们的手中坠落在地，
那都将是无法原谅的罪过。

我们将再次出发，
我们今天进行的创造，
是前人从未从事过的事业，
我们的胜利，
就是人类的胜利，
我们的梦想，
并非乌托邦的想象，
它必将引领我们——最终进入那光辉的城池。

我们将再次出发，
吹号者就站在这个队伍的最前列，
吹号者眺望着未来，
自信的目光越过了群山、森林、河流和大地，
他激越的吹奏将感动每一个心灵。
他用坚定的意志、勇气和思想，
向一个穿越了五千年文明的民族，
吹响了前进的号角，
吹响了——前进的号角！

2018 年，在江苏广播电视总台诗会朗诵吉狄马加诗歌《时间的入口》

捕捉动情点

——朗诵刘少波、乔良诗歌《怀念》朗诵艾明波诗歌《血写的忠诚》

用朗诵艺术歌颂英雄，是义不容辞的，我们有许多难忘的实践。在央视一套朗诵过歌颂公安战线英雄的《怀念》；讲述过歌颂以牧代巡守护家园的卓嘎央宗一家的开篇词；在央视三套朗诵过歌颂任长霞的长诗《血写的忠诚》；宣读过优秀舞蹈家的颁奖词；在央视少儿频道以诗的形式歌颂过全国优秀少年事迹；在北京电视台还朗诵过赞美水稻专家袁隆平的散文《汉白玉雕像》……

每位英雄的事迹都有鲜明的感人之处，我们的体会是必须“准确捕捉动情点”。

1994年央视录制公安战线英雄的晚会，在公安系统的礼堂举行，资深导演邓在军对整场节奏进行了处理。参加这场不同寻常的活动，有烈士生前的战友、有烈士的家属和孩子，他们对英雄有特殊的感情。我们朗诵的是诗人刘少波、乔良的诗歌《怀念》，全诗从头至尾都沉浸在怀念之中，如何寻找“动情点”呢？

导演用大屏幕接连播放了五位牺牲的公安英雄陈鸽、杨启泉、鲁运新、陈建军、何天慈的遗像，给全场带来巨大的冲击力，我们先以压抑平静的语调读出“此刻，胸前缀满奖章的英模代表们，正在北京接受党和人民的嘉奖，然而，本该在第一排就座的你们，却再也无法接到共和国发出的这份庄严的请柬”。

这几行诗，表达了对英烈们的怀念、惋惜和崇敬，引领人们走进他们的世界。

我们选择第一个“动情点”，讲亲人的动作，表现内心的悲痛：老父亲在听到你的噩耗时他只问了一句：“我的儿子是向前冲着倒下的吗？”当他得知儿子牺牲前双手还紧紧地抓住罪犯的枪管不放，两只大手就像一把紧紧咬住的铁钳，他轻轻地点点头；老母亲颤颤巍巍地捧着你的警服，叠上了又打开，打开了又叠上。……

第二个动情点，是烈士妻子的语言“再有一个月就要生了”，她用脸贴着长眠不醒的丈夫哭着说：“……你就不能等了吗？将来孩子会找你的，会向我要你的！”话音未落，邓导安排了一个孩子撕心裂肺的喊声“爸爸！”，喊声环绕剧场上空，观众哭了，在场的烈士老母亲晕倒了！这是名副其实的“动情点”。

2005年央视三套导演谢冬娜，让我们在“清明诗会”上朗诵诗人艾明波歌颂英雄任长霞的诗歌《血写的忠诚》。不要认为“动情点”只能安排在悲痛之处，这首诗的开始点出了“清明”“白花”“墓碑”……也写到老妈妈的话，小儿子的心声……但我们将“动情点”选择在表达信念和决心上，一个是向英雄报告好消息“祖国安好，人民安宁”，一个是结尾的诗句“在每一片安宁的土地上，都有我们用鲜血写下的忠诚”。事实证明，这两处选择是准确的。

演出后，任长霞的战友，在谢冬娜导演的陪伴下找到我们，说：给劲儿，我们要向任长霞同志学习，怀念她，我们不只是悲痛，更有信心把工作做好。“祖国安好，人民安宁”这八个字，长时间鼓掌，这是我们公安战士的贡献啊！

《怀念》（节选）[①]

刘少波　乔良

多少英雄豪杰从这里涌现，
英雄的战友引起我们如丝如缕的怀念。
此刻，
胸前缀满奖章的英模代表们，
正在北京接受党和人民的嘉奖，
然而，本该在第一排就座的你们，
却再也无法接到共和国发出的这份庄严的请柬。

我们记得你陈鸽……
我们认识你杨启泉……

① 《怀念》摘自1994年中央电视台“公安晚会”台本。

我们知道你鲁运新……
还有你陈建军……
当然还有你何天慈……
你们全都匆匆地上路了，
走在你们前头的，
跟在你们后面的，
是短短的十年间，
在公安战线倒下的二千二百六十多条铮铮硬汉。
当祖国需要你们时，
你们曾挺身而出，
当人民礼赞你们时，
你们却已经走远。
来不及向亲人道一句珍重，
也来不及对战友说一声再见。

你们知道吗?
你们的离去
给活着的人留下的是激励、是感染、是震撼
还有带泪的追寻，
泣血的呼唤。

老伴儿，在你倒下的那天我也病倒了，
昏迷中还一声声地把你叨念：
“我一辈子跟你担惊受怕，
眼看着就要熬到退休了，
你不是说从今往后不出差了吗?
咋不打个招呼又走了？”

老父亲在听到你的噩耗时
他只问了一句：“我的儿子是向前冲着倒下的吗？”

当他得知儿子牺牲前双手还紧紧地抓住罪犯的枪管不放，
两只大手就像一把紧紧咬住的铁钳，
他轻轻地点点头。

老母亲颤颤巍巍地捧着你的警服，
叠上了又打开，打开了又叠上。
今儿个妈就按你说的方法叠，
叠好了收起来，
等咱娘俩再见面的时候，
妈再拿出来给你穿上。

这位身怀六甲的妻子，
当时正满怀喜悦的企盼，
再有一个月、再有一个月
他们的小宝贝就要出世了。
可是，
未曾见面的爸爸，
却倒在一个追捕罪犯的夜晚。
你干嘛走得那么急，
再有一个月你就不能等了吗？
你知道咱们的孩子不能没有爸爸，
他将来会跟我要你的，
他一定会找你的，
哪怕找到地角天边。
“爸爸……”

《血写的忠诚》（节选）[1]

——怀念任长霞

艾明波

这是一个普通的日子
因为它与昨天没有什么不同
这又是一个不普通的日子
在每年的这一时刻
苍天都会泪眼蒙眬
走在这季节的光阴里
我们和这个日子匆匆相逢
忽然，我们的目光被大片大片洁白的花朵深深地灼痛
我们的心头猛然一紧
轻轻说了声
清明
清明
这两个字该是怎样的沉重
它砸痛了多少老妈妈
深嵌骨肉的思念
它中断了多少孩子们带着露珠的笑声
站在你的墓碑前
……

在我们的队伍里

① 《血写的忠诚》摘自2005年中央电视台“歌颂任长霞晚会”台本。

一年就有400多名战友以身殉职，光荣牺牲
我多么想让一年只有一天
我多么想让时光停止流动
我多么想让季节凝固成一个片段
我多么想让光阴阻拦住那匆匆离去的背影
可是
为了让每一束阳光都来得亲切
为了让每一阵清风都走得从容
亲爱的战友们
你们用身躯站成一道刚毅的屏障
任凭前面有死亡的呼唤
你们也要给身后留一片带血的安宁，
……
但是历史不会忘记
人民不会忘记
奉献是你的品格
忠诚是你的姓名
我深爱着这片沃土
因为地上有我的战友
地上有我的兄弟
那么 就让大地作证吧
在每一片安宁的土地上
都有我们用鲜血写下的忠诚

1994年，在中央电视台公安晚会朗诵刘少波、乔良诗歌《怀念》

2005年，在中央电视台清明诗会朗诵艾明波诗歌《血写的忠诚》

场地的挑战

——朗诵刘星诗歌《沉思与抉择》
朗诵余光中诗歌《乡愁》

这是很重要的一首诗，能在国家级大型活动——文化部纪念中华人民共和国成立 60 周年文艺演出“复兴之路”中出现，能录成电视片，拍成纪录电影，就证明了它的代表性。

这是很难创作的一首诗，在讲述历史进程时，这样重要的年代，怎么总结，怎么提炼，怎么修改，怎么完善……从排练、演出、到拍摄，一直在不断地完善。

我不想写怎么朗诵它更好，而特别想告诉朗诵者应该注重场地的挑战，也许会从另一个侧面给大家带来提示。

朗诵这首诗的场地，不是与平日相同的舞台，它在中国首都北京人民大会堂大礼堂，晚会的舞美设计师鞠毅把表演区搭建成大坡度的斜舞台，凡是在斜坡舞台进行表演的，无论是声乐、舞蹈、戏剧……都必须把握平衡，行动自如，速度得当，具有相当的难度。

节目是连贯的，几乎是承上启下，无缝连接，这段朗诵是在演唱之后。朗诵由我和丁建华担任，需要我们提前候场，不是在侧幕边，而是在大斜平台的后面，走到候场区必须弯腰前行，平台很高，但你直身走，仍会被二楼观众看到。我那时已年过六旬，弯腰前行已不是那么自如，提早过去不行，还有别的演员提前候场，晚点过去又容易赶不上点儿，必须准时。

导演要求朗诵者从平台最高的边缘出现，产生地平线之感。我们从候场地要弯腰爬上大于 60 度的近 20 层台阶，站定后再一步步从高处向坡下走去。

服装师设计的是西式服装和皮鞋，在斜面上向下行走，不能快，不能摔倒，还要符合诗的节奏，每场都捏着一把汗，稍有闪失，就是事故！

更要准备朗诵高潮的站位，在诗句“思索那已经走不下去的道路能不能峰回路转……”之后必须走到定点，此时必须调整好自己的形体，以便用坚实的声音读出：“雷，终于来了！”与音响的雷声一起形成朗诵的高潮。

我们克服了场地的挑战，圆满完成了演出任务，也留下了难忘的记忆。

场地的条件，不由演员自己选择，你必须接受各种困难的挑战。我们曾在北京朝阳区与台湾高雄市的线上交流活动中经受了场地狭小的考验。

那是朗诵台湾诗人余光中的名作《乡愁》，地点是位于朝阳区的曙光影院，演员们上舞台必须沿着窄窄的楼梯攀登，与其说是副台，不如说是侧幕旁边，舞台的面积很难有鲜明的调度，我们选择了一条长椅，这样我们可以先站在长椅后面，然后坐在长椅上，最后再站起来，向侧前方走去，充分利用狭小的空间，这也为诗句的四个段落提供了前提。

“小时候”“长大后”“后来呀”“而现在”四种完全不同的情景。在短短的四个段落中，我们把长椅想象为海岸边的、大陆与台湾的人们经常坐的地方，我们设计了抚摸长椅的动作，引领人们进入沉思。四个段落中，男女朗诵者仿佛是一家人中的兄妹，分别朗诵对新娘、对母亲的思念。最后两人一起从长椅上站起，面对海峡，表达渴望团圆的心情，思念久别的同胞。

短短的诗句，小小的场地，也能充分抒情。朝阳区文联主席金童风趣地说：“小而精，椅生情。”

《沉思与抉择》①

刘　星

如果不是为寻找历史是在哪里转弯
如果不是为寻找民族复兴新的起点
谁还愿意揭开往日的伤口
谁还想回首那曾经的劫难
大地说 那十年她很累 很累
因为她的上空有一个沉重的云团
天空说 那十年她很苦 很苦
因为她的眼底有一场不停地动乱
小草 惊奇地问 参天大树为啥还会折断

① 《沉思与抉择》摘自中央新闻纪录电影制片厂2009年拍摄的大型音乐舞蹈史诗《复兴之路》。

田埂 不解地说 杂草怎么比麦苗还光鲜
人们发现 民族的脚步 在渐渐放慢
人民在问 这样的折腾何时能完
那一年 曾经在历史转弯处站立的伟人
一个 接着一个 地去了
迷了途的马儿 在大野上嘶鸣
飞散了的孤雁 在苍天里呜咽
恸哭后的民族开始思索
思索 那已经走不下去的道路
能不能峰回路转……
雷终于来了，撕开阴霾万里
风终于来了，荡涤尘埃漫漫
雷电中回响着人民对“四人帮”的宣判
风雨里人民在寻找道路，中国在寻找航线
历史在选择中国
中国在酝酿改变
1978 年的初冬是一个特别的季节
冰河在撞击
地火在翻卷
当钟声在十里长街上再一次响起
一个震天动地的消息让世界惊叹
这一天中国拨正了航线
这一天人民扬起了风帆
共和国从此又一次走进春天
历史的老人笑了
因为在历史的转折点
中国共产党人的雷霆之声
又一次在大地和天空中回旋

《乡愁》①

余光中

小时候，
乡愁是一枚小小的邮票
我在这头，
母亲在那头。

长大后，
乡愁是一张窄窄的船票，
我在这头，
新娘在那头。

后来啊，
乡愁是一方矮矮的坟墓，
我在外头，
母亲在里头。

而现在，
乡愁是一湾浅浅的海峡，
我在这头，
大陆在那头。

① 余光中：《乡愁》，长江文艺出版社，2018 年。

《复兴之路》装台工作照（设计：鞠毅）

2009 年，拍摄大型音乐舞蹈史诗《复兴之路》，与艺术家丁建华朗诵刘星诗歌《沉思与抉择》

2021 年，在北京曙光影院朗诵余光中诗歌《乡愁》

认真产生完美

——朗诵任卫新诗歌《致敬》

2015 年央视有一个栏目叫“光荣绽放”，赞美十位年龄在 80 岁以上，仍活跃在歌坛上的歌唱家。除他们个人的成名作展示外，还特邀诗人任卫新创作了诗歌《致敬》，为体现传承，指名由我们老两口带着孙子瞿聪融一起现场朗诵。

这是一种很流行的朗诵形式，家庭形式带孩子组队参演，或父母，或隔代的老人。这次实践，孙子瞿聪融的表现可圈可点，值得一写。

《致敬》与其他的致敬诗有着共同点，以不同的角度，不同的词汇赞美这些老艺术家。作者抓住艺术家“头上的银发”“脸上慈祥的笑纹”“一生都在歌唱的心”，分别用“一束朴素的花”“一杯清香的茶”“一杯甘美的酒”配上“送”“用”“举”三字串联起来。交响乐队现场伴奏。

我们的爱孙当时是北京景山学校的学生，少先队大队长，学习任务重，社会活动多，我们担心这位小学霸，有否时间参加朗诵？能否背诵？能否排练和走台？他明确地说：“爷爷奶奶，背词儿我没问题，就是没时间排练走台，演出之前赶到剧场。”

我们可真有点担心了，演出地点是北展剧场，他下课再去，正赶上堵车，来得及吗？我在后台口等到了他，他不慌不忙地说：“怎么样，爷爷，误不了场。”

化妆师刚刚给他化完妆，他对奶奶说：“爷爷呢？”奶奶直指大厅中的几个人说：“爷爷在那儿聊天儿呢。”“别让他聊天儿了，快点叫他回来对对词儿吧！”奶奶笑了。对完词儿靓靓（小孙子小名）拉着我们到了舞台左侧，问爷爷：“我们从第一道幕还是第二道幕后面上场？”“我随着爷爷走到小舞台后，是爷爷先走上去我再上去，还是我们看着爷爷一起迈步上去？”

走了两遍后，我们就到了休息的地方，一转眼靓靓又不见了，原来他自己又回到舞台那里，自己在上台的始点到末点来回走了几次，问他为什么？他说：“我再熟悉一下，再量一量大约是多少步。”

朗诵中节奏是合诵的重要部分，因为要想把节奏推上去，一个人掉了队，全队皆输，当我们读到“向你们致敬”时，一人一句，爷爷节奏一加快，靓靓紧跟着，分毫不差！三人一体，达到高潮，台下一片掌声。原来他背得很熟，舞台上也专注地听词儿，听节奏。与靓靓合作，不用我们担心，跟和其他成年演员合作是一样的放心。

自然，演出圆满成功，坐在嘉宾席的“80后”老歌唱家，脸上笑着、手指着，幸福极了。我们老两口拍着孙儿的脸，重复着诗里的词：“你是最棒的！”

转眼间，孙儿已出国留学，长成1.9米的大个子，但他从小就认真的表现我们始终难忘。

《致敬》①

任卫新

朗诵者：瞿弦和、张筠英、瞿聪融一家

张筠英：让我选一束朴素的花，向八十高龄后的八零后致敬！我向你们那头上的银发致敬！你们曾有过王蒙《青春万岁》笔下那样的青春：所有的日子，所有的日子都来吧，让我编织你们，用青春的金线，和幸福的璎珞，编织你们！岁月就是这样录下了你们最美的歌声。

瞿聪融：让我用一杯清香的茶，向八十高龄后的爷爷、奶奶八零后致敬！我向你们那脸上慈祥的笑纹致敬！老师说，歌声是有年轮的。你们当年唱出的歌，爸爸妈妈也在唱，也录在了他们的年轮里。只要戴上红领巾，我敢保证：你们就和我们一样，成为少年儿童！

瞿弦和：让我举一杯甘美的酒，向八十高龄后的八零后致敬！我要向你们那一生都在歌唱的心致敬！我要说，风，可以吹走岁月，可以吹走青春，但却吹不走你们的音乐之魂！你们用一生选择了舞台，选择了旋律，选择了以歌唱真善美为崇高的使命！你们光荣绽放！你们绽放光荣！

张筠英：向你们致敬！选一束朴素的花，向你们致敬！向你们那头上的银发致敬！

---

① 摘自《光荣绽放——2015十大“80后”歌唱家音乐会》台本。

瞿聪融：向你们致敬！用一杯清香的茶，向你们致敬！向你们那脸上慈祥的笑纹致敬！

瞿弦和：向你们致敬！举一杯甘美的酒，向你们致敬！向你们那一生都在歌唱的心致敬！

张筠英：八十高龄不是高龄！

瞿聪融：八零后才是你们最美的名称！

瞿弦和：让我们发自内心地、最崇敬地说一声：你们是最棒的！

三人合：向你们——致敬！

2015.11.21 凌晨

1988 年，中央电视台台庆，与儿子瞿佳一起表演配音片段

2015 年，中央电视台“光荣绽放”栏目，与孙儿瞿聪融共同朗诵任卫新诗歌《致敬》

让情景再现

——朗诵乐冰诗歌《送别》

黄文秀是在脱贫攻坚战斗中英勇牺牲的年轻干部，2020年中宣部在北京民族文化宫礼堂举办了“奋进新时代，礼赞奋斗者”活动，导演甲丁安排我朗诵诗人乐冰的作品《送别》，节目在央视、北京卫视、湖北卫视多次播出，反响强烈。

这首诗，充满真情，朗诵者一定要让“情景再现”，舞台中心设置了转动平台，合唱队分列平台外围的固定台阶上，前区还有横移的平台，大屏幕播放奋斗者的生活图像，为“情景再现”提供了辅助手段。

我在平台的后半圈钢琴旁候场，上一个节目结束，钢琴开始演奏，平台转动，我转到前半圈，与此同时移动前平台推出三位大提琴手，大屏幕出现黄文秀的大照片。

我用生活的语气向远处大声读出“回来吧，文秀”，几乎是喊叫，是呼唤，仿佛是乡亲们集体的声音，是黄文秀牺牲后乡亲们共同的心声！紧接着，“昨天我们才和你握手，手心还热乎着呢”，也要像说话一样，像真实的生活，这一呼唤使“情景再现”。

诗句中的“雨在悄悄地下，泪在静静地淌”，先后出现了四次。第一次是在开头，它点明了环境氛围；第二次乡亲们呼唤时形容悲痛的心情；第三次是回忆黄文秀在百坭村工作的四百多个日日夜夜，勤勤恳恳，忙碌不停；第四次是诗的后半部分总结之处，在“悄悄地下”和“静静地淌”之后，都加了一句点题的诗句，“悄悄地下”后面加了“讲着你的生平”，“静静地淌”后面加了“说着我们对你的祈福”，在“下”和“淌”字之后，断开，体现诗的深度。

这四次出现，我分别用“缓”“颤”“急”“断”的方法区别，使节奏变化鲜明。

诗句“你不停地走……慢些，再慢些”，朗诵者要细致，要读出黄文秀深入贫困户的艰难过程，观众才可对“全部脱贫”爆发出欣慰的掌声。

朗诵的激情点很多，诗中写道：这位“90后”的姑娘就这样“无言”地走了，就这样“不舍”地走了，“无言”和“不舍”，可根据朗诵者自己的理解用不同的技巧处理，但都应达到使人惋惜的效果。诗的最后，“圣洁的祈福”，我重复了一遍，一是加强对这位英雄的崇敬，二是想利用我围在脖子上的白围巾，作出奉献哈达的姿势，再次体现圣洁。

《送别》[1]

——献给广西乐业县百坭村第一书记黄文秀

乐　冰

雨，在悄悄地下，
泪，在静静地淌——

我不相信
这，花朵般的生命，
就这样被洪水冲走了。
风在呜咽，心在滴血，
这悲切的声音，
好似冷雨抽打在乡亲们的心上。

乡亲们哭红了眼睛，
送别这位壮族人民的好女儿——广西乐业县百坭村的第一书记
回来吧，文秀！
你没有走远，昨天我们才和你握手，
手心还热乎着呢，
雨，在悄悄地下，
泪，在静静地淌——

三十岁，村里的女孩早已结婚生子，
可你依然身单影只。
你说："不是我不想结婚，
乡亲们还没有脱贫，我怎能儿女情长？"

① 摘自2020年6月11日中宣部《奋进新时代　礼赞奋斗者》音乐诗歌咏唱会台本。

在百坭村的四百多个日日夜夜，
你访遍全村贫困户，
与他们促膝长谈，
把每一户的情况都记在本子上。

雨，在悄悄地下，
泪，在静静地淌——

黄文秀，这个九零后的姑娘，
来不及和乡亲们说一声再见，
就这样无言地走了，就这样不舍地走了，
在那个风雨交加的扶贫路上。
你的一生都在走，匆匆忙忙，
此刻，我们只想你走得慢一点，再慢一点，
用我们心灵的集体发声告诉你：
你日夜牵挂的村子，已经全部脱贫。

雨悄悄地下，讲着你的生平，
泪静静地淌，说着我们对你、对所有和你一样的人
圣洁的祈福。

2020 年，在中宣部“奋进新时代　礼赞奋斗者”音乐诗歌咏唱会上朗诵乐冰诗歌《送别》

与音乐融为一体

——朗诵光未然诗歌《黄河之水天上来》

纪念《黄河大合唱》首演八十周年，中央电视台“经典咏流传”栏目拍摄了专辑，还播出了在延安宝塔山下的重唱“黄河”的音乐会录像，再次激发了全民族的激情。

节目中主持人采访新中国成立后第三段“黄河之水天上来”的恢复情况，我作为恢复者之一和朗诵者讲述了当时的经过，想说的话太多了！

担任《黄河大合唱》的朗诵是我艺术人生中无法忘怀的经历，至今已近四十年了。《黄河大合唱》诞生于1939年，由作曲家冼星海、词作家光未然共同创作，是八段体的合唱。每段之前都有朗诵，这不是一般的朗诵，是与音乐融为一体的朗诵。作曲家冼星海的女儿冼妮娜曾于1985年11月11日纪念冼星海80年诞辰，逝世40周年之际在《人民日报》上撰文，文章记载了在香港演出《黄河大合唱》的情景：“香港红磡体育馆灯火辉煌，场内一侧十几个看台上站满了千人合唱的演出队伍，‘朋友，你到过黄河吗？……’瞿弦和那嘹亮亲切的声音，向着两万听众呼唤着；指挥家严良堃振臂一挥，合唱队千口同声，以排山倒海之势，唱出了黄河船夫的号子‘划呦，划呦……’这震耳欲聋的雄壮的歌声立刻把全场观众的心抓住了，他们好像回到了祖国，来到古老的黄河边，听到了黄河的咆哮，看到了船夫的呼号。”

这段描述把朗诵与合唱、与音乐融为一体，形象地描述出来了。的确，每段的朗诵与音乐丝丝入扣，配合极为严格。

第二段“黄河颂”，男中音独唱之前的朗诵词，充满辽阔感，节奏舒缓，最后一句“我们向着黄河，唱出我们的赞歌”朗诵结束时，正是乐句 4/4 1 2 | 3· 5 3̇ 2̇· i̇ | 6· 5 6 i̇ 3 2 | 1· 3 5 6 3 2 | 1 - - | 开始。

女声合唱“黄水谣”的前奏中的朗诵词，最后一句“不信，你听听，河东民众痛苦的呻吟”词作者特别标明了“冒号”，朗诵结束时必须是合唱前奏的开始 ‖2/4 5 3 5 | i̇ 2̇ 6 5 | 3· 53 | 2 3 2 1 | 5 - | 。

第五段男生对唱“河边对口曲”的朗诵没有音乐，而是朗诵之后，音乐再起，朗

诵者必须衔接上一段“黄水谣”的情感基调，读出“妻离子散，天各一方”，再读“你听听吧！这是黄河边上两个老乡的对唱”。这样以三弦为主的演唱前奏，自然开始 2/4 5·4 5 0 | 5 5 1 0 | i·i 6 5 | 4 54 1 0 | i·i 5 65 | 4 5 1 0 |。

第六段“黄河怨”女声独唱，非常感人。朗诵者应给予演唱者规定情境的铺垫，朗诵词“亲爱的同胞们，你听听一个妇人悲惨的歌声”之后，要缓缓地倒退几步，手指向演唱者的方向。

第七段“保卫黄河”，是家喻户晓，人人会唱的歌曲，朗诵在鼓声中开始节奏紧凑，充满力度，在“保卫黄河，保卫华北，保卫全中国”之后，合唱立即发出“风在吼，马在叫”的歌声，节奏不稳就会出现词未完，合唱已进入，或朗诵之后，合唱未开始的情况。

第八段“怒吼吧，黄河”为混声合唱，音乐前奏较长，朗诵者要把握入点，并在 2/4 i765 i765 | i·i 6 i | 5 - | 之前结束，与合唱融为一体。

《黄河大合唱》在延安首演时，为八段，其中的第三段“黄河之水天上来”是词作家光未然老师自己朗诵的，当年他披着黑斗篷，站在麦垛上（严良堃老师讲述）用三弦伴奏。新中国成立后这一段始终没有出现，均以七段体演出，光未然老师也只在北京大学共青团活动中朗诵过一次。1986 年宝丽金唱片公司准备出完整版的《黄河大合唱》（八段），他们与中央乐团著名指挥家严良堃联系，严指挥找到了我，于是就有了下面筠英讲述的第三段“黄河之水天上来”恢复的故事。

1985 年夏天的一个晚上，弦和下班演出回家已是晚上了。他非常兴奋地给了我一个小本，黄色封面（已有些褪色）的书，是“黄河大合唱”的简谱本。看到我诧异的表情，弦和说：“这是中央乐团的严良堃指挥给我的，让我准备一下第三段‘黄河之水天上来’。”

因为《黄河大合唱》的其他段落弦和已经和乐团合作演出很多次，但从来没有提起过这第三段。

翻开第三段，看了诗句，又看了一下简谱，让弦和试着读前面的一小段诗，我拿着简谱试唱一下，然后用表计算了一下时间，为的是看看诗的长度和音乐的长度是否大致一样。若相差不多，可以调整诗的朗诵速度或个别段落的速度来适应音乐。

第一遍计算下来，我很惊讶，全诗的时间只够音乐的 2/3 长度，差 1/3 的时间呀！这不是调整朗诵速度就可以与音乐配合的。怎么办？我们又试了一遍还是如此，与前一次相差无几。

只有一个办法，能否把音乐缩编呢？这只有与严指挥商量了。

与严指挥约好到了他家，严指挥也约上中央乐团的作曲家施万春一起到家商量。一开始严指挥就说："你们说诗与音乐相差1/3，我考虑必须把音乐缩编，既然要改动最好一次成功。这段要以诗的节奏为主，所以你们把朗诵的节奏告诉我。"

当我们把在家里录好的朗诵的磁带拿出来，严指挥笑了："你们早就准备好了，有这个磁带就好办了。不仅是长度，而且节奏和气氛也可以调节好，这下没问题了。"

果不其然，三天后，弦和从严指挥那里拿来修改后的钢琴录音带，当时只有盒带，砖头录音机。

第一次合着音乐读诗，真是享受呀！能让你很自然地心潮起伏。段落间的变化有了音乐的衔接，节奏也变得很顺畅了。当然不能说是严丝合缝，为了能保证与乐队合乐的稳定性，我在弦和抄好的诗的每一小段前面写好音乐的旋律，这样一旦这个旋律出来，上一段还没朗诵完，可以稍微加快一点速度。如果已经朗诵完这一段，下一段旋律已出现，下一段节奏可稍微快一些。

《黄河大合唱》的第三段被人们称为"黄河大朗诵"的《黄河之水天上来》在这样精心的研究磋商后终于取得了完美的结果。

筠英回忆了这一过程，当我到中央乐团排练厅合乐时，乐务告诉大家："原来的七段很熟了，第三段第一次合，可能时间会长一些，大家要有思想准备。"没想到，一遍过呀，严丝合缝，乐队祝贺，严指挥脸上也笑开了花。

恢复后的"黄河之水天上来"搬上舞台的那一场，词作家光未然老师来了，他到后台特地找到我，紧紧地握住我的手，说了三个字："谢谢你！"他的眼里含着泪水，我感受到他的愿望实现后的激动，此情此景我终生难忘。

著名指挥家杨鸿年，也上台表示祝贺，他笑着对我说："天下黄河第一人。"这是说多年的愿望，今天实现了，《黄河大合唱》终于完整呈现了。

祖国宝岛台湾的民众，也经常演唱《黄河大合唱》，第三段恢复之后，"环球音乐"出版了"中乐京华——黄河大合唱"的CD盘，封面上特地附上了说明："本辑为一九八七年宝丽金唱片赴北京录制的巨作。由于过去这个曲目一直不完整，因而这次录音特别把'黄河之水天上来'的朗诵部分完整录音。朗诵者瞿弦和被誉为不能替代的经典诠释者，而严良堃更是指挥黄河的不二人选。从慷慨激昂的合唱部分到生动丰富的演奏表情，本曲无疑是令人热血沸腾的伟大创作。"

《黄河之水天上来》在资料上写的是"朗诵歌曲"，我理解是必须和音乐融为一体，是具有音乐性的朗诵，像唱一样的朗诵。我加进了戏剧表演的元素，那就是朗诵者要全身心投入，如同是站在黄河边上抒发内心的感悟，表达民族之声。朗诵时视像要特别具体，第三段中有这样的诗句：“黄河之水天上来，排山倒海，汹涌澎湃，奔腾叫啸，使人肝胆破裂”，“红日高照，水上金光迸裂”，“日出东山，河面银光似雪”……由于工作及演出原因，我曾在黄河源头及入海口，在青海的果洛、循化、贵德，甘肃的兰州，银川的石嘴山，山西的壶口瀑布，河南的郑州，山东的营口等地的黄河边伫立，亲眼见到黄河水的千姿百态，朗诵时会出现真实的景象。

这一段朗诵与指挥的要求，与琵琶演奏家的体现有着直接的关系。合作最多的是指挥家严良堃，琵琶演奏家张强。严指挥处理得格外细腻，张强的节奏把握得非常准确，比如：“东方的海盗伸张着杀人的毒焰，于是，饥饿和死亡，像黑热病一样传染”，严指挥处理要求朗诵“传染”的“染”字与琵琶演奏同时收住，象征“共同的控诉”，给观众（听众）留下深刻的印象。

我与著名指挥家严良堃、郑小瑛、李心草、俞峰、余隆、陈燮阳、曹丁、张国勇、邵恩等，与琵琶演奏家张强、章红艳、吴玉霞、于源春等都合作过《黄河之水天上来》，各位专家都倾注了满腔激情，都是我难忘的艺术经历。

记得有一次演出结束后，我陪严指挥一同走出后台，一位海外华人在等着见面，他说：“第三段我以前没听过，这次听了特别激动，我流泪了，因为每一位华人不论身居何处，我们血管里流的不是血，而是黄河的水。”这就是被列为20世纪“华人音乐经典”的《黄河大合唱》的艺术魅力啊！

当年首演时，第三段“黄河之水天上来”，光未然老师是在三弦伴奏下朗诵的，颇有吟诵之感。在纪念首演八十年的日子里，光未然老师之子张安东，希望能体现这一场景。他邀请三弦演奏家高伟和我合作，我们在延安鲁艺前的广场上演出了《黄河之水天上来》的三弦版。演出后，张安东兴奋极了，当晚用文字发来一段感言：“您这次创造性演绎了失传七十几年的冼星海原作三弦版《黄河之水天上来》，和高伟在极短时间内排练，达到演出的绝对成功，感谢您！您的三弦版演出是您的开创，您的再现，您的抢救历史珍宝的关键贡献！昨天的演出，观众完全没有因为大乐队静下来，只有一把三弦儿演奏而迷失，反而他们深深被您的表演感动！三弦版更古朴高远，交响乐版激扬热烈，各有精彩！”

时代在发展，经典咏流传，《黄河大合唱》有着永恒的生命力，更多的年轻演员参与到演出的行列担任《黄河大合唱》的朗诵，要与音乐融为一体，以真情实感抒发民族之情，就像你伫立在黄河边，望着黄河水，无论它是清是浊，是急是缓，它都是勇往直前。它是我们中华民族精神的象征，用声音赞美我们的母亲河吧！

《黄河大合唱》第三段“黄河之水天上来”[①]

光未然

黄河
我们要学习你的榜样，
像你一样的伟大坚强。
这里，
我们要在你的面前，
献一首长诗，
哭诉我们民族的灾难。
黄河之水天上来，
排山倒海，
汹涌澎湃，
奔腾叫啸，
使人肝胆破裂！
它是中国的大动脉，
在它的周身，
奔流着民族的热血。
红日高照，
水上金光迸裂。
月出东山，
河面银光似雪。
它震动着，
跳跃着，
像一条飞龙，
日行千里，
注入浩浩的东海。
虎口龙门，
摆成天上的奇阵；
人，
不敢在它的身边挨近，
就是毒龙
也不敢在水底存身。
在十里路外，
仰望着它的浓烟上升，
像烧着漫天大火，
使你感到热血沸腾；
其实
凉气逼来，
你会周身感到寒冷。
它呻吟着，
震荡着，
发出十万万匹马力，
摇动了地壳，
冲散了天上的乌云。
啊，黄河！
河中之王！
它是一匹疯狂的猛兽，

① 光未然：《黄河之水天上来》，收录于《黄河大合唱》。

发起怒来，
赛过千万条毒蟒，
它要作浪兴波，
冲破人间的堤防；
于是黄河两岸，
遭到可怕的灾殃：
它吞食了两岸的人民，
削平了数百里外的村庄，
使千百万同胞
扶老携幼，
流亡他乡，
挣扎在饥饿线上，
死亡线上！
如今
两岸的人民，
又受到了空前的灾难：
东方的海盗，
在亚洲的原野，
伸张着杀人的毒焰；
于是饥饿和死亡，
像黑热病一样，
在黄河的两岸传染！
啊，黄河！
你抚育着我们民族的成长：
你亲眼看见，
这五千年来的古国
遭受过多少灾难！
自古以来，
在黄河边上
展开了无数血战，
让垒垒白骨
堆满你的河身，
殷殷鲜血
染红你的河面！
但你从没有看见
敌人的残暴
如同今天这般；
也从来没有看见
黄帝的子孙
像今天这样
开始了全国动员。
在黄河两岸，
游击兵团，
野战兵团，
星罗棋布，
散布在敌人后面；
在万山丛中，
在青纱帐里，
展开了英勇血战！
啊，黄河！
你记载着我们民族的年代，
古往今来，
在你的身边
兴起了多少英雄豪杰！
但是，
你从不曾看见
四万万同胞
像今天这样
团结得如钢似铁；
千百万民族英雄，

为了保卫祖国
洒尽他们的热血；
英雄的故事，
像黄河怒涛，
山岳般地壮烈！
啊，黄河！
你可曾听见
在你的身旁
响彻了胜利的凯歌？
你可曾看见
祖国的铁军
在敌人后方
布成了地网天罗？
他们把守着黄河两岸，
不让敌人渡过！
他们要把疯狂的敌人
埋葬在滚滚的黄河！
啊，黄河！
你奔流着，
怒吼着，
替法西斯的恶魔
唱着灭亡的葬歌！
你怒吼着，
叫啸着，
向着祖国的原野，
响应我们伟大民族的
胜利的凯歌！

人民日报
《黄河》是永存的

1985 年，《人民日报》发表冼星海之女冼妮娜文章

1985 年，在香港红磡体育馆演出《黄河大合唱》，担任千人大合唱朗诵

1986 年，新中国成立后《黄河之水天上来》恢复首演

1986 年，中央电视台录制《黄河大合唱》，担任朗诵（光未然词，冼星海曲）

1986 年，在北京音乐厅中央乐团与琵琶演奏家张强合作，瞿弦和朗诵《黄河之水天上来》

2002 年，《黄河大合唱》在中国台北演出

2013年，纪念光未然诞辰百年，朗诵《黄河之水天上来》

2005 年，中央电视台纪念冼星海诞辰百年，在北京人民大会堂朗诵《黄河之水天上来》

2019 年，在三门峡黄河畔与演奏家于源春合作，朗诵《黄河之水天上来》

2019 年，在延安鲁艺旧址广场朗诵《黄河之水天上来》，与演奏家高伟合作，重现三弦伴奏

指挥家严良堃赠送的《黄河大合唱》单行本

2019 年，朗诵《黄河之水天上来》，钢琴、琵琶伴奏

2019 年，在中央电视台经典咏流传纪念黄河大合唱诞生 80 周年接受采访

2021 年，在国家大剧院音乐厅纪念建党百年，与中国国家交响乐团合作演出《黄河大合唱》

突出人物个性

——朗诵刘绍棠小说片段《蒲柳人家》

《蒲柳人家》是我在中央人民广播电台录制的第一部中长篇小说。那是 1978 年，中央电台的叶咏梅编辑让我录的是作家刘绍棠的作品——《蒲柳人家》。

我愉快而有些忐忑地答应了。因为我是教台词的，对于语言的各种表达方式都想尝试。一方面锻炼自己的语言能力；另一方面，在教学上可以用到自己在实践中的体会，对学生有更多的帮助。否则只是字面上的理论是有局限性的，容易出现狭窄的、教条的东西，但这毕竟是第一次录制中长篇小说，心中不免有些忐忑不安。

因此，我仔细地看了好几遍小说，我问，让我录这篇小说，是不是要我在塑造小说的几个人物上下点功夫？小叶说："对！我相信你用语言塑造人物的能力。"

接下来的工作就是把书中的人物列表，先从男女、老少大致分四类，男老、男少、女老、女少，然后再把性格特征标明在每一个人物下面。另一部分是人物关系，要把人物关系弄清楚。上面两大问题初步决定人物的语言特点，态度。

这部中篇小说录得很顺利，但也很累，因为生怕表达得不准确，人物区分得不鲜明……没想到，播出后效果不错。后来，我把其中一丈青大娘的段子搬到舞台上去朗诵。我的目的就是在舞台上塑造一个农村的、豪爽的大娘形象。

这个人物个性非常鲜明。其实任何文学作品，任何人物最忌讳的就是千篇一律，只有个性鲜明，才能给人留下深刻印象。

怎样才能有个性呢？一丈青大娘的语言，不仅独特、有情趣，而且有很浓郁的京味儿口语特点。仅针对她一个大嗓门特点，就有四处：第一，开场"嗓门也亮，骂起人来，方圆二三十里，敢说找不出能够招架几个回合的对手"。第二，"一丈青大娘骂人，就像雨打芭蕉，长短句，四六体，鼓点似的骂一天，一气呵成，也不倒嗓子"。第三，"看见纤夫们把裤子卷起盘在头上，便断喝一声'站住'……又吆喝一声'都给我穿上裤子'"。第四，一丈青大娘见他们不听，冲下河坡，"不能叫你们腌臜了我们大姑娘、小媳妇的眼睛"。

这些描写占据了我选的片段的1/3，从语言上看，性格特点已经很清晰了。嗓门亮堂，仗义，见义勇为，忍受不了任何不合时宜的现象。

另外作者从其他细节也配合了很精彩的描写，像对她外形的描写“大高个儿，一双大脚，青铜肤色……”、对她装饰的描写“一丈青大娘火了起来，挽了挽袖口，手腕子上露出两只叮叮当当响的黄铜镯子……”、对她行为的描写“只听咯吧一声，一丈青大娘折断了一棵茶碗口粗细的河柳，带着呼呼风声挥舞起来，把这几个纤夫扫下河去……”

对声音的处理已经不言而喻了。只要是一丈青大娘说话或是对她的描写，声音都是直直的、冲冲的、厚厚的、实实的，与叙述语言亲切的、较平淡的第三人称的语调形成鲜明对比，整篇的色彩就会凸显出来。而语言也是随着语言的长短体而自然地表达出来，如：“一丈青大娘骂人，就像雨打芭蕉，（后面要一气呵成不能喘气，向评书的表演借鉴一下）长短句，四六体，鼓点似的骂一天，一气呵成，也不倒嗓子。”

这篇小说的主体不是情节，而是人物，是人物性格特征。

在以后的演出中，我们也朗诵过作家从维熙的《北国草》，我们选择的片段是以两个中年人的恋爱为主线的，而那个时代的人都有一些“苏联”情节，与书中描写的一致。我们还在片段中用歌唱的手段突出了这一点。当时选择了苏联影片《幸福生活》中的一段对唱：“你从前这样，现在还是这样……”这样既有时代感，又丰富了演出的色彩。

《蒲柳人家》节选①

刘绍棠

何满子的奶奶，人人都管她叫一丈青大娘；大高个儿，一双大脚，青铜肤色，嗓门也亮堂，骂起人来，方圆二三十里，敢说找不出能够招架几个回合的对手。一丈青大娘骂人，就像雨打芭蕉，长短句，四六体，鼓点似的骂一天，一气呵成，也不倒嗓子。她也能打架，

① 刘绍棠：《蒲柳人家》，长江文艺出版社，2020年。

动起手来，别看五六十岁了，三五个大小伙子不够她打一锅的。

她家坐落在北运河岸上，门口外就是大河。有一回，一只外江大帆船打门口路过，也正是歇晌时分。一丈青大娘站在篱笆外的伞柳荫下放鸭子，一见几个纤夫赤身露体，只系着一条围腰，裤子卷起来盘在头上，便断喝一声："站住！"这几个纤夫头顶着火盆子，拉了百八十里路，顶水又逆风，还没有歇脚打尖，个顶个窝着一肚子饿火。一丈青大娘的这一声断喝，他们只当耳旁风。一丈青大娘见他们头也不抬，理也不理，气更大了，又吆喝了一声："都给我穿上裤子！"有个年轻不知好歹的纤夫，白瞪了一丈青大娘一眼，没好气地说："一大把岁数儿，什么没见过；不爱看合上眼，掉过脸去！"一丈青大娘火了起来，挽了挽袖口，手腕子上露出两只叮叮当当响的黄铜镯子，一阵风冲下河坡，阻挡在这几个纤夫的面前，手戳着他们的鼻子说："不能叫你们腌臜了我们大姑娘小媳妇的眼睛！"那个不知好歹的年轻纤夫，是个生楞儿，用手一推一丈青大娘，说："好狗不挡道！"这一下可捅了马蜂窝。一丈青大娘勃然大怒，老大一个耳刮子抡圆了扇过去；那个年轻的纤夫就像风吹乍篷，转了三转，拧了三圈儿，满脸开花，口鼻出血，一头栽倒在滚烫的沙滩上，紧一口慢一口倒气，高一声低一声呻吟。几个纤夫见他们的伙伴挨了打，呼哨而上；只听咯吧一声，一丈青大娘折断了一棵茶碗口粗细的河柳，带着呼呼风声挥舞起来，把这几个纤夫扫下河去，就像正月十五煮元宵，纷纷落水。

一丈青大娘不依不饶，站在河边大骂不住声，还不许那几个纤夫爬上岸来；大帆船失去了纤力，掌舵的绽裂了虎口，也驾驭不住，在河上转开了磨。最后，还是船老板请出了摆渡船的柳罐斗，钉掌铺的吉老秤，老木匠郑端午，开小店的花鞋杜四，说和了两三个时辰，一丈青大娘才算开恩放行。

1978年，在中央人民广播电台录制刘绍棠小说《蒲柳人家》

1979年，在诗会上朗诵《蒲柳人家》片段

与电台编辑叶咏梅在一起

探索风流的时代感

——朗诵纪宇诗歌《风流歌》

1982 年，当中央人民广播电台要我们朗诵这首诗时，首先吸引我们的是这首诗的题目——《风流歌》。的确，什么是风流？谁不爱风流？这是一个既吸引人又发人深思的主题。

我们一口气读完了四个章节。啊！真是一首优美亲切、深刻的诗篇。它寓意深刻，语言流畅，清新自然。诗句富于韵律节奏，诗句有规律但不呆板；感情色彩浓烈贯穿始终，但诗句的节奏有大幅度的变化。这样，使我们在处理作品时，就有了起伏跌宕的依据。

更可贵的是，这首诗的主线——风流，为我们提出了一个美学范畴的问题。这里的风流是褒义的，正如苏轼的不朽诗句“大江东去，浪淘尽，千古风流人物”、毛主席的诗句“数风流人物，还看今朝”等都是对风流的颂扬。

在现实生活中，特别是一些年轻人，追求风流，向往风流，但都不知道风流的内在实质是什么。他们追求那些表面的风流，遭到人们的嘲笑，自己还百思不得其解。

车尔尼雪夫斯基说：美是生活。那么，这些年轻人追求的风流与美和生活，究竟是什么关系呢？这篇作品对这些现实生活中碰到的问题作了诗意的回答。因而这首诗的针对性很强，对象感也很明确。

根据这首诗以上的特点，我们在处理这篇作品时，把朗诵的基调定为谈心式的。朗诵的时候，就像是在和年轻朋友们一起探索、一起研究，探索风流的外在体现和内在实质的关系，研究风流的过去和现在。所以整篇作品力求做到不叫喊、不生硬，与诗本身的风格一致。

20 世纪 80 年代在电台录音时是朗诵全篇，诗中的四个章节在男女朗诵的分配上，第一、四章为合诵，第二、三章分别为女声和男声独诵。

第二章是作为“风流”的第一人称的自述出现的。因此采用女声独诵为宜。

这一章自述的“风流”，旨在回答第一章中年轻朋友提出的问题，以风流的外貌、实质，以及它的历史引导年轻人去对比，思索今天的风流应该是什么，鼓励年轻人争做时代的风流人物。

这一章一开始就出现了鲜花、姑娘等十二个不同形象。要把这十二个形象读好，必须充分调动演员的各种感觉，把它们的共同点——“美好”强调出来。这十二个形象，我们运用虚实、快慢、高低的对比的语调来读，鲜花与姑娘要读得秀丽和含蓄；牡鹿要读出轻捷之感；雄狮则要读得有气魄；清风要读得缥缈，使人感到一只温柔手掌的摩挲；碧水要读得通畅实在；红绸要读得俏皮；甲胄要读出坚硬之感；火花要读得短促，似在闪烁；蜜酒要读得甘醇；冰河则要读得凛冽、锋利；气吞万里则应该表现出宏伟雄浑的气质。

第二小段，从“人类多长寿”至“风流人物千古不朽”，是回顾历史，在读法上吸取了一些类似戏曲韵白的念法，节奏稍放慢，使听众浸入回忆的境界。千古不朽的风流人物，都有崇高的思想情操，因此对“先天下之忧而忧”和“不扫奸贼誓不休”，这两个点睛之句必须作重点处理。读得铿锵、深沉。

最后一个段落，引导人们深思20世纪80年代的风流是什么？鼓舞人们去创造新的风流。这一段节奏要向上推，给人以充沛的力量和坚定的信念。既能表现作者的感情，又体现了时代的期冀，同时也表达了我们朗诵者的热望。

上面是1985年在《朗诵报》上发表的在电台录制《风流歌》后的感受。从1982年录制《风流歌》到2018年时隔了三十六年！沈阳沈北区宣传部给我们来电话，说让我们参加他们的诗歌节，再次朗诵《风流歌》。我们有些诧异，他们说：“你们没看网上，又重提这首诗，并把当年你们在中央台的录音播了出来，我们都是那个年代的年轻人，这首诗在当时无人不知，非常流行，喜爱朗诵的人都会背几句：风流啊，风流，什么是风流？风流啊，风流，谁不爱风流……”筠英回忆：1985年我在武汉军区电话兵部队拍摄电影《干杯女兵》，担任副导演。刚到三天，突然一个电话女兵找到我问：“您是张筠英老师吗？”“是呀。”“您是不是朗诵过《风流歌》？”我说：“是。”她说：“我跟我们班的人打了赌，我说是，她们说不会那么巧！我赢了！”不一会儿，来了一群女兵，让我签名。还说：“《风流歌》这首诗我们太喜欢了。”我问：“为什么？”“好像让我们当时的眼界打开了一面禁区，解放了一些思想，我们可以追求真正的风流了……”

这真是我没有想到的。当我们再一次被邀请朗诵这首诗时，我们想把这首诗节选得好一些，与当前的时代特点结合得更好一些，更时尚、前卫一些，更符合主旋律。

事情就是这么巧，就在第三天，我们到天津西青区演出，遇见了《风流歌》作者纪宇老师。我们说您能不能把最后一段改一改，加进当前的新事物，把当代最风流的写上行吗？纪宇老师说：“没问题！我明天回到青岛就写，写完了微信发给你。”

就这样我们压缩了前面几段，把纪宇老师加写的内容加上，改成了现在的演出版。这样就有了现代版的“歼击机”“一带一路”“两个一百年”等内容。

当我们经过三十多年，再朗诵这首诗时，想多加一些与观众的交流，加一些与合作者的交流。整体是在用诗的语言、美的声音、抒情的情调在和观众讲一个道理，和合作者探讨一个问题。否则这些美的词语便没有了针对性，没有了支撑点，会散乱而无法集中。

在双人朗诵时，男女的对话，与和观众交流是交织在一起的。

例如：

男：风流啊，女：风流（像回声一样）

第一段合：什么是风流（男女交流是探索）

第二段男：风流啊，

女：风流

合：谁不爱风流（问观众）

第五段男：风流啊，风流

合：该怎么把你理解（男女交流）

女：风流啊，风流

合：我发誓，把你追求（对观众发誓）

节选后的第 6 小段至第 11 小段是第一大段的内容。通过各种想象甚至是童话般拟人式的想象到处寻找什么是风流。这一段有优美的文字，凌空的想象，有开始的绿柳、石榴……总之主要是柔和的优美的基调。

到了节选后的第二大段（第 12 小段至第 15 小段）回答了一个问题，在新时代谁最风流。到了第三大段（第 16 小段至结尾）是全诗的重点“数风流人物还看今朝”，第 16~20 小段描写的是具体的事物。从第 21 小段开始是作者写的风流的真谛：劳动、创造、进步、爱真、爱善、爱美。对风流的追求过程正是我们实现中国梦的过程。最后两小段是高潮中的高潮，我们采用了合诵“让人民说”“让历史说”，加强对真风流的肯定。最后一小段用轮诵、合诵，重复后推向最高点——“不愧是中华民族的一代风流”。

自此之后，新演出版《风流歌》在全国很多地方演出，从黑龙江到海南、从大庆到三沙、从海南到青海循化、上海读书会……

在北京人民大会堂朗诵获得了强烈的反响和共鸣。

这个段子成了我们保留的节目，2021 年在天津南开大学、四川郎酒集团、宁夏的中卫黄河诗会等地，都朗诵的是这首诗。今后我们还会继续朗诵《风流歌》，做一个老年的、具有年轻的心的风流人物。

《风流歌》（节选）①

纪　宇

女：风流哟，
男：风流，
合：什么是风流？
女：我心中的情丝像三春的绿柳；

男：风流哟，
女：风流，
合：谁不爱风流？
男：我思索的果实像仲秋的石榴。

男：我是一个人，有血，有肉，
我有一颗心，会喜，会愁；

女：我要人的尊严，要心的颖秀，
不愿像丑类一般鼠窃狗偷！

男：我爱松的高洁，爱兰的清幽，
决不学苍蝇一样追腥逐臭；
女：我年轻，旺盛的精力像风在吼，
我热情，澎湃的生命似水在流。
男：风流呵，风流，
合：该怎样把你理解？
女：风流呵，风流，
合：我发誓将你追求；

男：清晨——我询问朝阳，
夜晚——我凝视北斗……

女：遐想时，我变成一只彩蝶：
“呵，风流莫非指在春光里嬉游？”

男：朦胧中，我化为一只蜜蜂：
“呵，风流好似是在花丛中奔走。”

女：我飘忽的思潮汇成大海，
大海说：“风流是浪上一只白鸥。”

男：我幻想的羽翼飞向明月，
明月说：“风流是花下一壶美酒。”

女：于是，我做了一个有趣的梦，
梦见人生中的许多朋友——
男：他们都来回答我的问题，
争辩着，
合：在新时代谁最风流：

① 纪宇：《风流歌》，四川文艺出版社，1982年。

男：理想说："风流和成功并肩携手。"
女：青春说："风流与创造不离左右。"

男：友谊说："风流是合欢花蕊的柱头。"
女：爱情说："风流是并蒂莲下的嫩藕。"

男：道德说："风流是我心田的庄稼。"
女：时代说："风流是我脑海的金秋。"

男：花开于春哟，叶落于秋，
历史长河呵，驾时代飞舟——

合：数风流人物还看今朝，
今朝就是实现理想的战斗。

男：新研发的歼击机，我去试飞，
核潜艇下水，四海遨游。

女：像雷锋那样热爱平凡的工作岗位，
不管到哪里，都是一台车头；

男：北斗升空，指挥着车行船走，
航母下水，舰载机像鱼鹰苍鹫。

女：一带一路，挥友谊彩绸，
环绕地球，赠四海五洲。

男：我们干的是各行各业，
我们对风流却有共同追求：

男女男：劳动、创造、进步——
合：无止无休！
女男女：爱真、爱善、爱美——
合：不折不扣！

男女：这是真风流哟，这是真风流，
把时代的彩笔紧握在手。

男女：实现中国梦，
向"两个一百年"目标招手，
在九百六十万平方公里土地上铺锦叠绣！

合：让人民说：
男：他们受过挫折，摔过跟斗，
可他们把时代的使命担上了肩头；

合：让历史说：
女：他们善于思索，敢于战斗，
不愧是
合：中华民族的一代风流……

1984 年，张筠英在母校（北京女十二中）校庆活动中朗诵纪宇诗歌《风流歌》

2018 年，应邀赴沈阳朗诵纪宇诗歌《风流歌》

2019 年，在海南朗诵《风流歌》

与诗人纪宇回忆
1982 年首诵往事

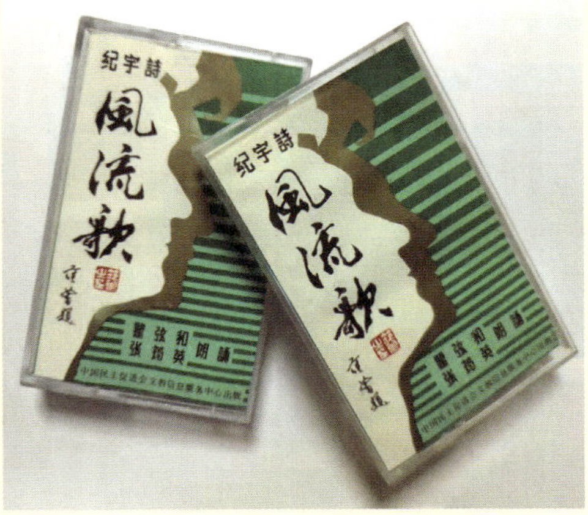

1982 年出版的《风流歌》盒式录音带

肃穆与悲情

——朗诵李瑛诗歌《一月的哀思——献给敬爱的周总理》

1 月 8 日是周恩来总理逝世的纪念日。他的逝世不仅中国人民，全世界也为之哀悼。送别那天，在他的灵车驶过的十里长街时数以万计的群众自发相送。

130 多个国家发来唁电，表示哀悼，联合国也下半旗志哀。

周总理，有人为他总结“一生六无”，称他为“六无君子”：死不留灰（撒向山山水水）、生而无后（没有儿女）、官而不显（廉洁奉公）、党而不私（从不以权谋私）、劳而无怨（把个人置之度外）、去不留言（只留一叠白纸）。

《一月的哀思》这首诗是在“诗刊社”1977 年举办大型朗诵会“纪念敬爱的周恩来总理”朗诵音乐会上演出的。这也是我第一次在大型朗诵会上演出。说起接受这篇稿子还是挺有意思的。瞿弦和去诗刊社接稿子，诗刊社的负责人说北京人民艺术剧院的董行佶老师来诗刊社说：“我呢，身体不好，不能参加朗诵会，但是我可以推荐我的一个学生叫张筠英，她声音很好，你们找她吧！”刚好瞿弦和当天来了，“诗刊社”的小高刚从部队转业，问瞿弦和能否找到张筠英，并把朗诵稿交给她，瞿弦和一口答应没问题，小高很奇怪：“你认识她，知道住在哪里？”瞿弦和说：“她住我那，我和张筠英是两口子。”大家都笑了。

因为《一月的哀思》篇幅太长，一个人不合适，我找了学院的同事冯明义一起完成。

整整一大版《人民日报》的《一月的哀思》诗篇。我中午一气呵成读完，泪水不止一次流下来。为了总理这称为“六无君子”的党的领袖人物，也为作者李瑛老师真挚的情感所打动。我们要把李瑛老师对总理的爱，对人民自发悼念的真情、把老百姓内心的汹涌澎湃的思潮表露出来，通过朗诵让《一月的哀思——献给敬爱的周总理》成为一篇彪炳史册的诗篇。

这首诗演出后成为“文化大革命”后中国唱片社出版的第一张纯语言唱片，而后又在中学课本中节选为教材。只可惜当时新闻电影制片曾拍摄了演出，却因舞台条件不够好而没有成片，真是遗憾。

诗的开始是“我不相信”，这和日常生活中我们失去亲人的感觉是一样的，那就是“他真的去世了吗”？仿佛门一开，他就会如往日一样回来……但是长安街上沉寂中的哀乐、哭声频频传来，在灵车经过长安街上自愿送总理的人一排排在马路两旁，直至八宝山。这前面的一段就是这样，从“不相信”到“相信”。我觉得只要真实的还原作家的语言语句，不用加以任何夸张的色彩，你就会把观众带到 1976 年 1 月 11 日的氛围之中，而朗诵者就是站在长安街上送灵车的人民群众中的一员。观众就会和你一样回忆、感动、流泪。

后面朗诵的段落我们节选了对总理本人的赞美。这种赞美是实实在在的。周总理在人们心中的形象就是如前所说“六无君子”式的周总理。朗诵时我们自己也是怀着百倍尊敬、万倍的怀念，真实地叙述这一史实。

经过一句“难道你真的再不能回到我们中间……”把诗的内容转到周总理叮嘱我们把他的骨灰撒向江河，撒到他一生心系的祖国大地、大江、大海。下面我们再从周总理希望祖国繁荣、人民幸福这个角度朗诵出祖国今天的景象。朗诵者不是一般的歌颂，而是怀着希望带着怀念，演出中会不自觉地在眼前浮现周总理生前影像，眼泪会自然流下来。诗的结尾，作者陷入一种似幻似梦、似真实的希冀之中，仿佛真的看到周总理活在我们中间，鼓励我们不断前进。

在这样的演出中，朗诵者与观众是在互动，互相激励，掌声和哭泣声刺激了朗诵者，朗诵者的激情让观众一次次产生激情。在这样的观众气氛的烘托中，朗诵者会找到一种创作的享受与快乐。

《一月的哀思——献给周恩来总理》（节选）[①]

李　瑛

我不相信
一九七六年的日历，
会埋着个这样苍白的日子；
我不相信
迎风招展的红旗，
会覆盖他的身躯，
我只相信
即使把他交给火，
也不会垂下辛勤的双臂。
但，千山默哀，万水波息，
微茫里，
却传来无尽的哀乐，
哽咽的汽笛。
声音，
这样悲切，
却又这样有力，
报纸披着黑纱，
电波，浸着泪滴；
每盏灯，都像红肿的眼睛，
每颗心，都在哀悼伟大的战士：
总理，
我们敬爱的周总理！
人民，怎能没有你！
革命，怎能没有你！
我要写下一首诗，
暂埋进这冰封雪覆的土地，
待明天，春满人间，
我坚信，它会萌生，
迎着阳光，
长出绿油油、绿油油的
美丽的叶子……
一九七六年一月十一日，
在中国，在北京，
一辆车，
碾过一个峥嵘的世纪。
车上
躺着一个中国共产党的优秀党员，
车上
躺着一个伟大的无产阶级革命家；
车上
躺着一个真正的生命，
车上
躺着一个人民骄傲的儿子。
一个为八亿人，
耗尽了最后一丝精力的
伟大的英雄；

① 李瑛：《一月的哀思——纪念敬爱的周恩来总理逝世一周年诗选》，上海人民出版社，1977年。

一个为三十亿人，
倾尽了最后一滴心血的
伟大的战士！
敬爱的周总理，
难道你真的再不能
回到我们中间？
假如可能，
哪怕只要一次，
我们也再也不让你
做任何工作，
只要你和我们永在一起——
我的敬爱的党啊，
我的亲爱的祖国，
他是多么舍不得离开你，
他最后叮嘱我们，
把他的骨灰，他的鲜血，
撒向江河，
曾哺育他的江河；
撒向大地，
曾生长他的大地。

敬爱的周总理，
我从铁锤和镰刀的闪光中，
看见了你；
我从边防战士坚定的目光中，
看见了你；
我从奔腾不息的涛声中，
看见了你；
我从每扇窗口的晨曦中，
看见了你。
我责备我这支笨拙的笔，
在你面前是那么的软弱无力，
但，我仍愿掘出
一年前所作的小诗，
把它重新献给你。
看，我们的党，
我们战斗的阶级，
我们八万万团结的人民啊，
正奋勇拼搏，所向无敌！
看，前面——
火红的朝阳，正腾腾地升起……

1977 年，在北京工人体育馆多次朗诵李瑛诗歌《一月的哀思》

《一月的哀思》（1977 年中国唱片社出版）

与诗人李瑛回忆《一月的哀思》首演情景

舞台的调度与情感的调动

——朗诵李瑛诗歌《比一滴水更年轻》

这首诗一看诗名就知道是一位老人写的。对！他就是有一颗永远年轻的心的诗人——李瑛。

李瑛老师和我也可以说是“忘年交”，我第一次朗诵他的诗是《一月的哀思》，那是1977年。以后每次在剧场看到他，他总是那么平和，平易近人，每次都要和我们握手，道一声谢谢！后来又有机会朗诵他女儿、诗人李小雨的诗“黄山赋”。

在我们拍摄“世纪诗人——李瑛”专辑时，我到了他的家中。采访结束时，我们请他读几句自己写的诗，他选择了这样一句：“如果能把我们的诗酿成一滴蜜、一束光或一团火，就可以以它建设新生活和尊严的城市。”没过多久，他外孙女儿来电话，说李瑛老师逝世了。我们全组人沉默了5分钟，我突然说：“重新编辑一下吧，把李瑛老师读诗放到这一集结尾，解说词改一下，作为我们对他老人家的怀念吧！”

李瑛老师在“比一滴水更年轻”中表达的是什么？一开始是写自己的退休后的生活，早晨有一张报纸，一杯茶，很宁静，但内心却心潮澎湃。他没有一天能忘了那些战斗岁月，特别是那些在战斗中牺牲的老战友。

对青春时期的回忆，表达了自己仍然保持着一颗年轻的心。他要把自己融入时代的潮流，把自己的能量发挥到极致，正如他自己读的诗一样，要把自己的诗酿成一滴蜜、一束光或一团火，为祖国的建设添砖添瓦。让自己的祖国永远向前。正如他在“比一滴水更年轻”中所说的“到前方去到前方的前方去……”

李瑛老师创作的第一首诗是“播谷鸟的故事”，诗中描述了旧社会给人们带来的饥饿、动荡、生活不堪重负。播种的季节却一片荒芜。但他起的名字却是“播谷鸟”。它的叫声是春天到来的声音，是希望之音。在之后几十年的创作中又写过两首“播谷鸟”的诗，其有这样的诗句“我的少年已成灰烬，只布谷鸟（前叫播谷鸟），只有布谷鸟的叫声，凝成粒粒坚硬的石子，在灰烬中闪光，年复一年……而今又闻布谷……还是那样年轻，多少又有些苦涩，是少年时的布谷在寻找我吗？”

从他的“播谷鸟”情节，我真的理解了“时代、生活和诗把我变成孩子”。其实生活中，衰老和青春本来就是同时并存的。

我理解了他的青春的年轻的心，甚至比我们还年轻。在朗诵这首诗时，开始是一个沙发在台中央，一束光柱直射下来，表示他在书房里沉思，是晨光照射下来。我从沙发上站起来，似乎是推开窗，走出门，在房外的小路上徘徊，直到他最激情地写下那段“隔着千山万水，我想告诉你们，我们浴血奋战的先人，我的抛骨沙场的战友，我有幸代替你们见证了今天……”此时走到另一侧台口，然后，在最后一段时配合诗句向斜前方一步步坚定地走到舞台中央，表现出“向前方，再向前方”的决心。

一个“比一滴水更年轻”的军旅革命诗人的形象终于可以显现出来。他的内心中的革命的激情终于迸发出来，终于表达出了他对牺牲的烈士们——他的日夜思念的战友的敬意、悲痛、告慰的内心的追思之感。

《比一滴水更年轻》（节选）[①]

李　瑛

当手杖
已经成为我生活的一部分
我却比一滴水更年轻
因为这个时代
因为我的祖国

每天清晨
打开窗子
第一眼看见的
总是波光闪闪的新绿
我的心便和
喷薄的太阳一起上升

生活每天都在前进
回想当年我们把自己的悲伤放在民族的伤口里
为了梦想的实现
我们的祖先夜夜蘸着胆汁磨亮刀枪
先烈们在牢墙上刻写着就义诗

我年轻时蹲在战壕里
待命出击的那一刻
还在畅想着那个渴望的世界
如今，铁血纷飞的战场和
无数草鞋踏过的泥泞小路

① 李瑛：《比一滴水更年轻》，作家出版社，2014年。

都早已被鲜花遮满

今天，在我的祖国
每双手、每副大脑
从每台电脑的键盘到车轮
都在忙碌
新科技、新生命
常使我感到神奇、迷惑和惊讶
因为这个多彩的现实
因为对幸福的向往
我比一滴水更年轻

隔着千山万水
我想告诉你们
我们浴血奋战的先人
我的抛骨沙场的战友
我有幸代替你们
见证了今天
想起这些
我便比一滴水更年轻

今天，我们已经走到这儿
我们要继续到前方去
前方就是我们要追求的
梦的现实和现实的梦
就是我们对
复兴的渴望
我们要继续到前方的前方去
纵有悬崖，纵有烈火
纵有一个个忧患和焦虑
让我们用汗和血把它们擦亮
我们要矢志不移到前方去
实现一代代人
曾经望眼欲穿的梦想

2018年，在天津演出朗诵李瑛诗歌《比一滴水更年轻》

2019年，在中国诗歌春节晚会朗诵李瑛诗歌《比一滴水更年轻》

从小道具中获得真实感

——朗诵李瑛诗歌《挽歌：哭小雨》

李瑛老师曾对我说："很多人认为我是军旅诗人，其实我也很喜欢我的军旅以外的诗。"

"哭小雨"是他感情浓重，悼念女儿——诗人李小雨的。他在李小雨的追悼会上赠给她的花圈上题的是"雨：珍重自己，请放心我；盼常到我梦中来，爸爸"这两行真情实意，慈父的心里话，谁看了，谁都要落泪。在"哭小雨"这篇祭诗中，细腻的父爱体现在每个诗句上，每个词语中，每一个描写的细节中。

在我们拍摄"世纪诗人——李瑛"专辑时，我到了他家。他坐着轮椅从卧室出来，拉着我的手说："我最近身体有些弱，因为什么你知道吗？"我说："我知道，我知道你心里难过。"他说："对，两个对我一生来说最最重要的人，我女儿小雨和夫人相继去世……"我紧紧地握了握他那很柔软的手。

李瑛老师的女儿李小雨也是一位诗人，曾担任中国诗歌学会的会长，我们是很熟悉的朋友。她写的《黄山大合唱——山赋》是我们在北京人民大会堂朗诵的。她的性格也很像李瑛老师，给我们的印象是温和、内秀、衣着朴素。

在这首诗里，父女的感情是那样亲密、深沉、入心，让你从诗的开始直到结尾都有激情的点。此诗我们经过删节，留下了十七分钟。这在单人朗诵中属于很长的了，而且这种虐心的伤感实在是不好安排节奏的起伏变化，因此我们在"世纪诗人"的拍摄中，采用"一个道具"或"一道景"引领，找出中心，围绕此中心，安排朗诵者的语句和调度。

诗中的第一、二段，作者的追思集中到哪一点呢？是时间停滞了。作者在这里想说的是，自从没有女儿的存在，家里空空荡荡，一切都停在女儿去世的那一刻——三月十一日。停滞是概念，概念光靠语言强调还不够。用什么代表呢？我们用了一本相册，重要的是让演员亲自用笔写在一张纸条上，写上"三月十一日"，放到相册的封面的小插兜里。这样一组小动作，把三月十一日这时刻彻底强调出来。朗诵者刘纪宏是总政话剧团著名的演员，他特意为自己设计了老人的化妆造型，用上衣外套披在身上，表现他军人的生活气质。他还自己借了一双旧军鞋，显示他朴素的作风。朗诵开始时，他从屋内走出，摄像特别对他的鞋拍摄了特写，突出了这些精心的设计，营造了一位军旅作家的家庭生活氛围。演员刘纪宏也从这一刻起，眼泪开始在眼圈里转，在拍摄的几个小时内一直激动不已。

第四段写道："小雨，对你的离去，我不愿告诉任何人，只想告诉它们——"它们是谁？是小鸟、小猫、小白兔、鱼……这些可爱的小动物是小雨的心爱，那作者为什么跟它们说呢？是他希望已经放飞的这些动物还可以和小雨做伴，而他自己柔弱的伤感不愿意让人们看见。在拍摄中我们用一个关鸟笼的动作特写来代表他的心情。

第七段中说到对小雨的创作，如书中提到的"红纱巾"，这里不是说的纱巾，而是小雨创作的诗集"红纱巾"。作者故意在"红纱巾"这三个字上加了引号，是用红纱巾概括小雨在他心中的印象——信仰、跃动的生命。让演员从书架上拿下这本书，让观众看到这本书，加深理解诗句。

诗歌中，悼念亲人的诗很多，也用了不同的形象，不同的话语，而这篇作品是从实物出发的，朗诵者好似在他的家里的每个与小雨有关的房间、各个角落徘徊，睹物思情，"哭小雨"这么实实在在的思念之情，感人是必然的。

《挽歌：哭小雨》（节选）①

李　瑛

谁能帮助我
将这一天从一年中抽掉
谁能帮助我
将这一天的太阳拖住
牢牢地打一个死结
让它不再升起

① 李瑛：《诗使我变成孩子》，昆仑出版社，2017 年。

这一天午夜
满天星斗打一个寒噤熄灭了
巨大的黑夜覆盖下来
世界转过脸去
北京拉上所有的窗帘
时间凝固在那儿
没有人知道
小雨，我用嘶哑的声音呼唤你
你已在千山之外
隔着风，隔着云，没有回应
空旷冷寂的病房里
只回荡着我一声尖厉的呼号
世界被撕成两半

我用树皮般苍老的手
抚摸你平静的脸
像六十年前抚摸你
细嫩红润的双颊
仍波动着天真和乳香
你哭的声音，笑的声音
唱歌的声音，诵诗的声音
一齐涌来，有的苦涩，有的甜美
六十年匆匆流过
纯净而炽热

小雨，几十年
我把家叫你
我把明天和后天叫你
我把我的欢乐和幸福叫你
把我的悲伤和痛苦叫你
现在，床上放着你最后一次叠好的被子
枕边放着你未读完的书
桌上放着你未写完的诗
茶杯里有你未喝完的茶
关好灯，你转身去了
只说声两天后就回来
轻轻地把门关上
如今，这一切都成了
埋在灰烬下的噩梦
我再不敢看你触摸过的东西
我目光碰到的都是疼痛
没有转动的眼睛、亲昵的呼唤
只小闹钟的指针仍严肃地跳着
冷冷地告诉我
离瞬间最近的是永恒
永恒是冷寂的，苍茫万古

小雨，对你的离去
我不愿告诉任何人
只想告诉它们——
你买来放飞的花翅膀的小鸟
现在在哪片白云里歌唱
院子灌木从里的流浪猫
每天有谁来吸养
菜市场笼子里的小白兔
可还有人投放菜叶和萝卜
小河里你放生的鱼
该早在哪片苇丛下长大产子

邻居家蓝眼睛的波斯猫还会
跳过来追自己的尾巴跳圆舞么
我想告诉它们
那双抱过、抚摸过它们的手
带着对它们的爱远去了
在生命的摧毁与救赎之间
在料峭春寒的倾斜的午夜远去了
不懂人间悲喜却具有
同样尊严的生命呵
一起珍重地好好生活吧

穿过失血的夜街走回家
天低下来，大地在颤动
哦，起风了
那双曾一次次搀扶着我
紧紧拉着我衣襟的温暖的手呢
灯火明灭中
蓦然发现
人生中痛苦和幸福竟离得这么近
蓦然发现
阵阵夜风吹着的是大地的死亡和诞生

雨呀，无论走多远
都别忘曾经属于你的时空
别忘生你养你、给你痛苦和希望的大地
记住长城吧，你常去的长城
从它的垛口南望的大城中
有一盏永远为你燃亮的灯
那里是你发现自己的地方
那里是家，等着你回来
重新开始

李瑛送别女儿李小雨的花圈

2017年，拍摄艺术家刘纪宏朗诵李瑛诗歌《挽歌：哭小雨》，张筠英导演

触景生情

——朗诵李瑛诗歌《我骄傲，我是一棵树》

这是诗人李瑛的代表作，也是列入中学课文教材的优秀作品，在拍摄《世纪诗人——李瑛》专辑时，由我担任朗诵。

拍摄的外景地是北京平谷区大华山西峪村，接待我们的是英俊的王永海先生，大家都叫他大海，他为我们安排了当地特色的早餐。导演张筠英召集全体人员讲述了她的构思——这首诗要突出九个字：生为树，活为民，死为煤。一定要体现出诗人的人生观。

摄制组整装待发，刚走出院门，一棵大树吸引了我，这是一棵核桃树，占地很大，树干特别粗，我让大海回屋拿皮尺，大家一量，吓了一跳，树干周长竟达一米零二，小王告诉我，他父亲小时候就有这棵树，父亲已七十多岁了，估计这是百年老树。不仅如此，此树树枝格外伸展，像一把大伞遮盖着大地。

我对导演建议说，诗的第一段落就在这里拍："……我是一棵树，我是长在黄河岸边的一棵树，我是长在长城脚下的一棵树……"

我站在树下朗诵，读到"我能讲许多许多的故事，我能唱许多许多支歌"时，就像一位饱经沧桑的老人在回忆。

朗诵者要描画出树的艺术形象，它的外部形象和内心世界，下面的诗句格外舒展自然，"我是广阔田野的一部分，大自然的一部分，我和美是一个整体，不可分割；我属于人民，属于历史，我渴盼整个世界，都作为我们共同的祖国"。此时前面先行看景的舞美人员跑来告诉导演，后山的道旁，还有一棵大核桃树，特别漂亮，我们兴奋地向后山走去。

在道旁右侧山坡上的核桃树，并没有那么大，因它地处山坡，从远处看，造型更为壮观，伸开的枝丫覆盖面积更广，因周围没有其他的高树，有点独树一帜之感。距离几十米处，导演让摄影师架好机位，因树的前方有一条清晰的山路，她让我慢慢向前走去，读出"……哪里有孩子的哭声，我便走去……哪里有老人在呻吟，我便走去……给新婚的嫁娘，做她们闪光的耳环……给辛勤的母亲，做她们擦汗的手帕"。这正是诗人"活为民"的心愿。

导演中间设置了停顿，让我从背影转成侧面，仿佛看到“小蜜蜂，小螳螂，小蝴蝶……拥抱那样多的小鸟——长嘴的、长尾巴的、花羽毛的小鸟”。要为戈壁荒滩，瀚海沙漠的手、背脊、汗珠做仆人。尽情表达诗人一刻都不忘人民的初衷。

拍摄中的第三棵树不像前两棵，它是被“放倒”的，接待方大海先生告诉我，这是为改种核桃树而采取的措施。我们看重的是这棵树留在地里的树根及显现出的年轮。

诗人在第三部分写道：“假如有一天，我死去，我便平静地倒在大地上，我的年轮里，有我的记忆，我的懊悔……那是我对泥土的礼赞，那是我对大地的感谢。”

导演希望镜头从树的年轮接至朗诵者，道具组的小沈、小郭二人不失时机地拿出事先准备好的煤块，我拿着煤块轻声朗读：“让我尽快地变成煤炭——沉积在地下乌黑的煤炭，为的是将来献给人间，纯洁的光，炽烈的热！”我的眼眶里转动着泪水，仿佛在读三个字“我骄傲”。

《我骄傲，我是一棵树》（节选）[1]

李　瑛

我骄傲，我是一棵树，
我是长在黄河岸边的一棵树，
我是长在长城脚下的一棵树；
我能讲许多许多的故事，
我能唱许多许多支歌；

山教育我昂首屹立，
我便矢志坚强不扑；
海教育我坦荡磅礴，
我便永远正直地生活；
条条光线，颗颗露珠，
赋予我美的心灵；
熊熊炎阳，茫茫风雪，
铸就了我斗争的品格；
我拥抱着——
自由的大气和自由的风，
在我身上，
意志、力量和理想，
紧紧的、紧紧的融合。
我是广阔田野的一部分，大自然的一部分，

① 李瑛：《我骄傲，我是一棵树》，江苏人民出版社，1980年。

我和美是一个整体，不可分割；
我属于人民，属于历史，

假如有一天，我死去，
我便平静地倒在大地上，
我的年轮里
有我的记忆，我的懊悔，
我经受的隆隆的暴风雪的声音，
我脚下的小溪淙淙流响的歌；
甚至可以发现熄灭的光、熄灭的灯火，
和我引为骄傲的幸福和欢乐……
那是我对泥土的礼赞，
那是我对大地的感谢；
如果你俯下身去，会听见，
我的每一个细胞都在轻轻地说：
让我尽快地变成煤炭——
沉积在地下的乌黑的煤炭，
为的是将来献给人间，
纯洁的光，炽烈的热！

2017年，拍摄《世纪诗人——李瑛》专辑

看望李瑛老师

强化心理停顿

——朗诵李本琛短篇小说《丰碑》

1997年，我在中央电视台“综艺大观”节目中我朗诵了大家熟悉的《丰碑》。作品名称意味深长，这座晶莹的丰碑立于天地之间，为万世师表。“丰”既代表着精神崇高，又浓缩着万里长征中无数英雄的群像。

电视中有现场观众的镜头，大家难以忘怀的是一位老人，他感动地摘下眼镜，擦拭泪水，真挚、动情，他就是先进典型人物——天坛医院著名的外科医生王忠诚。

他被什么情节打动呢？朗诵中有一段是这样的：狂风大雪中，一位老战士因缺少棉衣被冻死，发怒的军长让警卫员通知军需处长过来一问究竟，警卫员小声说“他就是军需处长”。讲述到这里时，我加了一个“什么”短促吃惊地问语，紧接着一个大停顿，我们称作心理停顿。停顿间会闪现出内心独白：“是他把棉衣都给了别人呀！”眼前又浮现出军需处长那熟悉的身影，感觉到雪花扑打在自己的脸颊上——再读出“军长愣住了”，这是作品中最感人的亮点，是牺牲自己把活的希望留给别人的伟大，要求朗诵者全身心投入，只有把握住这个心理停顿才有后面的“庄严的军礼”，才有“大步向前走去”，才有最后的声音：“如果胜利不属于这样的队伍，还会属于谁呢？”

2015年在国家大剧院歌剧厅演出“红军哥哥回来了”，应武警文工团之邀，我又一次朗诵了《丰碑》，歌舞演员以红军战士的身份，围坐在舞台上，我也戴上八角帽，打着绑腿，以红军战士身份出现，好似向战友们讲述自己经历过的事情。

为了突出这一心理停顿，采用扬抑扬的处理，在“听见没有，警卫员叫军需处长跑步过来”之后，有意把声音放小，轻轻地说出“他就是军需处长”。抑后再扬使吃惊的“什么”两字更为突出，这种反差使心理停顿充满震撼力，让在场的演员和观众仿佛看到了军需处长伟岸的形象——倚着枯树，冻僵的手依然伸向远方，为战友们指明前进的方向。

心理停顿来自说话的心理状态，它受愿望、情绪的支配。特别是在情节重大转折、人物感情激动的高峰、作出重大判断决定时，都必须运用心理停顿的艺术手段，增加语言的表现力，达到“此时无声胜有声”的境界。

《丰碑》①

李本琛

红军队伍在冰天雪地里艰难地前进。严寒把云中山冻成了一个大冰坨。狂风呼啸，大雪纷飞，似乎要吞掉这支装备很差的队伍。

军长早把他的马让给了重伤员。他率领战士们向前挺进，在冰雪中为后续部队开辟一条通路。等待着他们的是恶劣的环境和残酷的战斗，可能吃不上饭，可能睡雪窝，可能一天要走一百几十里路，可能遭到敌人的突然袭击。这支队伍能不能经受住这样严峻的考验呢？将军思索着。

队伍忽然放慢了速度，前面有许多人围在一起，不知在干什么。

军长边走边喊："不要停下来，快速前进！"

"前面有人冻死了。"警卫员跑回来告诉他。

军长愣了一下，什么话也没说，快步朝前走去。

一个冻僵的老战士，倚靠光秃秃的树干坐着。他一动不动，好似一尊塑像，身上落满了雪，无法辨认他的面目，但可以看出，他的神态十分镇定，十分安详：右手的中指和食指间还夹着半截纸卷的旱烟，火早已被雪打灭；左手微微向前伸着，好像在为战友指明前进的道路。单薄破旧的衣服紧紧地贴在他的身上。

军长的脸色顿时严肃起来，嘴角边的肌肉抽动着。忽然他转过脸向身边的人吼道："把军需处长给我叫来！为什么不给他发棉衣？"

呼啸的狂风淹没了军长的话音。没有人回答他，也没有人走开。他红着眼睛，像一头发怒的豹子，样子十分可怕。

"听见没有，警卫员？叫军需处长跑步过来！"军长两腮的肌肉抖动着。

这时候，有人小声说："他就是军需处长……"

军长愣住了，久久地站在雪地里。他的眼睛湿润了。他深深吸了一口气，缓缓地举起右手，举到齐眉处，向那位跟云中山化为一体的军需处长敬了一个军礼。

风更狂了，雪更大了。大雪很快地覆盖了军需处长的身体，他成了一座晶莹的丰碑。

军长什么话也没说，大步走进漫天的风雪中。他听见无数沉重而坚定的脚步声。那声音似乎在告诉人们：如果胜利不属于这样的队伍，还会属于谁呢？

① 摘自1997年中央电视台"综艺大观"台本。

1997年，在中央电视台“综艺大观”栏目中朗诵《丰碑》

2015年，在国家大剧院与武警文工团合作朗诵《丰碑》

身着红军服装朗诵《丰碑》

2016年，在甘肃兰州朗诵《丰碑》

无背景音乐朗诵《丰碑》

朗诵与现场乐队的配合

——朗诵李小雨诗歌《黄山大合唱》之《山赋·礼赞》

朗诵也不一定只靠语言这一种形式，有了音乐的配合，有时会产生意想不到的效果。与音乐的配合也有很多形式，大多数背景音乐是指预先录制好的，如果在舞台上可通过扩音设备放送，也可以与大屏幕事先合成好一起播放。

也有用乐器现场伴奏的，中乐西乐（弦乐、管乐或几种乐器的配合）也可以一种乐器伴奏，都要以诗的风格来决定。

用大乐队现场来伴奏，当然能给予朗诵很好的衬托，但大乐队的乐谱在演出时不能随意改变，特别是为诗特意创作的总谱定下来后，指挥也不能根据朗诵者临场的节奏而变化，因此常常会发生乐队已停止演奏，而朗诵者还有一些诗句没朗诵完，或朗诵者已经结束了，而乐队还有乐句没演奏完的情况。上述两种情况是很尴尬的。你可以想象，朗诵者的最后几句乐队停止了演奏，出现这样的情况，舞台上顿时显得空了许多，指挥及乐队看着朗诵者无能为力，而如果朗诵者已朗诵完，乐队还在继续演奏，那么朗诵者是鞠躬下场呢，还是无语地继续站在台上呢？何况一般情况下，诗的最后段落往往处于高潮，乐队也往往是最强音接着最强音，当这种情况出现时，朗诵者更显得苍白无力，无可奈何。

所以最好是排练时与乐队相互配合好，朗诵者要了解乐曲的段落与自己的诗句的段落能否一致。最重要的是结尾二者能否配合好。

朗诵者与乐队的开场配合大约有三种形式，一是乐队先开始演奏，朗诵者根据音乐长短在某个小节开始进入；二是朗诵者先开始，乐队听到某个乐句后开始；第三种，朗诵者与乐队同时开始。至于结尾最好是结束在同一个时刻，若不能达到，也不能前后超过几十秒。

《山赋·礼赞》是指挥家谭利华执棒。仅有的一次合乐明确了这几点：乐队开始演奏后，我们上场，到大提琴演奏主旋律 $\frac{4}{4}$ $\underset{\cdot}{5}$ - - - | 5 - - - | 6 7 $\dot{1}$ $\dot{2}$ $\dot{3}$· $\dot{4}$ $\dot{5}$ | $\dot{5}$ $\dot{5}$ $\dot{6}$· $\dot{5}$ $\dot{4}$· $\dot{3}$ | $\dot{4}$· $\dot{3}$ $\dot{2}$· $\dot{3}$ $\dot{2}$ - | 时开始朗诵。女声开始“黄山的历史上数不清有多少普通的日子……”直到

“民族前行的力量”这一句。当朗诵者后面模仿小平同志的话语时，乐队慢慢停止演奏，这里男声使用了方言，观众听清了邓小平的原话，情不自禁地鼓起掌，掀起一个高潮。同时指挥也可通过这个停顿准确调节朗诵者前面段落的节奏，即使前面快或慢了，也一点都不会影响后半段配合。

音乐停顿后开始变化节奏了，当6/8节拍的三连音在演奏中出现后，节奏变得清脆起来，后面的诗句“这是1979年的夏天”也就开始了。

后面变成跳跃式舒展音乐，当主旋律 4/4 5i i 5i i 5i i 5i i | 6· 5 4· 3 5 - | i 76 i 76 5 - | 出现后，总结的诗句“啊，黄山，你是中国新世纪的一片热土……”开始。朗诵者的激情诗句并采用男女声轮诵时“此刻我既是老人，又是孩子，既是中国，又是世界……”，正是乐队最初乐章开始的旋律再次出现，只是乐队从这里把乐曲稍加改变，形成高潮 4/4 5 - - - | 5 - - - | 4 54 321 4 54 321 | 5 4 3 2 | 5 5 4 3 2· 1 | 3 3 3 3 | 5 - - - | 1 - - - |。

在最后的诗句“幸福啊！中华民族，和谐啊，万事隆昌”时，朗诵者在突然变缓的“和谐”两字后用最强音延长后结束，正好乐队完成演奏。

演出后我们和谭利华指挥共同击掌庆贺，都觉得这是一次乐队、指挥、朗诵的完美配合实践。

《黄山大合唱》——山赋·礼赞（节选）[①]

李小雨

黄山的历史上
数不清有多少普通的日子
冬天降雪，春天花香
草木每天都要落叶。
新芽每天都在生长

但始信峰 你始终记得
那两位登临黄山的时代领袖

① 摘自2005年大型交响音乐会《黄河大合唱》台本。

两个身影
都与如画的景色融在一起
两行脚印
都那么坚定，充满力量
登高的豪情，
激扬的文字
都一样的豪迈
一样的意味深长

看 小平同志走来了
他徒步走遍黄山
挽着裤腿，拄着拐杖
一路上带着雨过天晴后的开朗和民族前行的力量
黄山是个发展旅游的好地方
要有点儿雄心壮志
把黄山的牌子打出去
这是 1979 年的夏天
他对未来中国描绘的希望
多少思考，多少鼓励，多少沧桑

江泽民同志走来了
这是二十一年后的春天，鸟语花香
脚下依旧是杜鹃红艳
身后依旧是云涛飞扬
领袖登高临风，激扬吟诵：
遥望天都倚客松
莲花始信两飞峰
且持梦笔书奇景
日破云涛万里红

啊，黄山

你是中国新世纪的一片热土，一片希望
保护世界遗产
是造福人类的千秋功业
这是中国政府向世界的保证
是中国人民对世界的庄严承诺

黄山啊，你用坚硬的山石
补充我们生命的钙质
你用漫山的绿色
为民族复兴的生命补充清新的氧
黄山啊，你经历过多少普通的日子
但每一天都是盛大的节日
不同肤色的手互相挽着，相互拉着
黄山的高度就是心与手的距离
爱是不用翻译的
就像融于自然万物的人
已成为天地间会笑的溪水
云海间翱翔的鱼和随风舞动的花朵的衣裳
此刻，我既是老人又是孩子
既是中国又是世界
啊 黄山 我们走着
我们已经分不清了
哪里是我们
哪里是你
大地 江山 人民
就这样和谐地融为一体
在宇宙 在东方
瑰丽啊，江山多娇
壮观啊，地久天长
这是神州大地的盛典
这是黄山的节日
日出东方
让我们举起手臂，与黄山共筑
幸福啊，中华民族。
和谐啊，万世隆昌

2006年，在北京人民大会堂朗诵李小雨诗歌《黄山大合唱》之《山赋·礼赞》，指挥谭利华

节选的要素

——朗诵李英儒小说片段《野火春风斗古城》

一部好的小说往往会被改编成电影、改编成电视剧、话剧、歌剧。有时也会被朗诵者选中。但变成朗诵是有一定时间限制的，一般是 7 分钟至 10 分钟。

将一部洋洋几十万字的小说节选好，必须要做到将故事情节交代清楚，人物形象要鲜明、生动，起承转合要脉络清晰。

我在 2019 年春节前被邀请给少年儿童演出，面对孩子们，一般现代诗歌有些内容不合适，而熟悉的古诗文孩子们又都能背诵，万不可轻视现在的孩子们啊。

于是我想到在一次广播学会组织的朗诵会上我朗诵过《野火春风斗古城》的小说片段，那是中央人民广播电台叶咏梅编辑给我选的。

翻出原稿后，又找出小说，我重新组织了一下，故事情节就确定下来了。抗战时期，地下党领导杨晓冬由于叛徒的出卖而被捕入狱。而伪军司令高大成同时逮捕了杨晓冬的母亲，并抓来一起审讯，企图利用杨的母亲对杨劝降。在节选的片段中杨的母亲一开始并未出现，这样给听众留个悬念，难道整个片段就是审讯一个人吗？不是的。观众完全知道一个共产党员在敌人面前是不会屈服的！后来呢？通往晒台的门开了，杨晓冬母亲出现了，紧接着，安排了高司令的劝降手法，而杨的母亲一一回绝，最后杨的母亲出人意料地推开通往晒台的门跳了下去，这样主要的情节链条就清晰了。当然这中间都是一波三折的细节，如审杨政委，高大成用道歉、拉拢等手段，而对杨的母亲更是威逼、蒙骗、酷刑……使得情节既明白又丰富。

短短的几分钟塑造了几个人物呢？杨晓冬政委、杨妈妈、高大成及高的卫兵。小说的语言分成两大类，叙述语言和人物语言。今天说说人物的语言的表述。

正面人物杨晓冬是正气凛然的气质，虽然遍体鳞伤，但仍中气十足，语气应是坚定的，但对敌人不用大声喊叫，而是蔑视。

杨母是老人，语言自然有些虚弱，对儿子由于很久未见的思念，加上看到儿子遍体鳞伤的悲痛，对付高司令的机敏，形成她的语言既柔和又坚强，既悲情又淡定的一位高大的母亲形象。

而高大成这个人物既狡猾又狠毒，既想高高在上指挥一切，又心虚，是卑躬而虚伪的伪司令，可用男声中较高又带鼻音或喉音的腔调，与杨政委语言有天壤之别。还有一个小人物，高大成的走狗，虽是只言片语，但也要塑造一个刽子手的凶狠走狗的形象。

正如我在“谈演播长篇小说的人物塑造”中说：“必须在音域大致相同的人中间，找出他们的差别。”比如此篇中的三个男性人物要在男声音域中用个性和适当的高低来区别。

为了使观众更直接地分辨几个人物的形象，可为几个人物设定好审讯室基本的人物所在位置。左、右、中间……特别是把晒台的位置固定，最好从杨的母亲一进来，到最后冲出去奔向晒台，中间的活动路线清清楚楚展现出来。这样才能使这位英雄母亲最后的壮举一目了然，不会让观众由于人物活动的杂乱无章而扰乱观众的思绪。

小说或其他文学形成的节选，还要注意起—承—转—合，特别是节选，往往注重了情节和人物，没头，没尾，让观众不了解人物所处的历史环境和深处的既定情境。所以“起”时要加一些解释性的语言，为了加强此篇的文学性和主题思想，由古诗“离离原上草，一岁一枯荣”开始，再用简洁的语句介绍是在抗日战争时期，然后把英雄杨晓冬的身份、反面人物高大成的身份都介绍清楚。

起、承、转、合在这个小说片段中是如何安排的呢？因为观众不容易从你说的第一句话就进入你描述的既定情境中。所以先朗诵“离离原上草，一岁一枯荣。野火烧不尽，春风吹又生”作为引子。然后介绍这篇小说的时代背景——抗日战争时期；人物——英雄母子；故事情节——母子见面却成永别。这个小说片段是从这里开始的，也就是起、承、转、合的“起”。

然后是介绍故事的开始的地点、人物身份、被捕受伤及国民党警戒司令的形态，这些介绍不过用了100多个字。简单的介绍作为“承”。

下面第二段就是“转”，转到开始讲述故事情节，从审讯杨政委开始→母亲上场→母亲意味深长的叮嘱→突然奔向晒台，母亲牺牲自己来解除儿子的忧虑。

最后“合”，用诗一样的语言提升英勇就义的精神层面，并以景物拟人来回应这感人的壮举。

起—承—转—合这样才算完整。少年儿童听得明白，朗诵者也会得到小观众的回应。这篇歌颂英雄母亲的小说节选也就比较完整了。

《野火春风斗古城》（节选）①

李英儒

离离原上草，一岁一枯荣。野火烧不尽，春风吹又生。

今天我给大家讲一个抗日战争时期英雄母子的故事。为了胜利，为了人民，母子见面却成永别，他们在敌人面前不低头、不屈服，浩气长存。

地下党领导杨晓冬政委，由于叛徒的出卖被捕了，在狱中已经被折磨得遍体鳞伤。

今天的审讯地点是在国民党警戒司令高大成楼上的办公室。高大成的态度此刻异常温和："哎呀呀，这几天叫你受委屈了，别看我是个粗人，其实我很想和你这人交朋友。而你也应该为自己的亲人考虑考虑吧？"

"亲人？我现在没有，不，老百姓是我的亲人。"

"呵呵，好吧！请！"

说着通往晒台的门打开了，房间里的灯光也亮了，一位白发苍苍、头发凌乱的老人出现在门口。

杨政委一时惊呆了："妈——"

"儿子！"

"站住，不许动！"

"妈！您老人家比谁都明白，要说就说该说的。"

"儿子，妈懂，妈明白。"

高大成拿着一份文件，走到杨政委面前，"好吧！本司令今天就成全你们娘俩，只要你能在这个信件上签个字就成！怎么样"？

"明白了，看来我今天是非死不可了。"

"你倒想一死了事，没那么便宜！本司令今天改变了办法，叫你们娘俩交替着受刑，互相参观，娘要是疼儿，娘就先签，要是儿子心疼娘，儿子就先签，这主意好不？看你们签不签。"

"慢着，怎么也得让我和儿子说几句话吧？儿子听我的，让我来劝他！""可是？好。"

① 李英儒：《野火春风斗古城》，人民文学出版社，2005 年。

“你们退下。”

娘俩刚走到一块，杨政委双手抱住母亲，焦急地说：“妈！在这当口，要把住！咱们写出的每一个字都有千斤的分量，这些老人家您明白。”

“明白，完全明白！冬儿，你抬起头来，看着妈妈的眼睛。”

“好！妈！”

“冬儿，别认为妈有你这样的儿子是受了连累！妈是觉得露脸，对了，有件事忘了告诉你，妈替你选中了一个姑娘，我已经把那个戒指给她——，明白吗？”

“明白。”

这时一个声音高叫着：“高司令，先收拾儿还是先收拾老太太？”

“两个一起吊起来！”“等一下，我再跟儿子说一句话。”

杨老太太双手抱着儿子的脑袋，揉了揉他头发，热泪滴在儿子脸上！忽然，她猛然把儿子一推，向阳台边跑边喊：“冬儿！我的好儿子，我不累赘你！为了抗日战争的胜利，为了后代子孙的幸福，你坚持到底吧！”说完，她跨过护栏，低头猛扎，从三楼跳了下去。

天空乌云遮月，大地，一阵夜风吹得白杨树作响，为这位英雄母亲奏起悲壮的哀乐！

2005年，在北京北展剧场纪念反法西斯战争胜利六十周年活动上朗诵李英儒的《野火春风斗古城》片段

赞美科学与艺术的相伴

——朗诵李松海诗歌《相伴的琴声》

上海清华校友合唱团的视频在网上火了，平均年龄 74 岁的老人们唱着“祖国不会忘记”感染了亿万人。团长刘西拉教授和他夫人陈陈教授也进入了人们的眼帘。1991 年，在央视节目中，我们与他们有过一次难忘的合作——诗朗诵《相伴的琴声》。他们用小提琴和钢琴担任现场伴奏。

这首诗讲述的就是刘西拉和陈陈的故事，他们分别是清华大学土木系和电机系 1965 年毕业生，是改革开放以来取得博士学位第一对回国的留美夫妻，回国后根据专业需要分别在北京和上海工作。我们的经历有许多相似之处，我们是 1965 年中央戏剧学院表演系毕业生，毕业后筠英留校任教，我奔赴大西北到青海省民族歌舞团，青海省话剧团工作，同样经历了分离和团聚。但远不及他们对国家的贡献，他们是我们学习的榜样。导演让我们两对夫妻，在同一节目中出现，就是为了体现“琴弦上爱的旋律”。

节目开始，刘西拉和陈陈开始演奏，依然是他们爱情生活中经常一起演奏的熟悉的段落，从陈陈为刘西拉独奏音乐会担任钢琴伴奏开始，他们的演奏曲目包括贝多芬的《春天奏鸣曲》，莫扎特的《第五小提琴协奏曲》等众多名曲，但导演要求今天的演奏要与诗的内容相结合。

这难不倒他们，开始抒情的旋律体现着琴声的组合，少男少女心波的荡漾。诗人以“又是琴声”，描绘了“初恋花朵开放”，以“还是琴声”描写他们在太平洋彼岸携手并肩、刻苦学习，再回到“月圆如初的故乡”，朗诵这几段时，我们俩站位很近，相互交流好似讲述自己。

下面我们有意安排各自走向舞台不同方向，单人读出自己的心声，男声表达“琴声”是绵长的情思，女声回应“琴键”可以做证。

当一起读出“琴声今又响起”，我们俩又走到一起，并将目光投向他们的演奏区，结束在诗句“奏出更美的乐章”。真不知是他们为朗诵伴奏，还是我们为伴奏解说。

这次合作之后，我们两家人一直保持着联系，他们在电视节目中看到我们的朗诵，马上发来信息谈观感，我们得知他们的活动，也致电祝贺，这次为他们校友会合唱团点赞，他们在微信中回复了宋代苏轼的词“老夫聊发少年狂”，抒发“不服老”的心态，我想“琴弦上的诗歌”还会填写新的内容，让我们共勉。

《相伴的琴声》①

李松海

每当夕阳西下，夜幕降临，
便有一曲悠扬的琴声向人们诉说着一个动人的故事。
那还是久远的一次聚会，
是这琴声的组合使一对青年男女心波荡漾。
随着花开花落，燕来燕去，
又是这琴声使初恋的花朵开放。
在那太平洋的彼岸，
还是这琴声激励他们携手并肩，发愤图强。
金钱的世界，
没有打动他留住急切回归的心。一对博士生伴着这琴声
又双双回到月圆如初的故乡。
再美好的事业也难免有所缺憾，
为了各自的选择，
他们不得不天各一方。
不要说他们不懂得爱情，
他们深深地知道
人生的含义不限于这两个字的容量。
不要说他们不懂得生活，
为了更多人的团聚，

① 摘自1991年中央电视台文艺晚会台本。

为了攀登科学的巅峰，
就需要多一些理解，多一些原谅。
请原谅我亲爱的，
我的爱不会因为两地而改变，
这震颤琴弦可以做证，
多少个夜晚，
我仰望满天星斗，依窗抚琴，
我的琴声就是我对你绵长的情丝。
亲爱的请相信我，
我的爱不会因为岁月而消减，
这跳动的琴键可以做证，
每当月上枝头的时刻，我独伫窗前，
我的琴声会唤起我对你的无限思念。
分离，琴声难免牵动几多忧伤，
分离，他们绝没有半点的哀怨和惆怅，
诚然，那琴声也有欢乐，
那是他们欢聚团圆的时刻。
诚然，那琴声还有更多的激情，
那是他们有所作为，有所成就的时光。
听，那琴声今又响起，
它向人们讲述着平凡，
它向人们讲述着高尚。
那琴声今又响起，
他们并没有因为自己的选择而遗憾，
他们深知心的结合怎能用尺度来衡量，
他们没有为逝去的岁月而遗憾，
他们懂得他们付出的值得。
那琴声今又响起，
愿那琴声能带来更多的欢乐。
那琴声今又响起。
愿那琴声能奏出更美的乐章。

1991 年，在中央电视台与科学家刘西拉、陈陈夫妇合作朗诵李松海诗歌《相伴的琴声》

将乐观与信念贯穿全诗

——朗诵邵燕祥诗歌《假如生活重新开头》
朗诵邹荻帆诗歌《走向北方》

改革开放初期《诗刊社》组织了多种主题的朗诵会走进校园。我在诗会上朗诵过诗人邵燕祥的作品《假如生活重新开头》。诗人邵燕祥为人热情，朗诵演员都爱跟他聊天，这位个头不高的副主编，总是笑眯眯的，问长问短，从演员们到达剧场就边走边聊，到达休息室还说个不停。他还想方设法给朗诵演员发点演出补贴，直到现在，大家还说“他是个好心人”！

当年诗刊社组织演出的陈爱仪回忆说：邵燕祥组织诗人们举办创作讲座收门票五毛钱，诗人讲课后“诗刊社”赠送钢笔表示答谢，而集中起来的听课费，补贴给参加朗诵的演员们，虽然非常微薄，但很暖人心。

《假如生活重新开头》这首诗写作的时代恰逢“拨乱反正”之时，社会经济发展走上正轨，人民生活有了好转。邵燕祥以积极的心态、饱满的热情写下此诗。全诗语言通畅，情调激扬，感情丰富，有催人奋进的感染力量，受到不同年龄段的读者欢迎，也是诗会上经常选用的作品。

此诗 1979 年创作，1980 年在《人民日报》上发表。

全诗分成六节，内容分别是告别过去、风雨同舟、相互信赖、坚持真理、光明普照、走向未来。

可以看到《假如生活重新开头》不仅是诗的题目，也是每个段落的领句。

前三节是诗人对朋友们发出的心声，要读得亲切自然，好似新老朋友重新聚集在一起时的交谈，体现出对生活前景的乐观和期待。可以发现，每一节的收尾都是积极的，“愉快地回头一挥手”“让我们紧紧地拉住手”“忠实和信任最醇厚”，一定要有热情。

第五节，则是诗人对历史现象的反思和审视。要读得慢，读得清楚，要唤起人们的回忆，这是站在历史高度上的回忆，不要读成埋怨和气馁，“该欢呼的欢呼，该诅咒的诅咒”，多么开阔的胸怀！

而诗的最后一节，应把“生活却能够重新开头”中的“能够”二字强调出来，这是对领句中“假如”的回应，表达诗人对未来的一种信念，相信未来一定会比过去进步，明天比昨天更长久。

这首诗把诗情和哲理结合在一起，读起来美而有内涵，韵脚清晰，朗朗上口，朗诵爱好者很喜欢，广为流传。

“诗刊社”另一位领导邹荻帆也是学者型的诗人，我和他有一次难忘的相聚，地点在北京“欧美同学会”院门外不远处的小餐厅。他请我喝咖啡，在那个时代，这是很时髦的消遣啊！

交谈的内容很广，喜欢的作品、朗诵的风格、诗会的形式……我很自然地提到朗诵过的诗《走向北方》，这是他 1938 年的诗作。

他说：“我听过你朗诵这首诗，前后两种冷暖色调的处理很鲜明。”

这是一首表现走向抗战最前线的诗（当时他是全国文艺界抗敌协会发起人之一），也是诗人邹荻帆的代表作。全诗六个段落，色彩鲜明，感情炽热，表达了保卫祖国的坚定信念与顽强斗志。

诗一开始，“穿过了滴绿的树林与淡墨水的远山，赭石色的大路上，我们以沉重的脚步走向北方”。这是对行军的描写。

朗诵时不应有“沉重”的语气，而是以坚定的口吻读出战胜艰难困苦的决心，“树林”“远山”“大路”都要体现北方大地的广阔无垠，既不是轻松的描绘，又不要理解成“贫瘠”，而是热爱土地，一寸土地也不能丢。要读得慢而稳。

诗人邹荻帆在诗中饱含着炽热的情 “祖国呵，我们为着争求您的自由与光明，灼热的心无时不是在追逐着遥远的风沙，而不辞万里的行程啦。”“遥远”“万里”体现着抗战的路途，艰难而漫长，重音要突出。

诗的后半部分，我很喜欢。诗人以“烛火”表示跳跃的心，以“星火”体现“全民抗战”，特别是“烛火跳跃着”重复了两遍，这正是激情的爆发，要读得干脆有力。

第一遍要读出反问：“烛火以微弱的光剪破了黑暗，我们微弱的力量将也能如一星燎原的火而递燃着四万万五千万支灯芯焰吗？”语速稍快。

第二遍读成肯定：“烛火跳跃着，我们以红色的笔勾写着明天的计划与行程，在明天啊，我们更将坚决勇敢地走向北方的北方。”特别是“北方的北方”，要充满信心和决心。

《假如生活重新开头》①

邵燕祥

假如生活重新开头
我的旅伴，我的朋友——
还是迎着朝阳出发，
把长长的身影留在背后。
愉快地回头一挥手！

假如生活重新开头
我的旅伴，我的朋友——
依然是一条风雨的长途，
依然不知疲倦地奔走。
让我们紧紧地拉住手！

假如生活重新开头
我的旅伴，我的朋友——
我们仍旧要一齐举杯，
不管是甜酒还是苦酒。
忠实和信任最醇厚！

假如生活重新开头
我的旅伴，我的朋友——
还要唱那永远唱不完的歌，
在喉管没有被割断的时候。
该欢呼的欢呼，该诅咒的诅咒！

假如生活重新开头
我的旅伴，我的朋友——
他们不肯拯救自己的灵魂，
就留给上帝去拯救！……
阳光下毕竟是白昼！
时间呀，时间不会倒流，
生活却能够重新开头。
莫说失去的很多很多，
我的旅伴，我的朋友——
明天比昨天更长久！

① 邵燕祥：《假如生活重新开头》，《人民日报》，1980年1月1日。

《走向北方》节选①

邹荻帆

穿过了滴绿的树林
与淡墨水的远山，
赭石色的大路上，
我们以沉重的脚步
走向北方。

北方是广阔的，
那些线条模糊的地
我们走近了，
更想望着
那更远的
萦在白云下
爬上青苔的古城，
以及插上瓦松的黑色的屋脊。

烛火跳跃着，
灼热的心也随着烛光跳跃着呀！

祖国呵，
我们为着争求您的自由与光明，
灼热的心无时不是在追逐着遥远的风沙，
而不辞万里的行程啦。

烛火以微弱的光
剪破了黑暗，
我们微弱的力量
将也能如一星燎原的火
而递燃着四万万五千万支灯芯焰吗？
烛火跳跃着，
我们以红色的笔
勾写着明天的计划与行程，
在明天啊，
我们更将坚决勇敢地走向北方的北方。

1938年7月

① 邹荻帆：《邹荻帆诗选》，人民文学出版社，1997年。

1979年，朗诵邹荻帆诗歌《走向北方》

1981年，朗诵邵燕祥诗歌《假如生活重新开头》

异曲同工

——朗诵何平诗歌《从石库门到天安门》朗诵欧震诗歌《百年交响》

《从石库门到天安门》这首诗是在朗诵会上经常出现的佳作，今后也会长期选用。诗中有两处独具特色，一是诗人使用了“关着一个闷热的季节”，并用码头工人的“姿势”与“雕像”象征着时代背景。二是诗人将“国际歌”和“东方红”两首著名歌曲连在一起，将全诗推向高潮。

我曾以三种形式在舞台朗诵过此诗：单人朗诵、集体朗诵、舞蹈演员造型配合朗诵。三种形式各有优势，一个人体现更便于掌握节奏，充分表达朗诵者个人的理解，可用低沉的语调读出码头工人的处境，也可以用拉长的语速读出“从遥远的北方传来的雷声”，更可以根据个人理解用不同的节奏，或快或慢地处理“一个拳头，又一个拳头，无数个拳头”“一颗头颅，又一颗头颅，无数颗头颅”。

而集体朗诵有助于增强朗诵的气势，烘托氛围。2016 年庆贺党的十九大召开的诗会在上海市委党校举行，朗诵此诗的除来自影视、戏剧界的六位老中青三代艺术家外，组织了三十名上海戏剧学院的学生担任群诵。

从舞台场面看，在大屏幕上“石库门”“天安门”的画面前，集体朗诵的同学分站在不同高度的台阶，显得格外有气势，“一个拳头，又一个拳头，无数个拳头”由男声、女声、集体声接替出现，形成鲜明的动势，而最后男声读“英特纳雄耐尔”的旋律，女声读《东方红》便从黄土高坡唱遍全中国，再合诵“中国人民从此站起来了”，真是气贯长虹！

2018 年我再次朗诵此诗，导演选择了十几位舞蹈演员参与，他（她）们统一身着白衬衣黑裤或裙，按照诗句的描述，组成不同的造型，其中码头工人弯腰弓背的被压迫者的雕像，为朗诵营造了生动的气场，而与会者庄严宣誓的场面也形成了“一个阶级的图腾”。舞者与朗诵者融为一体，增添了吸引力。

一首诗可用不同的艺术形式来展现，而不变的是朗诵者对事业的追求。朗诵此诗有一个小插曲，在集体诵队伍中，我发现了一张熟悉的面孔，大家叫她小姚，我们曾在中国教育电视台“中国艺考”中相识，她喜爱朗诵，一心想投身到语言艺术工作行列，她的表现给我们印象颇深。没想到，一年之后，她考取了上海戏剧学院。而在这首诗的集体朗诵中她格外认真，总能细心理解导演的要求，相信她会取得更大的进步，这也许是对朗诵者的希望吧！

2021年为庆祝建党百年华诞，应上海图书馆邀请，我们夫妇二人朗诵了这首诗，又是一种新的形式。可能因为是表演系的同班同学，又是结婚五十多年的老夫老妻，配合起来非常默契，用上海儿童艺术剧院老院长金安歌的话来形容：“换气点都一样，一般合诵者很难做到这一点。”他夫人接着说：“衔接点和语调变化也特别自然。”回想起来，我们的朗诵与单人、集体朗诵仍是一样的，那就是突出共产党的前赴后继的精神，“一个拳头，又一个拳头，无数个拳头”，我们用坚定、逐渐加强的语气轮诵，读出党在艰难困苦条件下不断壮大；“一颗头颅，又一颗头颅，无数颗头颅”，我们用沉痛、悲壮的轮诵节奏，展示“为有牺牲多壮志，敢教日月换新天”的大无畏勇气。而全诗的结尾，我们将诗句“中国人民从此站起来了”这句毛主席的话分成三个停顿，男、女、男重复，“中国人民”“从此”“站起来了”，最后二人合诵“中国人民从此站起来了”，配合掌心向上的手势，形成震撼之感。

在庆祝建党百年的活动中，诗人欧震创作了一首长诗“百年交响”。这首诗与众不同，如同交响乐章，将红船、雨花台、雪山、长城、木桨、纪念碑、军号、戈壁、窗口、新时代十个地点和实物拟人化，均以第一人称“我”出现，诗句朴实而真挚，形成诗的交响。

当我们看到这首长诗后，便萌生了一个想法，邀请全国不同地区、不同艺术门类的艺术家在线上接力朗诵，有话剧演员、电视台主持人、电台播音员，也有诗人自己。

我们根据每位艺术家不同的音色和各自的强项，请他们为十个段落录音，我们二人承担了序曲和尾声。

中国戏剧家协会、中国诗歌学会、北京电台在平台上线播出后，引起了强烈的反响。

2021年7月烟台图书节分会场举办诗会，又选择了这首长诗，现场的舞台上仍是朗诵接力，有灯光、布景的配合，诗意更鲜明。序曲部分有纱幕投影，满天的星斗里，我在追光中出现，朗诵出“仰望着满天星斗，它们眨着眼睛，仿佛一个个闪光的文字，”此时纱幕开始提升，我读出“叙述着这个百年的故事”，观众感觉一部史书翻开了。

《从石库门到天安门》①

何　平

一百年前的七月
上海石库门关着一个闷热的季节
一个让整个民族都透不过气的季节
黄浦江畔
码头工人弯腰弓背的姿势
凝固成一个时代被压迫者的雕像

十三个平均年龄二十八岁的书生
悄悄走进法租界的一条里弄
兴奋地期待从遥远的北方传来的雷声
他们要同劳苦大众一道
用铁锤镰刀作为摧毁旧世界的武器

作为一个阶级的图腾
一个拳头，又一个拳头，无数个拳头
面向她
庄严宣誓
一颗头颅，又一颗头颅，无数颗头颅
为了她
慷慨赴死
就像高尔基笔下的勇士丹柯
他们高举自己燃烧的心
点亮共和国的黎明

当“英特纳雄耐尔”的旋律
成了陕北农民口中的“信天游”
《东方红》便从黄土高坡唱遍全中国
二十八年后的天安门城楼上
一声洪亮的湖南口音响彻云霄
中国人民从此站起来了

① 何平：《从石库门到天安门》，《解放日报》，2017年11月1日。

《百年交响》[①]

欧　震

序曲

今夜，我站在时光的河岸上
仰望着满天的星斗
它们眨着眼睛仿佛
一个个闪光的文字
在叙述着这个百年的故事
我站在时光的河岸
我听见风在呼啸、浪在奔腾
那是激荡在岁月里的回声
它们就像一个个音符，铿锵绽放
被谁的手指
弹奏成一曲惊天动地的交响

十二、永远的旗帜

这一百年就是
一首气吞山河的诗篇
这一百年就是
一幅波澜壮阔的画卷
这一百年里，
在任何时候，在任何地方
总有一面旗帜在我们的眼前飘扬

它有热血的颜色，有烈火的温度
它有永恒的初心，有信仰的力量
这就是最美的中国之红
今天，
它屹立在两个一百年交汇点上
就像明亮的灯塔
指引着中华民族梦想的方向

① 摘自欧震新诗《百年交响》发布现场台本。

2011 年，在上海与舞蹈演员合作，朗诵何平诗歌《从石库门到天安门》

2017 年，在上海电视台与艺术家曹雷等合作，朗诵《从石库门到天安门》

2021 年，在上海图书馆朗诵《从石库门到天安门》

单人朗诵《从石库门到天安门》

2021 年，线上播出欧震诗作《百年交响》

静中之动

——朗诵严阵诗歌《英雄碑颂》

这是一首充满激情的诗，2004 年北京电视台“放歌中国”节目中我们朗诵了此诗。

也许有人认为，歌颂革命先烈的诗，有许多具体英烈名字，具体革命征途中的大事件，自始至终应当是高昂的。

在准备过程中，头尾的诗句给我们留下深刻印象，它以开始的“静悄悄”到结尾的时候“不是静悄悄”，描述了在碑前瞻仰者的心态，平静的思考，至内心的翻滚。朗诵时应充分体现“静中之动”。

开始的诗句，“停下脚，请抬起头仰望，请脱帽，要静悄悄”，把人们引入在广场、在烈士陵园、在纪念碑前参观瞻仰的情景。老中青三代特别是高举星星火炬队旗的少年儿童，列队行队礼的画面一幕幕闪现。庄严、肃穆，没有多余的声音，朗诵者应抬头凝视前方，缓慢读出“静悄悄”。有了这样的开始，才能把握住全诗的基调。

随着诗句的展开，我们可以用男女声分别读出英烈方志敏、李大钊、殷夫、叶挺、王孝和、刘胡兰的名字，要注意对他（她）们事迹的描述，因为这些描述正象征着他们精神的伟大。

诗句中对大家熟知的大战役，我们用节奏的变化，表现我们克服各种艰难困苦、经历漫长的战斗过程才取得了最后的胜利，这一部分应突出胜利“来之不易”。

这首诗有一段语重心长的警示，那就是：老同志们、新同志们、做妻子的、做丈夫的、做儿女的、做父母的——在碑前应当思考什么，这又是“静中之动”，朗诵时要营造静的环境，自然亲切的提出问题，把自己融进思考的人群，而不是凌驾他人之上，也就是说你本人也就是思考者之一，这样能使大家都静下来，扪心自问。

全诗结尾的诗句是“碑前不是静悄悄”，我们没有采用高昂的语调，反而把语调再次恢复到开始的基调，用低沉的、缓慢的、肯定的语气读出“不是”的重音。

《英雄碑颂》[1]

严　阵

走过天安门广场的同志：停下脚，
请抬起头来仰望，请脱帽，
欢乐和幸福吗？暂且把它忘掉，
英雄碑前，要静悄悄……

风雨交加之日，你会听到黄河咆哮，
它二十年代的巨浪，似雷滚电啸！
云霭迷离之夜，你能听见长江怒号，
它三十年代的狂涛，如山崩山倒！
月光蒙蒙，碑下走着方志敏，
哗啦，哗啦，是他脚下沉重的铁镣！
曙光微微，碑前站着李大钊，
他那灰色的长衫，被薄雾笼罩！
灯影里，殷夫的笔仍旧沙沙作响，
星光下，叶挺的剑正在嚓嚓出鞘！
不死的王孝和还怒视着阴森的枪口，
忠贞的刘胡兰正迎向那血染的铡刀！
风沙里时有时无的是森林般的长矛！
啊！雨雾茫茫，茫茫雨雾中，
雨雾中若隐若现的是火焰般的梭镖！

啊，大渡河的波涛上，弹光万道，
啊，金沙江的急流里，桨橹如搅！

---

① 摘自2004年北京电视台文艺晚会台本。

逐鹿中原啊，每一条道路都在抖动，
横渡长江啊，每一朵浪花都在燃烧！
多少英雄的冲杀声全在这碑前缭绕
多少同志的鲜血织成霞光如潮
老同志们：听到你战友的声音吗？
新同志们：可听到你前辈进军的号召？
做妻子的：听听丈夫最后的怒吼吧，
做丈夫的：听听妻子高呼的口号！
做儿女的：听听父母的慷慨悲歌吧，
做父母的：听听儿女热血的呼啸！
多少没有说完的话在烈士胸中奔腾啊，
你要听吗？英雄碑前能够听到！

为了今天，先辈们曾付出了多大的牺牲啊，
为了明天我们肩上的分量该有多少
走过天安门广场的同志：停下脚，
请你抬起头来仰望，请脱帽，
烈士们的目光正瞧着我们啊，
英雄碑前，不是静悄悄……

2004年，在北京电视台录制严阵诗歌《英雄碑颂》

逆境中的激情

——朗诵佚名诗歌《战火中的婚礼》

这篇作品是作者为电影《惊沙》首映式创作的。应电影制作方及电视台邀请，我们朗诵了这首诗。

这首诗最大的特点是一开始就是极度的激情状态，因为规定情境的特殊，处于极度危难状态，怀孕的她增加了对未出生的孩子的愧疚，而丈夫企图救她更使她焦急……因此，高调地开始是必然的。

为什么她会处在这样的情境中呢？生活是创造的源泉。我们在朗诵前了解了《惊沙》这部影片的时代背景——1937 年战争时期，红军的西路军受到重创。300 名后勤战士在零下 20 摄氏度衣不蔽体、缺少弹药的情况下，对抗国民党 7000 余人的围攻，守城三日，最终胜利突围。

这样惨烈的战争环境，人物在命悬一线的时刻，英勇就义的英雄主义精神，他们的侠骨柔肠真的是催人泪下，感人至深。

这首诗当我们第一次通读时，已经泪挂满脸。什么点最感人呢？就是直插人们最脆弱内心的那一点——对在腹中的婴儿的倾诉。这个未出世的孩子的命运牵动着人们的泪泉。

往往人们在通读作品时，最感动人的点，朗诵者在以后处理作品、演出作品时都不能忘记这一点，要抓住这点，突出它。每次演出时都要体现这个点的情感，像初读时那样。当然，这一点也许在作品中出现几次，也许你的激情高点不在同一句，不在同一段，不在同一词上。但这条线是不会变的。

这首诗除了“孩子”这一条线，还有与丈夫的远距离的喊话（对话），为什么说“喊”呢？因为两个人在诗中始终没有身体的接触，似乎他们的对话是心灵感应一般，特别有那种夫妻之间默契之感。在回忆中，更让人能想象到他们是那么恩爱，在生死关头，他们只想着对方的安危，不愿让对方有丝毫的损伤，因此当他们把未举行的婚礼做终身的希望时，我们又一次被感动。这是第二条情感线，也是诗的主线。这条线是逐步加强，逐步升级的，所以节奏也逐步升级。

当然在我们强调节奏紧迫，语调起步较高的同时，还要注意不要大喊大叫。因为规定情境中还有另一面，女主角已经被捕了，而且受伤很严重，她被敌人压制，不仅身体有无力的一面，并且还有对孩子的不舍和对丈夫的担忧……因此，她的激情多半都是压抑的、柔情的。还有我们前面提到的，似乎是心灵的对话，交谈，所以只能在第三段中“不，不要过来”“开枪吧”，有爆发的时刻。

同时，还要注意夫妻二人的勇敢无畏的乐观主义精神，不然这首诗会从头到尾是伤悲的、哭腔的。

整体来看，全诗是一波接一波，一浪接一浪，要区别开：一、叙述战地情景的语句；二、对象是腹中婴儿类似独白的语句；三、对丈夫的劝阻和对话。最重要的是紧接慢唱，节奏就会紧凑，与规定情境的惨烈战斗过程相辅相成。

我们综合以上三种语言表达的形式，结合前面对全诗的分析，就能很好地运用自己的声音特点与合作者一同创造出一篇生动、感人的作品。

《战火中的婚礼》①

佚　名

男：那一刻我是如此挣扎
外面炮火连天你坚毅如山
快走啊我的新娘
女人不应该属于这里的硝烟
女：那一刻我也如此挣扎
一起走过长征两万五千里
怎能在这风沙里轻言放弃

女：我肚子里的生命我的孩子
多想带你走啊

① 摘自电影频道电影《惊沙》首映礼晚会台本。

可你的娘是红军
男：那一刻敌人抓住了你
炮火在眼前纷飞子弹在耳边呼啸
热血在全身奔袭
我追啊追不上你
不，我要救你，
不管什么代价死也要死在一起
女：那一刻敌人抓住了我
打光了子弹砍钝了大刀
挣扎着挣扎着哪怕还有一丝力气
孩子，妈妈对不起你
你还没有来得及看一看这世界的光明

女：不，不要过来，
不要做无谓的牺牲
还有更艰苦的战斗等着你
男：不，桂芳，
我不能就这么看着你被敌人抓走
不，为什么被抓住的不是我而是你
不，你可知道我此刻生不如死万箭穿心啊
女：老韩，我不能当俘虏
开枪啊我不能当俘虏
开枪吧开枪吧
男：不，桂芳　你答应过我
孩子的名字你来起
不，桂芳　你答应过我
等革命胜利了一起回家种地
不，桂芳　你答应过我
我们还要补上一次堂堂正正的婚礼
女：老韩你给我记住
我生是你的人死是你的鬼不离不弃
你给我记住啊老韩
我们的名字是红军
永远不怕牺牲
永远屹立天地
男女：你给我记住啊
你也要记住
等到革命胜利的那一天，
你（我）欠我（你）一个婚礼

2011 年，在中央电视台电影频道电影《惊沙》首映式上朗诵
《战火中的婚礼》

站在历史的高度

——朗诵宋紫峰诗歌《西柏坡之歌》

西柏坡的名字，全国人民都熟悉，它位于河北省平山县，是革命圣地之一。震惊中外的辽沈、淮海、平津三大战役，党中央都在这里指挥，党的七届二中全会也在这里召开，人们说“新中国从这里走来！”

我曾多次来这里参观学习，并在慰问演出中朗诵了《西柏坡之歌》。

这首诗有三个大段落，每个段落都是这样开始——“无数的人来到这里，想探寻一段足迹，想揭开一个谜底”，提出了三个重要的问题引起大家思考，一是“红旗为什么这样绚丽”；二是“土坯屋里藏着怎样的神奇”；三是“警钟的余音怎样回响在新世纪”。

朗诵者一定要把探寻的三点问题提问清楚，而答案，诗人均形象化地用实物回应，第一问用“浪花”“柏树”讲述了“一块空地、一个布棚”的故事；第二问用“梨花”“石碾”讲述了“无形的雄鹰”怎样起飞；第三问用“青瓦”“沙粒”讲述了“土坯屋、大海碗”。朗诵者要把这些实物亲切地描述出来。我们每一位到过西柏坡学习的人，都忘不了“中共中央旧址”，忘不了那个院落，特别是看到“柏树”“石碾”“青瓦”更有身临其境的感觉。

音乐编辑选择了富有河北民间风格的笛子独奏曲开始，人们似乎来到滹沱河畔，站在马蹄弯旁，听浪花唱歌，听柏树诉说。

在土坯屋一段，在“嘀嘀嗒嗒的奏鸣声”一句时，又出现了电报按键的声响，仿佛电波传向祖国的东南西北，党中央指挥千军万马奋勇前进。

这首诗充满回忆，探寻初心，但结尾却是举重若轻，我们党的领导人，高瞻远瞩，“谈笑风生挥毫泼墨”，“纵情绘下东方喷薄的日出”。朗诵者的眼神里应充满必胜的信心，正如毛主席所说“发扬革命传统，争取更大光荣”。

我还朗诵过诗人程步涛的诗《在西柏坡观作战地图》，这首诗从一幅来西柏坡参观学习的人们必看的地图讲起。

朗诵时，平静地叙述“作战地图”的出现——“如今，所有交战过的地方早就没有了堑壕和堡垒，没有了前沿，也没有了后方……只有这幅作战地图依然悬挂在墙上”，这是提醒，生活在和平年代，不能忘记过去，不能忘记西柏坡光荣的革命历史。

当读到地图上“那些红的箭头、蓝的箭头……像秋天斑驳的树叶”时，朗诵者要有历史的沧桑感和形象感，慢慢地再读出“由绿而黄，由黄而褐，冰雪覆盖之后，又是一个新的年轮。”

诗人把西柏坡这个“小小的村庄”，描绘为“一个最寒冷的季节”中翻卷呼啸的“一面旗帜”，朗诵时应处理成全诗的高潮。

诗的最后，诗人把“窗扇”和“心扉”巧妙地融在一起，西柏坡就是向历史敞开的窗扇，朗诵者要发自内心读出“红日从我心头驰过”，“在硝烟与战火的托举下公然上升”。

《西柏坡之歌》①

宋紫峰

无数的人来到这里
想探寻一段足迹
想揭开一个谜底
想知道镌刻着斧头镰刀的红旗
为什么会在此变得更加绚丽

滹沱河里的浪花说我告诉你
马蹄弯里的柏树说我告诉你
这里曾经有过一个山沟
一个简陋的布棚曾撑起在一块空地
棚前摆满一片片石头

① 《西柏坡之歌》摘自网站喜马拉雅，https://www.ximalaya.com/renwen/15942553/438867822。

然而很快——它们都变成了飞鸽
扇着金色的翅膀
飞向了东北、华东
飞向了中原、华北
飞向了陕北高原的黄土地
于是无数泛黄的地契
在熊熊大火中付之一炬
鸽子也倏然化作界石
永远竖立在一亿农民二千年梦想成真的笑脸里
从此，才有了车轮滚滚
从此，才有了打不烂击不垮的人梯

无数的人来到这里
想探寻一段足迹
想揭开一个谜底
想看一看泥灰匝顶的土坯屋
究竟裹藏着怎样的神奇
小院里的梨花说我告诉你
门前的石碾说我告诉你
一只只无形的雄鹰曾从这里旋起
用苍劲的翅膀搏击长空
用深邃的目光俯瞰大地
于是，历史开始在这里断代
宽敞的道路将在这里开辟
这里的土坯屋曾经亮着通宵不熄的灯光啊
在星光辉映的夜幕里
一双双凝神的眼睛
一个个穿梭的脚步
悄然定格为小屋内外的特写
渐渐沉淀为大山永不消逝的记忆
在嘀嘀嗒嗒的奏鸣声里

一道道电波横空而出
穿越江河湖泊和无数山头
像一根根五彩丝线
撒向怒火雄风的枪弹炮膛
牵起祖国的南北东西
一时万千的林木化为利箭
大小江河掀起怒涛
远山近岭发出狂吼
在大地的震颤声中
普天而降的神兵
判定了一个王朝的覆灭
在崭新的黎明中
一次次吹响奋勇前进的号笛
无数的人来到这里
想探寻一段足迹
想揭开一个谜底
想明白土坯屋敲响的警钟
绕梁的余音又怎样回响在一个新的世纪

滴水檐上的青瓦说我告诉你
石阶下沙粒说我告诉你
这里的土坯屋没有明亮的玻璃
一层薄薄的棉纸糊在窗棂
然而它却抗拒着冰霜
抵挡着酷暑的侵袭
这里的大海碗虽然没有太多的油滴
但它曾盛着橙黄的小米稀饭

还有滹沱河里令人垂涎的鱼
一群身穿补丁衣服的丹青妙手
曾在这里谈笑风生挥毫泼墨
纵情绘下东方喷薄的日出

2015年，与艺术家张淑华等在西柏坡纪念馆参观学习

细节中展示理想

——朗诵陈觉、赵云霄绝笔家书
朗诵《左权家书》

陈觉、赵云霄是夫妻，更是革命先烈，他们留下了遗书，像无数“烈士诗抄”一样，千古流芳。

2001年，央视“东方之光”文艺晚会的导演王宪生，让我们在晚会中把陈觉、赵云霄的遗书展示给大家。看到稿件时我们都流泪了，陈觉的遗书写给爱妻赵云霄，而赵云霄的遗书是写给他们亲爱的小宝宝启明的。

如何展示，通过实践，我们有三点体会。

一是突出“高风亮节”，这两封遗书，表现了革命先烈对待生死的泰然，共产党员为理想献身的大无畏的精神。陈觉在遗书一开始就写道“我即日便要处死了……你也迟早不免于死”，结尾处又写道：“死又何憾”。赵云霄对小启明写道：“永别了……不要忘记你的父母是怎么死的”。在生死关头平静地写出这些文字，我们不由得想起“砍头只当风吹帽”的歌词，朗诵时不必使用高亢的语调，观众反而能感受到他（她）们的高风亮节。

二是把握“情真意切”，两封遗书中都有对长辈的关切，陈觉写有“前日父亲来看我时……其诚是可感的”，“我想起了我死后父母的悲伤，我也不觉流泪了”，赵云霄写有“托付给你的祖父母来养大”，要读清楚，不宜过快。

都有对孩子的关爱和嘱托，赵云霄深情地写道：“我的小宝宝，你是个不幸者，生来不知父亲是什么样，也不知母亲是如何人”，陈觉对云霄说“你已有身孕，不可因我死而过于悲伤”，云霄在最后呼唤“小启明”“小宝宝”之前，还语重心长地写道“希望你长大好好读书，才不负父母的期望”，这些语句要读得口语化，这是烈士的心声。

还要注意遗书中有对爱情的憧憬。云霄在遗书开始就告诉宝宝“启明是我们在牢中生你的时候为你起的名字”，启明，开启光明的人，两个字要慢读，而陈觉在遗书引用了唐代诗人李白“长恨歌”中的“在天愿为比翼鸟，在地愿为并蒂莲”，后面还写了“夫妻恩爱永，世世缔良缘”，这几句可以舒展开，为“谁无父母，谁无儿女，谁无情人”做铺垫。

三是抓住“激情爆发点”，我们相信每一位朗诵者在展示这篇作品时，都是充满激情的。激情点的处理有各种方法。

陈觉的遗书，我们把“宁愿玉碎却不愿瓦全”，“我们遗志自有未死的同志来完成”这两句作为激情点，这是共产党员人生观的集中表达。赵云霄的遗书，第一句中，在“你才有一个月零十几天的时候”之后，处理了一个情感停顿，然后再读出“便与你永别了”，读到“你不要恨我”这句时，想到一个母亲不能陪儿子长大，心里的悲痛到达的极点，可运用颤音处理。遗书的最后两句“我的小启明，我的小宝宝”是含泪的呼唤。

演出是在中央组织部礼堂举行，观众中有许多党的领导干部，也有部分青年学生，镜头中看到他们真情的流露，有的含泪聆听，有的悄悄地擦拭眼泪。

编导组在面积不大的舞台上分成了几个朗诵区，我们这组节目，被分别安排在两侧的平台上，以示陈觉、赵云霄是夫妻，但不是相互的直接交流，抒发的却是共同的革命理想。导演的处理取得了很好的效果。

2015 年，中央电视台新闻联播中增添了“红色家书”的内容，导演让我朗读左权将军的家书的节选，在北京电影学院录制。2019 年，中国国际民歌节在山西左权县举办，主办方委派我和丁建华朗诵“左权家书”节选。两次实践，体会深刻。

革命先烈的家书、遗书，不仅表达了坚定的信念，更有乐观情趣和纯真的爱情。

“左权家书”是左权同志壮烈殉国前三天写给爱妻刘志兰的信，信中写道：“有时总仿佛有你及北北与我在一块玩着、谈着，特别是北北非常调皮，一时在地下，一时爬着妈妈怀里，又由妈妈怀里转到爸爸怀里来，闹个不休，真是快乐。”这一小段书写了“天伦之乐”，细节中充满了对孩子、对家庭的爱，然后感叹“可惜三个人分在三起，假如在一块的话，真痛快极了。”

革命先烈格外热爱生活，信的第二段就写道：“我也种了四五十棵洋姜，还有二十棵西红柿，长得还不坏”。这些生活细节，朗诵时要自然、真实、清楚。而家书中的“志兰！亲爱的：别时容易见时难，分离二十一个月了，何日相聚？念、念、念、念”要真挚、深情。“二十一个月”要有“二十一年”之感，“何日”中的“何”字，要作为重音，四个“念”字要有鲜明的节奏，慢、断读出前两个“念”字，后两个“念”字可连贯读出，仿佛再写眼泪就止不住了。

在“左权国际民歌节”演出时，广场舞台中央有左权将军的巨幅画像，我们特地佩戴了白纱巾，以示对革命先烈的悼念，也象征着烈士对革命的忠贞。

陈觉、赵云霄绝笔家书[①]

云霄我的爱妻：

这是我给你的最后的信了，我即日便要处死了，你已有身孕，不可因我死而过于悲伤。

你也迟早不免于死，我已请求父亲把我俩合葬。以前我们都不相信有鬼，现在则唯愿有鬼。“在天愿为比翼鸟，在地愿为并蒂莲，夫妻恩爱永，世世缔良缘。”前日父亲来看我时还在设法营救我们，其诚是可感的，但我们宁愿玉碎却不愿瓦全。我想起了我死后父母的悲伤，我也不觉流泪了。云！谁无父母，谁无儿女，谁无情人，我们正是为了救助全中国人民的父母和妻儿，所以牺牲了自己的一切。我们虽然是死了，但我们的遗志自有未死的同志来完成。“大丈夫不成功便成仁”，死又何憾。

我的小宝贝：

启明是我们在牢中生你的时候为你起的名字，你生于民国十八年正月初二日，你的母亲在你才有一个月零十几天的时候便与你永别了。

小宝宝，我明白地告诉你，你的父母是共产党员，你的父亲死于民国十七年阳历十月十四日，你的母亲死于民国十八年阳历三月二十六日。

我的小宝宝，你是个不幸者，生来不知父亲是什么样，也不知母亲是如何人！我们什么也不能给你留下，甚至是一张照片。你不要恨我，要恨就恨当时的环境，

我的小宝宝，当我死的时候你还在牢中。我们不能不把你托付给你的祖父母来养大，希望你长大不要忘记你的父母是怎么死的，希望你长大好好读书，才不负父母的期望，

我的小启明，我的小宝宝！

---

① 吴青岩主编：《品读红色家书》，中央文献出版社，2006年。

《左权家书》①

左权，抗日战争期间八路军中牺牲的职务最高的指挥员。他壮烈殉国前三天写给爱妻刘志兰的最后一封信。

志兰：

就江明同志回延之便再带给你十几个字。乔迁同志那批过路的人，在几天前已安全通过敌之封锁线了，很快可以到达延安，想不久你可看到我的信。希特勒“春季攻势”作战已爆发，这将影响日寇行动及我国国内局势，国内局势将如何变迁不久或可明朗化了。我担心着你及太北，你入学后望能好好地恢复身体，有暇时多去看看太北，小孩子极需人照顾的。

此间一切如常，惟生活则较前艰难多了，部队如不生产则简直不能维持。我也种了四五十棵洋姜，还有二十棵西红柿，长得还不坏。今年没有种花，也很少打球。每日除照常工作外，休息时玩玩扑克与斗牛。志林很爱玩牌，晚饭后经常找我去打扑克，他的身体很好，工作也不坏。

想来太北长得更高了，懂得很多事了，她在保育院情形如何？你是否能经常去看她？来信时希多报道太北的一切。在闲游与独坐中，有时总仿佛有你及北北与我在一块玩着、谈着，特别是北北非常调皮，一时在地下，一时爬着妈妈怀里，又由妈妈怀里转到爸爸怀里来，闹个不休，真是快乐。可惜三个人分在三起，假如在一块的话，真痛快极了。

重复说我虽如此爱太北，但是时局有变，你可大胆按情处理太北的问题，不必顾及我。一切以不再多给你受累，不再多妨碍你的学习及妨碍必要时之行动为原则。

志兰！亲爱的：别时容易见时难，分离二十一个月了，何日相聚？念、念、念、念！愿在党的整顿之风下各自努力，力求进步吧！以进步来安慰自己，以进步来酬报别后衷情。

不多谈了，祝你好！

叔仁

五月二十日晚

① 左太北：《左权家书》，中央党史出版社，2014年。

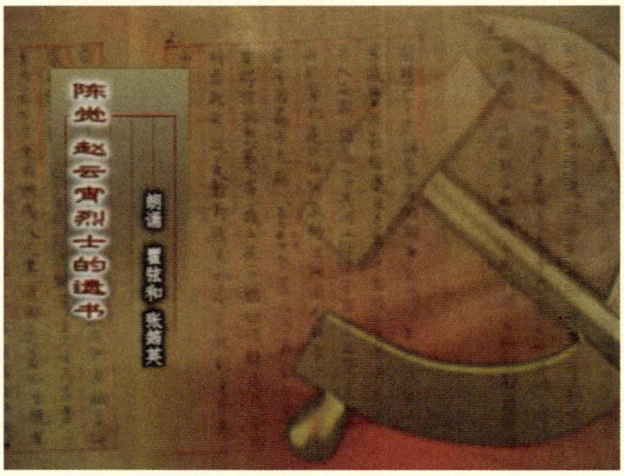

2001 年，在中央电视台“东方之光”文艺晚会朗诵陈觉、赵云霄烈士遗书

2015 年，在中央电视台新闻联播中朗诵《左权家书》

2019 年，在左权国际民歌节与艺术家丁建华朗诵《左权家书》

小石子的运用

——朗诵陈述彭散文《石子的心声》

在诗会上歌颂科学家的作品不多见，然而“石子的心声”却是有影响的一篇。它的作者是我国著名的地球物理学家陈述彭院士，也是他的文集的前言。

这场诗会是2006年科技部、教育部、共青团中央、科协等单位联合主办的科技活动周的重要活动。诗会命名为“科学经典名篇演诵晚会”，导演叶咏梅邀我们参加，我告诉她，演出那天我从外地乘机飞回，《石子的心声》这篇作品我很喜欢。

作者一开始就写明“石坚是母亲呼唤我的乳名。后来也曾用它作为笔名。今天，我再次隆重地用它作为这部文集的书名，为的是让祖国、母亲再次听到儿子的心声”。作者写的几个段落中，分别描述了石子的形象，并以“不起眼的石子”，“普通的石子”表达，自始至终没有离开“小溪大河冲刷和搬运的”石子。

我选择了一粒河卵石作为手中的小道具，不大，但很光滑，上面还有清晰的纹络，这是筠英收藏的众多石头中的一块，我觉得有一定的代表性。

我以平和的语气开始，把握“真实”“亲切”四个字，右手不时举起这块小石子，唤起大家的联想。

作者以“游戏的石子”“坚实的石子”“漂亮的石子”等不同种类描述了生活中大家熟知的种类，而且恰如其分。如“孩子收起，作为游戏的弹子，放在衣兜里，得到珍惜和抚爱”，如坚实的石子“伟大的设计师建筑宫殿，铺垫康庄大道，大批大批用作栋梁之材”，如漂亮的石子被精选“镶嵌在花园小径，七彩壁画上”……有了这些才引到作者最想表达的，扎根生活在人民中的普通石子，它们不羡慕特殊的石子，仍留在大自然溪水泉边，伴随着野菜的芳香，依偎着森林的清新，沉湎于大自然的宠爱，赋予地球村以美丽的明天。

这正是科学家的博大胸怀，以自己的实实在在的劳动奉献给祖国和人民，其乐无穷，这正是石子的本色！也正是朗诵者必须表达的。

这次演出的经历，也想与大家分享。我答应演出当天从外地回北京。参加下午走台，可谁知飞机误点，降落在首都机场时，离开演只剩一小时十五分钟，别说走台了，连能否赶到都成了问题！我告诉司机小马，尽全力，找近路赶往清华大学礼堂。导演叶咏梅告诉我，剧场后台的演员们也做了预案，一旦赶不上，中央电视台的主持人马斌就顶上。

在路上我不停地与小叶电联，问她“演到哪儿啦”？我的节目位置是下半场的倒数第三个，司机小马想尽办法寻找车流较少的路段，我急得满头大汗。车进入清华大学院内，叶导告诉我：“你前面的节目已朗诵到一半。你背得不熟没关系，我们准备了夹子，主持人报幕时会听我通知，我看见你了就按原计划，见不到你马斌就上。”

清华大学礼堂有悠久的历史，是典型的老式建筑，后台门离舞台很近，但门外距汽车停车道还有近百米距离。车一停，我就跳下车门，喊“我到啦”！小叶导演立即向台口喊“来啦”，主持人报出我的名字，我就拿着小石子冲上舞台，竟然一秒都不差。

我圆满完成任务，熟练地朗诵完《石子的心声》，当我走下舞台，叶咏梅导演说：“谢谢！谢谢你精彩、惊险的演出。”

《石子的心声》（节选）①

陈述彭

石坚是母亲呼唤我的乳名。后来，在新中国诞生的前夕，也曾用它作为笔名。今天，我再次隆重地用它作为这部文集的书名，为的是让祖国、母亲再次听到儿子的心声。尽管儿子已经耄耋之年，声音已经那么嘶哑，文字那么苍白无力，但总是一片赤子之心啊！

石子随着小溪、大河的冲刷和搬运，只要它是坚实的，它就会无处不有，随遇而安的。这就是母亲对儿子的心愿。我也时刻记着母亲的祝福，任凭风吹浪打，惊涛骇浪，总是扎扎实实地在河沟的底层，不停地向前折腾滚翻，摔打着自己多余的棱角。但是决不粉碎自己的良心，即使折磨得遍体擦痕，却无损于晶莹的光泽。

石子，毕竟是不起眼的石子，只不过因为它比较坚实而已。它从三座大山里的小溪奔流而出，蜿蜒曲折，年复一年：领悟过湘江白沙井层砾石的纯洁；惊叹着石头城的巍峨与血迹斑斑的雨花石的深沉，更有幸能在西子湖旁的校园里，经受比西泠印社还著名的许多大师们的几番琢磨，从而脱胎换骨，像石猴出世一般，从大山压顶的困境中挣扎出来，似乎也算是有用之材，可以升堂入室了。有时曾在盆景中的一角，供贵宾欣赏；偶尔还趴在书桌上，舞文弄墨，打扮成一枚名章玉玺。甚至漂洋过海，去对比北欧的大陆冷碛石的多样性；去黄石公园对比比自己还年轻的玄武岩样品。或者和收藏的几块巴西的火山弹切片，或者和青年学者从南极不远万里带回来的顽石，和家乡父老乡亲赠送的大理石屏陈列在一起，点缀简陋的斗室。

石子毕竟还是普通的石子，不过在地球科学家的显微镜下，可以剖析它的表面擦痕，可以从纹理中读出它经历的风雨，从它的磨圆度和轴向排列，推测它们搬运的距离；从它的晶体找到它的根源。任何雕琢粉饰，都不会改变它的内在本质——来自祖国文化的母亲心灵的烙印。

① 摘自《科学经典名篇》，科技活动周印制，2006年5月25日。

石子，仍然是那颗不起眼的石子，但是，由于它是比较坚实的，它就永远是那么泰然自若。当它夹杂在荆棘丛生的莽丛中时，默默地埋没在泥土里面，几经毒蛇猛兽的践踏。当它偶尔被好奇的孩子们发现，掇拾起来，作为游戏的弹子，它才被当作宝贝儿放在衣兜里，得到一点儿珍惜和抚爱。只有伟大的设计师需要建筑辉煌的宫殿，需要铺垫康庄大道的时候，坚实的石子才会被大批大批地用作栋梁之材。当然只有用来镶嵌花园小径和七彩壁画的时候，那些特别漂亮的石子才会被精选。如果石子它的确是坚实的，是不会羡慕它们的。因为只有那些仍然留在小溪山泉边的大大小小的许多石子，伴随着野菜的芳香，依偎着森林的清新，沉湎于大自然的宠爱，赋予地球村以美丽的明天，才是石子的本色，才会其乐无穷啊！

2006年，科技活动周诵读会节目单

2006年，在科技活动周朗诵陈述彭的散文《石子的心声》

集体朗诵要借力发力

——朗诵陈文玲诗歌《我亲爱的祖国》

集体朗诵一般是指两人以上的团体式的朗诵。作为朗诵者恐怕没有人没参加过集体朗诵。作为普及朗诵的一种常见的形式，无论是小学、中学、大学、事业单位或公司的聚会还是电视台的演出，都经常出现。

特别是一台诗会或朗诵演唱会，作为开场或压轴节目，往往是集体朗诵，如果全体演员一起上场，应该是演员的主力阵容以及晚会主题的体现，分量应该是重量级的。

一般的朗诵（单人或双人）是没有指导的。比较大型的或情景式的晚会，在彩排时导演会有一些调度要求，包括队形、服装、人与人的衔接，等等。

集体朗诵的第一事是需要分配好诗句，需要合诵的地方，必然是本篇的重点之处。最突出的点的合诵一定要整齐合一，力量强大，晚会的收尾才会成功。

以我们巡回演出为例，我们选择的诗是陈文玲的《我亲爱的祖国》，所有的演员分为左右两大阵营，前排是两位领诵男演员。

这首集体朗诵诗总结起来，其形式我们运用了：第一，领诵者两人担任主要的诗句；第二，全体重复其点题的句子“我深深爱着我的祖国”；第三，二位领诵各自带领左右边齐诵；第四，左右边对诵；第五，领诵与全体齐诵。

这样五种形式，加上音乐烘托，应该说诗句可以立体化了，有氛围了。分成左右两边的小集体可邀请当地演员参加，这也是演员之间的交流与互动。另外，为了让当地的演员敢开口，我们可以把左右两部分齐诵的词录好，把全体齐诵的词先期录音，如果舞台上没有那么多的话筒，也可达到完整的统一效果，而领诵的演员是当场领诵，录制好的集体朗诵声音要调整到与现场声音一致。

集体朗诵有很多可以探究的。大家会发现，有些集体朗诵是散沙一盘，有些是各自争奇斗艳，争高调，结果没有节奏，没有主题的体现。

所以在排练中导演要先从思想上把大家统一起来，那就是要有集体主义精神。要统一在诗的基调上，统一在全诗的语调、节奏变化中。要让每一个朗诵者明白自己是在推别人上去的次要位置上，还是站在高处的重要位置上。

集体朗诵中编导要注意：无论是分配诗句，还是安排节奏、语调的变化，一定要先把诗句吃透，先是自己心中把脉络捋清，把中心思想的段落、次中心的段落、铺垫的段落、高潮段落分清，然后按照演员的特征、特点分成各种不同的组合，以适应诗句的需要。试读后，要告诉演员，谁的句子是重点，谁是要帮他推上去的，每个段落，每个人的诗句，与其他段落，其他人的衔接，是断开另起，还是顺势向上……要让每个朗诵者心中都有统观全局的意识，而不是各自为政，全诗会变得很顺畅。

俗话说借力发力，不要多力散力。千人同志则得千人之力，万人异心则无一人之力。

发挥整体的力量更有感染力。再强调一下，集体朗诵，必须从思想上统一，就是要有集体主义精神。

《我亲爱的祖国》（节选）[①]

陈文玲

领 1：山有山声，水有水韵，国有国风。
　　　我深深爱着我的祖国。
　合：我深深爱着我的祖国。
领 1：我默默感受着母亲清晰的脉动，
　　　我美丽母亲的飘然长发，
　　　牵动五千年中华文明。
　　　寰宇因您而精彩，
　　　世界因您而生动。
　　　五星红旗飘扬在您的上空，
　　　世界民族之林，腾起了巨龙。

① 陈文玲：《颍川诗草：陈文玲诗词选》，中国文联出版社，2011 年。

领 2：浩浩正气，荡荡长风，气势非凡。
我深深爱着我的祖国，
您蕴含着历史的厚重，
承载着千年的萦梦，
凝聚着人民的意愿，
饱含着母亲的真情。
领 1：我亲爱的祖国，
您曾经兴起过楚汉雄风，
创造过唐宋繁荣，
领 2：演绎过近代革命，
书写过水墨丹青，

领 1：唐诗宋词元曲汉赋和诗经，
是母亲的心绪
低声吟诵的动人歌声

领 2：我亲爱的祖国
您也曾遭受过铁蹄的践踏，
饱尝过民族的苦难，
经历过岁月的峥嵘，
领 1：但不论怎样，您都有一种百折不挠的坚韧，
领 2：经久不息的激情，
领 1：拔地而起的气概，
领 2：开放包容的心胸。

领 1、领 2 合：我亲爱的祖国，
全　体：我亲爱的祖国，
右全体：您就是我们的归宿，
您就是我们的光荣，
左全体：您点燃时代的火焰，

您迈上改革开放的征程，
右全体：您启动民族复兴的巨轮，
鼓舞着我们阔步前行，
左全体：您孕育着儿女们的境界，
激荡着儿女们的豪情。

领 1：您就是我们的依恋，
领 2：您就是我们的憧憬，
领 1：我们的水墨，
领 2：我们的丹青。
领 1：我们的诗篇，
领 2：我们的感动，
领 1、领 2 合：我愿意把一切献给您，
愿意为您奋斗终生。
领 1、领 2 合：我亲爱的祖国
全　体：我亲爱的祖国，
右全体：我的理想，我的生命。
左全体：我的理想，我的生命。
右全体：我们永远爱您！
左全体：我们永远爱您！
全　体：我亲爱的祖国，
我们伟大的祖国。

2017 年，在北京音乐厅，集体朗诵陈文玲诗歌《我亲爱的祖国》

心灵的叩拜

——朗诵阿紫诗歌《我的大草原》

草原给人们带来无限的遐想，因为工作和演出的原因，中国排名靠前的几个大草原我都去过，内蒙古的呼伦贝尔、锡林郭勒草原，新疆的伊犁草原……它们有的一望无际，有的是油画般的美丽，置身其中，你会感受到大自然的馈赠，民族祖先的坚守，更能感受母亲的温暖。

诗的开始，“千年岁月发酵的绿”“万里马背奔腾的绿”引出了大草原的美，为朗诵者铺垫了一个极致的环境，也引领所有人敞开心灵享受这一辽阔的视野。

“绿”能从心里抽出“鞭痕”，而肌肤敏锐的疼痛能去感受生命的庄严，去领悟造物者的圣祭。诗人写道“这样我才能看清母亲，我才知道自己”。

朗诵者要把大草原视为“母亲一样”，向母亲道出自己的心声，献上“自己的眼睛”，献上“滚烫的心房”，才能读出第一个高潮：“让我如梦似幻地扑向你——大草原，做你胸口跪乳的羔羊。”

草原的形成和保护，需要付出艰苦的努力。我清晰地记得 1966 年我们青海省民族歌舞剧团赴海南藏族自治州共和县慰问演出，在青藏高原的东门户，我们演出队一行 40 余人，骑马行进在塔拉滩（蒙古语意为草滩），少数民族演员告诉我这里离太阳近，海拔高，沙化严重，几乎寸草不生。这种荒漠化草地坑洼不平，他们教我骑马的技巧，带我们走过一塔拉、二塔拉、三塔拉。每上一层海拔往上升百米，在这里我不仅学会了骑马，我还知道了草原生存的意义。作为亲身经历，当我朗诵《我的大草原》一诗时，对诗中的“浓浓淡淡深深浅浅凸凸凹凹”的诗句，自然有了真实的感受。后来我们还骑马到玉树州的称多、杂多等县演出，过了通天河，那里的草原完全不同了。我们坐在草上，仰面朝天躺在草上，享受大自然的恩赐。

《我的大草原》富有音乐感。我第一次朗诵邀请了大提琴演奏家顾绍华，她是中央音乐学院毕业的高才生，也是我招收进团的，我问她用什么曲目更合适，她毫不犹豫地说《鸿雁》，用大提琴演奏具有民族特色的乐曲伴奏，获得了一致的肯定，在中央数字电视书画频道的诗会上，给大家留下难忘的印象，有人说大提琴的演奏增添了诗的辽阔感，旋律动听，音色优美。

云南电视台导演张齐邀我去昆明演出，她邀请了一位资深的马头琴演奏家，大屏幕上是草原背景，他坐在平台上，营造了一个很好的氛围，仍然是《鸿雁》的旋律，演奏开始，就把人们引进了大草原。

我在北大学生诗会及各地的朗诵会上，多次献上《我的大草原》，主办单位也请到了不同的马头琴演奏家，有男有女，有蒙古族、有汉族，年龄不相同，共同点都是马头琴演奏风格浓郁，为《我的大草原》一诗增添了色彩。

2020 年我应内蒙古朗诵学会会长赛娜之邀，到呼和浩特广场诗歌节朗诵《我的大草原》，担任马头琴演奏的是一位艺术院校在校的大学生，很年轻的姑娘，我对她的老师说："能否让她先展示一下马头琴的技巧？"老师说："当然可以！"在她演奏时，我走上台，坐在平台上静静地聆听，慢慢站起，走向台中，凝视前方，仿佛看到"草尖""草根"……随着马头琴旋律变化读出"比天真还要天真""比原始还要原始""比远方还要远方""比宽广还要宽广""比雄性还要雄性""比母亲还要母亲"六个比，表达出对大草原深深的爱。

集中了这些，对大草原顶礼膜拜，达到第二个高潮，最后"我是这样深深，这样深深地爱着你啊，我的大草原"，我用一个双手从心展向前方的动作，这是心灵的叩拜啊！

《我的大草原》①

阿　紫

我的大草原
让我走进你千年岁月发酵的绿
我的大草原
让我走进你万里马背奔腾的绿
大草原
你用原始野性的绿
从我心里抽出一串串的鞭痕
我的肌肤敏锐的疼痛
去感受生命的庄严
去领悟造物者的圣祭
这样我才能看清母亲
我才知道自己

大草原
母亲一样的大草原
你的岁月
是皮肤干裂的蒙古味
你的岁月
是唱着长调的敕勒歌
我要献上自己的眼睛
举起沾满草末的风景
我要献上滚烫的心房
呼唤烈马
呼唤羊群
让我如梦似幻地扑向你——大草原
做你胸口跪乳的羔羊

大草原
我能看到
烈马背上供奉的三十九代人
七百多年的坚守
我能听到
远嫁的昭君
在命运顷刻降临时的宁静
和她宽厚的爱情

大草原
你在蒙古长调的草尖上
你在荡涤无垠的草根下

大草原
我爱你
浓浓淡淡深深浅浅凸凸凹凹的缠绵
我爱你
安安静静水水灵灵清清凉凉的悠远
我爱你

① 阿紫：《阿紫诗歌朗诵集》，中国文联出版社，2015年。

游游荡荡走走停停快快慢慢地呼喊

我的大草原
比天真还要天真的大草原
比原始还要原始的大草原

我的大草原
比远方还要远方的大草原
比宽广还要宽广的大草原
我的大草原
比雄性还要雄性的大草原
比母亲还要母亲的大草原

我的大草原
我是这样深深
这样深深地爱着你啊
我是这样深深
这样深深地爱着你啊
我的大草原

2015年，在云南电视台“青春中国　胜利之夜”晚会朗诵阿紫诗歌《我的大草原》

2017 年，与马头琴演奏家合作

2020 年，在呼和浩特广场诗歌节朗诵阿紫诗歌《我的大草原》

思索人生

——朗诵汪国真诗歌《山高路远》《热爱生命》《走向远方》朗诵海子诗歌《面朝大海，春暖花开》

2016年在北京中山公园音乐堂举办了“山高路远——汪国真作品音乐会”，主办方杨彩云女士让我朗诵《山高路远》《热爱生命》两首诗，并强调这是诗人汪国真的代表作。

诗人汪国真毕业于暨南大学中文系，1985年起利用业余时间进行诗歌写作，1990年他成为“中国青年”专栏撰稿人，他的作品掀起了一股“汪国真热”，并被收入《中国现当代诗歌精选》——中学生课外阅读书籍。

《山高路远》全诗不长，十六行，但给人留下的印象很深，开始两句“呼喊是爆发的沉默，沉默是无声的召唤”，要慢读，在“呼喊”和第二个“沉默”两字之后，需稍做停顿，引起大家思考，因为“呼喊”与“沉默”，“沉默”与“召唤”是相对立的，为什么把它们放在同一句中，诗人是利用这种反差，体现表面和内在的区别。

而在“双脚磨破”“双手划烂”之后，诗人写出“没有比脚更长的路，没有比人更高的山”，这两句是这首诗的重点，而且充满哲理，脚在不停地走，脚步不停歇，征程路漫漫，人在前行向上，人心存理想，敢于攀高山。这里要读出战胜艰难险阻的信心。

《热爱生命》一诗同样表现了作者对待生活的态度。印象深刻的是连续四句的“我不去想”，“我不去想，是否能够成功”，“我不去想，能否赢得爱情”，“我不去想，身后会不会袭来寒风冷雨”，“我不去想，未来是平坦还是泥泞”，这四点，正是青年人普遍思考的问题，许多人背诵或抄录过，而紧接的一句正是答案：“只要热爱生命，一切都在意料之中”。

2020年疫情防控期间，我们老两口应邀在海南录制了另一首汪国真的诗《走向远方》，在疫情肆虐全球的特殊时期，作品中的诗句显得格外有力量。

“我们学着对待流言。学着从容而冷静地面对世事沧桑，‘猝然临之而不惊，无故加之而不怒’，这便是我们的大勇，我们的修养。”

在诗的结尾，我们又一次重复了“我们不停地走着”“走向远方”，“从少年到青年，从青年到老年，我们从星星走成了夕阳”。

是啊，人生就要用不停的脚步热爱生命，追求理想。

写到这里，不知为什么，我想到了诗人海子。他的一首《面朝大海，春暖花开》，很多朗诵者都喜欢。这是他卧轨自杀之前两周写下的作品，初读时常常给人清新欢快的感觉，诗人把真挚的祝愿留给了世人，“愿你有一个灿烂的前程……愿你在尘世获得幸福”，但却以一句“我只愿面朝大海，春暖花开”把自己隔绝到现实之外。联想到两个月后诗人的自杀，朗诵时内心也会涌现一丝悲凉，仿佛是一种苦涩的泉水。

这首诗同样内涵同一个主题：“热爱生活，脚步不要停下来”。

2019 年我们参加了原文化部老艺术家文化志愿者赴北京大学百年讲堂的演出，导演王晓鹰用集体朗诵诠释此诗，舞台上分散地站着所有参演的艺术家，不论是哪个艺术门类共同朗诵，我们六位话剧演员分别朗诵“从明天起”的愿望，最后三位演员重复“我只愿”“我只愿”“我只愿”，全体演员一起读出“面朝大海，春暖花开”，表现对生活的热爱。

《山高路远》

汪国真

呼喊是爆发的沉默
沉默是无声的召唤
不论激越
还是宁静
我祈求
只要不是平淡
如果远方呼唤我
我就走向远方
如果大山召唤我
我就走向大山
双脚磨破
干脆再让夕阳涂抹小路
双手划烂
索性就让荆棘变成杜鹃
没有比脚更长的路
没有比人更高的山

《走向远方》[①]

汪国真

是男儿总要走向远方，
走向远方是为了让生命更辉煌。
走在崎岖不平的路上，
年轻的眼眸里装着梦更装着思想。
不论是孤独地走着还是结伴同行，
让每一个脚印都坚实而有力量。
我们学着承受痛苦。
学着把眼泪像珍珠一样收藏，
把眼泪都贮存在成功的那一天流淌，
那一天，
哪怕流它个大海汪洋。
我们学着对待误解。
学着把生活的苦酒当成饮料一样慢慢品尝，
不论生命经过多少委屈和艰辛，
我们总是以一个朝气蓬勃的面孔，
醒来在每一个早上。
我们学着对待流言。
学着从容而冷静地面对世事沧桑，
“猝然临之而不惊，
无故加之而不怒”，
这便是我们的大勇，
我们的修养。
我们学着只争朝夕。
人生苦短，
道路漫长，
我们走向并珍爱每一处风光，
我们不停地走着，
不停地走着的我们也成了一处风光。
走向远方，
从少年到青年，
从青年到老年，
我们从星星走成了夕阳。

① 汪国真：《汪国真经典诗文》，中国画报出版社，2010 年。

《面朝大海，春暖花开》[1]

海 子

从明天起，做一个幸福的人
喂马、劈柴，周游世界
从明天起，关心粮食和蔬菜
我有一所房子，面朝大海，春暖花开
从明天起，和每一个亲人通信
告诉他们，我的幸福
那幸福的闪电告诉我的
我将告诉每一个人
给每一条河每一座山取一个温暖的名字
陌生人，我也为你祝福
愿你有一个灿烂的前程
愿你有情人终成眷属
愿你在尘世获得幸福
我只愿面朝大海，春暖花开

① 海子：《海子诗全集》，西川编，作家出版社，2009 年。

2016年，在北京中山公园音乐堂朗诵汪国真诗歌《走向远方》

2019年，在北大百年讲堂集体朗诵海子诗歌《面朝大海，春暖花开》

无形与有形

——朗诵郑敏诗歌《圆的窒息》朗诵艾青诗歌《我的思念是圆的》

《我的思念是圆的》是艾青老师为中秋写的一首诗，我在北京电视台举办的“中秋晚会”上朗诵过这首诗。当时在中山公园的一片空场上，摆了许多圆桌，上有茶水、月饼。当我读到“月亮是圆的，月饼是圆的”以后，我们那一桌人都哈哈大笑起来。我真是丈二和尚摸不着头脑，压制住笑场朗诵完这首诗。当我坐下后，我们一桌人还在笑，同桌的画家范曾先生揭晓了答案，原来是他说：“八月中秋的月亮是圆的，月饼是圆的，张筠英的脸也是圆的。”这是一个真实的小插曲。

实际上这首诗是在讲，圆应该是团圆，应该圆满，应是和美。但在月亮最圆的时候，骨肉被分割是最痛苦的，所以最后的诗句结束在“谁能把月饼咽下”。

这首诗的基调看似“欢乐”中秋，却被忧思所缠绕。忧民忧国的情感可以见到。

同样是以圆为主题，但现已 90 多岁的当年“九叶派”诗人之一的郑敏老师的诗《圆的窒息》中，重点是循环往复的生命。这首诗初读的印象是零散的，哲学的思想的点究竟在哪里？第一段舞蹈者与安息，第二段秋天与春天，第三段冲破与围墙，第四段飞出与凝固。

看来都是矛盾的，相反的，但实际上都是周而复始的往复循环。因此都是相辅相成的，应该说是一个事物的两个侧面。

一个哲理的诗作如何表现呢？要知道，郑敏老师的第一专业是西方的哲学，后又学习文学、音乐。因而她的诗歌既有流动的音乐感和凝重的雕塑美，同时又具有高贵宁静的心灵和善于思考的头脑，使她的诗有特殊的魅力。

对于圆的意义，古代人是从太阳、月亮得到的圆的概念。八月十五的月亮寓意着和和美美，团团圆圆，是一种美好的寄托。而从人生的哲理来讲，为人处世要圆融、和谐，要自身修炼，要周而复始不懈地运动——就是要勤奋。

人生在前进的道路上，虽每件事是有始有终，但纵观发展是无限往复，始是末，末也是始，圆就是循环的形象代表。

从以上的哲学观点来讲，月亮的圆，自身修炼的圆，都是中国文化对圆的理解。圆是中国文化的一个重要精神原型。而太极则是一浑天之全体，太极虽无形，却具有一切生命之源的精神……

通过简单的理解，使我对郑敏老师的这首《圆的窒息》有了一些画面的设想。那么，是以中国特有的圆门还是月亮下的圆的光圈为背景好呢？噢，对了，月亮的光圈可以让朗诵者在光圈中打几段不同节奏的太极拳，好像更能体现作者的意图，也让朗诵者在动作中有机地用圆与太极的哲理来体现这首诗。

音乐中出现的画面背景是中式灰砖的背景墙，从高处一束强光射到地面，形成一个圆的亮光圈，朗诵者从暗处进入光圈，平稳地、有节奏地打太极拳，这与朗诵诗的和缓有韧性的语调相适应。

围绕自己形成的圆，仿佛语言和动作都在为自己增加力量。

朗诵者有意走出圆，又立即回来，表示圆的力量是会把人吸引回到原来的轨道。然后用有力量的顿挫的语调读出“咬破”“冲破”“剪破”“突破”，这四破，再用大循环的手势与小手势相结合，表示出内外力量的结合。

最后的一段，是升高的一段。从一个小的圆飞出，又形成另一个新的圆，这周而复始的圆的循环。

圆原为天地之大本，从无极之始，天地人物浑然一体，它本无形，却含有化生万物之理。

从艺术来讲，艺术生命也是生于圆而归于圆，并在圆中自在兴现。从这首诗中我们进一步感受到哲学是诗歌的灵魂。真是学无止境。

《圆的窒息》节选[①]

郑　敏

在温暖的黑夜里
一切都是圆形
好像舞蹈者的手臂
拥抱了憩静的安息

年轻的理想在血管里
画着周而复始的圆
熟透了的秋天
又回忆起朦胧的春天

圆，带给人们信任
它不会跌出轨道
每一条自圆心出发的力量
咬破、冲破、剪破、突破
无数层懒惰的围墙
与相切的墙外力量结合

在摩擦中熔化了铜墙
解放了的精灵从缺口飞出
却又凝固成一颗新星
在宇宙中开始自己的圆！
这打不破的
圆的窒息。

① 郑敏：《郑敏文集——诗歌卷》（上），北京师范大学出版社，2012 年。

《我的思念是圆的》①

艾　青

我的思念是圆的
八月中秋的月亮
也是最亮最圆的
无论山多高，海多宽
天涯海角都能看见它
在这样的夜晚
会想起什么？

我的思念是圆的
西瓜，苹果都是圆的
团聚的人家是欢乐的
骨肉被分割是痛苦的
思念亲人的人
望着空中的明月
谁能把月饼咽下？

2018 年，艺术家何恺鹏朗诵郑敏诗歌《圆的窒息》，张筠英导演

拍摄《世纪诗人》专辑，与摄影师任亚明研究拍摄角度

① 艾青：《艾青诗选》，人民教育出版社，2018 年。

语言　音乐　灵魂

——朗诵郑敏诗歌《生命，多么神奇》

语言与音乐表面看来是属于两种文艺类型，但从本质来看都是艺术家根据自身的感受，选择了不同艺术形式来体现。

音乐是以声音表达内心情感的艺术，它表达的意义是可以变化的，这变化取决于欣赏者的解释。如果欣赏者所处的情景不同，甚至是时代不同、地理位置不同都会有不同的感受。但是无论是什么样的理解，总是传达着某种意义，所以音乐同样也具有语言的意义。

我曾在一篇报道上看见，一个德国名牌电气公司的亚洲地区总负责人说："当我接到为一个大饭店调整它的整体电气设备时，我的努力方向不是很明确，可当我欣赏完一个交响音乐会后，我有了总体的努力规划。我要做一名指挥，把电气设备比作乐队的各种乐器，只要各种设备像各种乐器一样能协调地发出音响，发出和谐的音律，那么饭店的电气设备也就调节好了……"

这个例子可以说明音乐的协调是可以运用到各方面的，当然诗歌与音乐真可以说是"近亲了"。不仅在朗诵中常常伴有音乐的协助，而且诗词本身的音律节奏与音乐的旋律、节奏是相通的，是可以相互借鉴的。

这一首诗从"序"开始，就用了世界著名的、几乎人人知晓的舒伯特的《小夜曲》的歌词，这首歌词表现的是年轻人幽会时"等待"的甜蜜，焦急的感觉，而在此诗中，作者是悼念爱人，因而听起来是忧伤的，缓慢的。

我学过 12 年小提琴，是我的妈妈教的。考上中央戏剧学院后的才艺展示晚会上，我表演的就是小提琴独奏《新疆之春》。这首诗我一看就知道是舒伯特的《小夜曲》的歌词。舒伯特的这首《小夜曲》同样也是小提琴的独奏曲目，我也学习过。诗人郑敏是哲学、文学双博士，同时在音乐方面也很有修养。我想既然我会拉小提琴，为什么不从她提示的音乐入手呢？把小提琴的演奏与歌声作为诗人与她丈夫在梦境中相会的媒介，这样诗的序的来源会更有根据。并且我还可以把朗诵的过程当作这一首诗写作的过程来体现啊！

诗人郑敏的爱人与她同是归国学者，虽与郑敏老师不是一个专业，一个是哲学、音乐、文学，一个是理科，但他们在一起生活了多年。在我们采访郑敏老师时，她经常坐的沙发旁的柜子上放了好多张她与丈夫的合影，还有丈夫的单人照片。不太了解郑敏的人会认为他们都是学者，似乎感情不是那么亲密，其实不然，从《生命，多么神奇》这首诗中，我们可以体会到她细腻的情丝、浓烈的情爱和哲学家对生命的思考。

生命哲学是广泛传播于世界的研究话题，实际上是一个解释人类存在的目的和意义、生命与消亡、毁灭与存在的哲学问题。

中国传统哲学对人生境界的追求，也是对真善美的追求。

这一首追忆爱人的诗，写得如此美，如此诗意，就是对一个生命消失的追忆，是对“真、善、美”的追忆。

其实任何一个普通的人都会做梦，都会梦到逝去的亲人、爱人。这首诗，我把它处理成一个作家写诗的过程，这样，这首诗就变得很实在、很生动了。用音乐——舒伯特的《小夜曲》贯穿全诗，使诗更感人，更高雅了。

在拍摄过程中，虽然我已好久不练琴，但还是有童子功的，拿出老琴谱，看看弓法，还真能把这首曲子拉下来，于是决定用小提琴在诗的段落间表演一下，并与这首诗开始时男声独唱相对应。衬托出他们的和谐，对音乐的共同爱好。

综上所述，音乐、诗韵、人生哲学是这部作品特有的意义。

在拍摄中，场地的设置，突出月光中吹动的窗帘、在月光照耀下的睡榻、诗人身边一个写作的夹子、笔、一个眼镜、从眼镜中可反射出屋子里的书桌上放置的小提琴，以及书桌上摆放的爱人的照片。

白色的窗帘在舒伯特的《小夜曲》中飘动。排箫那带有悲凉气息的演奏两次出现后，男生独唱开始了，真仿佛是从远方飘来梦境中的爱人的歌声，歌声停止了，随着眼镜中反射出小提琴的特写，我作为诗人的扮演者，起身走到书桌前。此时诗已朗诵到第二段结束。间奏过后，我在墙上的剪影中开始演奏舒伯特《小夜曲》的两个乐句。

在第三段开始时，我捧起照片，对着爱人照片儿朗诵出最虐心的诗句：“阳光粗暴地遮住月光，死亡粗暴地驱走幽会的情人……当太阳再一次升起时，是爱人再一次的离别。”此时放下照片，向着晃动的白色窗帘走去，是追着爱人的身影走回到睡榻上。从梦境中走出来，一边朗诵最后一段诗，一边戴上眼镜，拿起写作的夹子与笔，记录下这一段梦幻般的诉说，这是爱的倾诉，悲的追忆。

《生命，多么神奇》（节选）[①]

郑　敏

黎明前我忽然被歌声唤醒，
是你，亲爱的
穿过黑暗来寻找我
你还没有走远
飘过树梢
顺着小溪
你的手指轻弹我的窗门

当两个灵魂相抱时
天地为之融化
你回来了，短短的离别
我祈祷上天
不要让黎明来到
朝阳可以是残酷的
你的身影将如朝露蒸发

当太阳升起时
两个世界又将分开
阳光粗暴地遮住月光
死亡粗暴地驱走幽会的情人
我们手指相触
目光相依
当太阳再一次升起时
是爱人再一次的离别

对于生活在两个世界的情人
白昼是黑夜，黑夜是希望
我看你消失在晨曦里
目送你远去
亲爱的，我们泪流满面
我们只有等待
我们耐心地等待
等待另一个黑夜降临

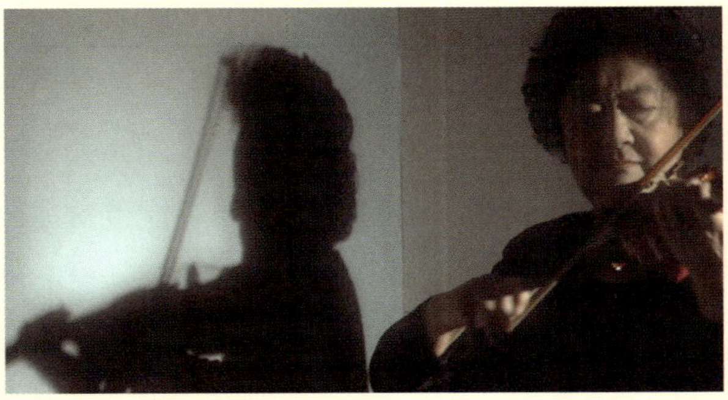

2018年，拍摄《世纪诗人》专辑用多种形式演绎郑敏诗歌《生命多么神奇》

看望郑敏老师

① 郑敏：《郑敏文集——诗歌卷》（上），北京师范大学出版社，2012年。

假设与存在

——朗诵张志民诗歌《小姑的亲事》

诗人张志民的这个作品，作为中央戏剧学院毕业生，特别是我们那个时期的学生，几乎每个班台词课都有人读过。

这首诗实际上是戏剧中对白式诗歌。我自己朗诵过，也给学生排过。此诗只有一个人（嫂子）的台词，而另一个对白中的对象（小姑）是没有台词的。朗诵时要在嫂子的语言中把小姑的反应全部展现出来。所以要求朗诵者表演基本功底扎实，在舞台上假设的小姑子要像有真人一样。实际上很像一个小小的独脚戏的风格。

那么，在拍摄此诗时，在镜头前能不能不让她一个人对空说话或只对镜头说话呢?那样作品会非常枯燥，演员会难以把握。我想可以把假设的小姑变成实际存在的人物小姑，但要安排得恰当。因为她没有台词，我们要忠于原作，不能加词。所以要很合理地不说话。

第一，要从人物情感、情绪出发。在没有出场前，我们可以想象是小姑在求嫂子帮忙，嫂子故意气她，使她有些懊恼、生气，有些害羞，从嫂子的房间里走出，嫂子追出来。第一段是追出来解释给她听，自己为什么不去三锁家说亲。

那么小姑一生气就会回到自己的屋内关上门，窗帘紧闭。嫂子被关到门外，冲着窗帘，对屋内的小姑子说出第二、三段。

第二，院子里的生活道具也需相应地写实，如小地桌、小板凳、买来的菜、水盆，等等。这样后面的几段词可以一面择菜，一面不时地回头对小姑子说，而小姑子也可时不时地掀开窗帘，偷看嫂子的表现。也可到门前，似乎要出门，看到嫂子注意她，又赶快躲到窗帘后……这样反反复复，用这种形式解决一个人独自说话的尴尬的境地。

到最后三段，嫂子话也说痛快了，理儿也讲清楚了，决定不再拿捏着小姑子，让她难受了，又整理好自己衣服，走到窗户前，告诉她自己马上去提亲，然后一边向门口走去，一边回头安慰她，告诉她，提亲一定能成功。

一个更像独脚戏的朗诵，变得生活、生动、活泼，有喜剧的味道，幕后的小姑变成台前的但没有台词的小姑，而道具及场景的设置给演员创造了好的空间，好的环境，给演员创造了交流的对象，艺术家杜宁林发挥了自己的表演朗诵能力，为这首诗增添了色彩。

《小姑的亲事》（节选）①

张志民

不是我当嫂的
——架子大！
事到如今，
要拿你一把！
咱为人就为到底，
送人就送到家。
只不过呀——
小秀芝！
有些个话儿
——得先说下！

嫂不是怪你变了卦，
婚姻的事儿，
别人当不了
——你的家！
我要问你那两只眼，
水格灵灵那么大，
是股什么风？
硬给刮迷啦！
秀芝你说呀，
变卦到底为什么？

头年春上，
是你说人家三锁儿好，
思想进步，
干活泼辣，
让嫂我出去串串门，
你们要在这儿谈谈话。
门也串啦，
话也谈啦，
哪知你以后又
——变了卦！

你不说
嫂也猜个不差啥！
别看嫂我没文化，
你骗不了枣儿
也哄不了瓜！
回头想想吧，
你说的这像什么话：
“三锁虽说好，
可出息没多大，
还不是扛一辈子大镢头，

① 张志民：《张志民诗百首》，人民文学出版社，2014年。

赶一辈子牛尾巴……”
如今对你实说吧，
村里没人不笑话，
街口上论，
地头上拉：
秀芝瞧不起做庄稼，
觉着村里盛不下，
问问她——
吃的穿的打哪儿来？
问问她——
从小儿她在哪儿长大？
自个儿没记住，
回去问问妈……

眼下你托我去找三锁，
替你去赔礼……
倒没啥，
可冷不丁找上人家门，
见面说些什么话？

秀芝你不愿意讲，
嫂替你说了吧！
你那点儿心事，
都在我手心里拿。
为啥又看上了小三锁？
还不是咱村起了变化！
村头上挖出了
——甜水井，
合作化把咱穷根儿拔！
三锁再不赶老牛，
“突突突突！”
开“铁马”！
说句咱姑嫂的体己话，
你主意总算是拿正啦！
要不是看你主意正，
你今儿个——
劳不了我的驾！
不过话儿说回来，
我只管跑腿儿
——不管当家，
如今婚姻讲“自主”，
成不成全在你们俩，
人家要是乐意，
你们就再谈谈话，
嫂我再出去串串门
——麻烦不着啥！

你好好儿在这儿等，
想一想——
那折断的筷子咋接茬？
在以前
许你“变卦”
到这会
也许人家“还价”！
不过你也别害怕，
用不着心里
噗踏踏！
只要他肯到咱家来，
十成儿——
就有了七八……

2018 年，张筠英导演拍摄《世纪诗人——张志民》专辑

2018 年，艺术家杜宁林朗诵张志民诗歌《小姑的亲事》，张筠英导演

三种不同的笑

——朗诵杨牧诗歌《我是青年》

四川都江堰田园诗会是朗诵活动中的一朵美丽的奇葩，我曾不止一次感受到其独特的魅力。举办地位于柳街镇青龙湾的湿地庄园。

庄园主白平毕业于名牌大学，酷爱文学，矮矮的个子，戴着眼镜，颇有文人气质，毕业后回归大自然，成了环保人士，也可以称为“绿水青山，就是金山银山”的早期实践者。

从公路通往湿地庄园还有一段距离，拐进沙石路不远就发现诗会的参加者已聚集在一处田间地头，观看农民表演的薅秧歌，这是当地农民传统的田园诗歌形式，边干农活边诵边唱，好听、好看、好兆头。

诗会的举办地则在庄园里，湖水的四周都是诗会的场地，舞台在一侧的水边，隔水对岸是观众，含嘉宾的茶桌，一层接一层，很壮观。我是诗会的主持人，从候场的小亭子，走下台阶，穿过木桥，再钻过树枝交错形成的园门，就是舞台了。

参加演出的，不仅有当地的农民，有来自四川人民艺术剧院的专业演员，还有来自全国各地的诗人代表，那天台湾诗人郑愁予也登台朗诵了自己的作品。他们或从舞台两侧上场，或站在竹排上从湖深处划出。

主办方交给我到场的领导和嘉宾名单，我一眼就看到了诗人杨牧的名字，熟悉又陌生！他的诗作《我是青年》我是首诵，多年来我们通过多次电话，却始终未能谋面。

在我的介绍中，他起身和大家见了面，我情不自禁地朗诵了一段诗歌《我是青年》中的选段，没想到现场沸腾，有人叫出“好”来。

诗会结束，杨牧先生沿湖边向我走来，我的第一句话是“终于见到您了”！他说：“一些年轻人读这首诗都不是我想表达的，他们没经历过那个时代啊！”

《我是青年》一诗是20世纪改革开放初期的作品，它荣获了1979—1980年全国中青年诗人优秀诗歌作品奖，颁奖典礼在北京京丰宾馆举办，我有幸将此诗第一次呈现。

诗的前面有一段自我介绍：“生于1944年，36岁，属猢狲，因久居沙漠，前额已刻有三道长纹、两道短纹，因脑血热，额顶已秃去百分之二十五左右的头发。”我发现，我与诗人杨牧先生同岁，我又有着诗中描述的同样经历，1965年大学毕业，到大西北的青海省工作了八年。

我们这一代人对祖国、对党是无比忠诚的，36岁的中年人，若减去那动荡的十年，仍然是适龄的共青团员，只有亲身的体会，才能写出：“祖国啊！既然你因残缺太多，把我们划入了青年的梯队，我们就有青年和中年——双重的肩！”

我在不同的讲座中多次提到诗中的“三笑”——“……哈，我是青年”，这三笑有充实的感受，我使用了“无奈的苦笑”，“麻木的傻笑”，“自我的嘲笑”三种不同类型的笑，才能使自己在每个段落找到准确的感觉。

与杨牧先生的相见，时间过于短暂，我们合影留念，临别时，我说“你的诗，表达了我们这一代人的心声”，他说“你是第一个朗诵《我是青年》的人，我终生难忘”。

《我是青年》①

杨　牧

生于1944年，36岁，属猢狲，因久居沙漠，前额已刻有三道长纹、两道短纹，因脑血热，额顶已秃去百分之二十五左右的头发。

人们还叫我青年……
哈……我是青年！

我年轻啊，我的上帝！
感谢你给了我一个不出钢的熔炉，
把我的青春密封、冶炼；
感谢你给了我一个冰箱，
把我的灵魂冷藏、保管；
感谢你给了我烧山的灰烬，
把我的胚芽埋在深涧！
感谢你给了我理不清的蚕丝，
让我在岁月的河边作茧。
所以我年轻——当我的诗句
出现在人们面前的时候，
竟像哈萨克牧民的羊皮口袋里
发酵的酸奶子一样新鲜！

① 杨牧：《杨牧诗选1956—2013》，广西师范大学出版社，2015年。

……哈，我是青年！

我年轻啊，我的胡大！
就像我无数年轻的同伴——
青春曾在沙漠里丢失，
只有叮咚的驼铃为我催眠；
青春曾在烈日下暴晒，
只留下一个难以辨清滋味的杏干。
荒芜的秃额，也许正是早被弃置的土丘，
弧形的皱纹，也许是随手划出的抛物线。
所以我年轻——当我们回到
春天的时候，
你看看我，我看看你，
哈……我们都有了一代人的特点！

我以青年的身份
参加过无数青年的会议，
老实说，我不怀疑我青年的条件。
三十六岁，减去“十”，
正好……不，团龄才超过仅仅一年！
……哈，我是青年！
嘲讽吗？那就嘲讽自己吧，
苦味儿的辛辣——带着咸。
祖国哟！
是您应该为您这样的儿女痛楚，
还是您的这样的儿女，
应该为您感到辛酸？

我，常常望着天真的儿童，
素不相识，我也抚抚红润的小脸。
他们陌生地瞅着我，歪着头。
像一群小鸟打量着一个恐龙蛋。
他们走了走远了，
也许正走向青春吧，
我却只有心灵的脚步微微发颤……
……不！我得去转告我的祖国：
世上最为珍贵的东西，
莫过于青春的自主权！

我爱，我想，但不嫉妒。
我哭，我笑，但不抱怨。
我羞，我愧，但不悲叹。
我怒，我恨，但不自弃。
既然这个特殊的时代
酿成了青年特殊的概念，
我就要对着蓝天说：我是——青年！

我是青年——
我的血管永远不会被泥沙堵塞；
我是青年——
我的瞳仁永远不会拉上雾幔。
我的秃额，正是一片初春的原野，
我的皱纹，正是一条大江的开端。
我不是醉汉，我不愿在白日说梦；
我不是老妇，絮絮叨叨地叹息华年；
我不是猢狲，我不会再被敲锣者戏耍；
我不是海龟，昏昏沉睡而益寿延年。
我是鹰——云中有志！
我是马——背上有鞍！
我是骨——骨中有钙！

我是汗——汗中有盐！
祖国啊！
既然你因残缺太多
把我们划入了青年的梯队，
我们就有青年和中年——双重的肩！

1967 年，在青海剧场前合影

1997 年，率中国煤矿文工团慰问青海农牧民

1998 年，在西安朗诵杨牧诗歌《我是青年》

与诗人杨牧回忆《我是青年》首诵情景

2000 年，与天津交响乐团合作朗诵杨牧诗歌《我是青年》

与听众一起思考

——朗诵张学梦诗歌《现代化和我们自己——写给和我一样对“四化”无知的人们》

记得那天打电话问候诗人张学梦，刚接通还没说几句，听筒那边传来他夫人的问话：“是瞿弦和吧？”看来当年朗诵此诗的情景她始终记得。

1979年在北京工人体育馆、天津体育馆，我曾两次朗诵《现代化和我们自己》这首诗，报纸上的广告我至今还留存着。

这首诗的副标题是“写给和我一样对‘四化’无知的人们”，它点出了那个值得纪念的时刻，十一届三中全会胜利召开。

这首诗产生了极大的影响，安徽卫视杨澜主持的“诗中国”栏目“诗人张学梦专题”中，女嘉宾戴维娜说：“八十年代是诗歌的黄金时代，诗人的头衔是一顶皇冠，那时的诗，塑造了一代人的生活方式、审美方式、情感方式”，“诗是时代的预言家”。

这首诗中写道“问题是尖锐的，谁也不能回避！那么，思考这个问题吧，现代化和我们自己”“党的十一届三中全会公报，响起新颖的汽笛，她像历史唯物主义的新篇，豁然把我启迪”，朗诵者不是局外人，要把自己摆进去，这是不能回避的思考。

这首诗是以第一人称创作的，朗诵者要像诗人一样说出自己的“苦恼”，“仿佛我是腰佩青铜剑的战士……仿佛我是刚刚脱掉尾巴的森林古猿……看着四化的图集……什么是现代化……我无知”形象地引出“问题尖锐”。

诗中点出了“一片陨石雨般的问题”——社会生产力、电子、核糖酸……先进的生产技艺……外语……客观规律”，为了体现好这些不同一般的诗句，我在朗诵时增添了一个手持道具——浅色卷纸，是思考的诸多问题的象征。在读“只有发达的肱二头肌”等诗句时，我运用了相应的形体动作，助于突出“不够了，很不够了呀”！

这是改革开放初期的诗作，写出了面对现实的思考，更写出了我们的态度，所以朗诵者要读出面对未来的憧憬。“请放心吧，我不畏惧……现代化建设需要的新知识，我决心去学习（获取）”，朗诵者要表现出这种决心。

尽管诗中有许多政治性诗句，但诗人写得很风趣，活跃，有吸引力。不仅写到了居里夫人、凯撒、伊凡、罗马奴隶等人物，还有许多通俗易懂的词语“不是换帽子和衬衫”，“不仅仅是包装精美的垃圾”，“无法脱壳的牡蛎”。朗诵时，还应有适度的幽默感，在轻松的语调中，感悟言外之意。

最后一段是必须突出的：在二〇〇〇年的大门上挂着这样一块木牌“愚昧无知的人勿进”，是真的！是真的！！学习吧！！！现代化的人们哪，我赞美你。从诗人使用的标点符号上，我们就可进一步理解，积极融入改革开放这一伟大的事业。

《现代化和我们自己——写给和我一样对“四化”无知的人们》（节选）①

张学梦

当然不能说
苦恼是欢乐的孪生兄弟。
可是，就在我们给现代化建设
剪彩的最欢乐的时刻，
苦恼也悄悄地占据了
我心房的一隅。
望着
我们宏伟的目标，
我突然感到
精神的苍白、
肺腑的空虚。
仿佛我是腰佩青铜剑的战士，
瞅着春笋似的导弹发呆；
仿佛我是刚刚脱掉尾巴的森林古猿，
茫然无知地翻看着四化的图集。
什么是现代化？
你能为她干些什么？
你掌握着哪一种科学武器？……
难道能这样的响亮回答——
“我无知。”

问题是尖锐的，
谁也不能回避！
那么，思考这个问题吧，
现代化和我们自己。

① 张学梦：《现代化和我们自己》，江苏人民出版社，1983年。

党的十一届三中全会公报
响起新颖的汽笛，
她像历史唯物主义的新篇
豁然把我启迪：
过去的
已经刻写在
纪念碑上，
辩证法
很自然地
淘汰着过去。
向前看吧！
重要的永远是现实和未来，
任何东西都会陈旧的——
知识、经验、生命、荣誉……
为了获得永不衰竭的力量，
必须不断地把新的营养汲取。
我读着公报，

看见公报上的铅字
突然向我飞来，
飞来一片陨石雨般的问题：
“你将怎样去实现新时期总任务？
你用什么去推动社会生产力？

你能看懂四个现代化的蓝图吗？
哪些科学家头像是时代的标记？
你认识电子、核糖酸和数吗？
你掌握哪些先进的生产技艺？

你懂得几种语言？
能驾驭哪些客观规律？
……
只有革命的热情？
只有发达的肱二头肌？
已经不够了！很不够了呀……”
是的，我知道！
请放心吧，我不畏惧
这些陌生的课题，
现代化建设需要的新知识，
我决心去获取！

在二〇〇〇年的大门上挂着这样一块木牌“愚昧无知的人勿进”，是真的！是真的！！学习吧！！！现代化的人们哪，我赞美你。

1979 年，在北京朗诵张学梦诗歌《现代化和我们自己》

感受诗的音乐色彩

——朗诵范曾诗歌《风在哪里》

一天傍晚，著名画家范曾先生来电，约我去家里小聚。见面之后才知，要举办他的作品朗诵演唱会。他说“我为你选了一篇‘风在哪里’，适合你，是这篇作品的首诵。”

我迅速地通读了全篇，作品分成四段：风在哪里、自然之风、社会之风、中国雄风。酣畅淋漓啊，真有“一点浩然气，快哉万里风”之感。

范先生问我，全场有大乐队在场，朗诵时你用什么音乐可和指挥商量，我想了想说，不用伴奏。

退休前，为组建民乐组合“绿叶坊”，我招收了一批音乐学院毕业生，她们演奏之后，我都会问：你为什么喜爱这种乐器，它的特点是什么？她们对答如流，此事我终生难忘。每次读作品时，我会感觉耳旁始终回响着各种中国民族乐器之音，它随着作品的文字在跳动，有鲜明的特色。

第一段开始“风在天边的云丝雾影，在陌上的柳絮蒿蓬”，多么静，多么细致的过程，就像在听箫的演奏，箫的声音柔和，带着淡淡的忧伤，安静中含着雅致，让人心静。朗诵“云丝雾影”“柳絮蒿蓬”时的语速必是缓慢的，此段中的“风在哪里？禅家告诉你，看，如云离月；道家告诉你，听，爽籁在天”更像你在寺院前站立时的感觉，不仅语速缓慢，在“看”与“听”之后，必须有一个过程，引领听众一起去品味。

第二段描述的是“自然之风”，是人类对自然界风的体会，是人的表达。二胡的演奏宛如人生，它的音色柔美，声音极富歌唱性，读这段时，你可以读得像二胡演奏那样流畅，“风为人类带来料峭的初春、熏蒸的炎夏、萧瑟的寒秋、肃杀的隆冬”。而描述风给人类带来的悲剧和喜剧这段文字，“飘风”“飓风”“龙卷风”则可像二胡演奏的如泣如诉。

第三段开始，一句“风在自然本无善恶，而在人间必有优劣”，转入了“社会之风”，作者态度鲜明，让我浮现出民族乐器琵琶的演奏，能文、能武、能抒情、能叙事，武曲气势磅礴，绘声绘影，文曲委婉柔肠，细腻动听。朗诵清风的“社会淳朴，人文优雅，品行高洁，宅心仁厚”，邪风的“物欲横流，人心不古，贪赃枉法，盗贼滋生”，便可以仿效琵琶演奏文曲、武曲的特点，加以对比。

第四段的文字，我感觉古筝在演奏，古筝因独特的形状构成特殊的音响效果，表现力强，多样的左手揉、按、滑技巧，能表达丰富的情感，如文字中的“白鹿之鸣”“泠泠七弦”奏出“琴上古风”。而中国的“浩然雄风”仿佛是古筝演奏的高潮。

朗诵虽无任何伴奏，也没有箫、二胡、琵琶、古筝乐器伴奏的录音，而体会不同乐器的演奏风格，去体现作品本身的音乐色彩，也是一种尝试。

2017 年，在国家大剧院“风 雅 颂”晚会上朗诵范曾诗歌《风在哪里》

第四届夏青杯朗诵大赛颁奖晚会上朗诵范曾诗歌《风在哪里》

《风在哪里》[1]

范 曾

风在哪里？在天边的云丝雾影，在陌上的柳絮蒿蓬；在春天偃伏的碧草，在秋天飘零的丹枫；在高樯的一叶帆，在骥尾的千条线；在寺院的幛幡，在心头的旗旌。风在哪里？禅家告诉你，看，如云离月；道家告诉你，听，爽籁在天。宋玉说，在青蘋之末，在腐余之灰。苏东坡说，在木叶尽脱的树梢，在明月徘徊的江上。风在哪里？风在高渐离易水的寒筑，在诸葛亮赤壁的草船；在汉高祖威加海内的战袍，在岳武穆声彻天外的霜蹄。

大气的流布，浩瀚无垠，聚散之间，风起云涌，顺应时序，汇而趋之，滂沛于天地苍冥。风为人类带来料峭的初春、熏蒸的炎夏、萧瑟的寒秋、肃杀的隆冬。习习然，南风也；浩浩然，东风也；瑟瑟然，西风也；凛凛然，北风也。那掀动天宇的是飘风，吹立沧海的是飓风，摧毁崇楼大厦、卷走林莽乡镇的是龙卷风。风为人间描绘着多姿多彩的画图，演化着大自然的喜剧和悲剧。它无所不在，无隙不入。它遣云使水，命雷掣电。它吹绿江南岸，吹白北国山，吹蓝西域天，吹黑东海潮。风是造势设色的大手笔，大地穹昊是它无际崖的舞台。

由是观之，风在自然本无善恶，而在人间必有优劣。清风所在，则社会淳朴、人文优雅、品行高洁、宅心仁厚；而邪风所被，则物欲横流、人心不古、贪赃枉法、盗贼滋生。而社会人文之风在哪里？在作家的生花之笔，在画家的丹青之影，在演员的一笑一颦，在诗人的一唱一吟；在上之所倡导，在下之所依循，在领导者的表率，在执法者的廉明。

听，白鹿之鸣，起于空谷，传来的是山间清风；泠泠七弦，犹忆大雅，奏出了琴上古风；举世萧条，故国独秀，经济市场已孕育着宫商大调、浩然雄风。中国是一艘举世无双的艨艟，它需要这无边的雄风吹扬万里的征帆；它不能羁留于港湾，不能停留于昨天。我们深祷祖国福祉无量，祝她风正一帆悬，驶向横无际涯的绚丽的明天。

---

① 范曾：《范曾诗文书画集》，江苏美术出版社，2007年。

深度和高度

——朗诵屈金星诗歌《煤啊，我的情人我的黑姑娘》朗诵黄怒波诗歌《珠峰颂》《向上》

我和诗人黄怒波有一段风趣的对话，他说："我曾三次登上珠穆朗玛峰，并在山峰——世界最高的舞台上朗诵。"我说："我曾多次下到800米深的煤层，并在巷道——世界最深的舞台为煤矿工人朗诵。"

这真是意味深长的"高度和深度"啊！

歌颂煤矿工人的诗歌很多，《矿工万岁》《父亲，我在餐桌前等你》《科技擎起平安的天》等都是感人的好诗，但《煤啊，我的情人我的黑姑娘》是其中生命力最强，在煤矿工人中流传最为广泛的一首。

作者屈金星，系中国矿业报原主编，中国矿业大学毕业，对矿工有着深厚的感情。

我真希望朗诵者，能像我们中国煤矿文工团的演员一样，穿上矿工服、蹬上矿工靴、戴上矿工帽，到井下看一看，当你知道煤是怎样生产出来的时候，你就会自然产生一种崇敬感，就会明白矿工为什么喜爱"黑姑娘"。

有人会问谁是"黑姑娘"？我的解释，"黑姑娘"是晶莹剔透的煤晶，是燃烧自己，照亮别人，奉献光热的煤炭事业，是煤矿工人一生的追求！

我是个喜欢收藏的人，朋友们知道我收藏世界各国的铃铛和邮票，但很少有人知道我收藏煤块，我有一个特制的箱子，整整齐齐摆放着全国各地60个煤矿采掘的煤。从黑龙江到海南，从新疆到山东，海拔最高的西藏马查拉煤矿的，海底的山东龙口煤矿的，还有宝岛台湾煤矿的！这正是我对"煤"的爱。

这首诗分成四个段落，"对煤的追求""与煤的定情""对煤的依赖""对煤的歌颂"。我最动情的是第二段中的一句"只有你用乌黑的嘴唇，吻我裸露的肩膀，煤啊，我的情人我的黑姑娘"，每次演出，都掀起了一个高潮。

煤矿工人喜欢这首诗，发自内心的喜欢，很多人会背诵。记得在山西西山矿务局杜儿坪矿，舞台上我朗诵时，党委副书记用小提琴给我伴奏，在井口每当我念"煤啊"，他们就会大声地应和“我的情人我的黑姑娘”！

他们升井时，脸上难免有煤末，但却露出满口的白牙，笑起来是那么可爱。文化部原副部长陈昊苏在我们团庆60年，曾题送一幅字，上写“抱黑守白”，寓意深刻啊！正如这首诗的最后一段，将乌黑的煤与洁白的毒品相比，写出“乌黑的高尚”，“洁白的卑鄙”，这对比把“黑姑娘”刻画得更加美丽，朗诵者在朗诵过程中，眼里始终要有“黑姑娘”的形象，我想，这是一个基本的要求。

诗人黄怒波的作品《珠峰颂》，我也在诗会上朗诵过。全诗十六行，很有特点。开始的两个字很重要——“此刻”，这是一个光荣的时刻、重要的时刻，终于登顶了，全世界最高的山峰啊！两个字之后，应有片刻停顿，仿佛声音在颤抖，感受着胜利的喜悦。“我站在世界之巅，眼含热泪面向世界”，世界上有几个人能完成此壮举啊？！训练有素的登山运动员也会有缺氧的和体力透支的感觉，诗人黄怒波通过真实体验写出的这两行诗句，不要随意读出，朗诵时视像要辽阔，可从左至右缓慢移动。

“在花蕊中久久跪定”之后，诗人用“祝愿”“希望”“祈祷”“轻呼”四个行动表达心声，真诚、平静，不必高声，而“一个世界”反而要突出，衬出“珠峰颂”的高远。诗人黄怒波单人读过，和两女一男的演员合诵过，结尾时都将此句加以重复。

黄怒波的作品《向上》在第二届南方诗歌节上，由北京人民艺术剧院的艺术家孙星朗诵，张筠英作为导演，强调了“高”的冲击力。此诗五次出现“向上！向上”，她让演员从下场口出场，在舞台的三分之一处读出“向上！向上！我无法后退，因为我背着我的中国”点出向上的意义，然后要求演员，拾级而上，在台阶的高处读出“向上！向上！这是我的中国……这是我的时代”；再一步步慢慢地走下，缓缓读出“向上！向上！……我的中国在我的背包中安睡……我的中国决不能滑坠”；最后有一个冲向台中，冲向前的动势，坚定读出：“向上！向上！我的中国在背包中很温暖，很安宁！”同台演出的广东德庆的演员说：“手法很有特点，利用舞台现有条件向后、向上、向下、向前，让我们感受到冲击力。”

《煤啊，我的情人我的黑姑娘》（节选）[①]

屈金星

你在我的眸子里噼啪作响
你在我的灵魂中璀璨闪光
追寻你是一种理想
逼近你是一轮光芒
煤啊，我的情人我的黑姑娘

不管与你定情的夜晚
是风骤还是雨狂
既然走向地心深处
彼此捧出的都是滚烫
在八百米深处
只有你用乌黑的嘴唇
吻我裸露的肩膀
煤啊，我的情人我的黑姑娘

黑暗让我珍惜月亮
压力使我头颅高昂
当寂寞的绳索把我倒挂在
悬崖上
只有你来抚慰我
殷红的创伤
煤啊，我的情人我的黑姑娘

毒品海洛因洁白得卑鄙
而你却乌黑得高尚
在你燃烧的火光中
我看到灵魂圣洁的
太阳
煤啊，我的情人我的黑姑娘

① 屈金星：《煤啊，我的情人我的黑姑娘》，《中国矿业报》（副刊），1995年。

《珠峰颂》①

黄怒波

此刻
我站在世界之巅
眼含热泪面向世界
我等待朝阳升起做证
在群峰点亮时我向它们致敬
第一声冰川雷鸣是在我脚下响起
醒来的世界被朝霞染红
举起手我以人类的名义抚摸天堂
我在天空划出金色的印痕
我在顶峰刻印白色的玫瑰
然后在花蕊中久久跪定
我祝愿我的灵魂永远干净
我希望我的世纪永远温情
我祈祷我的爱人永远美丽
我轻呼死去的山友在冰雪下安宁
一个世界已倾听了我

① 摘自骆英：《7+2 登山日记》，北京大学出版社，2011 年。

《向上》（节选）[1]

黄怒波

向上！向上！
我无法后退，
因为我背着我的中国。
繁星闪闪，
我无法仰望，
因为我背着我的中国。

向上！向上！
也许还有三千年的路，
向上！向上！
也许还有三千道冰缝。
这是我的中国，我无法后退！
这是我的时代，我无法后退！

寒夜，
我的中国在我的背包中安睡，
我是一个背夫，
我无法后退。

向上，
我的中国决不能滑坠。
我是一个登顶者，
要坚定谨慎。
向上！向上！
我的中国在背包中很温暖，
很安宁！

① 摘自骆英：《7+2 登山日记》，北京大学出版社，2011 年。

第二届中国南方诗歌节开幕式张筠英任导演，艺术家孙星朗诵黄怒波诗歌《向上》

煤炭工业部副部长濮洪九向瞿弦和颁发“乌金大奖”

屈金星诗歌《煤啊，我的情人我的黑姑娘》是瞿弦和的保留节目

60块煤新排序.doc

文件预览

1山西阳泉煤业集团公司	31内蒙古神府东胜煤炭有限公司
2山西大同煤矿集团公司	32内蒙古包头煤矿
3山西晋城煤业集团公司	33内蒙霍林河煤矿
4山西潞安矿业集团公司	34青海煤业集团公司
5山西西山煤电股份公司	35甘肃华亭煤业集团公司
6河北开滦集团公司	36甘肃窑街煤电有限责任公司
7河北冀中能源峰峰矿务局	37宁夏煤业集团公司
8辽宁阜新矿业集团公司	38四川广旺能源发展有限公司
9辽宁抚顺矿业集团公司	39贵州水城矿务局
10黑龙江鸡西矿业集团公司	40云南后所煤矿
11黑龙江鹤岗矿务局	41云南省大理煤矿
12黑龙江双鸭山矿务局	42江苏大屯煤电集团公司
13黑龙江七台河矿务局	43浙江长广集团有限责任公司
14河南郑州煤业集团公司	44广东红工煤矿
15河南鹤壁煤业集团公司	45广西东怀煤矿
16河南平顶山煤业集团公司	46广西百色矿务局
17河南永城煤电集团公司	47福建龙岩煤矿公司
18河南义马煤业集团公司	48福建邵武煤矿公司
19河南神火煤电集团公司	49江西省煤炭工业集团公司
20河南焦作煤业集团公司	50江西乐平矿业集团公司
21安徽淮南矿业集团公司	51江西萍乡安源煤矿
22安徽国投新集能源股份有限公司	52湖南资兴矿务局
23安徽淮北矿业集团公司	53湖北黄石土矿集团公司
24山东龙口煤矿	54重庆松藻煤电有限责任公司
25山东枣庄矿业集团公司	55北京京煤集团公司
26山东新汶矿业集团公司	56吉林桦甸（通化）煤矿
27山东淄博矿业集团公司	57新疆乌鲁木齐矿业（集团）有限责任公司
28陕西铜川矿务局	58海南茂林煤矿
29陕西韩城矿务局	59西藏马查拉煤矿
30陕西黄陵矿业集团公司	60台湾台北县花溪乡石底矿

瞿弦和对煤矿情有独钟，收藏着全国六十个矿区的煤块

对人生的宣誓

——朗诵贺敬之诗歌《雷锋之歌》

1963年毛泽东主席亲笔题词“向雷锋同志学习”，诗人贺敬之的长诗《雷锋之歌》在《中国青年报》刊登，那时我们都是中央戏剧学院表演系的在校学生。

我们非常喜欢这首气势磅礴的诗，它有议论、有抒情、有强烈的艺术感染力。第一次录制全诗是在北京人民广播电台，那时台址在复外真武庙，大家俗称“粉楼”，录音间大部分在半地下，导演、录音师也都是年轻人。可以说，我们一起满怀革命激情录完了全诗，很接近舞台朗诵，时长约十四分钟，时至今日，我们还保存着那个时代特有的盒式录音带。

全诗分六个章节，我们最喜欢的是第一和第二章节，因为它充满了对美好生活的憧憬，纯真的心态仿佛是刚刚走进社会的阶段。诗中写道：“假如现在呵，我还不曾　不曾在人世上出生，假如让我呵，再一次开始　开始我生命的航程——在这广大的世界上呵，哪里是我最迷恋的地方？哪条道路呵，能引我走上最壮丽的人生？”多么理想化的问题，多么有吸引力的畅想，这也是所有年轻人都会关心的实际问题。

这一段的诗句，韵律优美，辞藻丰富，读起来上口，配合着默契。我们从第一次录制后，在诗会中最喜欢节选这一段。

1990年中央人民广播电台少儿合唱团成立四十周年，中央电视台少儿部导演徐家察专门录制了一台晚会，我们朗诵了这一段，因为同台者大部分是同龄人，望着他们已成中年的脸庞再读到“面对整个世界，我在注视。从过去，到未来，我在倾听……”时会产生一种一代人的思考，“我”字就成了“我们”。

两句反问，分别男女朗诵。女：“哪里的土地上青山不老，红旗不倒，大树长青？”男：“哪里的母亲能给我纯洁的血液、坚强的四肢、明亮的眼睛。”这两句，我们处理成“紧接慢唱”，然后一起读出：“让我一千次选择，是你，还是你呵——中国！”这更能突出对祖国的热爱。

后来两次朗诵《雷锋之歌》（节选）都是单人的，一次是中央军事频道的“军事文化”，一次是内蒙古卫视的“马兰花开”栏目，这两次分别是纪念建军节和党的生日，我仿佛是与年轻的战士，年轻的党员，一起在歌颂雷锋，读“呼唤你响亮的名字……看着你青春的面容……我写下这两个字……”特别亲切、自然、真实。

2018 年我们拍摄《世纪诗人——贺敬之》专辑，采用的是集体朗诵的形式，辽宁人艺两位国家一级演员领诵，沈阳朗诵学会的成员担任群诵。这一次突出的是庄重感和群体形象——千万个雷锋在成长，摄制组在抚顺雷锋纪念馆拍摄，背景选取了多个雕像，升华了社会意义。

我们认为，《雷锋之歌》长诗具有持久的生命力，当我们写这篇感悟时，已步入了习近平新时代，中国人民向世界展示了更鲜明的国家形象，无论是在与大自然的搏斗中，还是在与新冠病毒抗争的战役中，再一次体现出雷锋精神的伟大。只有中国，才有雷锋这样的人，只有中国，才有这样的雷锋精神！是啊，榜样的力量是无穷的。

《雷锋之歌》（节选）①

贺敬之

假如现在呵，
我还不曾
不曾在人世上出生，
假如让我呵，
再一次开始
开始我生命的航程——
在这广大的世界上呵，
哪里是我
最迷恋的地方？
哪条道路呵
能引我走上
最壮丽的人生？

面对整个世界，
我在注视。
从过去，到未来，

① 贺敬之：《贺敬之诗选》，人民文学出版社，1997 年。

我在倾听……
八万里
风云变幻的天空啊，
今日是
几处阴？几处晴？
亿万人
脚步纷纷的道路上，
此刻呵
谁向西？谁向东？
哪里的土地上
青山不老，
红旗不倒，
大树长青？
哪里的母亲
能给我
纯洁的血液、
坚强的四肢、
明亮的眼睛？
让我一千次选择：
是你，
还是你呵
——中国！
看呵，
在我们的大地上，
在党的
摇篮中——
此刻
又站起来
一个多么高大的
我们的
弟兄！

让我呼唤你呵
呼唤你响亮的名字，
你——
雷锋！
我看着
你青春的面容，
好像我再生的心脏
在胸中跳动……
我写下这两个字：
“雷、锋”——
我是在写呵
我们阶级的
整个新一代的
姓名；
我写下这两个字：
“雷、锋”——
我是在写呵
我的履历表中
家庭栏里：
我的弟兄。
你的年纪，
二十二岁——
是我年轻的弟弟呵，
你的生命
如此光辉——
却是我无比高大的
长兄！
我奔向你的面前！
带着
母亲给我的教训，
和我对你
手足的深情……
仿佛一刹那间
越过了
千山万岭……
呵！我像是
突然登上泰山，
站立在
日观峰顶……
我看见
海浪滔滔的
母亲怀中——
新一代的太阳
挥舞着云霞的红旗，
上升呵
上升！……

1985 年，在中央电视台录制贺敬之诗歌《雷锋之歌》

2019 年，在内蒙古电视台“马兰花开”栏目朗诵贺敬之诗歌《雷锋之歌》

在中央电视台“东方时空”栏目朗诵贺敬之歌《雷锋之歌》

以哲人的身份

——朗诵贺敬之诗歌《三门峡——梳妆台》

大学二年级的台词课，唐纪琛老师指定我朗诵的就是诗人贺敬之的《三门峡——梳妆台》。唐老师说："我给你这诗的原因是你的声音幅度较宽，可以读一些有气魄的诗歌。"随后又补了一句："这诗我也经常读，是现代很难得的古体诗式的现代诗歌。"

20 世纪 80 年代在朗诵会上，北京人民艺术剧院的朱琳老师也多次朗诵这首诗，有一次读完后，她到后台跟我说："这首诗我很喜欢，但我体力、脑力都不支了，我再也读不动了！你不是在学院时也读过这首诗吗？年终考试时我听过，你朗诵吧！"

受到两位老师不同时期的鼓励，我又重拾起这首诗。

首先吸引我的是这首诗对景物的描写是那样的气势磅礴，我仿佛站在高耸入云的山中，又仿佛站在滔滔黄河的岸边，心胸无比开阔。多读几遍，诗人对生活在黄河沿岸，屡遭灾害的劳动人民是那么同情，而对黄河女儿的归来由衷的赞美，温暖着所有受伤的心灵。

我也喜欢这首诗的气势、气魄。它由何而来，又如何体现呢？拿第一小段来说，从"望三门，三门开……"到"狂风万里走东海"，总体是阶梯式的上升，最高点应在"狂风万里走东海"这一点上。而"狂风万里"是重中之重的重点。"东海"之所以不是最高点，一是万里滔滔的走势，二是要与第二段衔接。

但是要注意，第一行、第二行可读成一句，此时视像是正面 45 度向上。"望三门，三门，开"，"开"前面的停顿，为了突出"开"，有开启之势。"黄河之水 天上来"，黄河之水后面的停顿，是为了突出"天上来"的高耸入云的感觉，而"天上来"则可用虚高的语调显示出无限高的气势。"神门险，鬼门窄"可把视像分为两边 45 度角，"人门"视像再回到中间，而"黄水劈门千声雷，狂风万里走东海"则是动势，这样可以表达黄河之水波涛汹涌，一浪比一浪高，后浪推前浪的景象。

朗诵此诗时，视像、语调、停顿、重音必须统一，就是要像戏曲标准那样，手、眼、身、法、步都要有，才能做到精气神俱佳的表演。

我还想说一说，前面几句语调在向上推时，声音也要逐渐推向上。虽然中间有虚高，有缓低，但在“万里”之前的“黄水劈门千声雷”后，一定要用偷气的办法，既要快，又要深，然后蓄住气，这蓄势的感觉已经到了不得不发的程度，狂风万里，这样重音会自然而然地表达得淋漓尽致，而不费吹灰之力。

从整体来说，全诗分成三大段，第一段是黄河治理工程之前。“何时来呵，何时来？……”是第二大段，黄河治理工程开始了。从“望三门，门不在，明日要看水闸开”至结尾是第三大段，描写黄河治理工程后美丽的景象。

从内容来看，三大段落的基调是有很大差别的。但了解三大段的基调就可以朗诵了吗？不是的。想要找到恰当的朗诵语调、语势、情感以及节奏的变化，还是要从理解开始。这首诗通过黄河儿女在治理黄河前后生活的对比歌颂了党和国家对黄河儿女的关怀。以“黄河女儿”这一个拟人化的形象为线索，增强了诗的观赏性、情感色彩和浪漫主义色彩。

下面我们把三大段的重点句——也就是体现主题的句子找出来。第一大段黄河的昨天，黄河女儿焦急地问道“问我青春何时来”；第二大段“望三门，门不在，明日要看水闸开”；第三大段“无限青春向未来”。

分析到这，还不能达到具体化程度，只是个提纲挈领的作用，下面分析每一小段儿的重点语句。以第一大段为例，第一小段主要写黄河之水来势凶猛，因此是最后一句“狂风万里走东海”。第二小段写被黄水疯狂地冲刷后，只留下了梳妆台，重点句“门旁空留‘梳妆台’”。第三小段主要描绘黄河的灾难，黄河女儿开始出现，重点句为“但见那，辈辈艄公洒泪去，却不见，黄河女儿梳妆来”。第四小段主题是苦难岁月何时能改变，重点句为“问我青春何时来”。

理解是体现的基础，也是体现的依据。光有主题，重点句如何寻找呢？我的体会是找出那些能简洁、凝练的代表作家的内心感情色彩的语句，要让观众接受。而且朗诵者必须要明确再明确、简单再简单地概括出来。使你的朗诵有了支柱、有了支撑。因为你很清楚我要表达的是什么，我要让观众感受到什么！

还以第一大段为例：

第一小段，怀着敬畏的心情，表示其水势凶猛，这一段的中心词为——气势。

第二小段，失去黄河女儿，荒凉、孤寂，这一段的中心词为——痛惜。

第三小段，人民的疾苦生活，这一段的中心词为——伤悲。

第四小段，忍无可忍的人民在呼喊，这一段的中心词为——愤懑。

为了使四个词丰满，在节奏上还要下些功夫。如一大段的四小段就是这一大段的最后一段，用急促的节奏，但要把恨压在心头。到“登三门，向东海”时，要把心中的愤怒爆发出来，呼唤出："问我青春何时来？！"中间停顿并可用突降语势，才能陪衬出"何时来"的高潮。

这种由复杂到简单，从主题—段落—重点句子—每一段重点词—找到体现的标准、方式，这是朗诵者在演出录音之前都要做的工作。也就是说不能死背，不能表面地理解，也不能把思想感情分散到表面的词语上。只有集中、精准才能使朗诵者站在台上知道自己的任务——要告诉观众什么。这样朗诵者也不会紧张了，而且还有欲望将作品呈现给观众了。

《三门峡——梳妆台》①

贺敬之

望三门，三门开：
"黄河之水天上来！"
神门险，鬼门窄，
人门以上百丈崖。
黄水劈门千声雷，
狂风万里走东海。

望三门，三门开：
黄河东去不回来。
昆仑山高邙山矮，
禹王马蹄长青苔。
马去"门"开不见家，
门旁空留"梳妆台"。

梳妆台呵，千万载，
梳妆台上何人在？
乌云遮明镜，
黄水吞金钗。
但见那：辈辈艄公洒泪去，
却不见：黄河女儿梳妆来。

梳妆来呵，梳妆来！
——黄河女儿头发白。
挽断"白发三千丈"，

① 贺敬之：《贺敬之诗选》，人民文学出版社，1997年。

愁杀黄河万年灾！
登三门，向东海：
问我青春何时来？！

何时来呵，何时来？……
——盘古生我新一代！
举红旗，天地开，
史书万卷脚下踩。
大笔大字写新篇：
社会主义——我们来！

我们来呵，我们来，
昆仑山惊邙山呆：
展我治黄万里图，
先扎黄河腰中带——
神门平，鬼门削，
人门三声化尘埃！

望三门，门不在，
明日要看水闸开。
责令李白改诗句：
“黄河之水‘手中’来！”
银河星光落天下，
清水清风走东海。

走东海，去又来，
讨回黄河万年债！
黄河女儿容颜改，
为你重整梳妆台。
青天悬明镜，
湖水映光彩——
黄河女儿梳妆来！

梳妆来呵，梳妆来！
百花任你戴，
春光任你采，
万里锦绣任你裁！
三门闸工正年少，
幸福闸门为你开。
并肩挽手唱高歌呵，
无限青春向未来！

2021 年，在山东平度诗会上朗诵贺敬之诗歌《三门峡——梳妆台》

朗诵贺敬之诗歌《三门峡——梳妆台》，这首作品是张筠英的保留节目

观众和演员

——朗诵贺敬之诗歌《又回南泥湾》

贺敬之老师的这首诗标题已经很明确了，是又一次，是观看话剧《豹子湾的战斗》有感而发。贺老师的很多诗篇在群众中久久流传，但我们几乎没有人朗诵过《又回南泥湾》这首作品。我们在中央戏剧学院读书时观摩过此戏。其中女政委的形象是艺术家雷平扮演的，很帅，是个军中穆桂英式的形象。

朗诵这首诗能用什么形式可以更生动，更别具一格呢？在山东电台纪念贺敬之的诗会上，我们同时还要演出两人合作的《三门峡——梳妆台》，所以更要想一些别出心裁的处理办法。

首先我们用“南泥湾”的音乐作为开头与结尾的背景音乐。舞台在接近上半场的地方摆上两个单人靠背座椅，我们从下场口的第三道侧幕后出场，向斜前方移动，到第二句时走到座椅前并在“连想带梦南泥湾”一句时俩人同时坐下，坐定后说：“铃声响，大幕开，今晚又回延安来。”仿佛是坐在观众席上。下面4~8句，我们两人轮诵把台上演的话剧情节内容一一叙述。9~14句是描写从台上联想到自己在延安的部分生活以及现今有儿孙陪伴着的幸福生活。

从14句开始我们从座椅上站起来，如同看完戏走向场外，向下场门方向移动，又仿佛慢慢走到天安门前，仿佛向老上级报告自己的工作，又仿佛回到前线喊着“跟上来”，冲锋在战场上。

结尾部分是作者自己的革命征程的总结，此时我们回到了舞台的正中央，表达生命不息、战斗不止的革命战士的情怀。

一个大道具、戏剧式的表演、调度的设计，突出了场景的变化，使观众更直观地感受作者的心境变化，历史的演变。特别是朗诵者既是代表作者的演员又是当作看戏的观众的转变，既有现实感受又有历史的回忆。两个身份的切换把两个场景既统一又区别开来，使此时的画面活动起来，既增强了观赏性，又加深了理解。另外我们觉得小小的调度，可以更好地诠释此诗的内容。

《又回南泥湾——看话剧〈豹子湾的战斗〉》（节选）[1]

贺敬之

"信天游"呵，不断头，
回回唱起来热泪流！

唱延河呵，想延安，
连想带梦南泥湾——

铃声响，大幕开
今晚又回延安来！

好熟的路呵，好亲的山，
亲山熟路豹子川——

这一面红旗这一杆号，
咱们的红一连上来了！

手里的镢头肩上的枪，
惊天动地脚步响！

这一架纺车这一根线，
千年万年永不断……

一双草鞋半袋米，
闪亮的红心我认得你！

团长一声把"小鬼"叫，
猛然间我的心里怦怦跳！

恍惚他走到台下来，
又帮我系好草鞋带……

台上台下二十年，
我身旁坐着我们司令员。

二十年前后几代人？
我怀中坐着女儿红领巾。

司令员低声问这下一代：
"你将来编在第几排？……"

司令员拉住我和女儿的手：
"咱们的路呵，就是这样走！"

这样走呵，这样行！
波涛翻滚在我胸……

---

① 贺敬之：《又回南泥湾——看话剧〈豹子湾的战斗〉》，《人民日报》，1964年6月3日。

我和司令员紧相跟，
“豹子湾”走到天安门。

步步走呵，步步想，
满心的话呵我要讲……

今晚的谈话不断头，
长安街上难分手——

南泥湾的火光呵天安门的灯，
——照得长空分外明！

让我向司令员喊“报告：
我的武器又擦好……”

红领巾儿女呵要走快，
红一连在喊：“跟上来！……”

跟上来呵，跟上来，
辈辈人在红旗在！

红旗万丈向天举——
革命的烈火几万里？！……

火光在前呵，枪在手，
大步长征——不回头！
一九六四年五月二十九日

2005年，在山东济南贺敬之作品诗会上朗诵贺敬之诗歌《又回南泥湾》

在诗人贺敬之家中汇报拍摄工作

窗口内外

——朗诵贺敬之诗歌《西去列车的窗口》

“在九曲黄河的上游，在西去列车的窗口……”这是我们这一代人脱口而出的诗句，不仅如此，当年，我还是大学毕业乘着西去列车奔向祖国大西北走上工作岗位的年轻人。

诗人贺敬之的这首诗，我从青年时代读到老年，在诗会上，在央视“心连心”艺术团赴青海的舞台上朗诵，在宁夏春晚与少先队员合诵……为这首激情澎湃的作品所陶醉，突出的体会是一定要注意“西去”和“窗口”这两点。

20世纪60年代前后，祖国西部的发展要慢于东部，“奔赴大西北”是青年一代奉献祖国的一个富有代表性的口号，更是继承革命传统的一个象征，诗的开始就写道：“在这样的路上，这样的时候，在这一节车厢，这一个窗口——”我是1965年中央戏剧学院表演系的毕业生，也是归国华侨。我没有享受任何照顾，奔赴祖国大西北，成为青海省民族歌舞剧团和青海话剧团的一名演员。

回想当年的情景，我没有通知别人，独自一人到火车站乘车，也没有让体弱多病的父母送我。大姨家的章宝哥哥和中学同学小陈意外出现在站台，他们说：“我们猜到的。”我上车后，一直趴在窗口，看着他们，仿佛是与故乡、与家人告别，我不停地挥手，直至站台消失在视野……我这个爱动情的人，那一刻没有哭，反而是一种出征之感。我那晚没有合眼，激动地写下“入党申请书”。现在说起来，年轻人也许有人不相信，但这是非常真实的，没有任何杂念，是一种对祖国的忠诚，一颗赤诚的心。

西去的列车就是这样，“一站站灯火扑来，像流萤飞走，一重重山岭闪过，似浪涛奔流……”作为亲历者，朗诵者一定要把自己摆进去，把自己当成列车车厢里的一员，把握这个基调。

“窗口”，我们可以从外向内看，又可从内向外看。向内看是一群年轻人，一个老战士在交谈，讲述革命历史，在憧憬、展望未来的战斗。诗句不仅细致、生活，而且有很强的对话感。朗诵时要把这些诗句人物化处理，这会有更鲜活的画面感，“老战士从座位上站起……”“青年们一起拥向窗前……”形成激情的场景。

诗中多次重复了“在这样的路上，在这样的时候，是这样的列车，是这样的窗口”，窗口内青年人在写日记，老战士在查铺，窗口外“扬旗起落——苏州……郑州……兰州……”“窗口”成为重要的，不可缺失的点，它交织着景物人物。

朗诵者还要注意到“窗帘拉紧”和“打开窗帘”两处，诗人以此体现“西去列车”的行进感及时间感，生活中的战斗即将开始。拍摄“世纪诗人”专辑时，我们通过北京北站站长张润田、通州车务段党委书记赵衡等人找到绿皮老车厢，导演张筠英让摄像师在通州西站拍摄绿皮车的窗内窗外，以及绿皮车行进的镜头，凡属窗内窗外的衔接部分均用这组镜头过渡，还特意抓拍了“车站灯火”“朝霞满天”的镜头。一批青年演员以20世纪的装束，高唱着“我们年轻人，一颗火热的心”登上“西去列车”，我站在站台上望着行进的绿皮列车，读出“让我们高声歌唱呵——鲜红的太阳照遍全球！……”，要知道这诗句是全世界无产者共有的“国际歌”中第六段的歌词啊！

《西去列车的窗口》（节选）①

贺敬之

在九曲黄河的上游，
在西去列车的窗口……

是大西北一个平静的夏夜，
是高原上月在中天的时候。

一站站灯火扑来，像流萤飞走，
一重重山岭闪过，似浪涛奔流……

呵，在这样的路上，这样的时候，
在这一节车厢，这一个窗口——

① 贺敬之：《贺敬之诗选》，人民文学出版社，1997年。

你可曾看见：那些年轻人闪亮的眼睛
在遥望六盘山高耸的峰头？

你可曾想见：那些年轻人火热的胸口
在渴念人生路上第一个战斗？

你可曾听到呵，在车厢里：
仿佛响起井冈山拂晓攻击的怒吼？

你可曾望到呵，灯光下：
好像举起南泥湾披荆斩棘的镢头？

一路上，扬旗起落——
苏州……郑州……兰州……

一路上，倾心交谈——
人生……革命……战斗……

而现在，是出发的第几个夜晚了呢？
今晚的谈话又是这样久、这样久……

看飞奔的列车，已驶过古长城的垛口，
窗外明月，照耀着积雪的祁连山头……

看，老战士从座位上站起——
月光和灯光，照亮他展开的眉头……

看，青年们一起拥向窗前——
头一阵大漠的风尘，翻卷起他们新装的衣袖！

呵，祖国的万里江山、万里江山呵！……

呵，革命的滚滚洪流、滚滚洪流！……

现在，让我们把窗帘打开吧，
看车窗外，已是朝霞满天的时候！

来，让我们高声歌唱呵——
“鲜红的太阳照遍全球！……”

2018年，在宁夏电视台春晚与少先队员一起朗诵贺敬之诗歌《西去列车的窗口》

2018年，拍摄《世纪诗人》专辑时朗诵贺敬之诗歌《西去列车的窗口》

随中央电视台“心连心”艺术团重返青海朗诵贺敬之诗歌《西去列车的窗口》

拟人化的呼应

——朗诵柯岩诗歌《周总理，你在哪里？》

大家提起著名诗人柯岩，就会想到儿童诗《帽子的秘密》，这首作品影响太大了，从表演艺术家方鞠芬到现时代的儿童朗诵，为我们提供了许许多多不同的版本。

我第一次接触柯岩老师是在1977年，诗歌《周总理，你在哪里？》刚刚问世，当时在北京工人体育馆、首都体育馆将举办纪念敬爱的周总理大型诗歌朗诵会，筹备组拟选一首适合集体朗诵的作品。我是筹备组的成员之一，我找到了柯岩老师。在位于北京东单煤渣胡同的家中，为我朗诵了她的诗作《周总理，你在哪里？》，她情真意切的朗诵，不仅让人热泪盈眶，而且诗的特点很突出，第一印象就是拟人化的应答。

这是一首怀念诗，构思巧妙，它从周总理日夜操劳，为共和国的工业、农业、国防、外交等各个方面创下的卓越功勋，设置了“高山”“大地”“森林”“大海”四个呼唤方向，四个拟人化的回应分别是“山谷回音”“大地轰鸣”“松涛阵阵”“海浪声声”，这一创作特点为集体朗诵提供了一个很好的基础。很快，当年中央广播文工团的演员承接了这一任务。我们的儿子瞿佳那时还未满10岁，也作为儿童演员与刘璐、马加奇等优秀演员一起朗诵，形成老中青三代的朗诵群体，这是那个时代的第一个歌颂周总理的集体朗诵。

后来我个人曾在各类纪念活动和演出中多次朗诵《周总理，你在哪里？》这首怀念诗。最难忘的是2008年在江苏淮安的朗诵。

这是纪念周总理诞辰110周年的诗会，我对朗诵此诗的艺术处理做了新的安排，大地、高山、森林、大海的音色、音高、音长加大了区别，使其更为贴切，更为形象，既有老人化的深沉、缓慢的低音，又有年轻化的短促、飘逸的高音，任听众去感悟，去想象。对回到天安门广场的呼唤，由始终轻读变为由强变轻，这样广场回音“轻些，轻些”就更为合理，更为感人。

全诗的重点诗句是“太阳升起的地方”，“人民心里”，这两句朗诵时也要有区别，洒脱地、放声地展开第一句，“人民心里”才能稳稳地收住。诗会的导演刘保林是筠英在中央戏剧学院教过的学生，他告诉我，他不止一次听到过这首诗的朗诵，他觉得这次的艺术处理更为细致，清楚，“拟人化的应答”像现实生活，又像童话世界，使总理的形象更加鲜活。

《周总理，你在哪里？》[①]

柯　岩

周总理，我们的好总理，
你在哪里呵，你在哪里？
你可知道，我们想念你，
——你的人民想念你！

我们对着高山喊：
周总理——
山谷回音：
“他刚离去，他刚离去，
革命征途千万里，
他大步前进不停息。”

我们对着大地喊：
周总理——
大地轰鸣：
“他刚离去，他刚离去，
你不见那沉甸甸的谷穗上，
还闪着他辛勤的汗滴……”

我们对着森林喊：
周总理——
松涛阵阵：
“他刚离去，他刚离去，
宿营地上篝火红呵，
伐木工人正在回忆他亲切的笑语。”

我们对着大海喊：
周总理——
海浪声声：
“他刚离去，他刚离去，
你不见海防战士身上，
他亲手给披的大衣……”
我们找遍整个世界，

呵，总理，
你在革命需要的每一个地方，
辽阔大地

① 柯岩：《周总理，你在哪里》，四川人民出版社，1979 年。

到处是你深深的足迹。
我们回到祖国的心脏，

我们在天安门前深情地呼唤：
周—总—理—
广场回答：
“呵，轻些呵，轻些，
他正在中南海接见外宾，
他正在政治局出席会议……”
总理呵，我们的好总理！
你就在这里呵，就在这里。
——在这里，在这里，
在这里……

你永远和我们在一起
——在一起，在一起，
在一起……
你永远居住在太阳升起的地方，
你永远居住在人民心里。
你的人民世世代代想念你！
想念你呵……
想念你……
想……念……你……

2008年，在江苏淮安纪念周总理诞辰晚会上朗诵柯岩诗歌《周总理，你在哪里？》

烘托氛围的重要性

——朗诵闻一多诗歌《红烛》

诗作的“序”很常见。唐代诗人李商隐诗中的一句“蜡炬成灰泪始干”是“红烛”一诗的序。显然闻一多先生是以这句诗的精神点出“红烛”的创作意图，也就是燃烧自己，照亮别人。

《红烛》作为教师节的常引用的诗作，我们都录制、演出过，观众也常常为被誉为“红烛”的教师无私奉献的精神所感动过。闻一多先生自己作为一名诗人、教育家在国内很多知名大学都立有雕像，如武汉大学、清华大学、山东大学、湖北浠水纪念馆，还有福建、泉州、云南、昆明等地。

人们不会忘记闻一多先生的“最后一次演讲”，作为一个革命者，他不怕牺牲，自己冲上讲台，怒指台下的特务，明知会被枪杀而不顾，他回家后又马上去参加一个会议，途中被国民党特务杀害，他的儿子就在他身旁。

我们采访过他的儿子闻立鹏，他是凭着自己的记忆、母亲的讲述，运用他的美术家的技能画出那幅著名的红烛的油画。画面上是闻一多先生半侧面手拿烟斗的画面加上周围的一片红烛。可见红烛精神在闻一多先生的一生中占有多么重要的地位。

我们在教师节演出及教学中多次接触此诗，但是现在再次搬到舞台上，特别是在武汉大学演出，简直就是在接受考验。因为武汉大学有“闻一多纪念馆”，有他的雕像，有他的纪念碑，而且每届学生几乎都能背诵这首诗，作为道德、精神传承的座右铭。有意义的是那天正是第 32 届学生社团国际交流在武汉大学开会。来自哈佛大学、耶鲁大学、普林斯顿大学、清华大学等 39 个国家的 63 所高校 215 名学生都来观看演出，我们有些担心他们听不懂，没想到学校团委领导陈晓玥书记演出后说：“《红烛》是我们的校诗，几乎每个学生都会背，你们的演出一开幕，我们就心潮沸腾，跟着不自觉地掉下泪来，没想到那些外国青年代表也被感动了。演出过程中全场没有任何人玩手机，而且注意力很集中，一直听到尾，好像还没听够，因为大家都听懂了。”

为什么一开幕就被震撼了呢？首先，我们大屏是以红烛的那幅油画为基础的，为了烘托气氛，在大屏上又增加十几支红烛，灯光师在地面及空间也设置多处红光，形成舞台整体的红烛的光芒，突出一个红字……为了表现闻一多先生教育家的特质，在台左设置一个书桌，书桌有一盏三四十年代的绿色台灯，左侧书桌后面是一幅屏风。

报幕之后，在一束追光下扮演闻一多先生的艺术家孙星缓缓上来走到桌子边开启台灯，随之全场大亮，随着背景音乐舞台的红光亮起，在一片红烛的衬托下，开始朗诵：“红烛啊！这样红的烛！诗人啊！吐出你的心来比比，可是一般颜色？”此后在桌子后面读完第二自然段，到第三段，演员从桌子边绕过向台前走去。记得有一次演出，演员孙星在向前行进时，由于台的进深很小，没想到他一脚踩到反送音箱上，音箱滚到台下，演员本人跟着摔到台下。但是演员的职责告诉他“诗不能停”，正好诗句是“不误，不误”，此时的“不误”已变成“没关系，没关系”。在观众席前排坐着的两位领导一个箭步冲到演员那里把他扶起来，此时“不误”的语句一直没停。演员起身向后转，一个箭步跳回舞台，随即转过身来，一边说着“烧罢！烧罢！烧破世人的梦，烧沸世人的血——”，此时观众席响起一片掌声，为诗作，当然更为演员的精神。不顾疼痛，没有慌张，节奏都没有因摔下台而变化，这种敬业的精神与闻一多的诗的精神是一致的。所以这一次“摔”下台来，不仅没有影响演出效果，反而“加分”了。使这首诗留下更特殊的难忘的一笔。

瞿弦和在这个节目结束时临时加了一小段采访。他说：“孙星是北京人民艺术剧院的著名演员。他刚刚随‘人艺’出访到德国演出《茶馆》归来，可能时差还没倒过来，就晕晕乎乎地摔到台下。”（此时观众一片笑声、掌声）接着他又问孙星：“哎？你刚才是跳下去的还是摔下去的？”孙星幽默地说：“我是滚下去的。”

在诗读到第二段时“是谁制的蜡，给你——躯体……”的时候，我们安排了一个舞蹈演员，着一身红装，两只可以甩动的红长袖，把她作为红烛的化身。她从下场口上场，当朗诵演员向后转向大屏幕时，舞蹈演员从台后向前舞动，直至“红烛啊！你心火发光之期，正是泪流开始之日”。着红装的女舞蹈演员甩出红衣长袖，为红烛的躯体做了人格化的演绎。

总之一个舞台上“红”的氛围，加之朗诵演员层层推进的高潮的展现，使观众深受感染，被融化到“红烛”的氛围中，为闻一多先生高尚的品质所感动。

在拍摄《世纪诗人——闻一多》的专辑中，因为在浠水闻一多纪念馆进行拍摄，当地“闻一多小学”的 20 多位少先队员以参观纪念馆为背景，影视艺术家郭凯敏作为闻一多的化身向小朋友讲述红烛精神，他穿梭在小朋友中间，在红烛巨幅油画陪衬下，为《红烛》这首诗营造出另一幅激情的画面。

《红烛》①

闻一多

"蜡炬成灰泪始干。"——李商隐

红烛啊！
这样红的烛！
诗人啊！
吐出你的心来比比，
可是一般颜色？

红烛啊！
是谁制的蜡——给你躯体？
是谁点的火——点着灵魂？
为何更须烧蜡成灰，
然后才放光出？
一误再误；
矛盾！冲突！

红烛啊！
不误，不误！
原是要"烧"出你的光来——
这正是自然的方法。

红烛啊！
既制了，便烧着！
烧罢！烧罢！
烧破世人的梦，
烧沸世人的血——
也救出他们的灵魂，
也捣破他们的监狱！

红烛啊！
你心火发光之期，
正是泪流开始之日。

红烛啊！
匠人造了你，
原是为烧的。
既已烧着，
又何苦伤心流泪？
哦！我知道了！
是残风来侵你的光芒，
你烧得不稳时，
才着急得流泪！

红烛啊！
流罢！你怎能不流呢？
请将你的脂膏，

① 闻一多：《红烛》，百花文艺出版社，2006年。

不息地流向人间，
培出慰藉的花儿，
结成快乐的果子！

红烛啊！
你流一滴泪，灰一分心。
灰心流泪你的果，
创造光明你的因。

红烛啊！
“莫问收获，但问耕耘。”

2016 年，张筠英导演在湖北浠水拍摄《世纪诗人——闻一多》专辑，艺术家郭凯敏朗诵诗歌《红烛》

2017 年，瞿弦和、张筠英导演“重温经典”名家名篇朗诵会，舞台上展示闻一多诗歌《红烛》

回到母亲的怀抱

——朗诵闻一多诗歌《七子之歌·澳门》

“七子之歌”是中国著名学者闻一多1925年3月在美国留学期间创作的一组诗，共七首。

“七子”是指当时外国列强侵占的七处中国国土，即澳门、香港、台湾、威海卫、广州湾、九龙岛、旅顺和大连。澳门在葡萄牙租下的时期称为“濠镜澳”，在明成化年间，因妈祖庙又被称为“妈港”。因此在诗中无论是“濠镜澳”还是“妈港”（英文为MACAU）都是澳门的旧称，在这里说明一下。

“七子之歌”是七首中的第一首。从诗中第一句“你可知MACAU不是我的真名姓”就可以看出，他是以第一人称来完成诗作的。

第二句“我离开你太久了，母亲”表达澳门渴望回归大陆母亲的心情是多么迫切。

但这首诗被人们传颂是在澳门1999年回归，作曲家李海鹰用了闻一多先生的七子之“澳门之歌”谱成曲在澳门回归庆典演出时，感动了人们。

前面说“七子之歌”是闻一多写于他在美国期间，而一回国又碰上“五卅惨案”，于是他就把此稿投给了“现代评论”首次发表，当时很轰动。

再次把诗的影响推向高潮的是1998年《澳门岁月》电视纪录片中，作曲家李海鹰谱了曲子，由澳门小学生容韵琳领唱。这还要感谢电视片导演李凯发现这首诗，并把“七子”之中“澳门”作为主题曲。歌曲的创作既有潮汕民歌特点，又有时代感，激情自然而生。

后来这首歌曲经常在舞台上演出，最重要的是庆祝澳门回归的大型晚会和2019年6月在民族宫礼堂庆祝建国七十周年影视金曲音乐会“红旗颂”，由瞿弦和朗诵与少儿合唱团配合共同完成《七子之歌》。

有了这样一个模式，再发展一下，朗诵和音乐交错，更突出表现了爱国主义情怀和坚韧不拔的奋斗精神。同时也突出了儿童单纯、天真的感人之处。而后面大型交响乐的伴奏醇厚、深沉，像母亲一样的温暖怀抱。几次钟声突出了澳门回归的时间，因此，我们在“世纪诗人”拍摄中做了以下处理，分了几个段落：

1. 音乐前奏时，画面是个地球仪，钟声响起。

2. 主人公——“闻一多”的扮演者艺术家臧金生开始朗诵第一段（四行），同时每一行诗叠童声合唱的一个乐句。

3. 钟声再次响起，少儿独唱出现，与少儿合唱第一段歌词完（四行）

4. 合唱用高音韵律，衬托朗诵者（5 ~ 7 行）激情，含着泪水的面部近景。

5. 从间奏开始，出现大型交响乐队的镜头和浓重的音乐。

6. 音乐减弱，突出朗诵者朗诵（1 ~ 2 行），并以重复“母亲”作为结束。

《七子之歌》的真挚的朗诵和音乐，代表了澳门人民急切回归的真情。

《七子之歌·澳门》①

闻一多

你可知“MACAU”不是我的真名姓？……
我离开你太久了，母亲！
但是他们掳去的是我的肉体，
你依然保管着我内心的灵魂。
三百年来梦寐不忘的生母啊！
请叫儿的乳名，叫我一声澳门！
母亲！我要回来！母亲！

① 闻一多：《七子之歌——闻一多新诗精选》，四川文艺出版社，2018 年。

2016年，张筠英导演拍摄《世纪诗人——闻一多》专辑，艺术家臧金生朗诵闻一多诗歌《七子之歌》

2019年，庆祝新中国成立七十周年，在北京民族文化宫，弦和与交响乐队、少儿合唱合作，朗诵闻一多诗歌《七子之歌》

贯口的运用

——朗诵贺启公散文《勿忘英雄》

清明时节扫墓是人们缅怀先驱先烈、祭奠亲人友人的不可缺失的活动，每年的清明诗会我都会朗诵《勿忘英雄》，这是一篇散文，更感觉是一个真实的故事。

我最熟悉的墓地当然是北京万安公墓，那里不仅有我父母、岳父母的墓、有再上辈亲人的墓还有革命先烈李大钊的陵园，也是文艺界不少逝者的长眠之地。我年年都去扫墓、献花。因父亲是八一南昌起义的参加者，建军节那天我也会去那里缅怀父亲。

除万安公墓外，还要去北京人民公墓看望帮我们夫妻团聚、帮我调回北京的好朋友唐整。在拍摄“世纪诗人”影视专辑时，我们还在各地拜谒了诗人徐志摩、闻一多等人的纪念碑、纪念亭，并到过多地的烈士陵园。

为什么说这些？因为《勿忘英雄》一文中始终没有离开过公墓的环境。清明的景色，隔着一排排的墓碑，隔着一行行的绿篱，墓碑上那熟悉及陌生的名字，都是每座公墓的共性。生活中的感受会是一种积累，可以帮助朗诵者自然进入规定情景。

朗诵这篇作品，背景不是固定的。作者贺启公先生不仅是作者，还是导演，他让沙画艺术家用沙画的创作过程，表现从进入陵园后的所有行为：寻找扫墓人、回忆扫墓人、讲述扫墓人……环境、人物均发挥沙画的特点。

但沙画画家不可能每一场演出都参加，贺导只好按大致的节奏录了像，要求我每次演出都要卡住每段的特殊画面，特别是作品最后的“勿忘英雄”四个字，最好是声音、画面完全统一。

朗诵时不能像解说似的看着大屏幕，不宜还音，不宜对口型的，怎么办呢？我反复看着画面朗诵，我想出了一个办法，那就是必要时的合理转身加上小用贯口。

朗诵者必须在一个允许转身时，从面向观众自然转向大屏幕，那就是“又是清明，又一次看到你的身影”，引导观众一起进入沙画的画面，不论前面朗诵的速度是快是慢，你都会在下一句中掌握语速，找到沙画中两个人在一起的点，因为这一句“我一步步地向他走去”，可急可缓，看到之后朗诵者便可小用贯口，读出“他的不远处是他的儿子，他儿子身后的不远处是他的孙子，他孙子身后的不远处是他的轮椅，轮椅座的背上是四个大字——勿忘英雄”，而此刻屏幕上正是这四个字。

这个小贯口，朗诵者紧接慢唱，偷气不换气，可稳稳地完成。在观众席中观看演出的演播家雅坤老师说：“卡得那么准，真不容易！”

《勿忘英雄》①

贺启公

又是清明，走进革命公墓，我轻轻地举步，悄悄地落足，生怕打破这里的宁静。

清明的风吹拂着吐绿的芳草，清明的雨珠挂在松针儿上，如水晶般的晶莹。

到这里来的，无不是祭奠先驱、先烈和已故的亲人，而我却置身碑林深处，寻找着一位扫墓人的身影。隔着一排排的墓碑，隔着一行行的绿篱，在松与柏的一个空当中，我……我看见了你。

你的手上是一方洁白的毛巾，身边是那只红色的小桶，在阳光的照映下，你的背被勾勒成一张满弦的弓。

你擦拭墓碑的动作很慢很慢，很轻很轻，仿佛是慢慢地擦去英雄的血迹，仿佛是要把英雄的枪疤抚平！我曾为这样的故事或那样的故事感动过，而你的故事让我最为感动。

1959 年 10 月 1 日，与祖国同龄的你和同学们一起祝贺祖国的十年大庆，缅怀先烈的少先队主题队会在革命公墓举行。第一次走进这里，第一次戴上红领巾，第一次把庄严的队礼敬给了革命的英雄。这稍纵即逝的瞬间，在你幼小的心中却成为永恒。打这以后，56 个春秋，56 个清明，英雄的墓碑前总能见到你扫墓的身影。

前年，我与你在碑前相逢，聊起扫墓的事，你对我说：“那时候我记不住他们姓名，也记不住他们在哪一次的战斗中牺牲，我只记住是他们用鲜血染红了我胸前的红领巾，我只记住，他们是为了祖国、为了人民献身的英雄！”

“几十年过去了，与其说我是在为他们扫去墓碑上的尘土，不如说我年年岁岁在这里

① 摘自石景山区委宣传部发布的历届清明诗会朗诵作品节选。

扫净了我自己的心灵。"

"碑上没有土，英雄就不会落泪，心头没有尘，你才能体会到什么是真正的光明。"

又是清明，又一次听到你的话语，又是清明，又一次看到你的身影。

我轻轻地放下手中的白毛巾，向你一步步地走近，走近你的身旁，让我看到了更为动人的情景，在你的不远处是你的儿子，在你的儿子的不远处是你的孙子，在你的孙子的不远处，是你的轮椅，在你轮椅座的背上写着四个大字"勿忘英雄"！

2015年，北京第八届清明诗会朗诵贺启公散文《勿忘英雄》

线上与现场

——朗诵晓吾诗歌《我是湖北人》

同一首诗，同一年内经历了“线上朗诵”和“现场朗诵”，这就是诗歌《我是湖北人》。

2020年，孝顺的儿子专程从国外回来陪我们过春节，让我们到海南万宁他的别墅去好好休息一下，我们是1月24日的航班，抵达海口时，发现所有人都戴上了口罩，听到了湖北武汉的突发情况。没过几天，武汉封城了，震惊了中国。

当时真不知，我们能做些什么？老年人能帮些什么？文艺工作者怎么表达声援？1月28日，中央人民广播电台资深编辑叶咏梅，在微信上发来一首诗《我是湖北人》，并附言“我是含泪读完的”，我迫不及待地读起晓吾的这首诗，几次哽咽，它真实地表达了武汉人民的心声，描绘了武汉的处境。我拿起手机，马上录下来，没有考虑更多的艺术处理，就是想录，想说出来。我把录音发给了音乐编辑杨洋，她连夜配上背景音乐。第二天我把配乐后的朗诵发给叶咏梅，她找到为数不多的实地照片合成进去。为了声援武汉人民，1月30日就发出了，通过武汉艺术家鄢继烈、朗协主席谢东升、武汉大学团委陈晓玥各自的平台转发。可以说，这是抗击疫情初期的朗诵作品，反响极大。

我一直没有机会认识此诗的作者晓吾，我总想对他说，我非常喜欢这篇作品，通俗、真实、接地气，第一遍读就能看出，它由三部分组成。从开始的“湖北在哪里”至“困守孤岛”，是第一部分，可称“蒙难与困惑”；从“擦干眼泪”至“敢叫日月换新天”为第二部分，可称“困守与抗击”；而从“你们看”至结尾，是“召唤与感恩”。

诗的第一部分，诗人用四个“湖北在哪里”开始，以自然环境、地理位置、南水北调、交通命脉、历史贡献的角度，写出湖北的重要，湖北的美丽可爱，使朗诵者感受“像父亲、母亲、像兄弟姐妹、像战友同胞”一样的湖北在心中的位置。“蒙难了”三个字之后，音乐编辑安排了一个钢琴演奏的强音，产生了“突然”之感。

我喜欢诗人使用的三个“这是怎么了”，武汉人民真是困惑，一个小小的陌生病毒，疯狂肆虐，打乱了正常的生活节奏，昨天还在购置年货，今天已经闭门锁道——这三个问话，代表了武汉人民的心中的疑问，朗诵者越口语化，越生活、越真实。

有四个“擦干眼泪”，这是不同行业、不同身份的志愿者的具体行动，朗诵者要逐句铺垫，为“敢叫日月换新天”这一高潮做准备。

要把重点放在“感恩”，这是湖北人性格，更是对未来的信心和展望，也紧扣诗的名称“我是湖北人”。

在全国人民共同努力下，2020 年我们取得了抗击新冠肺炎的决定性胜利，武汉重新开启了大门，湖北人谱写了历史的新篇。时间来到 2021 年，我接到了邀请，湖北卫视要录制一台春节节目，导演组特别点到了《我是湖北人》这首诗，他们希望抗疫初期曾给湖北、给武汉带来感动的朗诵，到武汉录制现场呈现，时间是 2021 年元月 10 日。

我毫不犹豫地答应了，那几天，我正在重庆参加拍摄，我提前做了核酸检测，购买了重庆飞往武汉的航班，把重庆的节目调到下午录制的第一个，下场后，直接从重庆人民大礼堂奔赴江北机场，迫切之感无人可比。

抵达武汉天河机场已是当天晚上十点，司机郑师傅说“导演希望直接去湖北卫视演播厅走台”，汽车行驶在宽敞的大道，郑师傅身材不高，但很健硕，他话不多，只是介绍说，疫情防控期间这里曾有什么样的车队。到达演播厅时，武汉人民艺术剧院的小品《志愿者》正在走台，他们热情地拿出橘子让我品尝，还说：“我们特别喜欢《我是湖北人》这首诗，我们都不回去，所有演员留在现场听您朗诵。”回宾馆的路上司机郑师傅开口了，他说：“瞿老师，疫情防控期间我就听过这首诗，刚才我进去听了，您朗诵得真好，我又流泪了。”一路上他热情周到的关照，使我又一次感受到“我是湖北人”！

《我是湖北人》（节选）①

晓　吾

湖北在哪里？
一条汉江出秦岭。
流向武汉，注入长江，
过江西、安徽、江苏、上海，
滋养半壁繁华，奔腾入东海。

湖北在哪里？
南水北调出丹江。
千里清澈，万里深情，
跨河南、河北、天津、北京，
接济半壁河山，哺育五亿人。

① 摘自湖北省朗诵艺术家协会公众号，2020 年 1 月 31 日。

湖北在哪里？
九省通衢贯八方。
国家铁脊梁，沿江金腰带，
连北京、广州、上海、成都，
镇守京九铁路，托起京广高铁。

湖北在哪里？
大别山里炮声响。
349位开国将军，111位著名英烈，
刘伯承、邓小平、滕代远、王宏坤，
开辟中原战场，奠定中国乾坤！

像母亲一样的湖北，
像父亲一样的湖北，
像兄弟姐妹一样的湖北，
像战友同胞一样的湖北！
2020年，新年的钟声即将敲响的时候，
我们的湖北，蒙难了！

一个小小的病毒
突然暴发！
它进入我们的嘴巴，进入呼吸，进入肺。
它进入我们的眼睛，进入肝肾，进入血。
它骗过我们的免疫系统，疯狂肆虐！
我们有误判，我们有麻痹和松懈。
我们缺乏对大自然的敬畏，
我们相信科学，
却因为种种原因选择了退缩和侥幸！
我们的湖北啊，我们的湖北人，
2020年的开始，竟然是一场不幸！
时间从来不会改变节奏，

它不认识你的种类、身份、地位、老幼。
开始有了死亡，开始有了谣言，
汉口医院的发热门诊里，
开始通宵达旦，排起了长龙。
开始有了逃离，开始有了抢购，
每一条街道上的每一个药房里已经找不到酒精和口罩，
我们的湖北啊，我们生生不息的湖北，
她病得很严重！

这是怎么了？
昨天还是太平盛世，今天就有乌云笼罩？
这是怎么了？
昨天还在购置年货，今天已经闭门锁道？
这是怎么了？我的湖北，
昨天还指点着你的山水，等待亲人回归，
昨天还享受着你的荣耀，想去天涯海角。
而今天，我们所有的湖北人，
因一枚小小的陌生病毒，困守孤岛。

擦干眼泪，我看到一个雪白的身影，
他在高铁上发出一条斩钉截铁的微信：
下一站天门南，我下车回武汉！
擦干眼泪，我看到一个个带血的指印，
他们在纸上留下一句句铿锵的誓言：
若有战，召必回，战必胜！
服从命令，不计报酬，无论生死！

擦干眼泪，我突然看到，
那些新时代最可爱的白衣天使们，
缺少防护、缺少供给、缺少支援、缺少睡眠。
他们穿着纸尿裤，头罩文件袋，

在病区穿梭，陪病人坚挺！
我爱你们，可爱的白衣天使！

我们已经关闭了出去的门。
我们要用自己的肉身，困住病毒，
以此换来共和国的太平！
我们已经掐断了逃生的路，
我们要点燃炼狱的火，烧死病毒，
你若不退，我们就与你同归于尽！
能留下来的都是自己的英雄！
我们生于斯、长于斯，
也将葬于斯！
这里是我们的家园，
我们哪里也不去！
为有牺牲多壮志，敢教日月换新天！

你们看，80 多岁的钟南山来了！
你们看，头发花白的老院士们来了！
你们看，各省集结的医疗队来了！
你们看，一车车的援助物资来了！

你们看，万家灯火里，
人们把手伸出窗外，大声呼喊：
快看！解放军来了！我们不怕了！
你们看，尚在封闭的街头，
戴着口罩的总理稳健从容，他说：
我受总书记的委托来与你们共克时艰！
封住了城，但是我们不会封住爱，
这句话说得真好！
还有更多的外乡人，用不同的形式，
给湖北人提供了更多无私的帮助和同情！

湖北人是感恩的！
恩人啊，恩人！滴水之恩，当涌泉相报！
他日路过湖北，定有美酒相迎！

湖北人是坚强的！
当下，众志成城，铁石蘸血磨一剑，
待到山花烂漫时，春风送瘟神！

2020 年，新冠肺炎疫情突发、武汉封城后，
线上朗诵晓吾诗歌《我是湖北人》

2021 年，在湖北卫视春晚现场朗诵晓吾诗歌《我是湖北人》

力度和柔度

——朗诵郭沫若诗歌《雷电颂》《天上的街市》

跨入二十一世纪，电视台拍摄“端午节”的诗歌节目，我和上海的表演艺术家曹雷应邀参加，除双人朗诵外，我还朗诵了《雷电颂》的选段。时隔多年，我与曹雷老师通话，她还说“在雕塑公园，没错！”

《雷电颂》选自话剧《屈原》第五幕第二场，多年收入中学语文教材。作者是郭沫若先生。录制时，我没有人物造型，没有着角色服装，也没有用手铐和脚镣的道具。录制时间在白天，更不可能有雷电的背景。

为什么说这些？大家可能看过话剧或歌剧《屈原》，也在诗会中见到扮演成屈原的朗诵者，有专业的艺术家，也有朗诵爱好者，许多中学生也在校园的舞台上朗诵《雷电颂》，也就是说大家脑海中会有各种印象。

我想告诉大家在这次实践中我对内容的理解以及有关语言的节奏。

在诗会中呈现《雷电颂》，因时间的限制，对原台词都做了节选，但逻辑顺序都是一致的，“风”“雷”“电”“光明”“火”依次展现。

我理解这段独白紧紧围绕着“景仰光明，冲破黑暗”。从开始的“不能吹掉这比铁还沉重的眼前的黑暗”到“把这包含着一切罪恶的黑暗烧毁了吧”，多处多次点到“黑暗”，使用“咆哮”“爆炸”“跳进”“劈开”“炸裂”“烧毁”一系列动词，与之抗争，层层递进，推向高潮。

“雷电颂”中雷与电各自占两个自然段，我们应当了解雷和电的区别，以便使用不同的朗诵方法。无论查阅哪种资料，得到的解释都是这样的：雷的本意是带异性电的两块云相接近时，因放电而放出的强大声音；闪电是一种云与云之间，云与地之间，云体内各部位之间强烈的自然现象，它有明亮的线，会发出耀眼的光。可以看出一个是声音，一个是光亮。

读“雷”：“轰隆隆的，是你车轮子滚动的声音？”古人以为滚动的震天的巨响是因为“天神战车在天穹轰然驶过”，朗诵时，要注意拖动的过程，低沉的、延续的感觉，不要用力地喊叫。

读“电”，短促的“至少你能使那光明得到暂时的一瞬的显现，哦，那多么灿烂的，多么炫目的光明呀”，“显现”二字要快而轻，然后停顿，大吸气。朗诵者眼睛要看到“光明”，再读出“灿烂”和“目”。

朗诵者要强调“光明”这一段，“景仰”两字的重复中，要放慢第二个“景仰”，可加以适当手势。以心底的崇拜，读出“拜手”“稽首”。下一句“你的本身就是火，你，你这宇宙中的最伟大者”非常重要，最伟大者是火，明确了，才能有“炸裂”和“烧毁”。

我把紧凑的节奏留给“像这风一样，像那海一样，滚动起来，把一切的有形，一切的污秽，烧毁了吧，烧毁了吧！把这包含着一切罪恶的黑暗烧毁了吧”！“黑暗”两字后停顿，“烧毁了吧”，是这段儿独白的最高点。

郭沫若是浪漫主义诗人，新诗奠基人之一，他是现代文学家、历史学家，他的诗作充满了大胆的想象，绽放独特的风格。

我不仅朗诵过《雷电颂》，还朗诵过他的《炉中煤》《天上的街市》等作品。1992 年央视录制了“纪念郭沫若诞辰 100 周年”的晚会“凤凰赋”，我朗诵了《天上的街市》。

与《雷电颂》的风格截然不同，诗人郭沫若运用幻想、虚构的手法，营造了平和、洁净的画面。“天上的街市”联想自然、想象丰富、意境美妙。他从“明亮的街灯”联想到“无数的明星”，从“明星”又回到“街灯”。天上有街灯，必然有街市。诗人想到街市的美丽，街市上的物品是人间没有的珍奇。诗人心境开阔，诗句中描写了清朗隽美的夜，天河变得浅浅的，情侣们自由往来……这虚幻的景象，为读者提供了人间的情趣。

创作时期，诗人郭沫若曾在日本留学，诗中体现出他对祖国的怀念、对未来的迷茫、对光明的向往、对幸福的追求。朗诵的节奏是缓慢的。

央视导演赵明信希望有舞蹈陪伴，少男少女们，提着灯笼进行舞蹈表演，诗的结尾不是静止的造型，而是不停顿的行走动作，使想象延续，表达寻求梦想的意愿。

《雷电颂》（节选）[1]

郭沫若

风！你咆哮吧！咆哮吧！尽力地咆哮吧！在这暗无天日的时候，一切都睡着了，都沉在梦里，都死了的时候，正是应该你咆哮的时候，应该你尽力咆哮的时候！

啊，我思念那洞庭湖，我思念那长江，我思念那东海，那浩浩荡荡的无边无际的波澜呀！那浩浩荡荡的无边无际的伟大的力呀！那是自由，是跳舞，是音乐，是诗！

啊，这宇宙中的伟大的诗！你们风，你们雷，你们电，你们在这黑暗中咆哮着的，闪耀着的一切的一切，你们都是诗，都是音乐，都是跳舞。你们宇宙中伟大的艺人们呀，尽量发挥你们的力量吧。发泄出无边无际的怒火，把这黑暗的宇宙，阴惨的宇宙，爆炸了吧！爆炸了吧！

雷！你那轰隆隆的，是你车轮子滚动的声音？你把我载着拖到洞庭湖的边上去，拖到长江的边上去，拖到东海的边上去呀！我要看那滚滚的波涛，我要听那鞺鞺鞳鞳的咆哮，我要漂流到那没有阴谋、没有污秽、没有自私自利的没有人的小岛上去呀！我要和着你，和着你的声音，和着那茫茫的大海，一同跳进那没有边际的没有限制的自由里去！

啊，电！你这宇宙中最犀利的剑呀！我的长剑是被人拔去了，但是你，你能拔去我有形的长剑，你不能拔去我无形的长剑呀。电，你这宇宙中的剑，也正是，我心中的剑。你劈吧，劈吧，劈吧！把这比铁还坚固的黑暗，劈开，劈开，劈开！虽然你劈它如同劈水一样，你抽掉了，它又合拢了来，但至少你能使那光明得到暂时的一瞬的显现，哦，那多么灿烂的，多么炫目的光明呀！

光明呀，我景仰你，我景仰你，我要向你摆手，我要向你稽首。我知道，你的本身就是火，你，你这宇宙中的最伟大者呀，火！你在天边，你在眼前，你在我的四面，我知道你就是宇宙的生命，你就是我的生命，你就是我呀！我这熊熊地燃烧着的生命，我

---

① 《雷电颂》摘自话剧《屈原》。

这快要使我全身炸裂的怒火，难道就不能迸射出光明了吗？

炸裂呀，我的身体！炸裂呀，宇宙！让那赤条条的火滚动起来，像这风一样，像那海一样，滚动起来，把一切的有形，一切的污秽，烧毁了吧！烧毁了吧！把这包含着一切罪恶的黑暗烧毁了吧！

《天上的街市》[①]

郭沫若

远远的街灯明了，好像闪着无数的明星。
天上的明星现了，好像点着无数的街灯。
我想那缥缈的空中，定然有美丽的街市。
街市上陈列的一些物品，定然是世上没有的珍奇。
你看，那浅浅的天河，定然是不甚宽广。
那隔河的牛郎织女，定能够骑着牛儿来往。
我想他们此刻，定然在天街闲游。
不信，请看那朵流星，是他们提着灯笼在走。

① 摘自郭沫若：《郭沫若选集》，人民文学出版社，1997年。

1986 年，中央电视台录制郭沫若诗歌《天上的街市》

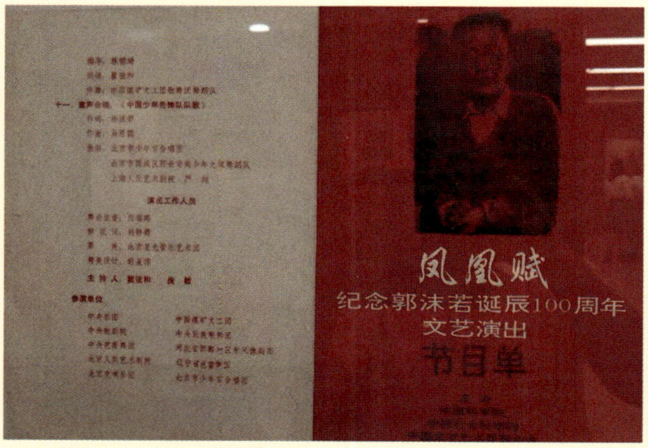

1992 年，纪念郭沫若诞辰一百周年晚会节目单

中央电视台“我们的节日”栏目在上海雕塑公园录制郭沫若作品《雷电颂》

醒悟与真诚

——朗诵郭小川诗歌《秋歌》《团泊洼的秋天》

“秋歌”二首是诗人郭小川的名作，1976年底至1979年，我在舞台上多次朗诵过，这是难忘的经历，这是我第一次在大型朗诵会上露面，让我感受了诗歌的力量和朗诵艺术的影响。

位于西单的民族文化宫礼堂是那个时代首都北京十大建筑民族文化宫的配套建筑，它在展览大厅的东侧，一千个座位，标准的舞台，特别是保留至今的民族特色的大幕，给人们无限的遐想。

诗刊社举办的朗诵会均座无虚席，连楼上两面的侧厅也坐满了观众，没有炫耀的灯光布景，演员们以朴实的台风抒发着内心的情感。

《秋歌》一诗最大的特点，就是坦率真诚，诗中坦露“我曾有过迷乱的时刻，我曾有过灰心的日子，我是愚笨的，个人是渺小的，人民的乳汁哺育我长大，党的双手抚养我成人”。朗诵者对自己的剖析，引发了观众的回忆，场内静静的，人们屏住呼吸在听，因为在相当长的时期没有听到过这样的诗句了。

诗人激励自己不断革命，永不停步，写道：“磨快刀刃吧……跟上工农兵的队伍吧……清清喉咙吧……喝杯生活的浓酒吧……”我把重音放在“生活”二字，在“生活的”之后停顿片刻，让人们体味现实生活中的酸甜苦辣，再读出“浓酒”二字，直到今天见到当年的观众，还对我说，这句印象特别深刻。

我格外重视和喜爱诗句：“我知道，总有一天，我会衰老，老态龙钟，但我的心，还像入伍时候那样年青。我知道，总有一天，我会化烟，烟气腾空，但愿它像硝烟，火药味很浓，很浓。”这一段要读出反差，“但愿”之后要读得有力量，“老态龙钟”被“年青”取代，“化烟”的意思谁都明白，但即便生命终止，火化的烟也是战斗的硝烟。

《团泊洼的秋天》一诗是在体育馆演出的。体育馆的座席超万人。在现代人眼中没有大型演出阵容或歌星出场，朗诵会能坐满场是不可能的，但那个年代确实满满的，大家都认真理解着作品的内涵。

诗开始的景色描写，揭示着那个压抑的时代背景，并彰显着“人们的胸口和闹市一样的嘈杂”。诗人连用了三个“这里没有”，反衬出内心的激情，朗诵时需先抑后扬，读出对比。我们都曾在“五·七干校”锻炼过，诗人描述的情景，我们有亲身的体会，特别是诗句中写道：“毛主席的伟大号召，在这里照样有最真挚的回答。”“五·七干校”的校室里，荧光屏上不时出现《创业》和《海峡》……这不就是我们的真实生活吗？朗诵者只要平静地叙述，在场的人们就会产生联想，因为他讲到人们心里，这是时代的特色。

朗诵时应注意这首诗中多处的问答，为朗诵的语调处理提供了条件。特别是诗的最后一段：

“团泊洼，团泊洼，你真是那样静静的吗？
是的，团泊洼是静静的，但时时都会轰轰爆炸！
不，团泊洼是喧腾的，在这首诗篇里就充满着嘈杂。
不管怎样，且把这矛盾重重的诗篇埋在坝下，
它也许不符合你秋天的季节，但到明春准会生根发芽。”

其中“是静静的”要慢读，突出“是”字，“但时时都会轰轰爆炸”不要高喊，而要“积累”，“储备”，就像汽车发动机启动，离合器不抬。“不”字抬离合器，“团泊洼是喧腾的”加油门，高昂而短促。

全诗结尾的诗句，要读得意味深长，“秋天的季节”要有神秘之感，“明春”两字之后要有鲜明的停顿，显示信念和希望。

还有一个真实的故事。同台参加演出的还有男中音歌唱家寇家伦老师，他听到“团泊洼的秋天”诗中的“战士自有战士的性格：不怕污蔑，不怕恫吓……战士自有战士的抱负：永远改造，从零出发……战士自有战士的胆识：不信流言，不受欺诈……战士自有战士的爱情：忠贞不渝，新美如画”这一段，非常激动，第二天特意告诉我，抄下来给他，他贴在床头作为自己的“座右铭”。

四十年后的2019年，我应天津人民广播电台播音指导何佳老师的邀请，到天津团泊洼实地再次朗诵《团泊洼的秋天》纪念诗人郭小川，我见到了小川同志的亲人，与当年的干校的老同志交谈，再次品尝“生活的浓酒”。

《秋歌》[1]

郭小川

一年一度的强劲秋风啊，把我从昏睡中吹醒，
一年一次的节日礼花呀，点燃起我心中的火种。

今年秋风似乎格外清爽，扑进我的心胸，
今年的礼花似乎格外灿烂，盖过天上的群星。

我曾有过迷乱的时刻，于今一想，顿感阵阵心痛；
我曾有过灰心的日子，于今一想，顿感愧悔无穷。

是战士，决不能放下武器，哪怕是一分钟，
要革命，决不能止步不前，哪怕面对刀丛。

见鬼去吧，三分杂念、半斤气馁、一己名声，
滚它的吧，市侩哲学、庸人习气、懦夫行径。

面对大好形势、一片光明，而不放声歌唱，
这样的人，哪怕有一万个，也少于零。

眼见“修正”谬论、鬼蜮横行，而不奋力抗争，
这样的人，即使有五千个，也尽饭桶。

磨快刀刃吧，要向修正主义的营垒勇敢冲锋，
跟上工农兵的队伍吧，用金笔剥开敌人的画皮层层。

① 郭小川：《郭小川精选集》，北京燕山出版社，2006年。

清清喉咙吧，重新唱出新鲜有力的战斗歌声，
喝杯生活的浓酒吧，再度激起久久隐伏的革命豪情。

人民的乳汁哺育我长大，党的双手抚养我成人，
不是让我虚度年华，而是要我参加伟大的斗争。

同志给我以温暖，亲人给我以爱情，
不是让我享受清福，而是要我坚持继续革命。

战士的一生，只能是战斗的一生，
战士的作风，只能是革命的作风。

我知道，总有一天，我会衰老，老态龙钟，
但我的心，还像入伍时候那样年青。

我知道，总有一天，我会化烟，烟气腾空，
但愿它像硝烟，火药味很浓，很浓。

听，冰雪辽河，风雨长江，日夜激荡有声，
听，南方竹阵，北国松涛，还在呼号不停。

看，运粮车队，拖拉机群，一直轰轰跃动。
看，无数战马，百万雄兵，永远向前奔行。

强劲的秋风呵，已经把我的身躯吹得飞上晴空，
节日的礼花呵，已经把我的心胸烧得大火熊熊。

个人是渺小的，但我感到力大无穷，
因为帮我带我的，是坚强勇敢的亿万群众。

我是愚笨的，但现在似乎已百倍聪明，
因为领我教我的，是英明伟大的领袖毛泽东。

《团泊洼的秋天》

郭小川

秋风像一把柔韧的梳子，梳理着静静的团泊洼；
秋光如同发亮的汗珠，飘飘扬扬地在平滩上挥洒。

高粱好似一队队的“红领巾”，悄悄地把周围的道路观察；
向日葵低头微笑着，望不尽太阳起处的红色天涯。

矮小而年高的垂柳，用苍绿的叶子抚摸着快熟的庄稼；
密集的芦苇，细心地护卫着脚下偷偷开放的野花。

蝉声消退了，多嘴的麻雀已不在房顶上吱喳；
蛙声停息了，野性的独流减河也不再喧哗。

大雁即将南去，水上默默浮动着白净的野鸭；
秋凉刚刚在这里落脚，酷暑还藏在好客的人家。

秋天的团泊洼啊，好像在香甜的梦中睡傻；
团泊洼的秋天啊，犹如少女一般羞羞答答。

团泊洼，团泊洼，你真是这样静静的吗？
全世界都在喧腾，哪里没有雷霆怒吼，风云变化！

是的，团泊洼的呼喊之声，也和别处一样洪大；
请听听人们的胸口吧，其中也和闹市一样嘈杂。

这里没有第三次世界大战，但人人都在枪炮齐发；
谁的心灵深处——没有奔腾咆哮的千军万马！

这里没有刀光剑影的火阵，但日夜都在攻打厮杀；
谁的大小动脉里——没有炽热的鲜血流响哗哗！

这里的《共产党宣言》，并没有掩盖在尘埃之下；
毛主席的伟大号召，在这里照样有最真挚的回答。

解放军兵营门口的跑道上，随时都有马蹄踏踏；
五·七干校的校室里，荧光屏上不时出现《创业》和《海霞》。

至于战士的心情，你小小的团泊洼怎能包容得下！
不能用声音，只能用没有声音的“声音”加以表达：

战士自有战士的性格：不怕污蔑，不怕恫吓；
一切无情的打击，只会使人腰杆挺直，青春焕发。

战士自有战士的抱负：永远改造，从零出发；
一切可耻的衰退，只能使人视若仇敌，踏成泥沙。

战士自有战士的胆识：不信流言，不受欺诈；
一切无稽的罪名，只会使人神志清醒，头脑发达。

战士自有战士的爱情：忠贞不渝，心美如画；
一切额外的贪欲，只能使人感到厌烦，感到肉麻。

战士的歌声，可以休止一时，却永远不会沙哑；
战士的双眼，可以关闭一时，却永远不会昏瞎。

请听听吧，这就是战士从心中掏出的一句句话。
团泊洼，团泊洼，你真是那样静静的吗？

是的，团泊洼是静静的，但时时都会轰轰爆炸！
不，团泊洼是喧腾的，在这首诗篇里就充满着嘈杂。

不管怎样，且把这矛盾重重的诗篇埋在坝下，
它也许不符合你秋天的季节，但到明春准会生根发芽。

1977—1978年朗诵郭小川诗歌《秋歌》《团泊洼的秋天》，在北展剧场、民族宫礼堂演出

贯穿希望

——朗诵食指（郭露生）诗歌《相信未来》

在北京首都体育馆曾举办过一场“老三届”的专场文艺晚会，那是1995年。“老三届”是一个时代标志性的名称，是1967—1969年高中毕业，响应党的号召，上山下乡插队或奔赴生产建设兵团的热血青年的统称。我们虽然在1965年就大学毕业了，但“老三届”的活动经常邀请我们参加，这场演出，他们让我俩和他们一起朗诵有代表性的诗歌《相信未来》。食指（郭露生）创作的《相信未来》，当年有不同的版本，流传很广，北京电视台殷雪妮导演让我们以主办方提供的诗稿为依据。

体育馆的比赛场地中央搭起了临时圆形舞台，显得格外突出，参加《相信未来》集体朗诵的“老三届”代表约有80人，年龄在50岁左右，一律着白衬衣、黄军裤，颇有时代感，他们分成三排，好似当年“集合整队”一般，依然充满青春活力，我们俩站在队伍的前面。

诗开始的两句就把所有人带回到那个特殊的年代，“当蜘蛛网无情地查封了我的炉台，当灰烬的余烟叹息着贫困的悲哀”，紧接着就表达了这一代人永不磨灭的希望，“我依然固执地铺平失望的灰烬，用美丽的雪花写下：相信未来”。

全诗中有四处“相信未来”，集体朗诵中我们是用领诵、齐诵、合诵处理的，第一个“相信未来”我们两人读；第二个我们领诵其他男、女生分别读出“是的，相信未来”；第三个“相信未来”后，全体合诵一遍；而最后一个“相信未来，热爱生命”全体合诵两遍。逐层推向高潮，以示“希望”永不磨灭。

诗中的两句“我要用手指那涌向天边的排浪，我要用手掌那托住太阳的大海”，曾有不同的读法，一种是将“指”和“掌”当作动词，一种将“手指”和“手掌”当作名词。

2017年世界华语爱情诗会在成都举办，我们有幸和《相信未来》一诗的作者郭露生同台，我向他请教这两句的准确读法，他肯定的回答前者不对，是名词。仔细一想，对啊，当你伸出手，手心朝下，平视手背，活动手指，就可想象“涌向天边的排浪”，当你伸出手，手心向上，就可想象“托起太阳的大海”。

这首诗在巡演中也多次呈现，�英要求大屏幕上配合诗句，展现四次“相信未来”四个字，一次是隐约的雪花中，一次是仿佛树枝写下的，一次是儿童的笔体，最后是绚烂多彩的“相信未来”，这四个字是人类心中永不磨灭的希望，我们坚信，未来一定更加美好。

《相信未来》[①]

食　指（郭露生）

当蜘蛛网无情地查封了我的炉台，
当灰烬的余烟叹息着贫困的悲哀，
我依然固执地铺平失望的灰烬，
用美丽的雪花写下：相信未来。

当我的紫葡萄化为深秋的露水，
当我的鲜花依偎在别人的情怀，
我依然固执地用凝霜的枯藤，
在凄凉的大地上写下：相信未来。

我要用手指那涌向天边的排浪，
我要用手掌那托起太阳的大海，
摇曳着曙光那支温暖漂亮的笔杆，
用孩子的笔体写下：相信未来。

我之所以坚定地相信未来，
是我相信未来人们的眼睛——

① 食指：《相信未来：食指诗选》，江苏凤凰文艺出版社，2016年。

她有拨开历史风尘的睫毛，
她有看透岁月篇章的瞳孔。

不管人们对于我们腐烂的皮肉，
那些迷途的惆怅，失败的苦痛，
是寄予感动的热泪，深切的同情，
还是给以轻蔑的微笑，辛辣的嘲讽。

我坚信人们对于我们的脊骨，
那无数次地探索、迷途、失败和成功，
一定会给予热情、客观、公正的评定，
是的，我焦急地等待着他们的评定。

朋友，坚定地相信未来吧，
相信不屈不挠的努力，
相信战胜死亡的年轻，
相信未来，热爱生命。

1995 年，北京电视台在首都体育馆录制“老三届”晚会，朗诵食指（郭露生）诗歌《相信未来》

2017 年，在成都鲜花山谷“全球华语爱情诗会”上与诗人食指（郭露生）同台

多方位　多层次

——朗诵高一歌诗歌《大山之子》

栗裕将军是我们从内心崇拜的革命老前辈，无论从哪个角度来描写他，都有很多感天动地的事迹。

《大山之子》是选择了他的家乡——湖南省会同为背景，选择了他的父母，他的乡亲为主体——思念将军的人们。选择了家乡和亲人为主体本身就是激情所在。因为自从他参加革命直到革命胜利、中华人民共和国成立直至去世他都没有回过家乡。诗中有这样一段话："终于，将军回来了，将军回来了，可归乡的将军已经化作了一捧泥土，来亲吻这片生养了他的热土啊……"第一次试读这部作品读到这里时，我们就落泪了，甚至有点儿不能自已。

到了现场，和当地的老乡一起候场时，乡亲们一说起将军来，个个眼含热泪，敬佩之情油然而生，他们知道这位将军、这位军事家、革命家有过赫赫战功，被授予大将军衔，并多次被授予军事勋章。在解放战争中所向披靡，人人景仰，不但受到过毛主席的赞扬，就连斯大林对粟裕将军也是称赞有加。

这样一位英雄如何用一首诗来概括呢？

导演用了系列的舞台技法。

一开场，饱满的女高音用一个"啊"的旋律开始，舞台上是几百个战士组成的雕塑。我们朗诵从这里开始了："这是我们的旗帜啊，大风一展，如诗如画……"在这一段的结尾，为了突出这首诗的主题人物，我们用两个人的高音重复说出："这个名字叫粟裕，这个名字就叫粟裕。"

此时观众在大广场上掌声雷动，在场的粟裕的儿子边鼓掌边擦眼泪。

紧接着大屏幕上，解放战争的战斗场面开始出现，然后出现粟裕将军出生地——湖南省会同县坪村镇枫木村的一个院落，朗诵的内容是他从家乡去参加革命的一个过程，用人物生活的语调朗诵出粟裕将军的话："不用再阻止我了，就是讨米，我也要讨出这大山去。"

在第二段与第三段之间，舞台分成的了几个表演区，同时展开了有层次、多方位情景，推向高潮。首先在Z字的梯形台上，战士们奋力向前向上前进，艰难的步伐，勇敢的冲劲，充分表现广大战士的战斗精神。在Z台下，表演战士的舞蹈演员，有的爬行，有的冲锋，还有受伤倒下的……然后举旗的带头人带着战士横穿在其中，有成队的战士当作堤坝，战士从他们背上冲向前方。同时大屏幕上不时出现历史上真实的战斗场面。

然后在Z台下的几级台阶上展开了第二表演区，他们以“哑剧”的形式与我们的朗诵同步。重现粟裕将军与母亲的对话“裕儿，那是我的裕儿吗……”“你，你真是我的裕儿吗”“娘，我就是您的裕儿啊”“可是，我的裕儿怎么变得这么老啊……”“娘，您看”这是我离家那天，你亲手为我系上的红肚兜儿……您绣上的“米”字还是这么新呢……“这些年你吃了不少苦吧”，为了与第二表演区的演员配合他们的调度和表演，我们在朗诵中加了很多语气词，叹词、笑声，等等。

与此同时大屏幕出现从黎明到太阳出山，彩云朝霞，表现新中国成立后朝气蓬勃的新形势。同时在第二表演区又展示了乡亲们对将军的情谊。

直到第三段结束前，第二表演区逐渐以告别将军的情景全部退场。

音乐起，粟裕将军照片、军旗、战斗场面轮番出现在大屏幕上。

此时，在第一表演区的我们的朗诵突现出来，出现激情诗句的高潮点——“终于（男）将军回来了，（女）将军回来了，（合）将军回来了，将军回来了，可归乡的将军已经化作了一捧泥土，来亲吻这片生养了他的热土啊”。此高点我们是用真实的激情的一句高似一句的、一句紧于一句的语调和节奏表现的，有力的形成高潮，此后的较短的第四段，用较快的速度、较高的调式保持住热度，在思想高度上又一次用坚定的、有力的、高亢的歌唱式读出全诗的最后一句：“粟裕将军以他义无反顾的铁血忠诚，铸就了共和国的雄伟江山！”

《大山之子》[①]

高一歌

这是我们的旗帜啊
大风一展，如诗如画
这是我们的将士啊
军号一响，如海如山
他们用鲜血浇灌着新中国的烂漫山花
他们用生命为共和国的霞光
行一次庄严的军礼
他们 慷慨激昂
他们 蹈火赴汤
就是这些人中
有一个名字响响亮亮
有一个名字威震八方
这个名字叫粟裕
这个名字就叫粟裕

一百年前
粟裕就诞生在会同县坪村镇枫木村
这个普普通通的院落里
门前这几棵大樟树记录了这个不平凡的时刻
十六年之后
已经长成少年的粟裕
满怀着对真理的渴望和追求
决意离开这个院落
离开这几棵大樟树
告别自己的亲人
沿着这条蜿蜒的小路到山外去
面对家人的不解和责难
粟裕坚定地说
不用再阻止我了
就是讨米
我也要讨出这大山去
听罢儿子的话
父母亲没有再说什么
只是将一把把的眼泪
酿成了一碗碗的家乡酒
为孩子壮行
就这样
少年粟裕踏上了革命之路

从此 南昌城头升起的第一面军旗上
飘扬着粟裕的澎湃热血
井冈山岭挥舞的镰刀斧头里
闪烁出粟裕的钢筋铁骨
残酷的反围剿战斗中
飞溅着粟裕的英勇顽强
从此浙南革命根据地的游击战争里

① 摘自纪念粟裕将军诞辰一百周年大型专场文艺演出台本。

纵横着粟裕的智谋胆略
新四军的嘹亮的歌声里
铿锵着粟裕的大义坚毅
孟良崮的胜利炮火中
轰鸣着粟裕的硕硕奇功
粟裕这位从会同走出来的大山之子
挺立淮海
风卷残云
统军挥师
吹响了迎接新中国曙光的进军号角

天就这样地亮了
花就这样地开了
一位年迈的老妈妈
看呀 望呀 盼呀
她在念着自己的孩子
找着自己的孩子
裕儿 裕儿
像，真像
裕儿，那是我的裕儿吗
你是吗？是我的裕儿吗
她在找啊 找啊
寻找着自己的儿子

二十二年的期盼
终于凝成了一段刻骨铭心的母子相认
你，你真是我的裕儿吗
娘，我就是您的裕儿啊
可是，我的裕儿怎么变得这么老啊
我的裕儿还是个孩子呀
娘，您看
这是我离家的那天
你亲手为我系上的红肚兜儿
想娘的时候我就看看它，摸摸它呢
您绣上的“米”字还是这么新呢
那是娘怕你出门在外受冻挨饿的护身符啊
这些年你吃了不少苦吧
娘，我这不是好好的吗
可是
你头上怎么有这么多的伤疤呀
你疼不疼啊
娘 为了老百姓都有田种，
都有饭吃，这点伤，值啊
这些年裕儿我没给您丢脸
没给咱们会同丢脸
没给咱国家丢脸呀
好 好啊
娘这些年总算没有白盼啊
我也没有忘记娘
没有忘记家乡啊

是啊 将军想念家乡
家乡更念着将军
乡亲们带着将军喜爱的茶苞
千里迢迢来看望他们的战神将军
将军 回家看看吧
这么多年了
连做梦都在想啊
就是怕给乡亲们添麻烦啊
可家乡人都想您啊
我也想念父老乡亲啊

想啊 盼啊
几十年过去了
因为工作
因为怕乡亲们麻烦
始终未能回家乡看一眼
魂牵梦绕里
他一再对家乡的领导说
要把会同建设好
让老百姓富起来啊
终于，将军回来了
将军回来了
可归乡的将军已经化作了一捧泥土
来亲吻这片生养了他的热土啊

从农家子弟到共和国的开国大将
从普通一兵到国家和军队的领导人
征战沙场他让对手感叹什么是雄才大略
三让帅位他让世人钦佩什么是高风亮节
这就是这样啊
粟裕将军以他襟怀坦荡的赤子之心
谱写了生命的华彩乐章
就是这样啊
粟裕将军以他义无反顾的铁血忠诚
铸就了共和国的雄伟江山

2007 年，湖南电视台录制“粟裕将军百年诞辰”，
朗诵高一歌诗歌《大山之子》

声致的运用

——朗诵流沙河诗歌《就是那一只蟋蟀》

一只蟋蟀，给海峡两岸烙上了深深的中国记忆。那是改革开放后乡愁诗人走进人们的视野，台湾诗人余光中与大陆诗人流沙河《蟋蟀吟》与《就是那一只蟋蟀》的一来一往，一时传为佳话。

当我准备朗诵此诗时，首先产生一个想法，蟋蟀的叫声应当出现啊。不仅所有的中国人都熟悉，而且听到就会产生联想。蟋蟀的叫声有多种，我请音乐编辑杨洋帮我找资料，她发过来的种类很丰富，有四声、六声、八声的，音色也不同，六声的真实、通俗、大众化、长度既可唤起记忆，又让人来不及跳出想象，紧接着恰好出现语言。

蟋蟀声放在哪里出现呢？出现点要合适，不能多次，我选了两处。第一处是诗人开始前的叙述之后，也就是“就会以为那是在四川乡下听到的那一只”之后，六声叫出现，第二处是全诗结尾，我重复了一句“就是那一只蟋蟀，在你的窗外唱歌，在我的窗外唱歌”，六声叫第二次出现。首尾呼应，想象延续，思念不停。

在北京人民大会堂大礼堂演出时，不仅使用了“蟋蟀的叫声”，导演还请两位演奏家同台。民族乐器古筝大家都熟悉，情感激昂处的颤音和余音揉弹、间奏的技巧都助使诗句回味无穷。而吹奏的民族乐器“埙”则很好地营造了蟋蟀生存、鸣叫的环境，不仅如此，多才多艺的演奏家艾鸿波，又在诗的转折点，换成“箫”，使环境感又产生了变化，它们的演奏配合了“蟋蟀的叫声”，营造出朗诵的整体环境。

还应当强调，朗诵者应当在心中多次出现“蟋蟀的叫声”，全诗有六个段落开头都是“就是那一只蟋蟀”，我在最后又重复了一遍，每次朗诵者都应仿佛听到蟋蟀的叫声，再出语言，使观众（听众）加深对蟋蟀的印象。这样最后一次的重音自然会放在“就”字上。

中国教育电视台2019年春节诗会，导演安排我朗诵这首诗，他有意在整体朗诵开始之前多加一次“蟋蟀的叫声”，我理解这是录制环境的需要。录像棚面积不大，我坐在长椅上朗诵，手里有相应的道具，听蟋蟀叫在大舞台上朗诵可配合手势，演员眼神向侧面下方，引导观众去听去想，而在棚里录，没有观众，摄像师会在中近景与特写上下功夫，所以多加一次蟋蟀叫，可以渲染环境，朗诵者的视像中，会更为具体，感觉蟋蟀就在很近的地方。

这首诗的朗诵无论是在舞台，还是在棚里，都取得了很好的效果，“诗意中国”张宏导演对我说，在咱们朗诵圈里得到一致的肯定，我觉得选用“蟋蟀叫声”起了一定的作用。

《就是那一只蟋蟀》①

流沙河

一位台湾诗人说：“在海外，夜间听到蟋蟀叫，就会以为那是在四川乡下听到的那一只。”

就是那一只蟋蟀
钢翅响拍着金风
一跳跳过了海峡
从台北上空悄悄降落
落在你的院子里
夜夜唱歌
就是那一只蟋蟀
在《豳风·七月》里唱过
在《唐风·蟋蟀》里唱过
在《古诗十九首》里唱过
在花木兰的织机旁唱过
在姜夔的词里唱过
劳人听过
思妇听过

就是那一只蟋蟀
在深山的驿道边唱过
在长城的烽台上唱过
在旅馆的天井中唱过
在战场的野草间唱过
孤客听过
伤兵听过
就是那一只蟋蟀
在你的记忆里唱歌
在我的记忆里唱歌
唱童年的惊喜
唱中年的寂寞
想起雕竹做笼
想起呼灯篱落

① 摘自沙流河：《晚窗偷得读书灯》，新星出版社，2014年。

想起月饼
想起桂花
想起满腹珍珠的石榴果
想起故园飞黄叶
想起野塘剩残荷
想起雁南飞
想起田间一堆堆的草垛
想起妈妈唤我们回去加衣裳
想起岁月偷偷流去许多许多
就是那一只蟋蟀
在海峡这边唱歌
在海峡那边唱歌
在台北的一条巷子里唱歌
在四川的一个乡村里唱歌
在每个中国人脚迹所到之处
处处唱歌
比最单调的乐曲更单调
比最谐和的音响更谐和
凝成水
是露珠
燃成光
是萤火
变成鸟
是鹧鸪
啼叫在乡愁者的心窝
就是那一只蟋蟀
在你的窗外唱歌
在我的窗外唱歌
你在倾听
你在想念
我在倾听
我在吟哦
你该猜到我在吟些什么
我会猜到你在想些什么
中国人有中国人的心态
中国人有中国人的耳朵
就是那一只蟋蟀

2019 年，在中国教育电视台春节诗会朗诵流沙河诗歌《就是那一只蟋蟀》

与民族乐器配合朗诵流沙河诗歌《就是那一只蟋蟀》

再会与再别

——朗诵徐志摩诗歌《再别康桥》

当我们初读这首诗时，便产生一个疑问，为什么是“再别”康桥呢？“再别”就一定会有第一次告别吧。

翻开徐志摩的诗选，有了！叫作“康桥 再会吧”。这是徐志摩1922年回国前写的。在这篇诗作中，他写道：“康桥！你岂非是我生命的泉源”“康桥，你是宇宙间不尽的黄金”“总之，此地人天妙合……”并写道：“我此去虽归乡土，而临行怫怫，转若离家赴远；我今去了，记好明春新杨梅上市时节，盼望我含笑归来，再见吧，我爱的康桥。”

这首诗已明确说明徐志摩对康桥的情，是那么深刻，是那么真情，如同自己生命中的一部分，难舍难分。

在《再别康桥》中，徐志摩的表达并不是那样直白、那样明确。语言是轻柔的，形式很精巧。运用虚虚实实的手法，描绘的画面既优美又与心相通，微妙之处，沁人心脾。所以这首诗至今仍是人们喜欢朗诵的诗篇。此诗的韵律很完整，全诗共七节，每节是四行，韵律上严守二、四句押韵，读起来朗朗上口，好像自己在剑桥大学康桥下的河中自由荡漾一般，也好像自己在岸边散步，回忆在剑桥的美好的回忆……离别时的伤感，不能放歌的烦恼……

这柔情蜜意的基调其实很好体验，因为诗句表现的充分。但朗诵时往往是找不到爆发点、激情点，容易平淡，节奏拖沓，语调、语势都没有变化。

这首诗开始都是夕阳下的景物，给人绵软的、舒缓的、淡淡哀愁的感觉。

到第四节的转折点就不光是美丽的温柔了，开始伤感了，表达内心的幻梦破灭了。

第六节是情感的高潮，虽是沉默的表达，其实内心是汹涌着离别的惆怅。其中“但我不能放歌”，我们觉得这一句可以发泄一下，是矛盾的一个集中点，就是我想“怎样”，“怎样”但不能“这样”，这种带着失望，几乎是绝望的句子，要用激情的语调才能表达。然后又回转为压抑的第七节，与第一节相呼应的“悄悄的我走了……”。

这首诗的国际影响力至今不容置疑。为了彰显这影响力，我们做了一些努力。首先请法国汉斯大学张葵教授讲述了徐志摩国际研讨会的情况，并由她代请德语、法语、意大利语、俄语、日语、英语的语言专家分别用自己的母语朗诵了全诗的第一句：“轻轻的我走了，正如我轻轻的来；我轻轻的招手，作别西天的云彩。”

这些不仅在《世纪诗人——徐志摩》专辑出现，并在2017—2018年巡回演出时作为诗朗诵《再别康桥》的结尾部分出现。观众反应强烈，感叹不已。这样徐志摩具有国际影响的意义用生动的画面呈现了出来。

不仅如此，徐志摩的曾孙徐善曾把刻有“轻轻的我走了，正如我轻轻的来”的工艺品赠送给我们。更重要的是在剑桥大学中还有一块大大的石雕。张葵教授在讲述中说：“这块石雕是英国剑桥大学的中国留学生（包括港、澳）联名设计的，并特地在北京找了大理石，请人雕刻上去的。”她的话使我们更加了解了徐志摩及这首诗的国际影响力了。

为了强调他的诗作无论是过去、现在还是未来都会有巨大的传承能力，在专辑最后结尾，我们在外语朗诵后，又加上男声齐诵、女声齐诵、少年儿童齐诵……以音频、视频说明这首诗的“传承影响力”。

徐志摩曾说：“我们这辈子，认真说，能认识几个人？几个地方？我们都是太匆忙，太没有单独的机会。说实话我连我的本乡都没有什么了解，康桥，我要算有交情的……”

诗人在“再别康桥”这首诗中，把自己生命中的一段美好回忆，永远留在了康桥，并在康桥与自己的美好回忆做了一个道别。这过程有幸福甜蜜、潇洒，也有伤感、惆怅。感情丰富、细腻，让人体味无穷。

《再别康桥》[1]

徐志摩

轻轻的我走了，
正如我轻轻的来；
我轻轻的招手，
作别西天的云彩。

那河畔的金柳，
是夕阳中的新娘；
波光里的艳影，
在我的心头荡漾。

软泥上的青荇，
油油的在水底招摇；
在康河的柔波里，
我甘心做一条水草！

那榆荫下的一潭，
不是清泉，
是天上虹；
揉碎在浮藻间，沉淀着彩虹似的梦。

寻梦？撑一支长篙，
向青草更青处漫溯；
满载一船星辉，
在星辉斑斓里放歌。

但我不能放歌，
悄悄是别离的笙箫；
夏虫也为我沉默，
沉默是今晚的康桥！

悄悄的我走了，
正如我悄悄的来；
我挥一挥衣袖，
不带走一片云彩。

① 徐志摩：《再别康桥》，西苑出版社，2005年。

《康桥再会吧》（节选）①

徐志摩

康桥，再会吧；
我心头盛满了别离的情绪，
你是我难得的知己，我当年
辞别家乡父母，登太平洋去，

如今都变了梦里的山河，
渺茫明灭，在我灵府的底里；
我母亲临别的泪痕，她弱手
向波轮远去送爱儿的巾色，
海风咸味，海鸟依恋的雅意，
尽是我记忆的珍藏。
……
康桥，再会吧；

我四载奔波，称名求学，毕竟
在知识道上，采得几茎花草，
在真理山中，爬上几个峰腰，
钧天妙乐，曾否闻得，彩红色，
可仍记得？——但我如何能回答？
……
康桥，再会吧！
你我相知虽迟，然这一年中
我心灵革命的怒潮，尽冲泻
在你妩媚河身的两岸，此后
清风明月夜，当照见我情热
狂溢的旧痕，尚留草底桥边，
明年燕子归来，当记我幽叹
音节，歌吟声息，缦烂的云纹。
……
康桥！汝永为我精神依恋之乡！
此去身虽万里，梦魂必常绕
汝左右，任地中海疾风东指，
我亦必纡道西回，瞻望颜色；
归家后我母若问海外交好，
我必首数康桥，
……
康桥！你岂非是我生命的泉源？
你惠我珍品，数不胜数；
最难忘
骞士德顿桥下的星磷坝乐，

难忘春阳晚照，泼翻一海纯金，
难忘茂林中老树纵横，
难忘七月的黄昏，远树凝寂，

① 徐志摩：《再别康桥》，西苑出版社，2005年。

难忘榆荫中深宵清啭的诗禽，
难忘村里姑娘的腮红颈白；
难忘屏绣康河的垂柳婆娑，
……
我此去虽归乡土，
而临行怫怫，转若离家赴远；
康桥！我故里闻此，能弗怨汝
……
我今去了，记好明春新杨梅
上市时节，盼望我含笑归来，
再见吧，我爱的康桥。

2017 年，在徐志摩作品国际研讨会上与徐志摩之孙徐善曾交谈

张筠英导演拍摄《世纪诗人——徐志摩》专辑，用六种不同国家语言朗诵徐志摩诗歌《再别康桥》

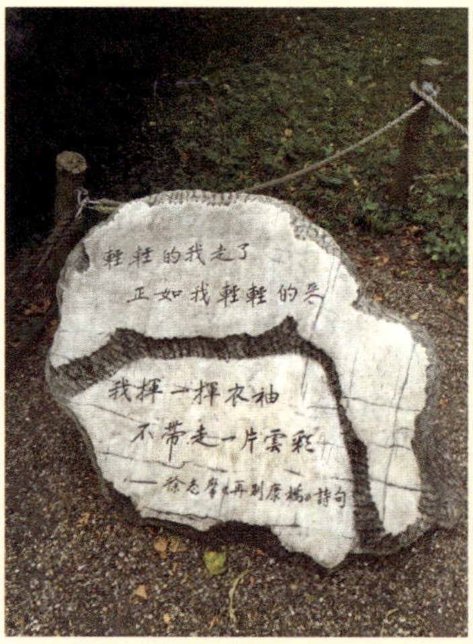

英国剑桥大学内的石雕

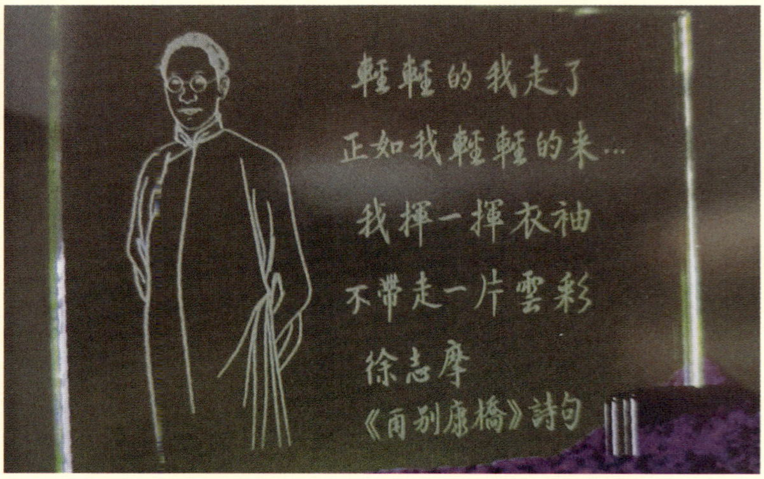

徐善曾赠送的工艺品，上刻有《再别康桥》诗句

音乐小品的尝试

——朗诵徐志摩诗歌《山中》《偶然》

徐志摩的诗被称为三美：绘画美、建筑美、音乐美。音乐美，不仅是诗律的音乐美，有很多作曲家为他的诗谱了曲，《山中》和《偶然》是其中两首。

《山中》的朗诵者周正老师如今已离我们远去了。2015 年我们在拍摄《世纪诗人——徐志摩》专辑时，我们特别想能多留一些他那优美的声音在世间，于是给他打了电话，请他录制，他爱人接的电话："你们好！我是他爱人，他现在就是因帕金森病颤抖得厉害，不知能不能录？"此时，只听周正老师在电话不远处说："我……能录，就不知道能不能用？"我们赶忙在电话里说："周正老师，我们明天就去您家，诗很短，您也不用背，有提词器。"周正老师说："我今天就想看看诗，准备准备。"我们立刻用手机给他发了过去。

第二天早上九点半钟，我们准时赶到他家。一推门，只见两个轮椅迎了上来，一个是周正老师的，一个是他爱人的。他们俩的女儿赶忙从厨房走出来。周正老师笑了笑："我知道你们俩一定会一起来！"我忽然鼻子一酸，赶忙上前叫了声"周正老——师——"，"老师"这两个字是我和周正老师的约定，每次见面一定要抢先上去叫一声"老师"，若是我没看见他来或叫晚了，他会马上喊"张——老——师——"。这时我发现他已经穿上西服，换上皮鞋，问我们要不要坐到普通的靠背椅子上，我们说不用，您不用动。我们把灯光布置一下。

正式开拍了。为什么总有杂音呢？找了外围没有，找了屋内没有……最后发现是周正老师的皮鞋与轮椅磕碰的声音。噢，这个问题好解决，把鞋的位置向中间一挪就好了！

录了两遍，周正老师一个字也没错，只是因为有些颤抖，中间稍有停顿，我们很高兴地说："录完了。"周正老师担心地说："能用吗？别影响质量！"我们一致说："没问题，编完了马上通知您！给你发一个视频！"

事情难以预料，当我们编完了，中央电视台也准备播放新闻时，我们打电话给他女儿想告诉这个好消息。没想到电话那边传来的是哭声，她说："今天早晨我爸爸走了。"这突如其来的消息，是我们意想不到的。我们的惋惜之情无以表达，沉默之后我们把周正老师的名字上加上了黑框，同时也觉得这些老艺术家、老诗人的作品真要赶快抢救了。

对于《山中》这首诗，我们在周正老师朗诵后，录制了这首诗的女声独唱。我们请到了歌唱家陈倩倩，她特地让作曲家重新做了曲，配了器，又自己录制了歌唱部分，韵律非常优美。我们选择了绿色的草地、小路、山坡上一棵大树、有特色的小型庄园……并且为了与周正老师的屋内相接，朗诵后，音乐开始的前奏，是室内灯下的钢琴演奏，最后当演唱即将结束时，镜头再从外景可到屋内钢琴前，从钢琴的弹奏推至桌灯黄色的灯罩，直至虚化结束，完整体现了《山中》这首诗的氛围——静静的庄院、有着松影树木的小路……远方的你是否安眠，我的思念想乘着月光来看望你，会不会惊你安眠？这真是柔情似水。

而对于徐志摩的另一首诗《偶然》，我们做了另外的处理。这首诗本来是徐志摩与林徽因两人当年创作的小歌剧中的一段歌词，可惜这部小歌剧没有留下任何视频与音频。

我们认准了他们当时创作歌剧的这一戏剧因素，把这首当时很流行的歌曲和《偶然》这首诗，排成了一个歌剧小品，我们在拍摄之前先做了以下准备工作：

音乐	诗句（歌词）	人物　调度	镜头特殊要求
前奏		女钢琴演奏	钢琴演奏转到男声
	男：我是天空里的一片云， 偶尔投影在你的波心—— 你不必讶异，更无须欢喜—— 在转瞬间消灭了踪影。	男：坐在桌子右侧，视像向前方	跟男
	女：我是天空里的一片云， 偶尔投影在你的波心—— 你不必讶异， 更无须欢喜—— 在转瞬间消灭了踪影。	女：在桌子左侧，视像向前方	跟女
间奏		男视像从右转向左（向女）	男近
	男：你我相逢在黑夜的海上，	男伸手向女	跟男
	女：你有你的， 我有我的，方向；	女伸手向男握住	
			男手特写

音乐	诗句（歌词）	人物　调度	镜头特殊要求
	男：你记得也好， 女：最好你忘掉， 合：在这交会时互放的光亮！	男握女手 （男抚摸女）	跟男转向女
间奏		女：站立转向，从桌左后方走到男身后 女：双手扶男肩膀	跟女
	男：我是天空里的一片云， 偶尔投影在你的波心—— 你不必讶异， 更无须欢喜—— 合：在转瞬间消灭了踪影。	女转身欲走	男女 中
	女：你我相逢 合：在黑夜的海上， 你有你的， 我有我的，方向； 你记得也好， 最好你忘掉，	男用右手反身握住女扶在肩上的右手	男女 中
	在这交会时互放的光亮！	女推开男手向前走去	跟女
	你我相逢在黑夜的海上，	男上前与女拥抱	跟男
	你有你的， 我有我的，方向；	男女相对交流	男女
	女：你记得也好， 最好你忘掉， 在这交会时互放的光亮！	女挣脱拥抱，用手推开男转向左前方去	跟女
	男 找	男 向女方向追望	
	合：你不必讶异， 更无须欢喜——	女转身，两人最后一次互望交流	女隐退

《偶然》这短短的两段十行诗句表现了曾经有过的短暂的爱，但这爱是炽烈的，但又是克制的。音乐为诗重复了几次，似乎每次重复都可以表现不同的潜台词。我们正是利用音乐的多层次独唱、重唱的重复，设计不同情绪的表达，从思念到别离的痛苦的过程。

《偶然》①

徐志摩

我是天空里的一片云，
偶尔投影在你的波心——
你不必讶异，
更无须欢喜——
在转瞬间消灭了踪影。

你我相逢在黑夜的海上，
你有你的，我有我的，方向；
你记得也好，
最好你忘掉，
在这交会时互放的光亮！

《山中》②

徐志摩

庭院是一片静
听市谣围抱
织成一地松影
看当头月好
不知今夜山中
是何等光景
想也有月有松
有更深的静

我想攀附月色
化一阵清风
吹醒群松春醉
去山中浮动
吹下一针新碧
掉在你窗前
轻柔如同叹息
不惊你安眠

① 徐志摩：《你看，我有我的方向》，北京时代华文书局，2015年。
② 同上。

2015年，拍摄艺术家陈倩倩演唱徐志摩诗作《山中》，张筠英导演

2015年，拍摄艺术家王丽达、汤子星演唱徐志摩诗作《偶然》，张筠英导演

2015年，瞿弦和赴艺术家周正家中，拍摄徐志摩诗作《山中》朗诵

张筠英率摄制组在外景地

形散神不散

——朗诵徐志摩散文《我的祖母之死》

中国诗歌研究中心副主任孙晓娅教授曾说："要说思想的澄明，艺术的精湛，个性的鲜明，徐志摩的散文更胜一筹。"

徐志摩是一位大诗人，也是一位大情人，但他的情不仅是爱情，还有亲情、友情，革命热情。作为一名拍摄徐志摩专辑的导演，我想立体化、全面地表现徐志摩这个大诗人，于是，我发现在他的散文之中有更多的侧面可以体现出情来。

如在《迎上前去》这篇散文中，他说："这回我不说谎，不打哑谜，不唱反调，不来烘托……我要求你们大量的准许在我第一天接手晨报的时候介绍我自己……我相信真的理想主义者是受得住眼前，发现更伟大，更光明的理想，我就是这样的一个……"

再举一例，在《死城》这一篇散文中，他着重描写一位看坟墓的老大爷。我们把这篇的主要情节，把文章中的对话集中起来，编写成了一段故事小品，体现徐志摩对底层老百姓的关怀、同情。在对话中徐志摩问："你一个人看这坟墓不怕吗？"看坟人说："人老了，穷了，什么都不怕。"他又问："你爱北京吗？"看坟人说："人老了，穷了，没什么爱不爱。"这段对话可以看出徐志摩这位诗人对人民的关心和爱。

在《我的祖母之死》这篇散文中，他的亲情就体现得非常充分。我们到了浙江海宁他的故居拍摄，用鸟声、蝉声和轻柔的音乐作为声音的铺垫，用木质楼阁的走廊为画面背景，穿着长袍的扮演徐志摩的演员金锋开始了进入诗的朗诵。他扶在栏杆上朗诵出散文的序，然后画面出现他学生时期坐在书桌旁的镜头；还有铺满天空的大树荫下，徐志摩匆匆赶路的脚步；还有旧石板道路等画面。徐志摩来到祖母的挂着蚊帐的床前，回忆起与祖母相处的时刻。在床前的朗诵中有三次叫"奶奶"，有的是那么柔声，有的是那么深情，又有的是那么伤心，这三声"奶奶"是有区别的呼唤，不同的语调，随着每次呼唤，祖母慈祥的面容渐渐清晰起来，感人至深。

最后在大厅的阁栅门前，梦幻般的背影逐渐消失，完成了这篇深情的佳作《我的祖母之死》。

通过这几篇散文，我们更加喜爱徐志摩这位大诗人，大情人。对于他的爱有了立体多侧面的了解。

《我的祖母之死》（节选）[①]

徐志摩

一个单纯的孩子
过他快活的时光，
兴匆匆的，活泼泼的，
何尝识别生存与死亡？

这四行诗是英国诗人华茨华斯（William Wordsworth）一首有名的小诗，我在我的日记里翻出一封不曾写完不曾付寄的信，是我祖母死后第二天的早上写的。我一路回家，怕的是也许已经见不到老人，但老人却在生死的交关仿佛存心的弥留着，等待她最钟爱的孙儿即不能与他开言诀别，也使他尚能把握她依然温暖的手掌，抚摸她依然跳动着的胸怀，凝视她依然能自开自阖虽则不再能表情的眼睛。奶奶——奶奶，你的孙儿回来了，奶奶。我那时坐在祖母的床边，含着两朵热泪，听母亲叙述她的病况。我脑中发生了异常的感想，我像是至少逃回了二十年的光阴，早上走来祖母的床前，揭开帐子叫一声软和的奶奶，她也回叫了我一声，伸手到里床去摸给我一个蜜枣或是三片状元糕，我又叫了一声奶奶，出去玩儿了，那是如何可爱的辰光，如何可爱的天真，但如今没有了，再也不回来了。现在床里躺着的，还不是我的亲爱的祖母，十个月前我伴着到普陀登山拜佛清健的祖母，但现在何以不再答应我的呼唤，何以不再能表情，不再能说话，她的灵性哪里去了，她的灵性哪里去了？

① 徐志摩：《徐志摩文集》，吉林文史出版社，2002年。

浙江海宁徐志摩故居

2015年，张筠英拍摄《世纪诗人——徐志摩》专辑时，在浙江海宁徐志摩故居拍摄徐志摩散文《我的祖母之死》现场

2019年，拍摄工作现场

重中之重

——朗诵黄福观、燕翎诗歌《红船的方向》
朗诵杨建业诗歌《红色的梦从这里开始——献给北大红楼的礼赞》

2001 年中国文联的周雪静同志邀我们赴嘉兴参加央视录制的“纪念建党 80 周年”诗会，朗诵的是诗歌《红船的方向》。

诗并不长，但却有鲜明的主题——“红船的罗盘始终对准着太阳升起的地方”。

诗会的组织者周雪静并没有让演员立即到现场走台排练，而是让大家到实地参观，不仅在南湖边瞻仰红船，还上船进入船舱，坐在当年十二位共产党人开会的地方。在讲解员话语中，回望这艘画舟的情景，仿佛置身在冲破迷雾的航行中。

深入生活，体验生活，这是文艺工作者的创作途径，这次参观无疑是一次情感的陶冶，对朗诵此诗有了实情实景的依据。

诗中写道“一个伟大的政党诞生于湖面的产床”，“产床”两字有着深刻的内涵，朗诵时不能轻易放过。“产床”意味着将有新的生命在这里诞生，而诗中所指的并非一个人，而是改变世界的力量，一个崭新的政党，所以“政党”“产床”必须读得清晰，缓慢。

诗中描绘了红船的经历，每个时期朗诵都会有着新的体验，诗中“艰难曲折”，“惊涛骇浪”，“正与邪的搏击”，“生与死的较量”，都体现着红船的庄严，同样是此诗的重点字词，要用语速的变化，读音的轻重，加以强调。

十五年后的 2016 年在北京天桥艺术中心，举办了“十位 70 后朗诵艺术家”的专场诗会，我们再次朗诵了《红船的方向》，由于诗人增添了新的内容，我们手持红卡片朗诵，其中又有了“神舟飞船”“脱贫攻坚”富有时代特色的诗句。我们依然紧紧抓住这几个重点字词，而且把“一代又一代的舵手和船夫”中的“一代又一代”用双人合诵，使全诗的主题更为突出，那就是将“产床”“航行”“方向”联为一体，正如习近平主席总结的“根脉”。

歌颂“红船”的诗还有许多，浙江的诗人陈灿一首《航迹——写在南湖红船边上》，尤为突出。在庆祝中华人民共和国成立 70 年的主题文艺晚会上，我脱稿朗诵了这首长诗。

在诗中写道“一条小木船，内心有浩瀚的远方”，“承载着一个政党的日升日落”，“承载着 960 万平方公里不变的航向”，“这是一个党诞生的摇篮”。

诗人强调了“摇篮”与“红船的方向”的“产床”一样，是重中之重的字词，我又一次将这两个字清晰缓慢地读出。只有这样才能体现“不忘初心，牢记使命”，使人印象深刻。

诗会后，大家不仅对诗人的创作给予赞许，还对我脱稿朗诵长诗表示肯定。一位评论家写道“记一叶红船，荡涤红船之纯粹；拾一支诗笔，抒怀华诞之璀璨”，而我想说“重中之重，寻一个字词，突出全诗之核心”。

从“红船”我们又想到了“红楼”，诗人杨建业的作品全称是“红色的梦从这里开始”，诗歌描述了位于北京城中的一座用红色砖筑起的楼房，红色中国之梦从这里衍生。诗中写到了传播共产主义的先驱者“南陈北李”，赞美了“北大红楼”是一所“寻求知识的学堂”、一座“追求真理的殿堂”、一块“缅怀先驱的丰碑”。这样一首诗中的重中之重应该是什么？

我们选择了“红楼”，这个名称是后来人赋予的，但它却象征着共产党、象征着“五四运动”“共产主义小组”的熊熊之火，更象征着当年的图书管理员毛泽东。

“红楼”二字在全诗中出现了十次之多。第一次出现，我们两次合诵“北大红楼”四个字，然后男声读“这是后来人赋予你的名字”。女声读“红色中国之梦从这里衍生”。

从重至轻，既强调了“北大红楼”，又清晰地介绍了它的来由和重要地位。

第五个自然段，在“共产党”三个字出现前，用女声慢慢点出“从北大红楼延展到上海的石库门、南湖的红船”。然后男女声齐诵：“中国人第一次叫响了，崭新的，注定会改变中国、改变世界的名字——共产党！”激情四射，形成高潮。

第六段，女声深情描述毛泽东在“北大红楼”的情景“一个年轻人走进了北大红楼”，男声在“毛泽东”三个字之后，强调了“振兴民族的胸怀”，女声再叙述“毛泽东从北大红楼走出”，男女声交错读出井冈山、宝塔山、天安门……展示了革命的征途。

最后一段我们用“轮诵”点出了“北大红楼”的意义，“你永远屹立在中华民族的梦想里”，“永远屹立在共产党员的征程中”。

这首诗在纪念建党百年诞辰的北京东城区、通州区诗会中，引起了强烈反响。

《红船的方向》（节选）①

黄福观、燕翎

在风景如画的嘉兴南湖
在烟雨楼下的柳堤旁
有一艘画舟游弋水面
悄然无声地拨动
1921 年夏日稀薄的阳光
船舱内坐着十二位共产党人
他们在秘密的进行会议
于是，一个伟大的政党
诞生于湖面的产床上
这一艘往日的游艇
成了中国革命的领航船
冲破迷雾 宣告远航
从黑夜驶向黎明
经历多少艰难曲折
穿过多少惊涛骇浪
烈士的鲜血洒满船舷
英雄的壮歌激动黄河长江
红船啊
你用铁锤和镰刀
开辟了一个火红的岁月
奏响了新中国崭新的乐章
人民的手臂森林般舞动
现代化建设的热情春潮般涌涨
在这艘庄严的红船上
一代又一代的舵手和船夫
注视着暗礁和风云
不断地校正前进的航向
它的身后舰台如云
清晰的旗语迎风飘扬
一阵阵撼天动地的呐喊
爆发出民族奋进的精神和力量
飞驰的高铁
穿越江南的朦胧和北国的雪乡
挂着国旗的神舟飞船
亲吻浩渺的穹苍
贫瘠的山村 正走向富余
驻村的干部 裤脚上沾满了田间的泥浆
红船啊 已驶过了一百个春秋
南湖的石碑铭刻着岁月的辉煌
它的面前即将展开
又一片更为广阔的洋面
波涛在涌动 海鸥在歌唱
红船的罗盘始终对准着
太阳升起的地方

① 《红船的方向》摘自朗诵网建党 100 周年作品选。

《红色的梦从这里开始——献给北大红楼的礼赞》（节选）①

杨建业

男：在“问苍茫大地，谁主沉浮”的时代
一座用红色墙砖筑起的楼房
在北京城中巍然而立
女：它刺破黑暗的天幕
生根在中华大地

合：北大红楼
男：这是后来人赋予你的名字
合：北大红楼
女：红色中国之梦从这里衍生

男：五四运动
你来引领
共产主义小组
你来创立
你打破了一个旧时代
你燃起了烧毁封建社会
迎来中国新民主主义革命的熊熊之火

女：这火来自《新青年》
这火来自《每周评论》
男：这火来自陈独秀先生在新世界上

① 摘自2021年北京市东城区“纪念建党百年”演出台本。

抛向民众的那花朵般遮天的传单
女：这火来自李大钊先生在课堂上
开创传授马克思主义学说先河的豪迈气概

男：南陈北李
相约建党
为共产主义奋斗的信念
女：从北大红楼延展到
上海的石库门、南湖的红船
合：中国人第一次叫响了
崭新的
注定会改变中国、改变世界的名字——共产党

女：1918 年的秋天
一个年轻人走进了北大红楼
北大红楼
正是因为他的出现
红色的印记更加持久
红色的旗帜更加鲜艳
红色的力量更加永固
红色的梦想终于成真

男：虽然只是一个没有被北大记名的学子
虽然只是一个工资微薄的图书管理员
但毛泽东振兴民族的胸怀
将陈独秀、李大钊传播共产主义
思想先驱们的旗帜举得更高
女：毛泽东从北大红楼走出
走向了井冈山
男：走向了延安宝塔山
女：走上了天安门城楼
男：红色的旗帜漫卷天地
合：中国从此有了希望
人民终于迎来了光明

合：北大红楼
男：这是一所寻求知识的学堂
女：这是一座追求真理的殿堂
男：这是一块缅怀先驱的丰碑
女：你永远屹立在
中华民族的梦想里
男：你永远屹立在
合：共产党员的征程中！

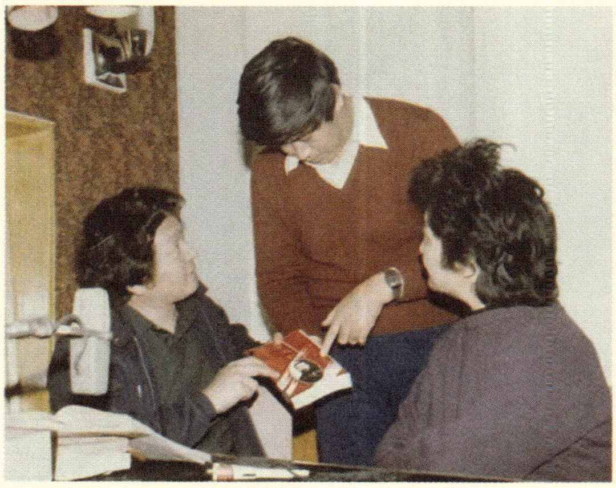

1990 年，录制长篇小说《李大钊》，与北京人民广播电台编辑赵春甫做案头工作

2001 年，中国文联赴嘉兴，朗诵《红船的方向》

2016 年，“十位 70 后朗诵艺术家”诗会，朗诵《红船的方向》

2021 年，在清华大学朗诵黄福观、燕翎诗《红船的方向》

纪念建党百年，在北京东城区、通州区诗会朗诵杨建业诗《红色的梦从这里开始》

纪念建党百年，在北京喜剧院朗诵黄福观、燕翎诗《红船的方向》

体验生活是前提

——朗诵曹勇诗歌《大庆工人歌》

我和大庆有着许多故事。1974 年在话剧“创业”中扮演铁人王进喜，到大庆油田 1205 钻井队体验生活，与石油工人同吃同住同劳动，并在萨尔图工人俱乐部为他们演出话剧《创业》，后来我又主持了大庆工人运动会，并多次赴大庆参加演出。我熟悉大庆，热爱大庆，我与石油工人的朋友一直保持着联系。

《大庆工人歌》是套曲，共七段，由独唱、男声、女声、合唱、二重唱和混声合唱组成，是词作家曹勇、作曲家张筠青深入油田采风共同创作的。

每段之前都有朗诵。如果朗诵者没有去过油田，没有亲身体验，那是无法完成的。

1974 年，中国煤矿文工团交响乐团、合唱团首演，我和毕业于北京电影学院的马秀萍担任朗诵。我印象深刻的有第二段朗诵词：“天上星星亮晶晶，地下篝火一片红，大庆工人学理论，油田一片读书声。”那个时代，大庆的学习之风，在全国是领先的，在油田开发实践过程中，“篝火学两论”传遍祖国大地，通过对“矛盾论”“实践论”的阅读，在思想方法上掌握了开发油田的思路。石油工人的英雄代表王进喜，通过学习“两论”，认识到油田开发的主要矛盾，他说：“这矛盾，那矛盾，国家建设等油用是最大的矛盾。”这正是“油田一片读书声”的具体写照。

第三段中朗诵的“天当房哎地当床，棉衣当被草当墙，自力更生建油田，艰苦奋斗把业创”，“石油工人钢铁汉，哪怕地冻雪成山”非常形象，我们到 1205 钻井队体验生活时，虽不属创业初期，但仍住在活动板房，半夜上厕所不能直接用手触摸外面把手，天寒地冻会粘掉一层皮！早餐吃的是高粱米饭，在钻台上跟着师傅们换钻杆儿，师傅还会让你和他的手一起握在刹把上，亲身感受打下地心的震颤……有了这种体验，朗诵时心里有底。

四十五年后，重新录制《大庆工人歌》，录制前，我们夫妇二人赴大庆参加朗诵节，亲眼看到大庆油田的新貌，在演出前重温了与大庆的不解之缘，回忆了《大庆工人歌》的演出情景，我们和大庆工人的朗诵爱好者同台演出，再次感受到他们的奋斗精神。回京后，声乐套曲《大庆工人歌》由北京市东城区第二文化馆华风合唱团担任演唱，我们老两口担任朗诵。我们把七段朗诵分成男声、女声、合诵，随着时代的发展对朗诵词有了新的体会，朗诵第七段“大庆红旗迎风展，铁人精神大发扬”，心中充满无限自豪。

《大庆工人歌》①

曹　勇

为油而战

汽笛长鸣，车轮飞转，军号嘹亮，战歌震天，我们的石油大军，四面八方、千军万马来会战。

油田一片读书声

天上星星亮晶晶，地下篝火一片红．大庆工人学理论，油田一片读书声。

自力更生把业创

天当房哎地当床，棉衣当被草当墙，自力更生建油田，艰苦奋斗把业创。千里荒原摆战场，建好了油田心欢畅。

钻井史上谱新篇

石油工人钢铁汉，哪怕地冻雪成山，北风当电扇，大雪当烤面，山南海北来会战，誓夺头号大油田。

多产石油多打粮

春到田间好风光，石油大军春耕忙，井架下面挥锹镐，多产石油多打粮。

千万个铁人茁壮成长

巍巍钻塔迎朝阳，一个铁人百炼成钢，滚滚油浪万里香，千万个铁人茁壮成长，大庆红旗迎风展，看伟大祖国像巨人在前进，铁人精神大发扬，辽阔的油田一片春光。

---

① 摘自1974年中国煤矿文工团演出台本。

1974 年，曹勇词、张筠青曲的《大庆工人歌》首演
（瞿弦和、马秀萍朗诵）

1974 年，瞿弦和在话剧《创业》中扮演王铁人

1974 年，在大庆油田 1205 钻井队体验生活

2019 年，赴大庆参加诗会

体现爱情观

——朗诵舒婷诗歌《致橡树》

每次想到《致橡树》这首诗都有一幅画面出现在眼前，两棵伟岸的树相对着，树干挺直，树枝随风摇动，向着对方的天空生长。周围的花草、小树向它们投出羡慕的目光。小鸟在它们的枝叶间蹦跳、嬉耍，一阵风吹过来，树叶交叉着发出声响，这声响仿佛是私语一般。

这首诗的拟人手法使朗诵者能展开无尽的想象。我曾在中央人民广播电台录制过这首诗，是诗人舒婷的代表作之一。这首诗发表不久，我在中国天津诗歌节的舞台上也朗诵过。

也许是她的这首诗的观点很符合我的想法，作者的人生观、爱情观表达得如此清楚。她是一位有着独立人格的人，是个好强的女性，是把爱情当事业一样执着，是追求完美的人。但她绝不是一个无情的人，她的浪漫体现在与爱人平等的基础上表现出的柔情蜜意、甜言蜜语。是困难面前的互相扶持，是阳光下互相欣赏的幸福。

这是她的爱情观、人生观，我十分敬佩，也是一生要学习的。

我看过、听过很多人朗诵这首诗，其中一部分人过多地注重甜言蜜语这一点，整篇基调都是柔情似水，一副“小鸟依人”的女子形象。我觉得这绝不是作者想要表达的。

这里先把作者写这首诗时的“肯定”与“否定”分清。两个假设，五个否定，一个结论，说的是“不依附你的光芒发亮”。第二个段落，她要求自己必须做到的，作为一棵树平等地站在一起，一生平等，互相衬托。站在天地之间。

在实际生活中，美好的家庭，始终如一的夫妻比比皆是。夫妻间的和睦、家庭生活的稳定、儿女孝顺、子孙满堂……这些传统的观念，我们依然在传承。但是新时代男女平等，一样的条件，一样的考核，女同志必须具有自强不息的性格，也应有与男同志并驾齐驱的能量。那么在家庭中，就不能相处好吗？不是的。我自己体会，与爱人有共同语言，才能使爱情保鲜。有了文化底蕴，有了幽默感，识大体、顾大局，才能化解小家庭及外面大家庭的一些误解和矛盾，才能共度一生。而有了矛盾呢？矛盾激化之时则要学会沉默。不是聒噪不停，激化矛盾。沉淀之后，就应大事化小，小事化了了。回想起来，其实没什么！没有什么好追究的。为了少生矛盾，增加家庭氛围的和谐，幽默很重要。家庭是需要笑声的，每个人的责任是要让其他人愉快。要学会从别人的角度考虑问题，自然理解了对方，矛盾也就少多了，开个玩笑，小事儿一桩，一笑解千愁嘛。学会幽默、沉默，能做个大度的人，也是要有“大”学问的哟！

当然女人必须有自己的事业，不论成就大小，但要有追求，这样夫妻互相尊重，就能心平气和。

有了生活的体验，特别是有了与作者相通的理念，朗诵起来，就像是说自己的心里话，像是独白一般。

其实朗诵这首诗，最重要的是你想做一个什么样的人？你的爱情观是什么？有了这些，再朗诵这首诗，便会觉得容易多了。

《致橡树》[1]

舒　婷

我如果爱你——
绝不像攀援的凌霄花，
借你的高枝炫耀自己：
我如果爱你——
绝不学痴情的鸟儿，
为绿荫重复单调的歌曲；
也不止像泉源，
常年送来清凉的慰藉；
也不止像险峰，增加你的高度，衬托你的威仪。
甚至日光，
甚至春雨。
不，这些都还不够！
我必须是你近旁的一株木棉，
作为树的形象和你站在一起。
根，紧握在地下；
叶，相触在云里。
每一阵风过，
我们都互相致意，
但没有人，
听懂我们的言语。
你有你的铜枝铁干，
像刀，像剑，也像戟；
我有我的红硕花朵，
像沉重的叹息，
又像英勇的火炬，
我们分担寒潮、风雷、霹雳；
我们共享雾霭、流岚、虹霓。
仿佛永远分离，
却又终身相依。
这才是伟大的爱情，
坚贞就在这里：
爱——
不仅爱你伟岸的身躯，
也爱你坚持的位置，足下的土地。

① 舒婷：《致橡树》，江苏文艺出版社，2003 年。

1997 年，在北京诗会上
朗诵舒婷诗歌《致橡树》

2013 年，在首届天津诗歌节朗诵舒婷诗歌《致橡树》

深深的自责

——朗诵雷抒雁诗歌《小草在歌唱》

我们和诗人雷抒雁经常一起参加活动，记者们会对朗诵《小草在歌唱》进行采访，他们问起对诗人雷抒雁的印象，瞿弦和说：“他代表着那个时代的激情”。而雷抒雁会谦逊地表示，“小草”一诗是自责，是一个共产党员在小组会上的思想汇报。

1979年在北京中山公园音乐堂举办了“向张志新烈士学习”的朗诵音乐会，弦和第一次把诗人雷抒雁的《小草在歌唱》搬上舞台。

我们节选作家古枫在散文集《这里能听见心跳》中“小草不会忘记”的段落：“张志新烈士是千古奇冤，曾轰动全国，雷抒雁心潮澎湃，按捺不住，彻夜奋笔疾书。含泪一挥而就”，这首诗为中国诗歌打开了一个新局面，成为文学史上的诗歌名篇。

诗人雷抒雁，2009年，在《人民日报》上发表了《我的一九七九》一文，其中写道：“这首诗不仅是在追忆这位英烈，更是在思想深处发出的裂变和觉醒，质问法律，质问良心，质问天理，从而向社会正义和人性觉悟发出呼唤。”

我们是雷抒雁的好朋友，曾朗诵过他多部诗作，1985年6月，他和诗人程步涛在花城出版社，约我们为《花城袖珍诗丛——朗诵诗》中的每一首诗撰写朗诵提示。那时他就说过：“要通过朗诵，使诗形象化呈现给读者。”

在他担任中国诗歌学会会长后的第二天，就约我们去谈学会下属的“朗诵演唱专业委员会”开展活动事宜，他强调：“朗诵活动要活跃起来，我帮你们创造机会。”其实他一直坚持这一点，早在纪念改革开放三十周年时，他亲自带队前往山西潞安、陕西咸阳等地举办诗会，弦和随队多次朗诵了《小草在歌唱》。在诗会座谈活动中，他不止一次地提到创作的初衷“自责”。

诗中写道：“……我曾满足于——月初，把党费准时交到小组长的手上，我曾满足于——党日，在小组会上滔滔不绝地汇报思想……专制下，吓破过胆子，风暴里，迷失过方向！”那么真诚地坦露自己。

诗中发自内心地呐喊：“我敢说：如果正义得不到伸张，红日，就不会再升起在东方！

我敢说，如果罪行得不到清算，地球，也会失去分量！”这是诗人自责后发出的正义之声，要撞击听众的心灵。事实证明，这几句诗已成为万人传颂的名句。

诗人选择小草作为贯穿全诗的形象，诗人赋予它生命、情感和灵性，它是全诗的核心和纽带，不可替代。朗诵者心中、眼中必须有具体的想象，它不是普通的小草，是刑场上的小草。诗的开始，诗人写道“风说，忘记她吧！我已用尘土，把罪恶埋葬！雨说，忘记她吧！我已用泪水，把耻辱洗光”，不仅把人们带入那个特殊的年代，而且为“小草”的出现做了铺垫，下面的诗句“只有小草不会忘记”，这第一次出现的“小草”朗诵时一定要读得慢，要在听众的眼前浮现出“小草”的形象。

我们曾见过初春出土的嫩草，见过碧绿成片的草地，更见过风雨中依然挺立的小草，朗诵者要把小草当作人民群众的象征，当作历史的见证人，托物言志。这首诗以“小草在歌唱”命名，在诗中五次出现“小草”的形象，每次出现都在加深诗人的自责，小草“凄凉歌唱”（只有小草在歌唱）；小草“独自歌唱”（却不如小草）；小草“骄傲歌唱”（如丝如缕的小草）；小草“日夜歌唱”（只有小草变得坚强）。

朗诵时，我们非常注意这几个环节，读出个人的感受，“像鞭子抽在我身上，使我清醒，使我清醒”，要有真实的激情。我们听过许多年轻人朗诵此诗，他们非常注意外部节奏的变化，但对变化的依据并不了解。如“我敢说：她不想死！她有母亲……她有孩子”“我敢说：她没有想到会死。不是有宪法么？……不是有党章么”必须掰开揉碎地分析，然后才能发出问天问地的呼喊：“法律呵，怎么变得这样苍白，苍白得像废纸一方；正义呵，怎么变得这样软弱，软弱得无处伸张！”读得清楚，才能掷地有声。

朗诵这首诗，必须把自己置身其中。作家古枫在同一篇文章中写道：“朗诵者瞿弦和优美的嗓音那天竟然沙哑了，动情之处他泪流满面，哽咽着，使原本流畅的文字接连出现暂时的停顿，台下的观众抽泣着，鼓着掌，瞿弦和不得不几次谢幕。”

《小草在歌唱》朗诵的情景，成为我们难忘的记忆。正如充满生命力的小草一样，此诗经受时间的考验，几十年来一直出现在各类朗诵会上，也是朗诵艺术实践中，人们喜爱的一部作品。

诗人雷抒雁英年早逝，病魔夺去了他的生命。在遗体告别那天，八宝山殡仪馆的大厅循环往复地播放《小草在歌唱》的朗诵录像，望着络绎不绝的吊唁人流，我们眼前又浮现出小草的形象，它仍在不停地歌唱……

《小草在歌唱——悼女共产党员张志新烈士》①

雷抒雁

一

风说：忘记她吧！
我已用尘土，
把罪恶埋葬！
雨说：忘记她吧！
我已用泪水，
把耻辱洗光！
是的，多少年了，
谁还记得，
这里曾是刑场？
行人的脚步，来来往往，
谁还想起，
他们的脚踩在
一个女儿、
一个母亲、
一个为光明献身的战士的心上？
只有小草不会忘记。
因为那殷红的血，
已经渗进土壤；
因为那殷红的血，
已经在花朵里放出清香！
只有小草在歌唱。
在没有星光的夜里，
唱得那样凄凉；
在烈日暴晒的正午，
唱得那样悲壮！
像要砸碎焦石的潮水，
像要冲决堤岸的大江……

二

正是需要光明的暗夜，
阴风却吹灭了星光；
正是需要呐喊的荒野，
真理的嘴却被封上！
黎明。一声枪响，
在祖国遥远的东方，
溅起一片血红的霞光！
呵，年老的妈妈，
四十多年的心血，
就这样被残暴地泼在地上；
呵，幼小的孩子，
这样小小年纪，
心灵上就刻下了
终生难以愈合的创伤！

① 摘自《诗刊》，1979年6月8日。

我恨我自己，
竟睡得那样死，
像喝过魔鬼的迷魂汤，
让辚辚囚车，
碾过我僵死的心脏！
我是军人，
却不能挺身而出，
像黄继光，
用胸脯筑起一道铜墙！
而让这颗罪恶的子弹，
射穿祖国的希望，
打进人民的胸膛！
我惭愧我自己，
我是共产党员，
却不如小草，
让她的血流进脉管，
日里夜里，不停歌唱……

三

虽然不是
面对勾子军的大胡子连长，
她却像刘胡兰一样坚强；
虽然不是
在渣滓洞的魔窟，
她却像江竹筠一样悲壮！
这是二十世纪，七十年代，
社会主义中国特殊的土壤里，
成长起的英雄
——丹娘！
她是夜明珠，
暗夜里，
放射出灿烂的光芒；
死，消灭不了她，
她是太阳，
离开了地平线，
却闪耀在天上！
我们有八亿人民，
我们有三千万党员，
七尺汉子，
伟岸得像松林一样，
可是，当风暴袭来的时候，
却是她，冲在前边，
挺起柔嫩的肩膀，
肩起民族大厦的栋梁！
我曾满足于——
月初，把党费准时交到小组长的手上；
我曾满足于——
党日，在小组会上滔滔不绝地汇报思想！
我曾苦恼，
我曾惆怅，
专制下，吓破过胆子，
风暴里，迷失过方向！
如丝如缕的小草哟，
你在骄傲地歌唱，
感谢你用鞭子
抽在我的心上，
让我清醒，
让我清醒，
昏睡的生活，

比死更可悲，
愚昧的日子，
比猪更肮脏！

四

就这样——
黎明。一声枪响，
她倒下去了，
倒在生她养她的祖国大地上。
她的琴呢？
那把她奏出过欢乐，
奏出过爱情的琴呢？
莫非就此成了绝响？
她的笔呢？
那支写过檄文，
写过诗歌的笔呢？
战士，不能没有刀枪！
我敢说：她不想死！
她有母亲：风烛残年，
受不了这多悲伤！
她有孩子：花蕾刚绽，
怎能落上寒霜！
她是战士，
敌人如此猖狂，
怎能把眼合上！
我敢说：她没有想到会死。
不是有宪法么？
民主，有明文规定的保障；
不是有党章么，
共产党员应多想一想。
就像小溪流出山涧，
就像种子钻出地面，
发现真理，坚持真理，
本来就该这样！
可是，她却被枪杀了，
倒在生她养她的母亲身旁……
法律呵，
怎么变得这样苍白，
苍白得像废纸一方；
正义呵，
怎么变得这样软弱，
软弱得无处伸张！
只有小草变得坚强，
托着她的身躯，
托着她的枪伤，
把白的，红的花朵，
插在她的胸前，
日里夜里，风中雨中，
为她歌唱……

五

这些人面豺狼，
愚蠢而又疯狂！
他们以为镇压，
就会使宝座稳当；
他们以为屠杀，
就能扑灭反抗！
岂不知烈士的血是火种，

插出去，
能够燃起四野火光！
我敢说：
如果正义得不到伸张，
红日，
就不会再升起在东方！
我敢说，
如果罪行得不到清算，
地球，
也会失去分量！
残暴，注定了灭亡，
注定了"四人帮"的下场！
你看，从草地上走过来的是谁?
油黑的短发，
披着霞光；
大大的眼睛，
像星星一样明亮；
甜甜的笑，
谁看见都会永生印在心上！
母亲呵，你的女儿回来了，
她是水，钢刀砍不伤；
孩子呵，你的妈妈回来了，
她是光，黑暗难遮挡！
死亡，不属于她，
千秋万代，
人们都会把她当作榜样！
去拥抱她吧，
她是大地女儿，
太阳，
给了她光芒；
山岗，
给了她坚强；
花草，
给了她芳香！
跟她在一起，
就会看到希望和力量……
六月七日夜不成寐
六月八日急就于曙光中

2009 年，在温州电视台国庆 60 周年诗会上朗诵雷抒雁诗歌《小草在歌唱》

2014 年，在西北大学朗诵雷抒雁诗歌《小草在歌唱》

瞿弦和参加雷抒雁“激情三十年”诗会

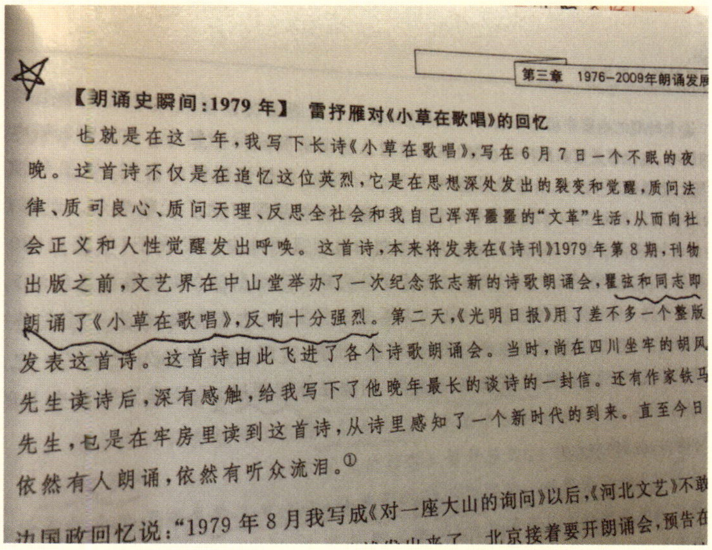
第三章 1976—2009年朗诵发展

【朗诵史瞬间:1979 年】 雷抒雁对《小草在歌唱》的回忆

也就是在这一年，我写下长诗《小草在歌唱》，写在 6 月 7 日一个不眠的夜晚。这首诗不仅是在追忆这位英烈，它是在思想深处发出的裂变和觉醒，质问法律、质问良心、质问天理、反思全社会和我自己浑浑噩噩的“文革”生活，从而向社会正义和人性觉醒发出呼唤。这首诗，本来将发表在《诗刊》1979 年第 8 期，刊物出版之前，文艺界在中山堂举办了一次纪念张志新的诗歌朗诵会，瞿弦和同志即朗诵了《小草在歌唱》，反响十分强烈。第二天，《光明日报》用了差不多一个整版发表这首诗。这首诗由此飞进了各个诗歌朗诵会。当时，尚在四川坐牢的胡风先生读诗后，深有感触，给我写下了他晚年最长的谈诗的一封信。还有作家铁马先生，也是在牢房里读到这首诗，从诗里感知了一个新时代的到来。直至今日依然有人朗诵，依然有听众流泪。①

……“1979 年 8 月我写成《对一座大山的询问》以后，《河北文艺》不敢……北京接着要开朗诵会，预告在……

诗人雷抒雁在《中国当代朗诵史》中撰文描述 1979 年瞿弦和首诵《小草在歌唱》

心的回应

——朗诵蒋光慈诗歌《写给母亲》

这是我学习话剧表演专业后朗诵的第一首诗歌，终生难忘，此诗至今也是朗诵爱好者可选择的佳作。

中央戏剧学院表演系的教学在20世纪60年代初，是受俄罗斯斯坦尼斯拉夫斯基体系影响的，不仅在表演课教学中遵循元素训练，以“行动和任务”“无实物人物”“注意力集中”“想象与合理”“判断事实”“交流与适应”为序，而且在台词、形体、化妆课的教程上也颇有章法。

台词课从入学开始的基本功训练是吐字归音、气息控制，其中以音节练习、绕口令为主，进入二年级后便是诗歌朗诵、散文朗诵、小说片段朗诵，直至对白、独白。教研组组长是方伟老师，除外请名演员之外，在学院执教的青年老师是表演系55班毕业留校的唐纪琛。

学院的中心小花园的北侧，有拾级而上的台阶，进入称为教学楼的建筑，迎面的第一间小教室，面积不大，那就是我们上台词小课的地方。

唐老师先让我读一遍《写给母亲》，没想到第一部分刚读完，唐老师就叫停了，她说：“瞿弦和，我发现你是一个很感性的学生，很容易进入规定情境。‘杨柳初绿，草儿初青，野花儿初露脸’，这几句我已从你的眼睛里，看到你对环境的感受，看到了‘清醒明媚的朝晨’这点很好，你要保留，这是当演员的基本条件。”

记在课堂笔记本上老师的话至今留存，这也许是朗诵者在实践中不可缺乏的一点吧！

《写给母亲》是现代革命文学先驱者之一，诗人蒋光慈烈士的遗作，全诗可分四个部分：回忆送别；讲述分别后的经历；目前的处境和决心；回绝母亲的规劝。全诗细腻，情感真挚，充满激情。

朗诵者必须掌握以下几点：

一是第一部分的点题，诗人从送别开始回忆，离家那一年，那一年春天，送别一程又一程，要突出母子对话："母亲，回去罢！""儿啊，你几时才回来？"这一话题，一直延续到诗的结尾，回和不回，贯穿全诗，这个点题必须让人清楚。

二是第二部分的讲述，要向母亲讲明："怎么能够回来？！"诗人讲到去苏联莫斯科东方大学的学习，讲到了第二故乡，讲到了受到培养四年后返回中国，这段不必过于强调，清楚即可。回国后的三年要读得慢，以"东西飘零，南北奔走无所驻足，炮火烽烟，令人胆寒"，营造整体社会环境，以体现"不能够回来，不能够相见"。

三是第三部分的处理，这一部分诗人抒发出内心的情感波澜，一次次向母亲表达心声，诗人只知倔强、抵抗、悲愤、顽固，至死不变，但他屡屡受阻。世界容不下傲骨的诗人，他写道"从未寄给母亲半个铜子儿，辜负亲人希望"，只有"无目的人能够安居，心死的人方能观望"，但这几段都不适合作为最强点，我把强点确定在"我恨不能跑到那高入云霄的昆仑山巅，在那里做巨大的，如霹雳一般的狂喊；我恨不能倾泻那浩荡无际的东海的洪波，洗尽人类的羞辱，残忍，悲痛与污点"。这是诗人的性格的体现。

此诗的第四部分，要注意母亲的规劝和儿子的回绝。母亲是恳求式的呼唤，儿子是说服式的回绝，催人泪下。母亲的两次"归来罢，我的儿"说的理由是天下所有人都能理解的，真实，通俗，无可辩驳。"家乡有青的山，绿的水，幽雅的松竹，家乡有温暖的家庭，天伦的乐趣，慈爱的父母。"不容你回答，第二句又跟上了"归来后免得我将你常挂在心头"，这两句要柔、要连贯，中间不能断，有一浪接一浪之感，这并不需要喊叫和严厉，需要的是深情和恳求。

朗诵者必须注意两个"我不能够"，第一个，边思考边出语言，第二个是斩钉截铁的一字一顿地说"我不能够"。最后在"任冰山"三字后停顿，含泪缓缓说出"也不能将它冷透"。

《写给母亲》[1]

蒋光慈

曾忆起我离家得那一年，那一年的春天，
那时是杨柳初绿，草儿初青，野花儿初露脸；
在一个清醒明媚的朝晨，你送我一程又一程，
我说："母亲，回去罢！"你说，"儿啊，你几时才回来？"
你走送我，走送我到你不能再上去的山巅，
你目送我，目送我到林木遮蔽着不能再见；
你只希望我，叮咛我"我的儿啊，暑假早归来！"
又谁知一别七年，到而今我还是未返家园。
就在离家这一年的春天，我离开了悲哀的祖国，
跑到那冰天雪地的冷土，探求那新邦的生活；
我是毅然地，冒险地，但同时又是偷偷地跑脱，
啊，我的母亲，请你宽恕我，我没有给你字儿一个。
我经受了海船的颠簸，度过了惊人的炮火；
我吃饱了西伯利亚的霜风，沐浴了荒漠的风波，
在饥饿，危险，寒冷，困苦之中我寻到了，
啊，我寻到了我的最后的目的地，梦想的北国。
可是我还有我的母亲，我还有我的原来的故乡，
我遗忘不了悲哀的祖国，母亲，我也不能将你遗忘。
我要回去看看母亲，因为母亲你正为着我而惆怅；
我要回去看看祖国，因为祖国而今已弄得满目荒凉——
归国后，东西飘零，南北奔走，无所驻足；
祖国虽大，但是没有地方给予我以安慰的勾留，
我屡次想回来亲亲我那清净的美丽的家园，

[1] 蒋光慈：《蒋光慈文集》（第三卷），上海文艺出版社，1985年。

看看那如黛的青山，幽雅的松竹，儿时游泳的河湾——

但是满目荒凉的祖国，而今到处是炮火烽烟，令人胆寒，

家园的归路久已不通，家园已非昔日的家园。

我的母亲啊，我虽然想回来看看你衰老的容颜，

但是我又怎么能够呢？我只空有这回家的心愿！

我要回来看看母亲而不能够回来，

你要见见你的儿子而不能够相见。

啊！今日的中国乃一块荆棘蓬蔓的荒原！

啊！今日的中国人弄得骨肉都不能团圆！

母亲啊！而今的世界到处可听着穷苦的哀鸣，

这哀鸣只逼得你的心软的儿子神魂不定；

他要为着一般穷苦的人们多多地多多地歌吟，

但无能力顾及几个穷苦的母舅，自己的亲人——

母亲啊，我的目在明亮，我的心在紧张，

我怎能够，唉，我怎能够静默着不发一点儿声响？

我恨不能跑到那高入云霄的昆仑山巅，

在那里做巨大的，如霹雳一般的狂喊；

我恨不能倾泻那浩荡无际的东海的洪波，

洗尽人类的羞辱，残忍，悲痛与污点。

我为我自己羞，我为我自己笑：

无用的诗人啊，你不能将祖国来救！

停止你的歌吟罢，不要空自做无力的忧愁；

焚毁你的诗篇罢，应显一显男儿的身手！

母亲啊，我知道你不能明白我心灵的要求，

你听了我的话，你一定将你的双眉紧皱：

我的儿，你枉自怀着这些悲愤与忧愁，

这些都不是你应管的事情，何不罢休？

什么革命，什么诗篇，我看都可以罢休，

归来罢，我的儿，异乡不可以久留；

家乡有青的山，绿的水，幽雅的松竹，
家乡有温暖的家庭，天伦的乐趣，慈爱的父母——
归来罢，我的儿，异乡不可以久留；
什么革命，什么诗篇，我看都可以罢休。
归来，归来后免得我将你常挂在心头，
你也免得再受那飘零的痛苦——
不，我的母亲，你的儿吃惯了飘零的痛苦，
家园的幸福虽好，但你的儿不能安受；
我何尝不想终身埋没于山水的温柔，
遁入世外的桃源，离开这人间的疾苦？
但是我的母亲啊，我不能够，我不能够！
命运注定了我要尝遍这乱世的忧愁！
我的一颗心，它只是烧，只是烧呀，
任冰山，啊，任冰山也不能将它冷透！

1962年，中央戏剧学院表演系61班大二考试后院系领导、教师与全班同学合影。前排（自左至右）：邓述西、黄子龙、张婷乙、杨蔚、白鹰、罗光达、严正、刘之玲、马惠田、方伟、赵常如

与唐纪琛老师（右1）在首都体育馆同台演出，蒋光慈诗歌《写给母亲》是她在中央戏剧学院台词课上亲授的朗诵作品

对比要鲜明

——朗诵臧克家诗歌《有的人——纪念鲁迅有感》

坐落在北京西城新街口的缤纷剧场不同一般，这里是朗诵爱好者的乐园，也是北京朗诵艺术团每个星期举办朗诵会的地方，朗诵艺术家殷之光老师呕心沥血建设了这块朗诵艺术园地。

它被命名为“朗诵剧场”，原文化部（今文旅部）领导高占祥亲笔题写了这六个字，朗诵艺术爱好者，每次来到这里，都有自豪之感。

这次的“星期朗诵会”，我朗诵诗人臧克家的作品《有的人》。刚到剧场前厅，就见到了许多朗诵发烧友，他们从事不同的专业，年龄不同，但都酷爱朗诵，他们当中有的两鬓斑白，却精神矍铄；有的步履蹒跚，却底气十足。他们问着一个问题：“瞿老师，这首诗我们都经常念，您觉得最重要的，要注意哪一点？”

我毫不犹豫地回答：“对比要鲜明！”

《有的人》这首诗是诗人臧克家为纪念鲁迅先生而创作的抒情诗，语言明快，立场鲜明。

这首诗总结了两种人，两种人生选择，人生归宿，赞美了鲁迅先生“俯首甘为孺子牛”的人生观。诗的前面两句“活”与“死”截然不同，“活”字的第二声与“死”字的第三声必须读得非常完整，才能让听众听得出内在的含义，朗诵者每人的理解不同，轻重快慢都要有处理，简明的对比使这两种人相互对照和映衬。

从这一现象出发，诗人又从多个角度进行比较，所以下面诗句中的“骑”“不朽”“摔”“烂”“俯”等字不能放过。要使两种生死观形成巨大落差和本质区别。这种对比贯穿全篇，依次展开，情感表达在对比中产生了强烈的效果。

这首诗还曾以集体朗诵出现在舞台上，那是纪念“世纪诗人——臧克家”专场演出《他还活着》，舞台铺满了黄色的花朵，高高的碑式布景上写着“世纪诗人——臧克家”七个字，寓意着永远活在人们心里的人，形象高耸入云！集体朗诵是参加诗会的所有演员从两侧分别出场，我们还邀请了诗人臧克家先生的夫人郑曼、女儿郑苏伊，主持人采访时，她们母女二人讲的仍是与这首诗有关，臧老夫人说："他一生给我最好的、最深的印象，就是为中华民族的解放，为新中国的建立而奋斗。"小女儿郑苏伊说："父亲留下最珍贵的遗产就是他那一颗博大的爱心。"�英是诗会导演，我与山东台主持人王莉一起主持，筠英安排每位演员朗诵诗中的一句"他还活着"，臧老夫人和女儿苏伊最后出场，她们走到中间，臧老夫人读"有的人死了"，女儿苏伊读"他还活着"，全体齐诵两遍"他还活着"。他们与朗诵演员手拉手，形成特殊的诗篇。

《有的人——纪念鲁迅有感》①

臧克家

有的人活着，
他已经死了；
有的人死了，
他还活着。
有的人
骑在人民头上："呵，我多伟大！"
有的人
俯下身子给人民当牛马。
有的人
把名字刻入石头，想"不朽"；
有的人
情愿作野草，等着地下的火烧。
有的人
他活着别人就不能活；
有的人
他活着为了多数人更好地活。
骑在人民头上的
人民把他摔垮；
给人民作牛马的
人民永远记住他！
把名字刻入石头的
名字比尸首烂得更早；
只要春风吹到的地方
到处是青青的野草。
他活着别人就不能活的人，
他的下场可以看到；
他活着为了多数人更好地活着的人，
群众把他抬举得很高，很高。

① 臧克家：《有的人》，长江文艺出版社，2019 年。

位于北京西城区的朗诵剧场（高占祥题字）

在“星期朗诵会”上朗诵臧克家诗《有的人》

集体朗诵《有的人》

从油灯看到火把

——朗诵萧三诗歌《延安狂欢夜》

2015 年应延安纪念抗战胜利 70 周年活动主办方之邀，我录制了《延安狂欢夜》一诗。这首诗是诗人萧三于 1945 年 8 月 10 日，在延安文化沟创作的。

这是一首具有乡土味儿的、朴实的诗，更是一首情感强烈，现实主义与浪漫主义相结合的诗。

我非常喜欢此诗的结构，从窑洞的寂静写到延安的欢腾，再回到窑洞的思考。

第一段语言十分通俗，“已经吹过熄灯号了”带出了规定情境，夜，没有亮光，山沟里死一般的寂静，突出了诗人守着一盏残灯。而就是这盏灯，埋下了伏笔，诗的结尾，诗人就在这盏灯前进行了思索，升华诗的主题，革命事业的艰难和漫长，让人们不要忘记这历史时刻。

描写得知日本投降的那一刻，非常具体，诗句中“人声异常嘈杂”“锣鼓喧天”“敲着铜盆”“吹着喇叭”“涌出窑洞”，要读得有画面感；而“舞火炬，扭秧歌，喊口号”，要读得有跳跃感；“叫、跳、笑”朗诵者自己也要笑着读，这一段要非常活跃。

接下来一段描写卖瓜果的诗句要慢读，让人想到他的形象，而“日本要求无条件投降”一句必须有现场感，这句话我试了两遍，觉得响亮的读仿佛现场有人在喊的处理更好，后面再读出“血在沸腾”。

诗人用浪漫主义手法写出不仅人兴奋得睡不着，就连山也在笑，宝塔山、清凉山都笑了！最后引出歌声，全中国每个角落在唱，全地球的山河木石都在唱！

我曾多次赴延安演出和采风，几乎所有的革命纪念地都去参观和学习过，不仅走进古朴的窑洞，还看到头戴羊肚子毛巾的歌手在路旁演唱，可以想象当年整个延安狂欢夜的情景。

诗的最后，意味深长，诗人从狂欢的现场回到窑洞，对着捻亮的灯思考着：“但愿这快乐的歌声常响，这天真的笑容永远保存。”

这是一首有生命力的诗，也是对朗诵者能力的检验的一首诗，建议在纪念抗战胜利、缅怀历史的诗会中选用。

《延安狂欢夜》（节选）[①]

萧　三

已经吹过熄灯号了
人们大半都已就寝
我还守着一盏残灯
山沟里死一般的寂静

忽然，山上山下，人声异常嘈杂
又听锣鼓喧天
有人甚至敲着铜盆
有的用力吹着喇叭
整个延安起了骚动
男女老少涌出窑洞

延河两岸山冈
野火漫天通红
人似潮水，流向街头
旗帜招展在星空
人们舞火炬，扭秧歌，喊口号
人们只是叫，只是跳，只是笑
卖瓜果的争着送给人们吃
你给他钱，无论如何不要

叫喊中间一声特别响亮
“日本要求无条件投降”

人们觉得自己的血在沸腾
人们放弃了整天工作的疲困
人们想起八年来的痛苦牺牲
才换得今天的狂欢兴奋
狂欢兴奋

延安今夜谁还愿意睡觉
宝塔山，清凉山都笑了
快乐的歌声唱遍了通宵
朴素的古音
也不显得单调
今天全中国每个角落都歌唱了，都笑了
全地球的山河木石都歌唱了，都笑了
我从人海中回到窑洞
对着捻亮些的一盏青灯
但愿这快乐的歌声常响
这天真的笑容永远保存

---

① 萧三：《萧三诗选》，人民文学出版社，1985 年。

2021 年，在革命圣地延安参观学习

2021 年在延安鲁艺

在当年诗人萧三等人学习的窑洞里留影

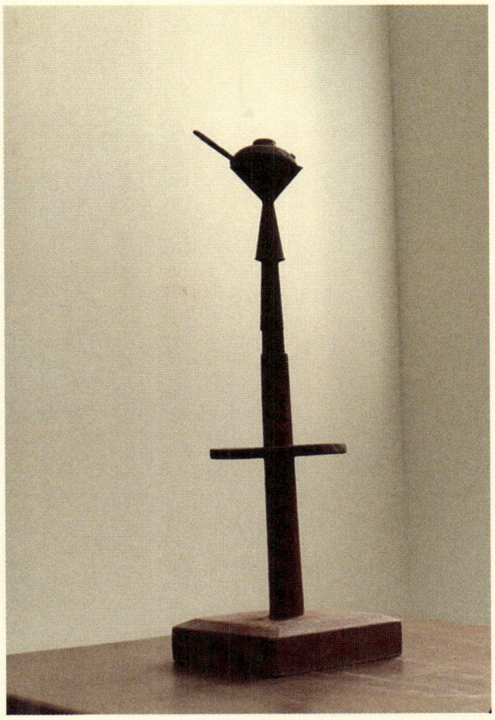

萧三诗作《延安狂欢夜》诗句中描写的油灯

变中的不变

——朗诵熊伯伊《四季读书歌》

当一个人不读书，感觉生活中缺少了东西，读书就成为生命中的一部分了。读书是人类文明实现传承的第一步，一个人喜欢读书，自身素养会提升；一个家庭喜欢读书，诗书传家；一个民族喜欢读书，科学强盛。读书直接影响一个国家的软实力。

每逢读书季、读书月、读书日，大家都会选择朗诵的作品。选哪首更合适？我选择《四季读书歌》，为什么？先从史料记载中看，“民国年间，湖北崇阳有儒医熊伯伊酷爱读书，博学多才。他不仅妙手回春，而且能诗善文。熊伯伊曾作《四季读书歌》一首，作为自己的座右铭”。

在北京市读书季活动中，我在各区的诗会上朗诵它，特别是国家图书馆的活动中，我在国图音乐厅为青少年朗诵，受到欢迎，图书馆的领导和老师们都说“很实际，很有意义。”

《四季读书歌》仍属古体诗，朗诵时不宜太快，要让人听得懂，全诗分四个段落：春、夏、秋、冬。每段开始分别是“春读书'，“夏读书”，“秋读书”，“冬读书”，三个字的节奏，要掌握好。我选用了两处两种处理，比如“春读书”，有意把“春”字拉长，而“读书”两字短促，“春”若两拍，“读书”则各半拍，这样听者一开始就明白什么季节，做什么事。另一种，比如“夏读书”，重音放在“夏”字上，三个字的长短则平均分配。

每个段落中的字词，都要讲究，比如第一段中“笔书香”要读出陶醉，“领悟”“珍惜”“休负”要读出“规劝”之意。而第二、三、四段中的“勤学苦攻”“老大无成”“一载寒窗”都是强调和提醒。

全诗为“江阳辙”，朗朗上口，适合朗诵。强调无论季节怎样变化，读书都是不能变的，是“变中的不变”。季节变化除每段开始要读清楚，音响动效的配合也不可缺少。我选择用“鸟鸣”体现春季，用“蝉叫”体现夏季，用“钟声”体现秋季，用“风声”体现冬季。这些背景动效，要让听众听见之后，朗诵者再读下面的诗句。

大屏幕的画面，不可乱，不宜出现过于复杂的实体，我在每个段落搭配了不同的书籍，有打开后的，有正在翻动中的，也有静止的，便于现场观众理解段落的过渡。

诗中点到了历史故事，朗诵者必须了解，比如“挂角负薪称李密”是指隋朝李密，骑牛看望朋友把“汉书”挂在牛角上，抓紧时间读书的精神，传为美谈；而“囊萤映雪有孙康”是指晋代孙康因家贫，雪夜里借着窗外映来的雪光，进行读书的刻苦精神。

我建议朗诵者，在读《四季读书歌》之前，最好将史料中对作者熊伯伊介绍一下，更能突出读书的意义。

《四季读书歌》

熊伯伊

春读书，兴味长，磨其砚，笔书香。读书求学不宜懒，天地日月比人忙。燕语莺歌希领悟，桃红李白写文章。寸阳分阴须珍惜，休负春色与时光。

夏读书，日正长，打开书，喜洋洋。田野勤耕桑麻秀，灯下苦读声朗朗。荷花池畔风光好，芭蕉树下气候凉。农村四月闲人少，勤学苦攻把名扬。

秋读书，玉露凉，钻科研，学文章。晨钟暮鼓催人急，燕去雁来促我忙。菊灿疏篱情寂寞，枫红曲岸事彷徨。千金一刻莫空度，老大无成空自伤。

冬读书，年去忙，翻古典，细思量。挂角负薪称李密，囊萤映雪有孙康。围炉向火好勤读，踏雪寻梅莫乱逛。丈夫欲遂平生志，一载寒窗一举汤。

2019年，在国图音乐厅朗诵熊伯伊诗《四季读书歌》

展示担当

——朗诵李喧诗歌《向党敬礼》
朗诵廖勇诗歌《大爱无边》
朗诵高一歌诗歌《众人划桨开大船》
朗诵白云海诗歌《春天已经把冰雪融化》

朗诵是语言的表现艺术，更是时代的号角，在重大社会行动中发挥着无可替代的作用。这就要求朗诵界的艺术家、朗诵艺术爱好者不仅要有高度的政治敏感，更要有不可推脱的责任担当。

我们参加此类的朗诵活动很多，我们想以抗震的诗作《向党敬礼》《大爱无边》，抗洪诗作《众人划桨开大船》，抗冰雪诗作《春天已经把冰雪融化》的朗诵实践讲讲体会。

此类作品有共同的特点，写作速度快，诗作有鼓动性，有号召力，有时间性。我们的体会有三点，一是抓住人物、景物，二是运用轮诵、齐诵，三是配合视频、音频。

以抗洪为例，2005 年广东电视台录制，我们朗诵《众人划桨开大船》，这部作品歌颂了抗洪英雄群体。其中的残疾人陈希少，在洪水中，他用没有手掌的两臂，划着木舟，往返 25 次，救出了几十个老人、孩子，而顾不上他自己的母亲。朗诵时，要抓住细节，真实的细节，最具说服力。

在央视抗冰雪的作品中，我们朗诵了诗人白云海的《春天已经把冰雪融化》一诗，诗中的细节是景物，“春雨”“迎春花”“春天回家的路”，诗人把“高压线塔”想象成“五线谱”，而高压线塔正是被冰雪冻雨肆虐的实物，这一描绘，把“融化”二字立体化了。

而抗震诗作中，我们充分运用了轮诵和齐诵，广西电视台播出的诗人廖勇的《大爱无边》，诗中几次出现“从四面八方”，我们个人读，两人交替读，合在一起读，以营造整个社会的支援。在河南电视台的朗诵节目“向党敬礼”中，我们与河南郑州师专的学生一起，将关键的“举起手臂”“举起党旗”使用齐诵，“让我去”三个字集体重复三遍，重复就是力量，几十位学生和我们激情满怀，共同演绎，感动了现场和电视机前的观众。

此类朗诵作品展示时，要尽可能地收集有关真实的视频。随着舞台科技手段的提升，朗诵时，背景大屏幕，越来越显示出它的作用。抗洪作品《众人划桨开大船》，屏幕上播放抗洪英雄残疾人陈希少在洪水中的实时画面，漫堤的洪水，简易的木舟，没有手掌的双臂……都映入眼底，这是一种视觉冲击，引起心中情感的波澜。音频的使用也是不可忽视的手段，雷声、喊声，包括撕心裂肺喊“娘”的声音，都烘托着灾难的可怕。

朗诵者要积极参加此类诗会，以对生活的热爱，对人民的忠诚，用朗诵艺术表达心声。

《大爱无边》①

廖勇

终于拨通了你的电话
我的四川
听到了你的山河
沙哑的痛喊
终于得到了你的音信
我的汶川
呼唤你的名字
扑向你遇难的地点
终于看清了你的容颜
我的家园
原本美丽的天空
怎么会泪流满面
终于摸到了你的身体
我的乡亲
从废墟的缝隙里
投来了希望的光线
把爱和祝福都装进包裹里
从四面八方寄给你
哪怕是一顶帐篷
哪怕是一床棉被
好让你感觉到站在你身边的暖意
来自各地的兄弟姐妹们从四面八方奔向你
哪怕是平常百姓
哪怕是微薄之力
好让你感觉到人世间的大情大义
我感动啊
为胡主席、温总理讲话时强隐悲痛的哽咽
面对饥饿的孩子
哪怕是一袋儿饼干
哪怕是小小的许愿
却是留给人民的诺言
我感动
为长长的队伍插队献血时的焦急
哪怕是素不相识
哪怕是点点滴滴
从相同的血缘里注入了同胞的含义
大地啊
你可以猛烈的抖颤
但却动摇不了一个民族坚强的信念
用我们镇静的微笑
去鄙视那些来势汹汹的灾难
用我们越挫越勇的坚韧
去闯过那些横刀立马的难关

① 摘自2008年河南电视台“抗震救灾晚会”台本。

《众人划桨开大船》[1]

高一歌

二〇〇五年的夏天
是许多人不能忘却的夏天
二〇〇五年的夏天
是许多人为之感叹的夏天
在六月二十一日这天
百年一遇的洪水在古老的南粤大地上肆虐
田土被冲　房屋被毁　道路被摧
现在大屏幕上回放的是受灾严重的河源市东源县的真实情景
飞速上涨的洪水围困着村里上千名老人、妇女和儿童
那些在外面务工的青壮年一时无法赶回救助
情况万分危急
一片汪洋中我们看到了一条船
船　一条船
正在努力使这条船前行着的是一个叫陈希少的人
正是这个失去了双掌的残疾人
在危难之中挺身而出
用村里唯一的小木船转移着村里的乡亲
没有手掌的他把村里的老人和孩子一个一个背上船
没有手掌的他用一只手臂把船桨靠胸夹住
再用另一只手臂推着船艰难地前行
水浅的地方他跳进水里用没有手掌的双臂推着船前进
年迈的老大爷心疼了
希少啊　难为你了
白发苍苍的大娘抚摸着他磨出来血的双臂哭了

① 摘自2005年广东电视台“抗洪文艺晚会”台本。

孩子　你疼吗
一趟　两趟　三趟　二十五趟啊
没有手掌的陈希少在水中浸泡了十三个小时
救出来一百三十多位乡亲
这里面有许许多多别人的母亲
唯独没有他自己的母亲
此时 陈希少他八十五岁的母亲正在被洪水围困的家中呼唤着儿子
儿啊，你在哪里啊
船在缓缓地前行着、前行着
乡亲们看到还有更多的船在前行着
省委书记来了
省长来了
将军来了
子弟兵来了
在抗洪救灾的第一线他们身先士卒靠前指挥
许多优秀的共产党员在抗洪的关键岗位
在抢险的紧要关头
用实际行动实现着全心全意为人民服务的宗旨
一次又一次地诠释着共产党员先进性的丰富内涵
沧海横流方显出英雄本色
一位即将退休的老干部对组织请求说
让我到最困难的地方去吧
站好我的最后一班岗
一位刚刚结婚三天的新郎
毅然离开自己心爱的妻子走上抗洪的前线
英雄的南粤儿女就是这样与洪魔搏击　战天斗地
重建美好家园
汪洋中前行着的船带着人间的真情
汪洋中前行着的船传颂着生命的礼赞
汪洋中前行着的船啊
飞扬着众人划桨开大船的壮美诗篇

《春天已经把冰雪融化》①

白云海

你听　你听啊
这是春天的脚步
冰雪已经融化
万物已经复苏
所有的感动和回忆
都凝聚在此时此刻
迎春花一下子铺满了中国的版图
当我们再次唱起同一首歌
山山水水回荡着大爱无疆的音符
你是否还记得那条回家的路
春天的脚步已经把它装扮得花团锦簇
冰雪的记忆已经化作三月的春风
一座座矗立的高压线塔延伸着蓝天下的五线谱
报春的燕子在缠绕红绸的房梁上呢喃
绿色的原野生长出雨后春笋般的新屋
这里是爱的故乡
这里是花的国土
这里的春雨悄然对你说
生活在这里的人们真的很幸福
你听　你听　你听吧
这就是春天的脚步
朝气蓬勃地行进在中华民族伟大复兴的通天大路

① 摘自2008年中央电视台“同一首歌”两会专场台本。

1998 年，在北京电视台录制抗洪节目。从左至右：周正、张凯丽、瞿弦和、方舒

2003 年，在八达岭长城与交响乐合作，朗诵《抗非典》诗作

2008 年，在河南电视台录制抗震节目朗诵李暄诗歌《向党敬礼》

2008 年，在中央电视台“同一首歌”抗冰雪节目朗诵白云海诗歌《春天已经把冰雪融化》

2008 年，在中央电视台录制抗震节目朗诵廖勇诗歌《大爱无边》

爱憎要分明

——朗诵鲁迅诗歌《自嘲》

《自嘲》是现代文学家鲁迅1932年创作的一首七言律诗，我第一次朗诵此诗，是在20世纪80年代中期的诗会上。

当时诗刊社负责组织朗诵活动的陈爱仪与鲁迅故居的同志联合举办了“鲁迅作品朗诵会”，演出安排在北京首都剧场和北京电化教育馆。

陈爱仪拿来的备选的作品有鲁迅先生的散文、杂文、诗歌、小说等体裁的名作，包括《从百草园到三味书屋》《朝花夕拾》《可惨与可笑》《自题小像》《自嘲》《无题》《药》《立论》《阿Q正传》《狂人日记》……其中有不少大家熟知的。

筠英以中央戏剧学院台词教师的职业本能对我说，朗诵鲁迅的作品必须认真准备，因它的内涵太多，有时一个词甚至一个重音都要把握准确。她拿起《无题》的诗稿，这句“万家墨面没蒿莱，敢有歌吟动地哀”的“敢”字，有的学生就读成重音，成为敢于、勇敢的意思，显然不对，应该是“岂敢”“怎么敢”也就是怎么敢抒发悲哀呢，要读成问话。

我们一起探讨我即将在诗会上朗诵的《自嘲》。这是一首抒情诗，据史料记载，是鲁迅先生“从自己深受迫害、四处碰壁中迸发出的愤懑之情，有力地揭露和抨击当时国民党的血腥统治，形象地展现了他硬骨头性格和勇敢坚毅的战斗精神。”

全诗的核心是“横眉冷对千夫指，俯首甘为孺子牛”，这句成为做人的警句，是很多人挂在墙上或压在玻璃板下的座右铭。

在这两句之前，作者写了他所处的险恶处境，和他坚持斗争的行动，而这两句表达了他强烈的爱与憎。横眉冷对那些丧尽天良的人，俯下身子甘愿为老百姓做孺子牛。

筠英让我把“指”字读成完整的第三声，态度更加鲜明。

朗诵时，我不仅读了原诗，还读了译成白话文的诗，至今我还清楚地记得译成白话文的诗句中有“面对敌人的围剿，我怒目横视，疾恶如仇；为了无产阶级和人民大众，我甘心情愿，做一头俯首遵命的老黄牛”几句，我选择了“仇”和“甘”作为重音。

当年的北京电化教育馆正门在西城区厂桥马路边高台阶上，而演员们去后台，则要从旁边的小胡同里绕几个圈，才能进去。从小胡同口望着诗歌爱好者络绎不绝地从正门入场，心中总会涌起一股热流，那就是对朗诵事业的钟情。随着北京城区建设的改造，这座能容纳五百人的教学场地已改作他用，但它为朗诵活动普及提高做出的贡献，却永载史册。

《自嘲》①

鲁　迅

运交华盖欲何求？未敢翻身已碰头。
破帽遮颜过闹市，漏船载酒泛中流。
横眉冷对千夫指，俯首甘为孺子牛。
躲进小楼成一统，管他冬夏与春秋。

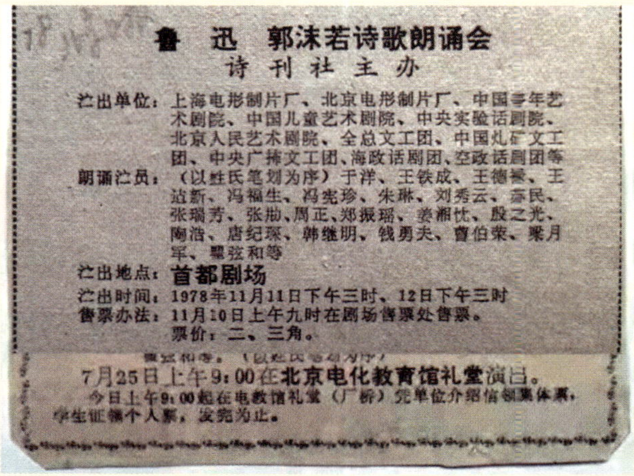

鲁　迅　郭沫若诗歌朗诵会
诗刊社主办
演出单位：上海电影制片厂、北京电影制片厂、中国青年艺术剧院、中国儿童艺术剧院、中央实验话剧院、北京人民艺术剧院、全总文工团、中国煤矿文工团、中央广播文工团、海政话剧团、空政话剧团等
朗诵演员：（以姓氏笔划为序）于洋、王铁成、王德[illegible]、王迪新、冯福生、冯宪珍、朱琳、刘秀云、[illegible]民、张瑞芳、张[illegible]、周正、郑振瑶、姜湘忱、殷之光、陶浩、唐纪琛、韩继明、钱勇夫、曹伯荣、[illegible]月军、瞿弦和等
演出地点：首都剧场
演出时间：1978年11月11日下午三时、12日下午三时
售票办法：11月10日上午九时在剧场售票处售票。
票价：二、三角。

7月25日上午9:00在北京电化教育馆礼堂演出。
今日上午9:00起在电教馆礼堂（厂桥）凭单位介绍信领集体票，学生证领个人票，发完为止。

1982 年，在北京首都剧场与电化教育馆举办朗诵会的广告

20 世纪 70—80 年代经常举办朗诵活动的北京电化教育馆

① 鲁迅：《朝花夕拾》，中国文学出版社，1972 年。

讲出英雄的群体

——朗诵魏巍散文《谁是最可爱的人》

“我们的部队，我们的战士，我感觉他们是最可爱的人”，这句话对于老年朋友来说，是非常熟悉的，这是作家魏巍的散文《谁是最可爱的人》中的一句名言。

播音员在广播里，演员们在舞台上多次读过它，1996 年我在北京“厢红旗礼堂”朗诵了它的节选，北京电视台录像，担任现场伴奏的是总政歌舞团管弦乐队，指挥家郑健执棒。

时任部队系统的领导和战士们光临演出现场。节目很多，所以朗诵的长度有限，节选了此篇散文其中五个自然段。

无论哪位演员，看到这篇作品都会情不自禁地流泪，散文中描述的战斗场面，英勇壮烈，有时哽咽得读不下去。

朗诵时要注意讲出群体的英雄，“谁是最可爱的人”本是问式，但不能用提问的读法，而是用议论的方式说出：“也许有的人在心里隐隐约约地说，你说的就是那些兵吗？他们看来是很平凡很简单的哩！”针对这种说法，再去讲真实的故事，“谁”不是个体，是群体，志愿军每一个战士都是最可爱的人，“他们的品质是那样的纯洁和高尚，他们的意志是那样的坚韧和刚强，他们的胸怀是那样的美丽和宽广”。

这篇散文讲述的是抗美援朝二次战役中最壮烈的松骨峰战斗：“敌人为了逃命，用三十二架飞机，十多辆坦克和集团冲锋向这个连的阵地汹涌卷来，整个山顶都被打翻了……”朗诵时不仅要激情讲述这一场面，还要把重点放在营长讲的一段：“战后，这个连的阵地上……烈士们的尸体，做着各种各样的姿势，有抱住敌人腰的，有抱住敌人头的，有掐住敌人脖子把敌人摁倒在地上的，和敌人倒在一起，烧在一起……”仅这几句，就可看出我们群体的英雄！下面更惨烈的几个：打碎敌人脑袋的、咬掉敌人耳朵的、抱住敌人腰手指掰断了才能分开的……朗诵者要一个个区分，仿佛是整体雕塑的横移。

作者写了十四位烈士具体的名字，加上一个不可能知道的名字，引出“千载万世永垂不朽”的崇敬。

朗诵时，要注意描述营长的文字，他的声音是缓慢的，他的感情是沉重的。他说他在阵地上掩埋烈士的时候，他掉了眼泪，但他接着说：你不要以为我是为他们而伤心，我是为他们而骄傲！我感觉我们的战士是太伟大了，太可爱了！其中“骄傲”“伟大”“可爱”都要强调。

下面一段要回到开始的感觉，问听众“感想如何”及两次“你不觉得”的反问，衬托出“谁”的含义，那就是英雄的群体，英雄的志愿军战士——最可爱的人。

《谁是最可爱的人》（节选）[1]

魏巍

在朝鲜的每一天，我都被一些东西感动着，我的思想感情的潮水，在放纵奔流着。它使我想把一切东西，都告诉给我祖国的朋友们。但我最急于告诉你们的，是我思想感情的一段重要经历，这就是，我越来越深刻地感觉到谁是我们最可爱的人！

谁是我们最可爱的人呢？我们的部队、我们的战士，我感觉他们是最可爱的人。

也许有的人在心里隐隐约约地说：你说的就是那些“兵”吗？他们看来是很平凡，很简单的哩。既看不出他们有什么高深的知识，又看不出他们有丰富细致的感情。可是，我要说，这是由于你跟我们的战士接触太少，因此，你没有能够了解到：他们的品质是那样的纯洁和高尚，他们的意志是那样的坚韧和刚强，他们的气质是那样的淳朴和谦逊，他们的胸怀是那样的美丽和宽广！

让我还是来说一段故事吧。

还是在二次战役的时候，有一支志愿军的部队向敌后猛插，去切断军隅里敌人的逃路。当他们赶到书堂站时，逃敌也恰恰走到那里，眼看就要从汽车路上开过去。这支部队的先头连（三连）就匆匆占领了汽车路边一个很低的光光的小山岗，阻住敌人，一场壮烈的搏斗就开始了。敌人为了逃命，用三十二架飞机，十多辆坦克和集团冲锋向这个

① 魏巍：《谁是最可爱的人》，人民文学出版社，1978年。

连的阵地汹涌卷来。整个山顶都被打翻了。汽油弹的火焰把这个阵地烧红了。但勇士们在这烟与火的山岗上，高喊着口号，一次又一次把敌人打死在阵地前面。敌人的死尸像谷个子似的在山前堆满了，血也把这山岗流红了。可是敌人还是要拼死争夺，好使自己的主力不致覆灭。这激战整整持续了八个小时，最后，勇士们的子弹打光了。蜂拥上来的敌人，占领了山头，把他们压到山脚。飞机掷下的汽油弹，把他们的身上烧着了火。这时候，勇士们是仍然不会后退的呀，他们把枪一摔，身上、帽子上冒着呜呜的火苗向敌人扑去，把敌人抱住，让身上的火，把要占领阵地的敌人烧死。……据这个营的营长告诉我，战后，这个连的阵地上，枪支完全摔碎了，机枪零件扔得满山都是。烈士们的尸体，做着各种各样的姿势，有抱住敌人腰的，有抱住敌人头的，有掐住敌人脖子，把敌人摁倒在地上的，和敌人倒在一起，烧在一起。还有一个战士，他手里还紧握着一个手榴弹，弹体上沾满脑浆，和他死在一起的美国鬼子，脑浆迸裂，涂了一地。另有一个战士，他的嘴里还衔着敌人的半块耳朵。在掩埋烈士们遗体的时候，由于他们两手扣着，把敌人抱得那样紧，分都分不开，以致把有的手指都折断了。……这个连虽然伤亡很大，但他们却打死了三百多敌人，特别是，使我们部队的主力赶上，聚歼了敌人。

这就是朝鲜战场上一次最壮烈的战斗——松骨峰战斗，或者叫书堂站战斗。假若需要立纪念碑的话，让我把带火扑敌及用刺刀和敌拼死在一起的烈士们的名字记下吧。他们的名字是：王金传、邢玉堂、胡传九、井玉琢、王文英、熊官全、王金侯、赵锡杰、隋金山、李玉安、丁振岱、张贵生、崔玉亮、李树国。还有一个战士已经不可能知道他的名字了。让我们的烈士们千载万世永垂不朽吧！

这个营长向我说了以上的情形，他的声音是缓慢的，他的感情是沉重的。他说他在阵地上掩埋烈士的时候，他掉了眼泪。但他接着说："你不要以为我是为他们而伤心，我是为他们而骄傲！我感觉我们的战士是太伟大了，太可爱了，我不能不被他们感动得掉下泪来。"

朋友们，当你听到这段英雄事迹的时候，你的感想如何呢？你不觉得我们的战士是可爱的吗？你不觉得我们的祖国有着这样的英雄而值得自豪吗？

2000年，由郑健指挥，与总政管弦乐队合作，朗诵魏巍散文《谁是最可爱的人》

伤感与希望

——朗诵戴望舒诗歌《我用残损的手掌》

诗歌《我用残损的手掌》，弦和曾为音像出版社录过音，这是著名诗人戴望舒的作品。诗人一改“雨巷”婉约风格，在这首诗中，他关怀祖国命运，渴望光明，追求革命理想，全篇充满革命英雄主义精神。他将沦陷区与延安革命根据地之间进行深刻的对比，由于当时他深陷牢狱之中，并受酷刑的折磨，诗句没有明明白白的表现。但明眼人一眼便知，诗句中“只有那里我们不像牲口一样活”是指革命根据地延安。今天我们再来看这首诗，不得不为戴望舒这种不屈不挠的情操而感动。

“我用残损的手掌”在诗中出现两次，这里面有两层含义，一是身在狱中受刑，桎梏的天顶压着他，手掌也真的是残损了；二是他在狱中想象着祖国大地的一片黑暗，山、河、树木、渔船……皆是破碎、哀伤，是残损的。内心是忧愁而压抑。前半段语调要低沉而缓慢。

第二段“残损手掌”的出现，加了一个轻抚，“恋人的柔发，婴孩手中乳”，这是何等温柔的幸福之感，语调自然是兴奋中夹带着温暖之感，与第一个相比完全是天壤之别。

其他的几次手掌、手指的出现都是有特指的，如“黄河的水夹泥沙在指间滑出”“手指沾了血和灰，手掌沾了阴暗”最后“把全部的力量运在手掌”……我想象，因为他1942年在牢狱中，只有高处的一扇窗可射进一些光亮，因此他睡醒时可能伸出手让光亮照射到手上。由于窗子上的铁棍把手分成黑与亮两种光线，加上伤痕，手掌、手指也被分割成几个部分，那就是残损的，不完整的。

戴望舒先生从题目到诗中，把“手”当作主角。手可以说是人的第二张脸，是人的思想、面部表情的引领的表现之处。通过人的手势还可以观察到人的气质、身份、风格，等等。我想到人艺的著名艺术家于是之、梁冠华在扮演“茶馆”的掌柜时，从头到尾，两只手的手指在垂下时、伸出时都是五指不并拢的。2016年北京人艺“菊隐剧院”揭牌时，北京东城区多家小学一起会演“茶馆”，我的小孙子瞿聪融也在其中扮演了二幕的老掌柜，当我带他去观摩人艺的“茶馆”时，他突然问我：“为什么梁冠华叔叔的手总是不合拢呢？”我笑了：“你看得很仔细，这是他的职业特点，因为是茶馆，总要擦桌子、擦板凳，手中总要拿着抹布，而这抹布又湿又有些杂质，手的感觉不是很干净，并总是带些油渍，又不能总去洗手，所以手指不能并拢，明白了吗？”

2019 年我作为导演在拍摄“世纪诗人——戴望舒”专辑时，当然要选择这首诗作为重点。那么如何用视觉形象来表现这个画面呢？一间黑暗的牢房，只有一束从高处窗棂中射下的光。当演员从小凳子上站起来，走到镜头前时，伸出那残损的手掌，摸索着、摸索着。那么摸索这广大的土地如何体现呢？“这一角”“那一角”如何体现呢？

我想象他的眼前一定是出现了一幅地图——20 世纪 40 年代的中国版图，既然是想象，就要在朗诵者的前面出现，但又不能挡住朗诵者，需要共同完成这一画面。于是采用了版画，用半透明的、只有线条的地图。演员的手指方向与地面上的南方、北方等相符合。这样可以直观地体现作者在前半段中，对苦难深重的国家的担忧，画面的整体调子是灰暗的，与语调的深沉、迟缓是相辅相成的。

而后半段的中心，也是全诗的主题思想——对革命胜利的向往，这个“希望”的具体画面不能是虚无缥缈的，我们用延安宝塔山的景，加上宝塔山放出的红色光芒，来表达他对延安的向往。

这一束红光映照在朗诵者的脸上、身上，色调变暖了，脸上也浮现出笑容，语调自然是兴奋中夹带温暖感。

这样前后两段对比的意图就可以体现得比较完美了，虽然诗并不长，但朗诵者却在对比中感动了，观众不仅被朗诵者艺术家孙星吸引着，也因解读出朗诵者的内心，而激发出爱国的赤诚之情。

《我用残损的手掌》[1]

戴望舒

我用残损的手掌
摸索这广大的土地：
这一角已变成灰烬，
那一角只是血和泥；
这一片湖该是我的家乡，
（春天，堤上繁花如锦幛，
嫩柳枝折断有奇异的芬芳，）
我触到荇藻和水的微凉；
这长白山的雪峰冷到彻骨，
这黄河的水夹泥沙在指间滑出；
江南的水田，那么软……现在只有蓬蒿；
岭南的荔枝花寂寞地憔悴，
尽那边，我蘸着南海没有渔船的苦水……
无形的手掌掠过无限的江山，
手指沾了血和灰，手掌沾了阴暗，
只有那辽远的一角依然完整，
温暖，明朗，坚固而蓬勃生春。
在那上面，我用残损的手掌轻抚，
像恋人的柔发，婴孩手中乳。
我把全部的力量运在手掌
贴在上面，寄予爱和一切希望，
因为只有那里是太阳，是春，
将驱逐阴暗，带来苏生，
因为只有那里我们不像牲口一样活，
蝼蚁一样死……
那里，永恒的中国！

① 戴望舒：《戴望舒大全集》，新世界出版社，2012年。

2019年，张筠英导演在拍摄《世纪诗人——戴望舒》专辑时布置现场

2019年，张筠英导演在拍摄《世纪诗人——戴望舒》专辑时进行后期编辑

艺术家孙星朗诵《我用残损的手掌》

让歌唱者尝试朗诵

——朗诵戴望舒诗歌《路上的小语》

初恋男女约会表白爱意总是那么纯洁美好。

“小语”这个词作为标题一看就会想到丝丝细雨绵绵告白的情景。男孩子不向女孩子要别的东西，只要她头上的花，女孩子推托不给。男孩子继续表白，想要她的吻，女孩子告诉他，只喜欢不撒谎的、真诚的人……

带点苦涩的甜言蜜语，怎么来表现呢？说来也巧，我的中学同学陈敦秀前年曾让瞿弦和为他父亲陈田鹤先生的歌曲专辑录画外音。陈田鹤是20世纪三四十年代的作曲家，他为徐志摩等人的诗作谱过多首歌曲，那么他为戴望舒所作的曲中有没有《路上的小语》呢？我们找来他的歌曲集，啊！太让人惊喜了，有！真的有。我试唱了一下，好听！真好听。于是我们请郭忠民先生为此曲做了伴奏带，又请了两位青年歌唱演员陈丽媛、赵越录了音，把歌曲变成二重唱。我还对他们说：“前面唱、后面唱都很美，这对你们不困难，而且要去戴望舒的家乡附近拍摄，你们能去吗？中间要你们朗诵这首诗，不知你们是否愿意尝试。”他们俩惊奇地看着我问：“是让我们表演吗？”“是。”“还要朗诵吗？”“是。”“我们没朗诵过。”“没关系，到现场会教你们的！”“真的吗？能教我们表演，那非去不可呀。”我真是没想到，这两位年轻、漂亮的歌唱演员是这样渴望学习表演和朗诵。

录音棚里开始录制歌唱，郭忠民先生说：“这首曲子不好唱，因为它有三四十年代的特点，要求气息控制得特别好，它的乐句比一般长，当你觉得应当完了的时候，又多出好几拍，中间还不能偷气。”两位演员点头说是。歌唱部分很顺利录完，只等现场拍摄了。

在江苏常熟古里镇外景地我们特意找到有一棵二百多年的相思树的院子，这是历史上的名人住宅。相思豆熟了，掉在地上。正好用这“相思豆”作为信物，由男演员采撷，到最后送到女演员手中，算是完成了这求爱的过程。

当排到朗诵部分时，我让他们俩对视一下，没想到他们笑场了，是一交流就笑，而且笑了三次。还好最后，他们总算能互相面对面交流了，也能有“发现”“判断”等表演基本元素了，按语言半走半停，还能做出示爱的拥抱等动作。在歌曲的结尾，他们边唱边交换信物，结尾处，从高高的石桥上走下来，在柳条的掩映下，互相依偎在一起……在这两个演员和当地工作人员的共同努力下，圆满地完成了拍摄任务。

作者的内心对纯洁爱情的追求，在这首诗句中，体现得很完整。事后，我的同学陈敦秀说：“没想到，这首歌曲能录制得这样好听、好看。”

（附歌曲简谱）

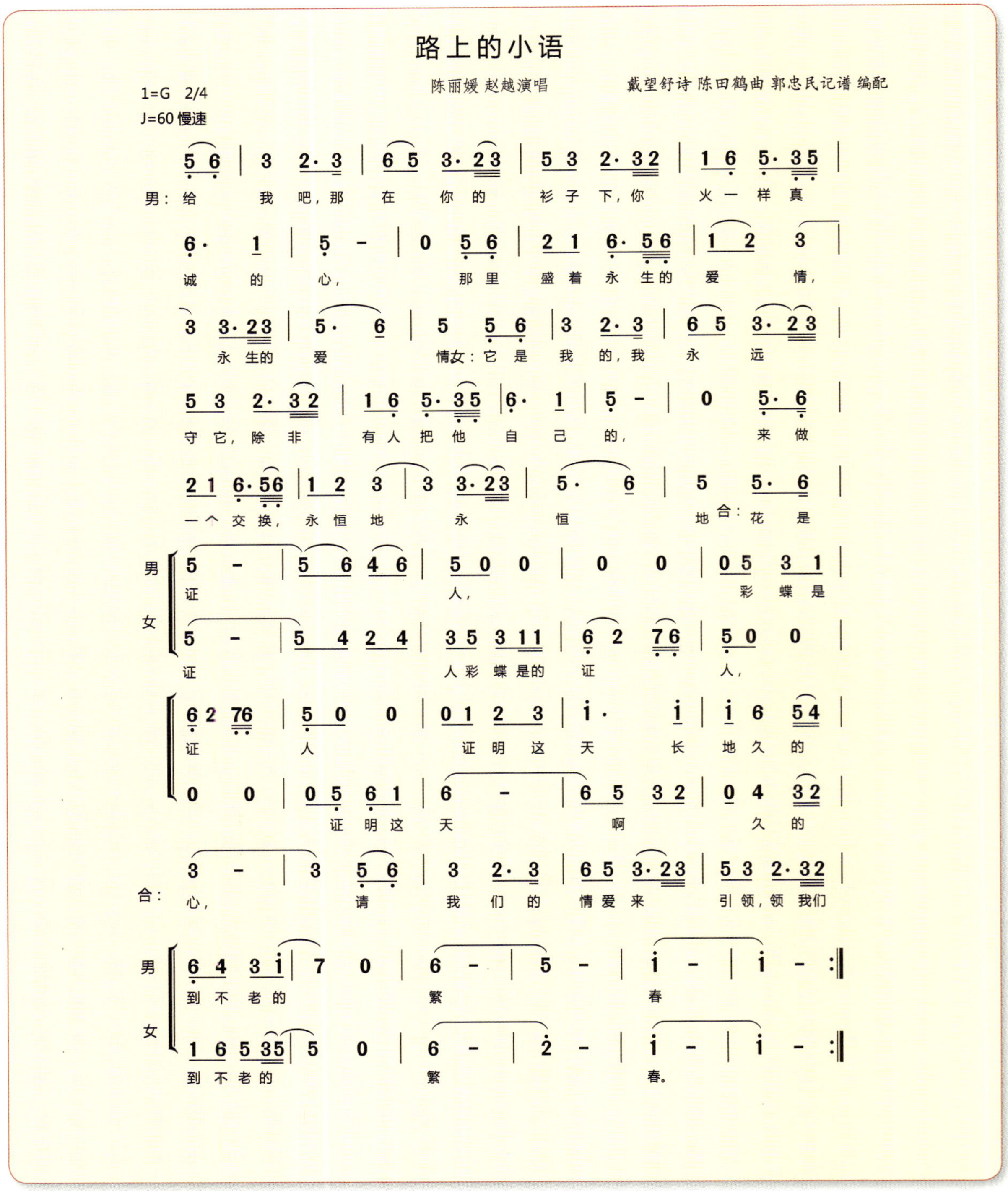

《路上的小语》①

戴望舒

——给我吧，姑娘，那朵簪在你发上的
小小的青色的花，
它是会使我想起你的温柔来的。

——它是到处都可以找到的，
那边，你看，在树林下，在泉边，
而它又只会给你悲哀的记忆的。

——给我吧，姑娘，你像花一样地燃着的，
像红宝石一样地晶耀着的嘴唇，
它会给我蜜的味，酒的味。

——不，它只有青色的橄榄的味，
和未熟的苹果的味，
而且是不给说谎的孩子的。

——给我吧，姑娘，那在你衫子下的
你那火一样的，十八岁的心，
那里是盛着天青色的爱情的。

——它是我的，是不给任何人的，
除非别人愿意把他自己的真诚地
来做一个交换，永恒地。

2019年，张筠英导演拍摄《世纪诗人——戴望舒》专辑，陈丽媛、赵越演唱、朗诵戴望舒诗歌《路上的小语》

导演张筠英、摄影王大龙以茶代酒庆祝杀青

① 戴望舒：《戴望舒大全集》，新世界出版社，2012年。

丁香姑娘在吗？

——朗诵戴望舒诗歌《雨巷》

戴望舒被称为“雨巷诗人”，可见“雨巷”在戴望舒一生创作中，占有重要的地位。对于广大文学爱好者，特别是朗诵爱好者来说，几乎没有不会背《雨巷》其中几句诗的。

“撑着油纸伞，独自彷徨在悠长，悠长又寂寥的雨巷，我希望逢着一个丁香一样的结着愁怨的姑娘。”开始接触到这首诗时，我们并不完全理解这首诗的意义。按那个年代的标准，似乎是有些“软绵绵”，不够革命。

1982年在中山公园音乐堂举办“纪念左翼作家联盟成立50周年朗诵会”，瞿弦和担任《雨巷》的朗诵，在他候场的时候，听到主持人介绍《雨巷》这首诗报幕词的最后一句是“这首诗表现了诗人不健康的情调”。此事瞿回忆时说：“我刚刚要迈步走上台时，听到这句话，又犹豫了：‘不健康的情调如何体现啊？我原来的基调是否不合适了呀？’”带着矛盾的心情，我出场了。为了这“不健康”三个字，我只好读得慢一些，再绵长一些。诗会结束后，贺敬之老师的爱人柯岩老师特地对我说：“你今天朗诵得不好，拖沓了，没有表现出当年知识分子寻求希望的那一面。”

随着时代的变化，我们对这位被称为“雨巷诗人”——戴望舒的这首《雨巷》有了新的认识。在各种诗会经常有人读这首诗。第一届中国诗歌节在安徽马鞍山举行，弦和朗诵《雨巷》，导演安排舞蹈演员独舞做背景，之后的诗歌节又出现了撑油纸伞的女子群舞。因此在2017—2018年，我们在全国巡演的朗诵会上演出了一版男女声朗诵加重唱的颇有戏剧性的《雨巷》。在大屏幕上从前向后伸展的石板地、旧街巷、雨打小巷的氛围中，整个舞台上还有实景的路灯及可移动的四扇屏风，形成有内外景的格局，这样为演员提供了多个表演区域，还有一座小桥为丁香姑娘上场提供梦幻感觉。

前面的朗诵中，以男声（诗人）为主，女声（丁香姑娘）为辅，像是回声一样地重复，与诗的韵律很吻合，表现出丁香姑娘在诗人的希望中反复出现。后半部分男演员与屏风一起向上台口移动，发现雨停放下伞，而丁香姑娘看到伞故意将伞拿错，给男演员留下一个错觉。经过一瞬间的“梦幻”的消失，男演员拿着伞追了过去，仿佛是追向美好的理想，作为结束。

这个处理是基于有“丁香姑娘”这样一个美丽的形象。对于这首诗的“丁香姑娘”一直以来有两种说法，一是有；二是没有，只是希望的象征。这两种说法至今没有一个统一的看法，但这并不影响这首诗的主题思想：作者是在追寻爱、希望和理想。全诗形成一种回环往复的旋律和流动的节奏。把这种追求放在一种迷离恍惚、如梦如幻的氛围之中。让读者跟随着作者一同去体验，想得又不可能得到的那种惆怅的情绪。也是1928年那个时代的知识分子对理想的追求以及理想幻灭后的迷茫。

在“世纪诗人”拍摄《雨巷》的过程中，我们运用摄像和特技，再次把那种迷幻的特点充分体现出来。而那种朦胧的美，也可通过高调摄影以及快进式的特技表现出来。

为了画面的美，也为了突出丁香花这一梦幻的美，我寻遍了外景地的树木，终于发现开着淡淡紫色的丁香花，但它们没有开在青石板地的小巷，我只好利用从墙内伸出的其枝条为基础，把丁香花附着在上面。摄影师王大龙为了拍好丁香花的特写，以及拉开后从缝隙中出现的丁香姑娘，临时借来建筑工程队的脚手架作为摄影的支架，在高处俯拍。

古诗中对丁香花的描写很多，如五代李璟——“青鸟不传云外信，丁香空结雨中愁”，唐代李商隐——“芭蕉不展丁香结，同向春风各自愁”。

因此“丁香”似的姑娘也可以不是人物中的一个主角，而是代表希望、光明、理想的象征的主体。

男女演员手中有伞，石板路的巷子有丁香，可以将诗句的很多视像的点放在这些上面，避免总是在巷中徘徊不能停留没有寄托点。

而男女主角，女穿浅紫色衣裙，男穿一身白色长袍，两人相对走来，擦肩而过，但没有交集，有时看着背影隐去，有时可同向走，没有追赶。

最后用航拍拍出长长的青石板小巷，两把黄褐色的油纸伞在巷中向相反方向的远处走去。让观众在美的享受中，产生对希望光明的向往，达到梦幻的境地。

《雨巷》[1]

戴望舒

撑着油纸伞，独自
彷徨在悠长，悠长
又寂寥的雨巷，
我希望逢着
一个丁香一样的
结着愁怨的姑娘。

她是有
丁香一样的颜色，
丁香一样的芬芳，
丁香一样的忧愁，
在雨中哀怨，
哀怨又彷徨。

她彷徨在寂寥的雨巷，
撑着油纸伞
像我一样，
像我一样地
默默彳亍着，
冷漠，凄清，又惆怅。

她静默地走近
走近，又投出
太息一般的眼光，
她飘过
像梦一般的
像梦一般的凄婉迷茫。

像梦中飘过
一枝丁香地，
我身旁飘过这女郎；
她静静地远了，远了，
到了颓圮的篱墙，
走尽这雨巷。

在雨的哀曲里，
消了她的颜色，
散了她的芬芳，
消散了，甚至她的
太息般的眼光，
丁香般的惆怅。

撑着油纸伞，独自
彷徨在悠长，悠长
又寂寥的雨巷，
我希望飘过
一个丁香一样的
结着愁怨的姑娘。

① 戴望舒：《戴望舒大全集》，新世界出版社，2012年。

2005 年，在第一届中国诗歌节朗诵戴望舒诗歌《雨巷》

2017 年，艺术家胡乐民、雷凌演出《雨巷》，瞿弦和导演

2019 年，张筠英导演拍摄戴望舒诗歌《雨巷》，艺术家金锋朗诵

声画总相宜

——担任电影、电视剧、电视片、广播剧解说

在人们的印象中，电影、电视剧、电视片、广播剧的解说似乎是一样的，没有太大的差别，其实不然。不仅形式对解说要求不同，每一部片子都有自己的特色。

总体来说，解说当然是服从于画面风格的，应该是起辅助衬托作用的。纯画面，观众可能有些看不明白。也可以说画面内在的思想、作者摄影家通过画面想表达的内涵，有时要靠台词和解说来表达。

2019 年电视连续剧《父亲的身份》让筠英解说。和高群书导演一见面，高导首先说："这部电视剧各个方面包括国际、国内关系比较复杂，需要有解说把关系弄清楚，另外，这是以他女儿的身份来解说的。她因为不明白自己的父亲是什么身份，所以很多事情费解，解说要说明当时她的想法"。导演让筠英先试一段，在"片段一"中，筠英把语节重音划分为：我父亲 / 虽然已经完成了张瀚民伯伯临终前 / 留给他的任务，/ 但此刻，/ 他的心情 / 却无法放松下来，/ 更无法尽情享受 / 获得成功后的喜悦。

导演听完后，说："不够生活，声音没问题，要生活，像说话一样。"筠英问："难道不需要用重音和停顿来强调吗？"导演说："这不是重点，我要求你像生活中说话一样。"筠英说："我生活中语速较快，底气也足，一般是一口气把话说完。"导演说："这样就对了，能一口气说完就不要两口气，重音的强调越少越明白。"筠英说："我看了看，最长句子大约有 23 个字，也要一口气吗？"导演说："最好是一口气，你是教台词的，一口气没问题。"筠英说："明白了"，于是把这一段重新划分了一下："我父亲虽然已经完成了张瀚民伯伯临终前留给他的任务，/ 但此刻，他的心情却无法放松下来，更无法尽情享受获得成功后的喜悦。"只需中间有一次停顿即可，连"此刻"有逗号也可不停。回忆生活中，思想清晰的人语速有时是会相对快一些，而停顿相对少一些。重音是在语势的变化中自然产生的。

看来解说也不是只有一种风格。在其他演出中，如在河南济源钢厂的演出，企业介绍的画面是固定的，而我们的解说词需当场读，是要面对观众，背朝大屏幕，不知画面

的速度是快还是慢，有时会错过一个画面，就是错过了一个主题，有时提前了几个画面，所说非所画面。在演出之前为了解决这一问题，我们要求举办方在演讲台上放一个小屏幕与大屏幕同步，不要声音，我们可依据小屏幕调整语言速度。

解说词长达29分40秒。我们就这样站在舞台上29分40秒钟，把画面和解说词调整得很合适，顺利完成任务。

弦和为电视短片《这个人》解说，也得到业内人士及广大观众的肯定，这次经历与往常不同，事先没有编辑好的画面，先看到的是解说词。

央视著名导演邓在军让他的女儿周苓找到弦和，下达了电视短片《这个人》的解说任务。周苓说这是纪念敬爱的周恩来总理诞辰120周年的专题片，解说词是乔良将军写的，画面尚未编完，“你先录音，我们想根据你的情感表达，增减有关资料。”

可以说弦和是含泪读完乔良将军撰写的解说词的，乔良是国防大学教授、军旅作家，也是邓在军导演的女婿，不仅著有中篇小说、长篇报告文学，还有军事理论著作。这篇解说词情感真挚、细腻，没有一个多余的字，每一段都饱含着对周恩来总理的深情。

尽管当时的录音和编辑技术十分先进，根据录音资料，编辑可调整节奏，也可根据画面切割，甚至字与字之间也能加工处理，但生硬的切割，远不如录音的连贯自然，那么朗诵者先行录音时，应当注意什么呢？

我们想到四个字“留有余地”，给音乐留出长度，给画面留出空当。

《这个人》解说词，作者用“风”“雨”“雪”“冰”四种自然界景象描述总理，“他的笑就像风”“他的泪就像雨”“他的爱就像雪”“他的恨就像冰”。这里朗诵者不能语速过快，要给后期编辑留出画面和音乐的余地。

作者写出很多细节，这些细节要读出节奏变化，给编辑提供条件。在“袖口”“皮鞋”“头发”“手臂”之后，作者特别描述了总理刮胡子的情节，朗诵者应把“三”“见”“中国”几个字选定为重音，衬托总理的完美。

弦和非常喜欢作者写的“尺度，维度，深度”，强调了“沉默与沸腾”，“开口与安静”的对照，解说词的最后，作者在“他是海……包容一切”之后用了五个“只要”，这一段语言的节奏是连贯的，“崇尚良知”“期待抚慰”“谈论真诚”“仰望高贵”“需要更干净的心灵”，一气呵成。当电视片完整呈现时，大家会发现，声音和画面的配合是完美的，感人的。

这篇短文名为“声画总相宜”，为电影解说同样如此。我曾在中央新闻电影制片厂担任影片的解说，位于北太平庄的新影的新老录音棚都给我留下难忘的印象。

《水城威尼斯》（威尼斯之梦）是导演冯世昌与叶同荷的佳作，1985年，这部彩色新闻片好评如潮，影片展现出威尼斯的教堂、不同造型的桥，水中的名为“贡都拉”的船……解说时，根据不同的画面，要用不同的语气、语速配合，使观众身临其境。

而中国文联成立70周年的新闻片《向人民报告》，则有大量珍贵的历史镜头，时间跨度大。解说时，要掌握适当停顿，强调历史感。

“声画总相宜”在广播剧的解说中，怎样做到呢？广播剧是在“空中舞台”播放，它的画面需要解说者为听众描绘出想象的空间。我们曾录制了广播剧《头版新闻》《矿山奏鸣曲》《我不去，谁去》……荣获过中宣部颁发的“五个一工程奖”“中国人口文化奖”等国家级奖项。我们以其中的《矿山奏鸣曲》为例。

第三段解说：“我趁三柱进屋去的工夫，打量了一下院子：五间正房虽不是磨砖对缝，倒也是混砖到底，平坦的屋顶用石灰、炉渣夯砸而成，足有半尺来厚，那是为了便于晾晒粮食的，院中除两个花池镶砖漏土外，满院为水泥地面，真是鸡入笼、狗带链儿，显得清洁、敞亮，一派生机。”

“打量一下院子”之后，必须停顿，让听众随着语言开始想象，五间房的墙砖……屋顶的特点……让听众想象出非常具体的建筑；下面一句是写院内的，最后再用“鸡入笼、狗带链儿”的农村语言烘托农村“一派生机”。解说的语调与听众想象的画面相匹配。

无论是先有画面后有解说词，还是先有解说词后有画面，相辅相成起到衬托作用的解说都必须与画面展现的情景达到一致。

电视剧《父亲的身份》旁白

片段一：

我父亲虽然已经完成了张瀚民伯伯临终前留给他的任务，但此刻，他的心情却无法放松下来，更无法尽情享受获得成功后的喜悦。

片段二：

这次回南京，他在清城的问题并未受到追究，反而获得了晋升，这使我的父亲感到了一丝来历不明的威胁，作为一个资深情报人员，他的第六感在提醒他，有一条绳索正套在他的脖子上，越勒越紧。

片段三：

刚刚结束了第二次世界大战的欧洲上空，依然战云密布，在当时的社会舆论中，极有可能爆发第三次世界大战，六月底，欧洲爆发重大危机，斯大林对西柏林实施封锁，包括公路水路和地下铁路，彻底阻止一切食物和物资进入，西柏林顿时成为一座死城，两天后，英美做出快速反应，联合法国、加拿大等国，每天派出大批飞机，在柏林上空开辟空中走廊，向西柏林空运补给，一切生活用品空投，美海军西太平洋舰队之一部，此时撤离清城，固然是对大陆战局失望，重要的是基于美国的全球战略，欧洲局势吃紧，美国人捉襟见肘，不得不放弃亚洲。

《这个人》解说

乔良

这个人来了，海棠叶还没红
这个人走了，海棠花已谢
你见过风吗？他的笑就是风
你见过雨吗？他的泪就是雨
你见过雪吗？他的爱柔得像雪
你见过冰吗？它的恨冷得像冰

他英俊飘逸，一生倾倒无数红颜，一生只与一个人厮守
他坚忍虔诚，一生历经无数劫难，一生只献身一个信仰
他沉默时整个世界都在沸腾
他开口时整个世界都安静下来
他所到之处，整个世界都变成向日葵随着他的光线转动
他圣洁，圣洁从此有了尺度
他崇高，崇高从此有了纬度
他完美，完美从此有了温度
从即使打上补丁也整洁如新的袖口
到即使老旧也依然锃亮的皮鞋
从即使花白也一丝不乱的头发
到即使弯曲也始终不失优雅的手臂
他完美得让卑污者不敢凝视也无法理解
他完美得在他的头衔前面根本无需加上自己的姓氏
他的眼神总在沉思
他的下巴总是铁青色
他有时一天会刮三次胡子，见一次宾客就刮一次
因为他知道自己的样子就是中国的样子
一个对每根胡茬都不肯放过的人才，懂得尊重别人，也尊重自己
他是海
他的历史，他的名声，他的荣耀都是海，所以才有潮涨潮落
但退潮时，人们依然发现他的饱满，他的清澈，他的辽阔包容一切，
包括卑劣者对自己的诋毁
所以，只要这个世界还崇尚良知
只要这个世界还期待抚慰
只要这个世界还谈论真诚
只要这个世界还仰望高贵
只要这个世界还需要一颗更干净的心灵
人们就会想起这个人
就会念他的名字
周恩来

1983年，张筠英、瞿弦和为北京电视台“飞情流韵”栏目解说

2016年，张筠英为电视连续剧《父亲的身份》录制解说

2018年，纪念周总理诞辰120周年为纪录片《这个人》录制解说

口语中的强调

——主持词中的诗文

这不是在诗会中朗诵诗词，而是担任主持人时，主持词中出现诗文时应当如何把握。

我们都有这样的经历和体会，我曾主持过中国京剧节开幕式，新年京剧晚会，中国戏剧家协会“梅花奖”颁奖文艺晚会，筠英曾主持中央人民广播电台的戏曲名家演唱会。

这些活动的主角都是戏曲名家，展示的是丰富多彩的中国戏曲艺术，而在主持串联中出现的诗词，不可能用朗诵会中的方法，那样会显得突兀，不搭调，但也不能随意，要在保持韵律的前提下，在承上启下的过程中读出撰稿人的意图，使晚会的立意升华。

一是要区别主持词中撰稿者创作的词与撰稿者引经据典的词。让我们以第 27 届“梅花奖”颁奖晚会的主持词为例。晚会的撰稿者邵玉烨知识丰富，紧紧扣住“梅花奖”内涵，不仅有创作，并引用了毛主席诗词、周总理讲话，还有楚辞选句、宋代王琪诗句、鲁迅语录，等等。

开场词中的“今夜红梅争艳，花香沁人心田”，“今夜星光灿烂，戏剧人生梦圆”，由男女二人完成，这是撰稿者的创作，要符合晚会的辉煌壮丽的氛围，要有喜悦之感，完全可以放开。

在体现两次“梅花奖”获得者的刻苦精神时，撰稿者引用了楚辞的“路漫漫其修远兮，吾将上下而求索”，口语化的讲述中要突出“路漫漫”三个字，与开场词有明显区别。

二是要注意分寸感。撰稿者在介绍“梅花奖”历史时，引用了毛主席《卜算子·咏梅》一词，与朗诵会上相比我减少了诗词中的停顿，语速稍稍加快，但不失诗词中对梅花的赞美，美丽而坚贞，典雅而高洁，增添“梅花奖”的含金量。

而在介绍浙江绍剧的成就时，讲到毛主席观看六小龄童主演的“三打白骨精”，并写下七律一诗时，撰稿者并没有要求主持人朗诵“金猴奋起千钧棒，玉宇澄清万里埃”的诗句，而是让人们感受到，国家领导人对一个戏曲剧种，对一个戏曲剧目的高度重视，更提升了戏曲的社会地位。

主持词中引用了宋代王琪写梅的诗句“不受尘埃半点侵，竹篱茅舍自甘心”，这一句要读出韵味，让人们想象梅花的独特形象。周总理说的“昆曲是江南的兰花，粤剧是南国的红豆”，鲁迅先生的“俯首甘为孺子牛”的语录，都要掌握分寸感，让大家听起来舒服、生活而自然。

1979年，�与电台播音员曹山一起主持了中央人民广播电台的戏曲晚会，这是一场载入史册的名家大聚会，涵盖昆曲、京剧、评剧、越剧、豫剧、黄梅戏、秦腔、河北梆子、汉剧、粤剧、吕剧、沪剧、湘剧、川剧等15个剧种的领军人物会聚一堂。主持词有对剧种、对流派的介绍，也有对戏曲艺术家的介绍，主持词中有不少诗一般的语句，如何把握？

依然是分寸感，是口语化讲述中的强调。每个剧种都有其鲜明的特点，一般使用的形容词多为四个字或六个字，如京剧梅尚程荀四大流派的“雍容华贵”“高亢妩媚”“委婉呜咽”“活泼俏丽”，如评剧的“明白如诉”“生活亲切”，如粤剧的“动人心魄”“柔美潇洒”，豫剧的“慷慨高亢”“明丽欢快”，黄梅戏的“淳朴流畅”“抒情见长”，等等。读这些诗一般的语言，要符合这些剧种留给人们的印象，要结合你本人欣赏过的感觉，不能相差甚远。

从主持词中的诗文，想到了被采访时的朗诵。我们经常受邀参加电视台的采访节目，被采访时会遇到“朗诵诗词”的要求，如央视的“回声嘹亮”“艺术人生”“天下有情人”“新视听”、北京台的“神州音画”“非常父母”、天津台的“男人世界”、内蒙古台的“马兰花开”、上海台的“名家时间”、中国教育台的“我的大学”……

我们归纳出两种类型，一是编导组构思的，事前准备过的；二是主持人现场即兴提问，临场要求的。

前者，多为被邀至指定的光区，与舞台朗诵类似，这种情况，可跳出被采访的环境，当作穿插的节目。

后者，可能就坐在被采访的座位上，这种朗诵要格外生活，不可游离整体氛围，既读出作品的内容，又使观众感到自然、舒服。

当然，一定要有日常的积累。有一次事前布置采访内容中有一首毛主席诗词，主持人在听完后说：“老师您还能背诵毛主席其他的诗词吗？”我说：“三十七首发表的你随便点。”观众情不自禁地鼓起掌来。

也许是夫妻平日经常一起朗诵，被采访时，只要一方读出前一句，另一方自然接诵下一句，成为不是节目的节目。

第27届中国戏剧梅花奖现场竞演颁奖典礼（主持词）选段

邵玉烨

……

男：今夜红梅争艳，花香沁人心田，

女：今夜星光灿烂，戏剧人生梦圆！

……

男：谢谢大家！“荷风送香气，竹露滴清响”，在这初夏的夜里，我们共聚美丽的羊城广州，隆重举行第27届中国戏剧梅花奖颁奖典礼。

……

男：粤剧是最先走向世界的中国戏曲剧种之一，在今日依旧大放光彩。我们敬爱的周总理说过“昆曲是江南的兰花，粤剧是南国的红豆”。第26届梅花奖获得者崔玉梅表演的粤剧《梅花情怀》拉开了今晚的序幕。

……

男：对他们取得的荣誉再一次祝贺！戏曲艺术是没有捷径可以走的，我们的梅

花奖是一种认可，更是一种鼓励。“路漫漫其修远兮，吾将上下而求索”。

像粤剧艺术的大家，红线女老师一样，在艺术的道路上，永远“俯首甘为孺子牛”一辈子兢兢业业，为传承发扬粤剧艺术坚守，用半个多世纪的艺术实践，成为一名载誉无数的，劳动人民的艺术家。请欣赏诗朗诵《劳动人民的红线女》

……

男：正如习近平总书记所说，社会主义文艺，本质上讲，就是人民的文艺。文艺要反映好人民的心声，就要坚持为人民服务，为社会主义服务这个根本方向。红线女老师很早就意识到，用粤剧来表现现实生活，是时代赋予的使命。红派艺术更是经过多年长期的舞台实践，千锤百炼而形成。她这种“不受尘埃半点侵，竹篱茅舍自甘心”的生活态度正像梅花，体现的是一种平淡恬静，一份虚怀若谷。历尽苦寒，铁骨丹心，梅花奖演员们的生命已与舞台密不可分，他们的灵魂已与戏剧融为一体。下面请梅开二度的获奖者为我们表演他们的拿手好戏，向观众朋友们展示戏曲艺术的独特魅力！

……

男：（朗诵）风雨送春归，飞雪迎春到。已是悬崖百丈冰，犹有花枝俏。俏也不争春，只把春来报。待到山花烂漫时，她在丛中笑。

1979 年，张筠英、曹山主持中央人民广播电台戏曲晚会

2015 年，瞿弦和、凯丽主持第 27 届“梅花奖”颁奖晚会

筠英主持后与参演艺术家合影的珍贵照片。
前排从左至右：左大玢（湘剧艺术家）、赵志刚（越剧艺术家）、茅善玉（沪剧艺术家）、马兰（黄梅戏艺术家）、朱世慧（京剧艺术家）、李维康（京剧艺术家）、刘玉玲（河北梆子艺术家）
二排从左至右：关肃霜（京剧艺术家）、徐玉兰（越剧艺术家）、陈伯华（汉剧艺术家）、范瑞娟（越剧艺术家）、红线女（粤剧艺术家）、王玉磬（河北梆子艺术家）、常香玉（豫剧艺术家）、张君秋（京剧艺术家）、李和曾（京剧艺术家）、花淑兰（评剧艺术家）、方荣翔（京剧艺术家）、丁是娥（沪剧艺术家）
后排从左至右：王秀兰（晋剧艺术家）、晓艇（川剧艺术家）、许凤山（昆曲艺术家）、童祥龄（京剧艺术家）、郎咸芬（吕剧艺术家）、李炳淑（京剧艺术家）、马泰（评剧艺术家）、马友仙（秦腔艺术家）、闫桂祥（京剧艺术家）、张继青（昆曲艺术家）、梅保玖（京剧艺术家）、叶少兰（京剧艺术家）、曹山（中央电台）、张筠英（中央戏剧学院）

找准讲述人的位置

——讲述《乔羽印象》
讲述《红色印记》
讲述《红色歌曲》

乔羽是中国著名词作家，我十岁拍摄电影《祖国的花朵》时，乔羽为主题歌《让我们荡起双桨》作词，当时我们都叫他“叔叔”。从那时就形成习惯，至今我还习惯叫他叔叔。为什么呢？这里还有一段小故事，后面会讲到。

在乔羽音乐会上，只安排了一个语言类节目，当我接到台词时吓了一跳，因为这是一篇为乔羽叔叔艺术成就做定论的词。我既然叫他叔叔，那就是小辈儿，而且我又不是作家，用这种身份说话实在不恰当。怎么办呢？经与领导商议，我建议以我自己的角度加上一些生活的趣事，再引用乔羽叔叔自己的文章，最后再结合有力量的赞美之词作为结论……领导同意了，于是开始构思，回忆与乔羽叔叔几次有意义又有趣的生活故事。

因为导演安排上一个节目是《让我们荡起双桨》童声合唱，歌唱结束时，大屏幕开始转成 1953 年我给毛主席献过花的照片，然后是我的划船镜头，我和乔羽叔叔拍电影时期合影，并定格在“让我们荡起双桨”的画面。此时我上场，我想如果能和观众交流互动活跃一下效果会不错，因此我用了这样的开始：“大家好，这个小朋友像我吗？”观众笑着喊“像你……”（其实是不像了，观众安慰我罢了）。“就是我，你们知道这张照片距离现在多少年了吗？ 60 多年了，这张照片就是乔叔叔创作《让我们荡起双桨》歌词产生灵感的那一天拍摄的。”然后引出了拍电影时情景……而后又讲述为什么我直至现在还叫叔叔，那是因为话剧《杨开慧》作者之一是乔羽叔叔，我在其中扮演杨开慧的同学、陈独秀秘书的反一号黄亚男，在剧组相遇已是拍电影后的 24 年了。24 年后的相遇，是在中央戏剧学院的一个大教室里，那是话剧《杨开慧》建组的第一天，我一进门就看到乔羽叔叔，于是愣住了，乔羽叔叔看出我的心思说：“过来，过来，你以为你已经是这里的老师了，就不叫叔叔啦，来，叫一声乔羽叔叔。”剧组里所有人（包括同事和学生）大笑不止，在笑声中我一边鞠躬，一边大声叫：“乔羽叔叔，您好！”

还有拍摄《红牡丹》也有一些趣事，谁都知道电影《红牡丹》的主题歌《牡丹之歌》也是乔羽叔叔作的词，最后完成片审片的那天，我不知道乔羽叔叔也来了。电影放映完全场灯亮，乔羽叔叔走到我身边用山东话说：“你演的是洋土洋土的，姜黎黎演的是土洋土洋的。”此时审片导演、制片、摄像对他竖起大拇指说：“你乔羽叔叔说得太对了。”

演出中，讲完故事后就到了讲话的重点了。是乔羽叔叔对词作者们的一番心里话，也是他自己遵循的始终。他的讲话中有这样的经典语言：歌词由于它简短，不足百字，却要创造出一个完整世界……一个人练就了千斤之力，去弄百斤之重的刀枪，自然是举重若轻……这些是他的经验之谈，是他一生积累的心得体会，但不是所有词作者都能做到的，因为乔羽叔叔的修养、知识、才能达到一般人可望而不可即的高度，确实令人钦佩。

再下面一段是对乔羽叔叔的结论性赞扬，在此时出现，已不显突兀，水到渠成。为了加强这段重点台词，我特意在网上搜到了一本书，这本书是1991年出版的，一本草绿色封面的小型书籍，上场时就一直握在手中，中间不时展现给观众，以增强真实感。

最后一段，我用高亢的语调，有力量的女中音，强有力的向上推动的语势讲出“他的作品既属于彼时，也属于当下和未来”，只在此时我用了“乔羽先生”的称谓，加强了郑重之感，观众和我都激动了，最后再加手势扬起朗诵出“荡起梦想的双桨，向着中华民族伟大复兴之路前行”。几乎每场都会响起热烈的掌声。

讲述经常会在电台的节目中出现。庆祝建党百年的活动中，中央人民广播电台开辟了“红色印记”栏目，这是百年革命文物的声音档案，是用声音刻录百年记忆，由一百位艺术家录制，我们都参加了。弦和担任第二集“董必武南湖题诗”的讲述人，我讲述第三十四集“发报电台为何深藏在墙壁里”的故事。

我们的体会是：一要找准位置，讲述人是革命文物的瞻仰者，也是革命文物的介绍者。讲述要有“代入感”，要讲得有吸引力，使听众爱听；二要了解革命文物的历史，找出重点，它的时代背景、其中的人物、相关的环境……想要告诉听众什么。

比如“发报电台”，他是当年八路军桂林办事处二楼的秘密电台，它担负着绝密任务。这段历史是歌颂中共早期情报工作的创始人之一李克农。他的工作好比是“党的眼睛”“党的耳朵”，讲述时必须讲出环境的危险，讲出他们的机智，讲出他们大无畏的牺牲精神。我这段讲述，还作为实例在中央人民广播电台新闻中做了报道。

比如“董必武南湖题诗”，他是唯一一位重访南湖的一大代表，他亲笔题写的短短二十八个字，重现了一大召开的场景，诗中的“诞生共党庆工农”体现了建党的初心，这初心就是为了工农、为了人民大众。

广播电台的节目是“空中舞台”，没有真人出现，读诗时一定要生活、真实，录制之前弦和还到嘉兴南湖参观，到董必武同志“访踪亭”前实地读了一遍诗，加深了对诗的理解。

讲述还会在电视台的专题栏目中使用。河北卫视在“七一”期间，拍摄了《唱支山歌给党听》红歌节目，被列入全国重点广播电视节目名录，弦和担任讲述者。

编导选择了五首红歌，《党啊，亲爱的妈妈》《唱支山歌给党听》《团结就是力量》《妈妈教我一支歌》《没有共产党就没有新中国》，讲述人在钢琴、大提琴、小提琴、小号、竹笛等乐器的演奏中介绍创作及传唱的故事。

我当时开玩笑地对弦和说：“有演员‘唱歌’，你这是‘说歌’。”

弦和回答：“说对了，讲述的就是红歌在传承历史、传播文化、传递思想、传达情感中的特殊作用。”

弦和自己驾车往返，回家后我问他讲述有什么体会，他毫不犹豫地回答：“过程要清晰，段落要明确，叙述要亲切。”

讲述《乔羽印象》

乔羽先生在“中国歌海词丛”序言中写道：“我一向不把歌词当作是锦衣玉食、高堂华屋。它是寻常人家一日不可缺的家常饭、粗布衣，或者是虽不宽敞，却也温馨的小小院落。歌词最容易写，歌词最不容易写好。歌词最容易写，是由于它简短，因此从业者众，因此也便于应付社会的迫切需要。歌词最不容易写好，也是由于它简短，不足百字却要创造出一个完整的世界。现在的歌词界的情况是懂得上半句的人多，懂得下半句话的人少。其结果是数量有了，质量却不尽如人意。因此就我的经历而言，我认为还是以厚积薄发为好。一个人练就了千斤之力，去弄百斤之重的刀枪，自然是举重若轻、得心应手。反正说句俗话，那就叫玩不转了。”

近70年来乔羽叔叔以大情大爱大气派抒发着爱党、爱国、爱人民的心声。他的作品既属于彼时，也属于当下和未来。

朋友们，让我们唱着乔羽先生的歌，荡起梦想的双桨，向着中华民族伟大复兴之路前行！

讲述《“红色印记”——董必武南湖题诗》（节选）

我要讲述的这件文物是中国共产党的创始人之一董必武重访嘉兴南湖时笔所题的一首七言诗。“革命声传画舫中，诞生共党庆工农。重来正值清明节，烟雨迷蒙访旧踪。”短短二十八个字，重现了中国共产党第一次全国代表大会召开的场景，揭开了中国共产党引领一个民族书写救亡图存的壮丽史诗。

发报电台为何深藏在墙壁里

我讲述的文物是83年前隐藏在墙壁里的“秘密电台”，现在它收藏于八路军桂林办事处纪念馆中。

在八路军桂林办事处旧址二楼电台室里，一款长方形的老式木质电台静静地摆放在竹木桌上，长不过50厘米，宽不过40厘米。锈迹已经悄然爬满了一旁的电键，另一旁的电线皮也开始剥落。这套完整的电台设备，包括电台、电键、电线和手摇发电机，现在被公开展览。可在当年，这些都看不见，因为这是一套秘密电台。

1938年10月，抗日战争进入战略相持阶段。为适应形势发展，在周恩来、叶剑英、董必武的组织领导下，1938年11月，八路军桂林办事处正式成立，李克农任处长。办事处这群穿着灰布军装、打绑腿、戴袖章的军人，给乱象丛生的桂林城带来全新气息，这里也逐渐成为南方地区的抗日指挥中心。

公开设立的办事处为什么会有秘密电台呢？当时，蒋介石当局依抱着“攘外必先安内”的想法，时常制造摩擦。鉴于此，善于情报工作的李克农决定设立两处电台。当公开电台遇到突发事件或国民党特务搜查时，他可以立即启用秘密电台，随时与党中央保持联络畅通。

《唱支山歌给党听》创作背景讲述

唱支山歌给党听，我把党来比母亲，母亲只生我的身，党的光辉照我心。

在1963年的《人民日报》上，刊登了雷锋日记中的一首小诗。

雷锋出身贫寒，7岁就成了孤儿，在中国共产党的帮助下上了学当上了工人，雷锋曾经对他的战友说过：“如果没有共产党，我早就死在那个山沟里了，所以不管做什么我要多干，要干好，才能对得起党。”而雷锋摘抄的这首小诗正是他对党，这份深情的写照。

在一次外出任务中，雷锋同志意外牺牲，毛泽东同志题词，号召全国人民向雷锋同志学习，人民日报在报道雷锋事迹时从他日记上摘抄了这段小诗，被全国各大报刊争相转载，广为传诵。

作曲家朱践耳读了雷锋的事迹和这首诗后深受感动，谱出了通俗易懂、朗朗上口的曲调。1963年2月21日《文汇报》首次刊载这首新歌，当时的标题就叫《雷锋的歌》，并注明歌词摘自《雷锋日记》。这就是后来我们听到的这首《唱支山歌给党听》。

不过，其实这首诗的原创并不是雷锋，而是另有其人……

这首诗诞生在1958年的冬末，一个风雪交加的夜晚，最早被《新民歌三百首》一书收录。一个偶然的机会被雷锋看到并摘抄到日记中，才经著名作曲家朱践耳谱曲、歌唱家才旦卓玛老师演唱，火遍了祖国的大江南北。就在这首歌被广为传唱的时候，作曲家朱践耳也开始寻找这首诗的原创——署名焦萍的作者。几经周折终于在陕西铜川矿务局礁坪煤矿找到了照片上的这个人，他就是焦萍，一名普通的采矿技术员，原名姚筱舟。

2004 年，张筠英和乔羽老师与“祖国的花朵”相关艺术家重聚北海公园

2017 年，赴长沙、沈阳参加乔羽音乐会，张筠英讲述《乔羽印象》

2021 年，在河北卫视录制“唱支歌儿给党听”，瞿弦和担任讲述人

2021 年，瞿弦和在嘉兴访踪亭前朗诵

2021 年，在中央人民广播电台讲述“红色印记”——初心化力

2021 年，在中央人民广播电台讲述“红色印记”——永不消失的电波

创作与借鉴

——为国内外影视剧配音

我与配音（专指影视人物语言配音）的渊源从小时候就开始了。在我十一岁拍电影《祖国的花朵》时，进入后期时需要配音，当然都是配自己的台词。因为在现场拍摄时，有时刮风或很嘈杂的环境……在后期中要补录台词。在我的记忆中第一次在电影棚里配音并不觉得难，小孩录音，受到很宽容的待遇，如果录时口型准、语调对，会当场受到表扬。错了，导演、录音师都是一句话“没关系，重来。”因此没有紧张感。很顺利，几天就全部补完了。在我的脑海中留下了这一深刻的印象：配音和拍戏一样，是很自然的一种表现状态，不必紧张，只要真的进入导演要求的感觉中，自然地表现出来就是合格的配音状态。

1981 年中央电视台录制译制片《卡斯特桥市长》时，我被吴珊导演叫去，录了一个贯穿的角色——市长夫人。

此后我也参与了一系列的译制片的配音、导演工作，如为电视连续剧《阿信》桥头师傅配音、为《空中小姐》賂聘折了的娇小姐真理子配音，在《三个侦探》和《捕史晓兰之介》中担任导演等。在电视连续剧《西游记》开始后期录音时，录音师冯景山叫我为“观音菩萨”配音。当时的录音棚是临时搭的，在中央人民广播电台一个角落的位置用布景片搭了一个“小房子”，不大，十平方米以下吧！内有两支话筒，录音机是开盘式录音机，放在剧场原来的灯光间，当然声音的测试是事先做好的，所以现在听上去，声音还是很好的。

“观音菩萨”是佛教中四位大菩萨之一，她是以“大悲救度”为主要的德行，有无边的大智，所以在中国佛教界最为流行的《般若心经》即由观世音菩萨所宣讲。她的标志特征是以女性慈母形象出现，手持净瓶杨柳，以甘露滋润苦痛众生。

这样一位“菩萨”的形象怎么录呢？录音师看出我的疑惑说：“你不用想用什么声音塑造，就因为你的声音合适，就用你平常说话的声音就行，很平常的事儿，要不为什么找你呢？”这一席话增强了我的信心，我试了一下音，录音师说：“没问题，就这样录。”

后来导演杨洁也来到录音室，肯定了这一点。

慈母之形象、天地之胸怀、善变的机敏形成“观音”特质，所以在语调上也就应该强调她的柔中带刚、柔而不飘、宽阔能压倒一切的特点。但要注意不是强硬的、强制的感觉，而是自然而来的、与生俱来的感召力，而在教训这些徒子徒孙时，带着爱护的口吻，不时有些小幽默，再不行，用一些手段。

在舞台上表演配音片段时我选择了这一段：在这一场戏，为了取经成功，孙悟空必须保着唐僧，所以观音让唐僧来掌管紧箍咒，悟空知道自己犯了错，只好答应。观音化成村妇来找唐僧，在唐僧面前，一方面要化解唐僧和悟空的矛盾，另一方面要把紧箍咒巧妙地教给唐僧，让唐僧在取经的道路上可以管住悟空，让他规规矩矩，不要出格地闹，不要再离开唐僧。从这一小段情节中可以看出观音处理取经路上的各种问题所起的作用，所用的方法。

这一片段中，观音从扮一农妇出场，与唐僧展开一段试探与安慰的戏，而后露出真面目，交给唐僧一顶“帽子”。这一段观音以农妇出现时，语气、语调是普通村妇，很随意，并且是用调侃的态度，当露出真面目时，菩萨的端庄、仙气、稳重的语调很自然地过渡了。所以说，无论是什么样的人物，高高在上或低层小人物……都是随人物的处境、任务而变化。

这个形象的塑造能给人们留下印象，主要是这个电视剧的影响度，我只是完成了配音任务。在中央三套“回声嘹亮”节目中，导演设计我的出场，在幕后以“观音”的身份对着已在场上的孙悟空的配音演员李扬打个招呼。

我在幕后说了一句：“悟空，你又来做甚来了？”李扬回了一句：“弟子拜见观音菩萨……”场下一片笑声、一片议论声、一片掌声。导演要求的效果达到了，我也随之走上场来。

在2007年“新视听”的那期节目上，没想到在两组演员对抗中，突然加上了我们俩要为《海底总动员》现场配音。画面上描绘的是鱼爸爸、鱼妈妈去看望一群新生的鱼宝宝，并回忆起当初恋爱的情景。

这一段开拍前我们要求看一遍，导演笑着说：“只能看一遍。”看完后我们俩商量绝对不能按原词说，因为没有脚本，又不能再看，只能改编啦！改词呗，只要口型能对上，两人台词接口对，内容上可用时尚的现今生活的事例，这段主题是一群小鱼孩子在等待父母来探望，我们只好在探望途中商讨买房子的事，还用了当时最时髦的“按揭”类的时尚词，又把我们在生活里开玩笑的孩子该姓什么、能不能有姓“张”的等，这些内容临时加上去，还真有点幽默感。

我们的团队为电视台的译制任务工作了二三十年，我们都很热爱这份工作。在译制工作中学到了不少东西，其中各个国家的艺术家的审美观点特别是画面的美感、摄影家拍摄的技巧……在后来拍摄“世纪诗人”的过程中，我尝到了借鉴的好处。当然今天主要说的是语言的处理，仅举一例，我在美国电视连续剧《唐顿庄园》中为庄园中最老一辈贵族、奶奶辈儿的老伯爵遗孀维奥莱特配音。这位演员因出演此角色，获得艾美奖，被称为“老戏骨”。

这位伯爵夫人在剧中戏份儿并不是非常多，但她每一次出场都会给观众留下印象，如孙女说她贵族气太重，等级观念太强，她说：“我一向是以身作则，我们总是在仆人舞会上领跳第一支舞，对吧？”她警告她的孙女：“玛丽，不要只顾财富的多少。”她说：“有些男人原则性很强，玛丽若不愿共患难，马修也不会同富贵。”

她经常会在全家聚会的谈话中起到决定性作用，也就是我们常谈的三句半的那个“半”，一锤定音。但她往往是以嘲讽的口气来讲明道理，声调不高不低、语气不强不弱，但又带有权威的口吻，使人不得不听从，而且又一时让人想不出对答的词语。

前面我选择了她的几段台词，就这几句话，伯爵夫人语言的锋利自不在话下，而且她惯用反问的技巧，让对方不得不道出真言，然后再把她所想讲的道理摆在对方的面前，当她孙女想辩解时，她又诙谐地说自己也是矛盾的……这样一位睿智、高贵、幽默的夫人，语言的表达必须是清晰的，思想的所指要强调得突出，同时又要得体，不生硬，与剧中演员的分寸感相对应。

因为译制片在当时比较受群众喜爱，我们也选择过《空中小姐》的片段在舞台上演出，特别是男女主角村泽浩与真理子的对白，效果不错。

配音这项工作最有特点的就是“对口型”，这也是配音工作的第一关。过了这一关，讲起配音中塑造人物及声音的各种运用就有了余地了。

“对口型”受几个因素的影响。每部片子都有自己的风格、特色，特别是译制片。每个国家的语言都有其特征，语言速度的快慢、语节的长短都有习惯性的不同。这样，给翻译带来一定的难处，因为每个翻译也有自己的语言习惯，译制片翻译要求不仅词语意义准确，字数要与口型相同，甚至开口词、闭口词也要相当清楚，这是很不容易的。

每当台词交到演员的手中，要求绝对准确是不可能的，需要演员进行一定的调整。要做到：一、句子的长短相同；二、语节的划分要与人物语气的停顿相同，同时停顿的地方符合中文的语法；三、人物情感的起伏要符合形体动作，面部表情与原声中的语调高低一致；四、剧中人物的语气词、感叹词、能见到大的气息……必须要在中文配音中体现出来。

“对口型”的问题其实也是“熟能生巧”，对口型从某种意义来说也是“熟练工种”。

配音演员在自己事先准备的过程中，可根据自己的习惯用标记“+”“—”“√”“~”等，也就是提醒加词、减词、加快、减慢等，这样在准备过程可以调整得好一些，也可以在录制过程中为自己做一些提示。在正式录制时由于注意力的点与准备时不同，所以自己要掌握好，要自我判断一下，录制时自己容易快、还是慢，不要由于紧张而乱了节奏。

配音中第一步做到后，就是塑造剧中人物的问题，这个问题是各种艺术形式中塑造人物都相同的。塑造人物，这与演播、话剧塑造人物也有所不同，配音是画面、声音、人物、都有一个完整的形象放在面前，有标准、有参考，所以不能完全自由创作。

哲学家罗狄德罗曾说：知道事物是什么样，说明你是聪明人；知道事情实际是什么样，说明你是有经验的人；知道怎样使事物变得更好，说明你是有才能的人。

为什么要引用这段话呢？因为译制片已有前两项，视频、音频全部摆在你的面前，我们也可从原片和剧本上分析出语言的潜台词，语言的行动性……也就是说配音工作做到聪明人和有经验的人比较容易，只是第三方面想做到有才能的人，要下一些功夫。要想通过配音更好塑造一个形象，是比舞台、银幕更难的一面，因为受原形象约束。而想改变原形象的声音形象，必须是原片语音与形象有不符的地方，才可以在导演允许下有所改变。

当然有些非常优秀的影片在配音时，我们要求译制完的影片要和原片语言、语调尽量做到一致。如像《唐顿庄园》这部世界公认的、广大观众喜爱的、又有很多爱好者用原片对照着听和看的，并且原片中人物的语言也是非常符合人物特征的，所以，我导演时对大家的要求是所有的声音向原声靠拢，语调、氛围都要与原片保持一致。

当然不是所有的影片都要这样，至于用语言塑造人物的基本规律，在其他文章中已有表述，就不多说了。

唐顿庄园（对白片段）

维奥莱特：你相信拉维尼娅的话？

玛　　丽：他真不是理查德爵士的情妇，她窃取证据是为了帮家里人还债。

维奥莱特：理查德居然是这种人？不仅放债，还借此勒索别人？

玛　　丽：他也是为了生存。

维奥莱特：你也要和他同流合污？

玛　　丽：理查德·卡莱尔很有权势，而且十分富有，他还想买一座体面的房产，一座庄园。他说战后房地产市场会极其繁荣，任由我们挑选。

维奥莱特：哦，你们是想捡那些没落家族的便宜了？

玛　　丽：很多家族都会没落，有些从此一蹶不振，我可不想变成这样。

维奥莱特：那么马修呢？

玛　　丽：我和他分手了，奶奶，结束了。该向前看了。

维奥莱特：那西比尔呢？她有意中人吗？

玛　　丽：据我所知没有。

维奥莱特：真的没有合她心意的？太奇怪了。我在她这个年纪经常会芳心悸动。

玛　　丽：应该没有吧？

维奥莱特：也许她有些说不出口的原因？

玛　　丽：这话什么意思？

维奥莱特：哦，战争会打破等级界限：战后才会各归其位，目前可是最容易出事的时候。

玛　　丽：哦，奶奶，你怪我太世故，又怕西比尔太清高，您怎么会如此矛盾呢？

维奥莱特：我是个女人，玛丽，天性就是矛盾的。

2006年，在中央电视台“新视听”栏目中为“海底总动员”即兴配音

2014年，在中央电视台“回声嘹亮”栏目中重现张筠英为观音菩萨配音，李扬为孙悟空配音

为译制片《唐顿庄园》中获得艾美奖的“维奥莱特”配音

儿子瞿佳为87版《红楼梦》中的贾宝玉配音。1987年，在中央电视台“红楼梦”文艺晚会上，欧阳奋强与瞿佳表演小品《宝玉来了》

在电视连续剧《西游记》中李扬为孙悟空配音、张筠英为观音菩萨配音

一起为译制片配音

体会生活的哲理

——朗诵哲理诗《未必》《甜的和咸的》

朗诵的目的之一就是用智慧打动观众，而哲理诗是诗歌的一个很重要的品种，哲理诗是智慧的集中体现。

一首小小的哲理诗能体现人生的哲理、人生的体验、人生的经历、人生的寒暑。

我们在结婚五十周年的相册中曾写道："谁的一生没有沟沟坎坎、没有遗憾？我们是深一脚浅一脚走过来的，但这过程，都是互相搀扶着、享受着，因而也是快乐的。淡定、宽容、单纯、融洽，是我们生活的基本出发点。平平安安，健健康康，和和睦睦，我们就满足了。"

《甜的和咸的》这首哲理诗，真是称为领悟人生的佳句。

这首诗是那么写实，同时又饱含着哲理。果汁、乳汁、梦想、爱情，恐怕没有人没体验过，而眼泪、海水、现实、离别，这些也都是人生必然有过的感受。但是当你把它们一对对地对比起来，它们既是对立的，又是相互关联的。甜的可以变成咸的，咸的也能变成甜的。语句的相互关联，因果关系，提出了朗诵时应注意的问题：

第一，注意排比句的重音，不能把重音都放在相同语节之处，如有重复出现词语，可根据自己体验，在不同的语句所在位置处理成不同语节上的重音。

第二，注意转折的词句。这些是哲理的说明之处，要像老师讲课一样清楚、明了，要让观众一目了然。这样让转折与对比的语句关联起来。

第三，不能说讲道理就没有感情色彩。每个人都有自己的生活体验，把这些体验融进诗句后，朗诵者自然对诗句就有了感性的补充和深一步的理解，如"爱情是甜的，离别是咸的，如果离别能使爱情更深，越咸才能感到越甜"。每次读到这里，我们都有一丝泪花挂在眼眶中。因为我们夫妻生活中有过多次长时间的离别，大学毕业后，我们虽是同班同学，但被分到两地，一个在北京留校，一个被分配到青海。每年两个人只有其中一人享受 12 天探亲假，而从青海到北京的火车要坐 36 个小时，往返就要 3 天多。见面时期只有 7 天。特别是后来又各自下放到部队、农村锻炼，3 天的路程还要加上到达营地和农村的时间。所以分别的时候，有时送到火车站，有时送到营地外，又送到汽车站，看看时间还早，又被对方送回营地……当眼前出现这些景象时，朗诵上面的那句诗，内心会激起千层浪，眼泪不知不觉就流下来。

说到这里又想到另一首短短的哲理诗《未必》。这两首诗我们经常作为返场节目或非正式演出时朗诵，往往收到很好的效果。每次都会有人向我们索要这两首诗的诗文。

“尖形的未必是塔，弓形的未必是桥。水里游的未必是鱼，天上飞的未必是鸟……”

哲理诗对人的三观——人生观、世界观、价值观有直接的影响。

我们在电视节目“中华好家风”中有这样的感言：快乐不等于不辛苦，不意味着不刻苦，不限于别人给予自己的爱，更在于给予别人所获得快乐。

快乐来自爱。爱父母，他们给了我们生命，让我们成长，对长辈的付出不仅是责任，更是感恩，更是依赖。小时候我们是不懂事的小孩子，长大了他们变成了“老小孩儿”。

对孩子的爱，自不必提，但我们首先要做到的是把他们当作朋友，平等出发，一切都会顺理成章。

对朋友、对学生、对老人、对孩子所有的付出都应该是不求回报，这样不会有抱怨，不会有责备，而且欣慰愉悦。其实，周围的人喜爱你，关心你，安慰你，围绕着你，这种快乐是想找都找不到的，想寻也寻不着的。这是一种无与伦比的、世界上最沁人心脾的快乐。

《未必》这首诗告诉人们荣辱不惊，鼓励自己，战胜逆境，树立信心，勇往直前。

我曾记得小时候一看到我不高兴时，我的书桌玻璃板下父亲就会给我题一幅字，是草书的“塞翁失马，焉知非福”；当我取得一些成绩，我的玻璃板下会看到父亲题的字“淡定从容，谦虚谨慎”。

这样的提醒我终生难忘，所以当我看到《未必》这首诗时，许多诗句都能引起我的共鸣。诗中的每一个句都在说明不要只看表面，要看本质，不要相信漂亮的外表，要看到内在的善恶……

这些既简单又深刻的道理直至今日还会引起我们足够的认识，《吕氏春秋》里有一句名言：闻而不审，不若无闻矣。现在的人们往往在不经意中受骗上当，如经济上利用信息骗财、利用老人盼健康卖高价营养品，甚至骗取政府给予大学的助学金，或贫困山区的扶贫款……

在信息时代的今天，我们也要学会破译信息。在似乎是事实的伪装下的假信息，不要相信夸大的标题手段，信息未必是真的。小利的获得未必是幸运，高价的药未必能治病……可见这首诗至今还有其教育意义。

古代也有很多以讲道理为主的文辞，如唐代刘禹锡的《陋室铭》，从古到今被传颂。

那也因为作者充满高尚的品德，他认为，我的陋室虽是最小的，搬了三次家，是一次不如一次，但他不以此为辱，而且以此为荣，因为他在陋室里结交了一批情操高尚的朋友。这些都是不愿与世俗同流合污的人。物以类聚，人以群分嘛！他对于金钱、物质条件的蔑视，也为今天的人们做出榜样。

哲理诗的教育作用是不可忽视的。

《未必》

佚名

尖形的未必是塔，
弓形的未必是桥。
水里游的未必是鱼，
天上飞的未必是鸟。
动听的未必是肺腑言，
耐看的未必是眉眼俏。
并肩的未必是战友，
点头的未必是至交。
想爱的未必能相爱，
盼望的未必能盼到。
但是切记，获得了的未必是幸运，
而失去了的未必是烦恼。

《甜的和咸的》

原载《诗刊》

果汁是甜的
眼泪是咸的
苦恼的时候果汁由甜变成咸
幸福的时候眼泪由咸变成甜

有时候梦想是甜的
有时候现实是咸的
一旦梦想变成现实
咸的也能变成甜

乳汁是甜的
海水是咸的
乳汁来自大海
没有咸的也就没有甜的

爱情是甜的
离别是咸的
如果离别能使爱情更深
越咸才能感到越甜

2020年，在中国教育电视台“诗意中国新春诗会”上朗诵哲理诗《甜的和咸的》

可贵的是纯真

——朗诵高帆儿童诗《美丽的集邮册》
朗诵谭泽锋儿童诗《手机》

在越来越多的儿童诗中，《美丽的集邮册》受到很多小朋友的喜爱。以小见大的写法很适合小朋友，是个很好的选材。

此诗分为四段，第一段介绍美丽集邮册的开篇很有意义。第二段描写祖国的壮丽山河。第三段写集邮的历史。第四段写小朋友被集邮册感染，更加热爱祖国。

小朋友读这首诗在朗诵大赛中得奖的绝不是少数。我作为评委在大赛中多次点评这首诗。

这里我只想说像这一类诗，为什么不能给孩子们预备一个手持道具—— 一本集邮册？孩子们上台第一句话就有了道具的支撑，把集邮册展现给观众，比孩子们做无实物简单多了，也真实多了。而后面的诗句有些还可以做一做翻页的动作，有些还可以指指集邮册里的某些邮票。（当然邮票也可不用真的，只是像小朋友自己在翻阅一样。）

说到这里我也想说说，小朋友朗诵时除了小道具还可以有些辅助手段，音乐背景是一种，现在已普及。但要注意音乐一定要和诗的基调和节奏起伏配合好。

再有，小朋友的服饰，一是要符合年龄，二是最好能与诗所具有内容相对应的色彩样式，最好不用大人穿得像举办婚礼的礼服以及有年龄感的服饰等。

而发饰也不应以家长、老师自己的审美来对待儿童，否则一副“小大人”的形象出现在观众面前，必然会让人感觉失去了孩子们的纯真可爱。

孩子们朗诵为什么比大人还感动人呢？因为他们纯洁、真诚。失去这点，也就失去了优势。

记得当年我 10 岁拍摄电影《祖国的花朵》时，导演在我们熟悉了拍摄过程后就免去了拍摄前一天的预演，而改为在现场启发式，导演会当场讲解剧情，讲解应有的反应并亲自与主要角色对词……导演非常细致地观察小演员的微小的情绪上的波动，掌握开拍的时机，导演很想抓住小演员生动的瞬间，情绪变化而带来的细腻的面部或肢体的反应。

与朗诵不同的是，不能是一次的准确就够了，而要一次次的相对固定的准确。这就需要作为老师或家长善于捕捉孩子们在新的体验中爆发出的火光、亮点，告诉孩子们准确的瞬间，还有准确朗诵语句的语调、节奏等，把它们巩固固定下来。逐渐地形成一首诗完整的读法。

包括孩子们上场的步伐、手势的配合等也可通过家长、老师的示范，让孩子们学会后消化在自己的身上，用儿童自己的方式表达出来。

总之，我想说的是孩子们的朗诵除了语调不要固定化、大人化，其他辅助手段也要恰当。形成孩童最可爱的纯真的表演。我们从小就喜爱文艺，我们是北京市少年宫艺术小组第一批成员，筠英还参加过活报剧《爱和平》演出，我们也积极支持儿子、女儿甚至孙辈从小参加文艺活动，甚至自己到了老年也经常参加孩子们的活动。

儿童诗现在逐渐多了起来，体裁比较广泛，其中有些诗是孩子写给家长的。因为他们对家长的某些想法、做法不太理解，不太赞同。比如《手机》也是儿童朗诵诗中经常用的一首。

手机几乎成为一个时代的标志物，谁没有个手机呢？特别小孩子，家里有条件的还得自己备一个“平板电脑”。这首儿童诗中的小朋友，对手机的爱，并不是一无是处。好奇心、学习新知识、寻找有趣味的事物和竞技中的输赢……都是儿童的追求新事物的兴趣所在。关键是时间的限制，沉溺于其中就成了“灾害”，用好了，就可当成学习交流的工具。那么家长们呢？他们不同于儿童，肩上的责任太多，工作、家庭、老人、孩子……生活的现实，不允许自己沉溺于玩耍之中，必须首先把肩上的责任担当好，这才配得上父母的称号。

当然如果是爷爷奶奶和孙儿在一起，倒是可以互相学习一下。爷爷奶奶接受这种新事物比较慢一些，让孙儿教自己手机“平板电脑”的使用方式，学会后，也可以用手机和孙儿共同追求一种游戏中所包含的知识内容。如当初有一种游戏叫“商贸街”，我和我的小孙子一起玩，然后我给他列了一系列表格，让他统计好往里填写数字，归纳各种类型企业的数字，发现哪些类型是过剩的，哪些类型是不足的，按百分比算出来，然后再去玩，他就有了目的，也增加了对数学的兴趣。这种玩法，是不是对我的孙子长大后在数学竞赛中的成绩、和他对数学的爱好有点影响呢？

这种寓教于乐的教育方法，可使孩子们与父母处到同等地位上，同时用寓教于乐的方法让他在游戏中开辟知识的领域。

当然爸爸妈妈多数是有自律能力的，而孩子的责任感、自律能力也是从榜样中学来的，父母应该在各方面都做个好榜样。

这首诗写出了儿童真实的心理活动：自己面对手机→看到爸爸面对手机→自己的内

心的看法→自己的愿望。

要注意，对父母的态度不是反感，而是不解，为什么不能像对手机那样对待自己呢？为什么不能和我一同去做其他的有趣的事呢？答案其实就在诗中，爸妈不要把手机放在第一位，爸爸、妈妈、孩子要相互爱护，并把手机当作桥梁——增进感情、增长知识的桥梁。

如果我们每个有小朋友的家庭都能做到这点，新时代的手机矛盾就可得到解决。

我说这些，是说儿童现代诗不要把朗诵当作发泄的工具，少用“反感到极端的”语调，否则影响儿童可爱的形象。应该带着爱，带着不解、矛盾的感觉来朗诵。带着爱，一切都是可以理解的。孩子的埋怨、抱怨也要从“怎么办”“什么是对的呢”这样探索的基调出发为好。

总之儿童诗的朗诵要从儿童的心理、儿童的形象出发。儿童的眼神，纯洁的心灵，是最可贵的。做到纯真是儿童朗诵时最应做到的一点。

《手机》①

谭泽锋

手机啊，手机
我真的好喜欢你
拿在手里——
切水果，做游戏
还有超级动漫
各种英雄看得我入了迷
我真的好喜欢你
放在耳畔——
学儿歌，听相声，收语音消息
每晚“幸福时光”
凯叔故事讲得我心欢喜

手机啊，手机
我又特别嫉妒你——
爸爸妈妈为了你
经常将视线从我的身上转移
我练琴时，要求我专心一意
妈妈却在一旁手指戳戳戳，翻转 APP
我写字时，要求我认真仔细
爸爸却一直眼睛直勾勾，盯着他的手机
在爸妈的微信里，我是大明星
漂亮照片，成长足迹
可是，一跳出朋友圈

① 《手机》《美丽的集邮册》均为“曹灿杯”展演作品。

马上没了这种开心和甜蜜

手机啊，手机
我还有一大堆问题呀
想问问你——
你有什么超级魔力
爸妈总是那样不离不弃
你为什么像一堵高墙
横在中间
不让我们仨开心在一起
何时你也歇口气儿
把我还回爸爸妈妈心里

手机啊，手机
我真想和你成为好同伴儿
相互信任和鼓励
我仰望满天繁星
悄悄种下一个梦想——
我重新得到爸爸妈妈的呵护
手机见证我们相爱相依
我点亮生日蜡烛
默默许下一个愿望——
放下手机，爸爸给我讲故事
卡游牵着卡梅拉的手去远行
妈妈和我玩拼装
变形金刚引导未来骑士
——合击
“丁零零——丁零零——”
音乐在手机里响起
它不忘提醒我们一家三口
“早点休息！”

《美丽的集邮册》

高帆

我有一本美丽的集邮册，
标题就叫“伟大的祖国”，
头一页是国旗、国徽、国歌；
还有一张“开国大典”，
记录着历史上那个神圣的时刻。

翻开我的集邮册，
就好像游览祖国的壮丽山河——
你看万里长河绕群山飞舞，
你看长江大桥像彩虹降落。
登庐山，看瀑布飞腾；
游黄山，看云海扬波。
苏州园林玲珑俊秀，
布达拉宫壮丽巍峨。
西双版纳有着多么迷人的月色，
桂林山水藏着多少动人的传说。

日月潭、半屏山在做思乡的梦，
黄帝陵、轩辕柏在唱古老的歌……

翻开我的集邮册，
眼前流过祖国历史的长河——
一件件古代发明，
是我们祖先智慧的结晶；
一件件出土文物，
是我们祖先劳动的硕果。
生动的画像砖是谁描绘？
精美的青铜器是谁雕琢？
敦煌壁画，
留下多少艺术大师光辉的笔墨；
石桥古塔，
留下多少能工巧匠不朽的杰作！
秦始皇陵的兵马俑啊，
你使全世界惊叹；
出自古都的唐三彩啊，
你使多少人着魔……

啊，翻开美丽的集邮册，
我更加热爱伟大的祖国，
你有壮丽的山川，灿烂的文化，
你雄伟辽阔，朝气蓬勃。
伟大祖国的光辉，
使我的集邮册放射光彩，
我就用这美丽的集邮册，
歌颂我们伟大的祖国。

1950年，张筠英参加活报剧《爱和平》演出

1956年，参加电影《春节大联欢》拍摄

1975年，女儿瞿维朗诵

1956年，张筠英在《罗小林的决心》中饰演小队长

1975年，儿子瞿佳朗诵

1955年，张筠英在电影《祖国的花朵》中扮演杨永丽

1979 年，儿子和女儿说："朗诵诗我们也会，录一首给你们听听"

1985 年，参加尹世霖儿童诗朗诵会

2015 年，孙儿瞿聪融主持北京景山学校少先队大会

2016 年，和少年儿童演唱《让我们荡起双桨》

2019 年，参加中央电视台少儿节目

2021 年，参加中国教育电视台六一晚会

古典诗词

百篇
百感

清晰的解读

——朗诵孔子《论语·学而》

诺贝尔奖的获得者们在巴黎召开的第一届诺贝尔奖获得者国际大会上曾发出这样的声音："人类要生存下去，就必须回到25个世纪以前，去汲取孔子的智慧。"

孔子是儒家学派的创始人，《论语》记录着孔子及其弟子的言行，是儒家的一部重要经典，在世界上有着广泛的影响。

高等教育出版社为传承经典，陆续录制了中国名著有声读物，2017年我们完成了《论语》的全部的录音，高教出版社还把专家的英语朗诵配在一起出版，扩大了《论语》的国际影响。

我想向大家讲述自己在国外朗诵《论语·学而》的经历，那是2008年，上海合作组织首脑会议在塔吉克斯坦首都杜尚别举办，组委会要求各国派一名男演员在开幕式上用本国语言朗诵一句家喻户晓的名著选句。原文化部选派了我，朗诵孔子的《论语·学而》。

演出队伍中有器乐、杂技节目。大队伍先期出发了，我因其他演出任务只身一人，须经哈萨克斯坦的阿拉木图转机。旅途并不简单，飞机抵达阿拉木图机场，原定接我的使馆文化处的同志因车辆抛锚，未能准时抵达，而中转的行李需从另一通道取出，我大学时期学的俄语早已生疏，幸有中国援外的工程师帮忙，我才拿到行李，见到了赶来的文化处的小伙子。

等了几个小时，转乘飞往杜尚别的航班已经很晚了，住地是一座学校的学生宿舍，空旷的屋子里摆放着单人床，其他演员还在剧场排练，我则期待着明天的合练，思考着用什么样的方式呈上孔子的《论语·学而》。

《论语·学而》很短："学而时习之，不亦说乎？有朋自远方来，不亦乐乎？人不知而不愠，不亦君子乎？"这是孔子说的，意思是：学习，并时常温习，难道不是一件快乐的事情？有朋友从远方来拜访，难道不是一件高兴的事情？别人不了解我，我也不生气，难道不算是个有德的君子吗？

导演的构思很有特点，他们做了一个多角的桌子，桌上有一本大书（没有具体名称），观众可发挥想象，想象为人们心中的名著。桌子可前后左右移动，六位来自俄罗斯、中国、塔吉克斯坦、吉尔吉斯斯坦等上合组织的成员国的男演员，每人扶一角，身着本国有代表性的服装（我着深蓝色的唐装），一起从舞台深处推动桌子缓缓向前，舞台背景是浩渺的星空，寓意着宇宙、自然界……桌子移到前台，开始转动，谁转到中央，便用本国语言开始朗诵本国的名著选句。也许是表达对中国的友情，我是第一个开口，第二位是俄罗斯大剧院的话剧演员……当最后一位朗诵后，灯光大亮，上百位歌舞演员在辉煌的音乐中簇拥着出场，象征着和平、友谊、共同发展。

《论语·学而》语调很有趣，要读出"难道不是"的反问，字音很讲究，第一句的"说"读 yue，快乐之意，第二句的"乐"读 lè，高兴之意，收尾要稳重，"君子"的"君"字可拉长，以示做人之要领。

朗诵结束，六位演员在台侧交流，吉尔吉斯斯坦话剧院的艺术家让翻译告诉我：孔子这句话他们知道，虽然不会用中文读，但从你的语言韵味中，意思都懂了，他们还知道老子的《道德经》。

传播中华文化，让中华文化走出国门，朗诵艺术有它的担当啊！

《论语·学而》

（春秋时期） 孔子

子曰："学而时习之，不亦说乎？有朋自远方来，不亦乐乎？人不知而不愠，不亦君子乎？"

2008 年，在塔吉克斯坦首都杜尚别“上合组织首脑会议”开幕式上瞿弦和朗诵孔子《论语·学而》

2017 年，在高教出版社录制孔子《论语》，与编辑李爱叶一起做案头工作

在新加坡朗诵中国古典诗词

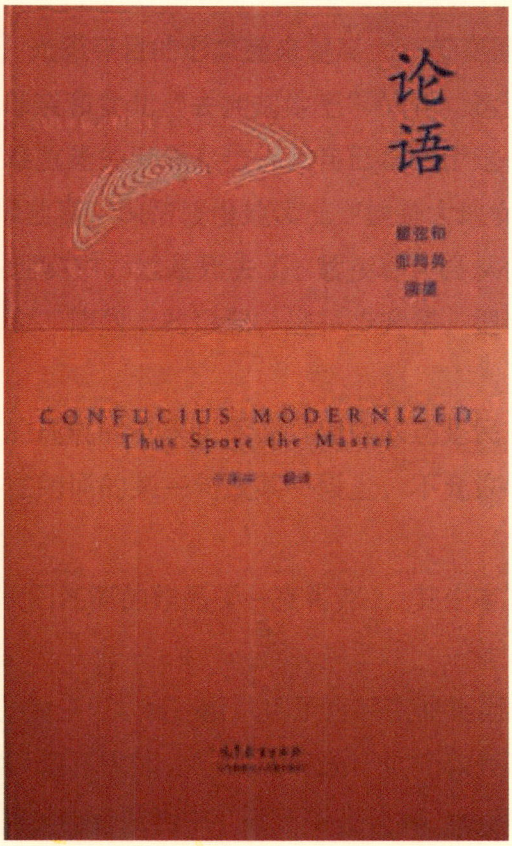

录制的名著经典——二十讲《论语》由高教出版社出版

天人合一的境界

——朗诵曹操《观沧海》

参加朗诵团体的活动，遇到了几位朗诵爱好者，说我读的《观沧海》他们很喜欢。我一开始没有意识到我读这首诗有什么特别之处，当我回想起2017年在秦皇岛把这首诗的“天人合一”的特点加以强调，我猜想这样的处理大概就是他们喜爱的原因吧！

在秦皇岛演出时让我朗诵四言诗《观沧海》，他们把原来的山景布置成有古代气息的作战战场，多名着古代服饰的战士手执兵器，伴着鼓声在高台行进，待他们站定，我伴随着背景音乐上场。后面的大屏幕是曹操双手背在身后、站在高坡向下俯视的画面。这一系列的铺垫，使我未开口已进入规定情景。

这首诗写物、写景，是如此生动、简洁，朗诵时，人的高低俯仰、形体转动都非常明确。演员在朗诵中可据此设计视像。

如：东临碣石（高），以观沧海（低）。

水何澹澹（低而流动），山岛竦峙（低向高）。

树木丛生（远高），百草丰茂（近低）。

秋风萧瑟（向后退斜），洪波涌起（斜向上移动）。

日月之行（停在斜上高），若出其中（转动在高处）。

星汉灿烂（天空环绕），若出其里（回到自己心上）。

幸甚至哉（放松），歌以咏志（随意）。

这说明这首诗有明确的景物方位。而诗人为什么要写景物？为什么要写这些景物？他在碣石山上观天地、观百川想的是什么呢？先把自己放在自然之中，最后为什么又把自然放在自己心中呢？

看文字表面，“日月之行”，“星汉灿烂”，都融到海水波浪中，而海水波浪中也可映出灿烂星汉。这就是水天合一的景象。

但我认为“日月之行，若出其中”，可能是水天合一，而“星汉灿烂，若出其里”，可能含有星辰、山川都在我的掌握之中，我的心里有掌控大地、海川的谋略，表达这个潜台词，恐怕观众会拐不过弯儿来，因此在“星汉灿烂”之后，要有一个恍然大悟的感觉，然后用手将天地抱于胸中。

这里要表现出曹操的霸者之气，表现出他是一个有拥抱岁月山川、驰骋星辰大海的人。所以在他的眼中，树木丛生，百草丰茂，是充满希望的。这个希望，是他在北征乌桓胜利回师，经过碣石山时写的。所以表面上看是一首写景诗，而实际上是一首豪情万丈的抒情诗。

《观沧海》

（汉）曹操

东临碣石，以观沧海。
水何澹澹，山岛竦峙。
树木丛生，百草丰茂。
秋风萧瑟，洪波涌起。
日月之行，若出其中。
星汉灿烂，若出其里。
幸甚至哉，歌以咏志。

2017 年，河北卫视在秦皇岛录制节目，朗诵曹操诗《观沧海》

2017 年，在北京诗会上朗诵曹操诗《观沧海》

乐　痛　悲

——朗诵王羲之《兰亭集序》

东晋书圣王羲之的《兰亭集序》，写于一千六百多年前，全文 324 个字，文短意深。

2006 年，第二届书法“兰亭奖”颁奖活动在安徽合肥举行，我朗诵《兰亭集序》。同台参加演出的影视表演艺术家唐国强对我说：“喜欢书法的很多人都临摹《兰亭集序》，但会背的不多。”

从那时起，在中央数字电视书画频道、在深圳读书季、在中国诗词春晚等各类活动中，我经常朗诵《兰亭集序》，每一次都牢牢把控三个字：乐，痛，悲。这三个字代表着三个自然段落的核心。

资深的语文专家在讲课中，一再强调，《兰亭集序》第一段抒发了快乐情怀，如“群贤毕至，少长咸集”，“清流激湍，映带左右”，“天朗气清，惠风和畅”……快乐的缘由来自场面、环境、天气，使作者产生一种满足的情怀，溪水之畔，高朋满座，心地宽广，备感轻松。用语文专家的话即是“在可乐之时，会可乐之人，观可乐之景，行可乐之事，书可乐之情怀”。朗诵时视像要具体，节奏可舒展，读出“所以游目骋怀，足以极视听之娱，信可乐也”。

第三段则要沉下来，“夫人之相与”的“夫”字是助词，要停顿，更不能读成“夫人”，“或取诸怀抱，悟言一室之内”与“或因寄所托，放浪形骸之外”两种情形要区别开；“不知老之将至”，要强调“老”字，读出‘提醒”之感；“况修短随化，终期于尽”，天下没有不散的宴席，人终归死亡，这是天下的规律。鉴于此，下面才读出：“古人云，死生亦大矣，岂不痛哉！”

王羲之表达了他的观点，即生与死不可等同。他赞同儒家的“生死不同”，对以庄子为代表的道家观点“生死一样，死亡只是生的一个阶段”提出不同看法。“一死生为虚诞，齐彭殇为妄作”一句中的字要读清楚，读明白“彭”为长寿，“殇”为“未成年就死去”的短命者，“齐”为“相等”之意，这样听后才会理解作者的本意——不可等同。如果认为死生相同，那是可悲的。

王羲之在这篇《兰亭集序》里表达了积极的人生态度，在有生之年办实事，当然这是后人分析这篇作品时的理解。

我朗诵《兰亭集序》有背景音乐，用得最多的是中央音乐学院古筝演奏家邱霁的即兴伴奏，前奏之后开始的乐句营造出环境，乐曲的转换及长短也有助于对作品的理解。

《兰亭集序》

（东晋）王羲之

永和九年，岁在癸丑，暮春之初，会于会稽山阴之兰亭，修禊事也。群贤毕至，少长咸集。此地有崇山峻岭，茂林修竹，又有清流激湍，映带左右，引以为流觞曲水，列坐其次。虽无丝竹管弦之盛，一觞一咏，亦足以畅叙幽情。

是日也，天朗气清，惠风和畅。仰观宇宙之大，俯察品类之盛，所以游目骋怀，足以极视听之娱，信可乐也。

夫人之相与，俯仰一世。或取诸怀抱，悟言一室之内；或因寄所托，放浪形骸之外。虽趣舍万殊，静躁不同，当其欣于所遇，暂得于己，快然自足，不知老之将至；及其所之既倦，情随事迁，感慨系之矣。向之所欣，俯仰之间，已为陈迹，犹不能不以之兴怀，况修短随化，终期于尽！古人云："死生亦大矣。"岂不痛哉！

每览昔人兴感之由，若合一契，未尝不临文嗟悼，不能喻之于怀。固知一死生为虚诞，齐彭殇为妄作。后之视今，亦犹今之视昔，悲夫！故列叙时人，录其所述，虽世殊事异，所以兴怀，其致一也。后之览者，亦将有感于斯文。

2006 年，在安徽合肥“兰亭奖”颁奖晚会上朗诵王羲之《兰亭集序》

2015 年，在深圳诗会朗诵《兰亭集序》

2018 年，在中国教育电视台“诗意中国　新春诗会”上朗诵王羲之《兰亭集序》

2019 年，在西安诗会朗诵《兰亭集序》

2019 年，在青岛“诗意中国・大道崂山”朗诵音乐会上与演奏家吴玉霞合作，朗诵《兰亭集序》

说与唱

——朗诵李煜《相见欢·无言独上西楼》

2007 年中央电视台导演发来多首歌曲的名称，说让我们俩挑一首爱情歌曲，来参加“新视听”综艺对抗竞赛的节目，导演说他推荐我们唱《敖包相会》。我们考虑再三，觉得《敖包相会》表现的是年轻人的初恋式的爱情，对于我们 50 多岁的人来讲有点儿勉为其难。

除此之外，导演说只有“独上西楼”比较适合，因为你们结婚后分别两地有八年之久，所以还有些离别孤独之愁的体会，我们答应了。先听了多位歌手的录音，学习了一下，总觉得节奏掌握得不好，又在歌曲集上面找到了曲谱。一看，哦，原来是 6/8 的节拍，原调和转调后的音高唱起来还算合适，努力地学习后，歌曲掌握得差不多了。瞿弦和说：“不行，光唱没意思，要有咱们的特点，咱们一定要在收尾的地方用上朗诵，演成一个朗诵歌唱版。”当主持人相声演员王平宣布：“现在我们队重量级演员瞿弦和、张筠英上场。”大家本来以为我们是朗诵，当我们开口演唱时，观众惊讶地鼓起掌来。我们处理成张筠英先唱两句：“无言独上西楼，月如钩。寂寞梧桐深院锁清秋。”此处瞿进入，两人合唱：“剪不断，理还乱，是离愁，别有一般滋味在心头。”而后音乐升半个调，改成张一个人唱，瞿每一句朗诵后几个字。如：（唱）无言独上西楼，（说）独上西楼。以此类推，直到二人合唱“别有一般滋味在心头”。最后，两人合诵“别有一般滋味在心头”。

此时，主持人幽默地说：“哎呀，这到底是说比唱好听，还是唱比说好听呢？！”大家哈哈大笑。

这个说唱第一次演出算是顺利有质量地演完了。

此后，2014 年在奥林匹克公园“书画频道”举办的中秋晚会上，我们又演出了一次。因为是在仰山下湖面上的半岛，月亮挂在夜空，湖面小舟荡漾，微风吹动发丝，我们靠在栏杆上说唱了一遍，真是“别是一般滋味在心头”。

2017 年中央台“天下有情人”节目组在情人节的全天直播特别节目中再次邀请我们演出“独上西楼”，并让我们提前去排练，还为我们制作了特别的场景。李煜的这首词表现的原本意思是亡国之苦、思念之愁。他当时亡家败国被囚禁待罪于汴京。他写作的词语沉郁哀婉，是一种婉转无奈的情调，虽然平常人没有和他一样的境遇，但这种愁苦忧伤生活中也会有同感，因此，很多年来，常常在表现离别家乡，甚至在与爱人离别之时，有借鉴的时候。因此，在朗诵这首作品时，一种形式是以李煜的身份出现，表现他对乡土的离别之愁和亡国的心头恨。有时也可以以自己的身份出现，带着欣赏这首作品的婉约之美，表达别离的苦与思。

导演在台左设置了桌椅，筠英坐在此处，而在台右的高处是弦和的站立之处。在第一遍演唱完，两人同时起身，向台中走云，在最后合唱、合诵时，走到台中心。

节目之后，主持人把我们拦住，特别向观众介绍：刚才演唱的两位演员今年是金婚。并问弦和："听说您每个纪念日都会送给张老师礼物，那金婚是什么礼物呢？"弦和说："这个礼物她还真的不知道，今天第一次展示出来。"说完从衣兜里拿出一条紫色的围巾，围巾的下方绣了五个"瞿"字，是隶、篆、楷、行、草不同字体的。一边展开，弦和一边说："紫色是张老师最喜爱的颜色，这五个'瞿'字是用隶、篆、楷、行、草五种字体请师傅给绣上的，'瞿'表示张老师为四代瞿家人服务，我父亲、我、我儿子、我孙子，这第五个'瞿'字是代表还要为我重孙子服务。"此时，台下的小孙子走到主持人那里说："我争取早点生个孩子，让奶奶带上重孙子，当上曾奶奶。"节目在一片欢声笑语中结束。

类似的节目，我们俩还在2000年央视主办的"戏剧人喜迎2000"中把俄罗斯歌曲《喀秋莎》排成歌舞形式来表演。在"老舍茶馆"演出时在场的观众笑声、掌声响成一片。

后来又在央视"艺术人生"2007年一期中表演了《喀秋莎》，在央视"回声嘹亮"中我们应邀演唱了《让我们荡起双桨》，也是稍带一些形体动作，当然不如《喀秋莎》那么多。为了表演《喀秋莎》的最后造型的单腿跪地动作，瞿弦和从第一次2000年表演时不戴护膝，到后来戴上厚厚的，最后索性就戴上运动护膝了。

要说唱跳的基本功，我们当然不如专业的，但还是感谢中央戏剧学院的声乐课、形体课，还有少年宫舞蹈组，加之我们也是舞蹈、声乐的爱好者，生活中也不时拿来练习一下，娱乐一下。在一次生日聚会上，同伴们起哄，我们还随着音乐即兴表演藏族舞和蒙古族舞的基本舞步。增添了聚会欢乐的气氛，我们也过了一把瘾。是啊，青年时期多学些技巧，一生都是用得上的。

《相见欢·无言独上西楼》

（南唐）李煜

无言独上西楼，月如钩。寂寞梧桐深院锁清秋。
剪不断，理还乱，是离愁。别是一般滋味在心头。

2007 年，在中央电视台“新视听”栏目朗诵演唱李煜诗《相见欢·无言独上西楼》

2014 年，在中央电视台录制“天下有情人”栏目朗诵南唐诗人李煜《相见欢·无言独上西楼》

感悟命运之音

——朗诵白居易《琵琶行》

2016年夏，我们在工作室整理铃铛收藏。早晨我突感不适，立即前往煤炭总医院。本系统的大夫、护士见状，一步到位，直接做核磁，确诊“脑梗”，两小时之内输液开始。当时，话说不清，字写不成，耳边却回响着一段琵琶演奏的旋律 $\frac{2}{4}$ 6 61̇ 567 | 6666 6 6 | 6 61̇ 5645 | 2 - ，仿佛在说：“你还醒着吗？”这不是琵琶行曲中的主旋律吗？

我醒着，不相信自己的艺术生命就此终结，我一定能坚持，要战胜病情，重返舞台。从入院的第一天起，早晚在病床上都默诵一遍白居易的《琵琶行》，每天坚持写一小篇日记。

说起朗诵《琵琶行》的经历，还是挺难忘的，年轻时读过，也曾听喜欢古诗词的朋友读过，江苏徐州的企业家马宝琪先生每次和我们团聚，都会背诵一遍《琵琶行》，他倒背如流，只字不差，从不中断。而我则经历过与琵琶演奏家的合作，赴江西九江拍摄诗TV《琵琶行》，用背景音乐在水边船旁朗诵，在大剧场与交响乐合作……每次都有不同的收获和感受。

第一次听到我称为“命运之音”的主旋律是在央视录制《琵琶行》的朗诵，1987年“荧屏诗坛”栏目导演王浩，邀我和琵琶演奏家章红艳合作，在排练过程中发现，白居易的原诗正常语速七分多钟，而章红艳演奏的作曲家吴厚元读唐诗《琵琶行》有感的“诉”全曲则十一分半钟，我们商定，均保留作品的完整性，我在朗诵中的段落之间处理停顿，章红艳完整展现吴厚元先生的全曲，我处于欣赏乐曲、感受乐曲状态，导演王浩在后期编辑中又加了部分画面转换，如“浔阳江头夜送客”“主人下马客在船”“我从去年辞帝京”都加进隐约的历史人物影子，“下马”又接上朗诵者在演播厅的下台阶。朗诵者与琵琶演奏者一前一后或一左一右，前实后虚或前虚后实……应该说，编导运用了当时已有的各种技法。

播出后反响颇多，章红艳在电话中说，这是吴厚元先生的作品第一次较全面地在电视中亮相，她为有与朗诵合作的机会而高兴。我说，白居易的《琵琶行》也由文字转为

形象。我还打趣地说，此次也可称为我为你的演奏做旁白解说。章红艳在演奏时两处出现主旋律“命运之音” $\frac{2}{4}$ 6 6$\dot{1}$ 567 | 6666 6 $\underset{\cdot}{6}$ | 6 6$\dot{1}$ 5645 | 2 - ，一是在“自言本是京城女”之后，二是在“梦啼妆泪红阑干”之后重复。

这也是作曲家创作的原结构，但我作为朗诵者希望早一些出现，因我觉得这“命运之音”展示了女性柔美的气质，琵琶女出场时就应“人未出现，声音先到”。

我尝试了一下，那是在银川“黄河诗会”上，舞台前有水面，水中有乌篷船，我请音乐编辑杨洋编进摇橹声、水声，在此之后停顿，当我读到“醉不成欢惨将别，别时茫茫江浸月”之后，响起“命运之音”，仿佛“琵琶女”出现，使“忽闻”二字立体化。

因为不是演奏家现场演奏，我们并未让“生命之音”延续，而是音乐形象出现后，又回到“转轴拨弦……”“轻拢慢捻……”之感，再进入“大弦嘈嘈……”“小弦切切……”的弹奏景象。经过编辑的音乐与朗诵节奏更为贴切。

江西电视台编导田信国邀我参加“落英缤纷”栏目拍摄，我前往江西九江，这正是原诗中“江州”之地。田导的处理是朗诵者着西装，在实景拍摄，全部以讲述的基调，只有画面用古品，后配乐，琵琶女的段落全部用女声画外音，整个作品为“诗 TV”的感觉。

由此我又想到能否在舞台上尝试以琵琶演奏者来自述自身？自述时，不演奏，但需背诵。隔行如隔山啊，这有一定的难度。有的琵琶演奏者，从没在舞台上读出声，有的能读但背不下来，更有人认为这样处理不尽合理……在河南郑州我与青年演员陈砚尝试了一次，她演奏技巧颇佳，不仅弹奏了“命运之音”，并从“自言本是京城女”开始，读到“梦啼妆泪红阑干”，完整的一段自述后再重新开始演奏。表演艺术家于同云不仅赞同，并在之后的演出中始终采取这种形式。

在“唐宋名篇”的演出中，由电影艺术家孙道临老师担当《琵琶行》的朗诵，在中山公园音乐堂等地的演出好评如潮。2020 年重演时孙道临老师已仙逝，主办方钱程先生让我和大乐队合作，完成北京人民大会堂和哈尔滨大剧院演出，担任指挥的是九十岁高龄的郑小瑛老师，这又是朗诵《琵琶行》的有益实践。

我和郑小瑛老师曾在《黄河大合唱》中合作，她的认真，让人崇敬和感动。这次她赶到北京的当晚专门在“梅地亚”宾馆的大厅里，约我进行乐队不在场的“排练”。我在谱子中寻找我喜欢的“命运之音”，郑指挥告诉我，音乐是作曲家顾冠仁专门为《琵琶行》朗诵创作的背景音乐！

郑指挥根据曲谱，对朗诵者出场的时间、位置都做了安排，对其中琵琶独奏段落出现之前的停顿和静场要求得格外严格，对描述琵琶女如泣如诉的诗句“四弦一声如裂帛”，郑指挥希望朗诵者随乐队一同进入激情点。

唐代诗人白居易通过写琵琶女生活的不幸，结合诗人自己在宦途中所受到的打击，唱出了“同是天涯沦落人，相逢何必曾相识”，全诗是凄切的感情基调，六百一十六个字，以十四句、二十四句、二十四句、二十六句分成四个段落。

这一朗诵高潮如何突出？

第四段“我闻琵琶已叹息，又闻此语重唧唧”，铺垫之后，要把“同是天涯沦落人，相逢何必曾相识”读两遍，第一遍正常语速，第二遍在 4/4 0 0 3 5 | 6· 76 5· 35 | 6 1 1 23 765 6 | 6 - - - | 中，加强语音，拉开间距，连同鼓声推向高潮，也就是用音乐感语言，用视觉的形象表现听觉的得来的感受，这也是更深层的“命运之音”吧！

《琵琶行》

（唐） 白居易

浔阳江头夜送客，枫叶荻花秋瑟瑟
主人下马客在船，举酒欲饮无管弦。
醉不成欢惨将别，别时茫茫江浸月。

忽闻水上琵琶声，主人忘归客不发。
寻声暗问弹者谁？琵琶声停欲语迟。
移船相近邀相见，添酒回灯重开宴。
千呼万唤始出来，犹抱琵琶半遮面。
转轴拨弦三两声，未成曲调先有情。
弦弦掩抑声声思，似诉平生不得志。
低眉信手续续弹，说尽心中无限事。
轻拢慢捻抹复挑，初为霓裳后六幺。
大弦嘈嘈如急雨，小弦切切如私语。
嘈嘈切切错杂弹，大珠小珠落玉盘。
间关莺语花底滑，幽咽泉流冰下难。
冰泉冷涩弦凝绝，凝绝不通声暂歇。
别有幽愁暗恨生，此时无声胜有声。

银瓶乍破水浆迸，铁骑突出刀枪鸣。
曲终收拨当心画，四弦一声如裂帛。
东船西舫悄无言，唯见江心秋月白。

沉吟放拨插弦中，整顿衣裳起敛容。
自言本是京城女，家在虾蟆陵下住。
十三学得琵琶成，名属教坊第一部。
曲罢曾教善才服，妆成每被秋娘妒。
五陵年少争缠头，一曲红绡不知数。
钿头云篦击节碎，血色罗裙翻酒污。
今年欢笑复明年，秋月春风等闲度。
弟走从军阿姨死，暮去朝来颜色故。
门前冷落鞍马稀，老大嫁作商人妇。
商人重利轻别离，前月浮梁买茶去。
去来江口守空船，绕船月明江水寒。
夜深忽梦少年事，梦啼妆泪红阑干。

我闻琵琶已叹息，又闻此语重唧唧。
同是天涯沦落人，相逢何必曾相识。
我从去年辞帝京，谪居卧病浔阳城。
浔阳地僻无音乐，终岁不闻丝竹声。
住近湓江地低湿，黄芦苦竹绕宅生。
其间旦暮闻何物？杜鹃啼血猿哀鸣。
春江花朝秋月夜，往往取酒还独倾。
岂无山歌与村笛？呕哑嘲哳难为听。
今夜闻君琵琶语，如听仙乐耳暂明。
莫辞更坐弹一曲，为君翻作琵琶行。

感我此言良久立，却坐促弦弦转急。
凄凄不似向前声，满座重闻皆掩泣。
座中泣下谁最多，江州司马青衫湿。

1999 年，在中央电视台录制“银屏诗坛”节目，与演奏家章红艳合作，朗诵白居易诗歌《琵琶行》

2020 年，在北京人民大会堂与交响乐合作（指挥家郑小瑛执棒），朗诵白居易诗歌《琵琶行》

2020 年，在哈尔滨大剧院朗诵白居易诗歌《琵琶行》

豪放与自省

——朗诵苏轼《念奴娇·赤壁怀古》

在我给同学们上课的时候，经常给同学们选择《念奴娇·赤壁怀古》这首词。因为是低年级作为声音训练阶段，常常用上半部分。这部分词语起伏跌宕，幅度很大。学生随着作品很自然地把学到的声音技巧运用起来，并可有机地加大声音的幅度，这样才能把气势宏大的、乱石穿空的、有动势的波涛描绘得淋漓尽致。

那么这首词是写景为主还是后半段儿描写周瑜等人物为主？还是把词最后几句“人生如梦，一尊还酹江月”作为主题呢？

苏轼是历史上公认的文学家、书画家，甚至还是美食家。他一生仕途坎坷，但是他胸襟开阔，性格开朗，好交朋友，对家人慈爱，有幽默感。在他的诗词散文中有一部分是豪放词类的，这首就是其中之一。我曾在“重温经典”的诗会上、在“孔子学院”多次朗诵过。这部作品中有绝句、警句、成语，“灰飞烟灭”“羽扇纶巾”“江山如画”……经典之词，一直传诵至今。应该说本篇是写景、写人、写自己，当然前两个是为最后写自己服务的。

景写得越开阔越有气势，越发衬托诗人的心胸的开阔，把周瑜写得越潇洒，越功绩卓著，就为诗人自己与之比较而释怀打下基础。因而要把景色中的山、石、水直插云霄、惊涛骇浪拍打岸边的磅礴之势朗诵得饱满。如：“大江东去，浪淘尽，千古风流人物”，语势逐渐上推，而“人物”两字语势要下来，因为是大江已淘尽，不是纯粹歌颂，而是带着惋惜、追忆来歌颂的。

我们曾请音乐编辑翻阅古乐谱，看有否能唱“赤壁怀古”的，结果找到一个古曲谱，只是没有小节的划分。我拿到后，略加改动，用现代的划分小结的方式把自由拍节改成相对稳定的小节，以便于演唱或合唱。

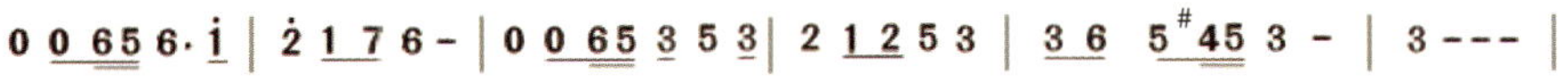

大 江 东 去 浪 淘 尽 千 古 风 流 人 物

要想演唱出古风的味道，可按古曲的风格加一些装饰音。我们在新加坡、北京等地都演唱过这首曲。

在朗诵演出中“卷起千堆雪”，我做一些略夸张的手法，千——堆——雪，(延长)(延长)——运用歌唱中滑音的手法，然后猛收。

下半部分的开始是对在赤壁这个地方有着卓越战功的周瑜大加赞赏，特别欣赏他不费吹灰之力“谈笑间樯橹灰飞烟灭”，这些词不要读得生硬，要流畅，似乎是一带而过，其实是以轻衬重。因为在他心中周瑜年轻有为，潇洒多情，智高多谋，自惭不如。

这要说明，苏轼当时正是政治上受到排挤，最后被贬到贵州，在途经黄州时写的这首词，他的心情很郁闷低沉，觉得自己没什么作为，很是伤感。

当他看到赤壁的自然景色那么开阔雄壮，不由得把自己融于其中，顿感开阔。

再想到，虽然周瑜是那么年轻有为、满腹经纶、战绩赫赫，但这样的豪杰也只不过一时称雄嘛！想到这里，他自我安慰，完全释怀了，便嘲笑一下自己，让自己的心怀像天地一样敞开吧！

因此在读到“人生如梦”后，可加“啊”字，语调升高，读出“还酹”后停顿吸气，再读出“江月”。要把这种已经超脱的心情通过一杯酒发泄出来。

综合看，这首词应该说写景、写物是为写自己心绪的变化。这首豪放词更像一篇自省词，解开心结之篇。因为他在赤壁，从自卑中解脱了，可以说他真正超脱了，这样说来，这首词是一首自省词。

这首《念奴娇·赤壁怀古》是古诗词中豪放词的代表作品，可能与我性格有关，我非常喜欢。仔细体味这首词，不仅会使人心胸开阔，是对人生观的一种诠释，还有它的声韵美使人陶醉，令你不由得会常常背诵，不断地体味其中对生命的感悟。

《念奴娇·赤壁怀古》

（宋）苏轼

大江东去，浪淘尽，千古风流人物。
故垒西边，人道是：三国周郎赤壁。
乱石穿空，惊涛拍岸，卷起千堆雪。
江山如画，一时多少豪杰。

遥想公瑾当年，小乔初嫁了，雄姿英发。
羽扇纶巾，谈笑间樯橹灰飞烟灭。
故国神游，多情应笑我，早生华发。
人生如梦，一尊还酹江月。

2015年，在北京朝阳剧场朗诵苏轼词《念奴娇·赤壁怀古》

2018年，在山东曲阜孔子学院朗诵苏轼词《念奴娇·赤壁怀古》

不胜寒

——朗诵苏轼《水调歌头·明月几时有》

这是一首久负盛名的中秋词，是一篇浪漫主义杰作。我经常在朗诵会上读它，虽然不长，但形成目前的朗诵风格，经历过多次的探讨。

词的前面小序写道“丙辰中秋，欢饮达旦，大醉，作此篇，兼怀子由”。上片由赏月问天引出无数奇思遐想，下片转写与其弟子由的离情。既有诗情画意，又有豪放之风格。

第一次央视导演王浩录制，是20世纪80年代末，我和小乐队一起完成，乐队由钢琴、小提琴、中提琴、大提琴组成，应该说是“照本宣科”式的完成，“不胜寒”的“胜”字，虽按旧时读第一声，但整体看，显平，未能留下特殊的印象。

第二次央视录制是陈临春导演，他在背景设置了圆圆的大月亮，演员前面摆放了长案，案上有香炉，烟雾缭绕，颇有拜月之感，我们双人朗诵，“不胜寒”的“胜”字又变回第四声的读法。

这两次我们把“天上宫阙”的视像都设置在左前上方，“今夕是何年”视像回到中间，意思是找不到答案，最后古今传诵的名句“但愿人长久，千里共婵娟”并未重复，只是双人同诵结尾。因后来用双人朗诵形式较少，我们未对此进行加工。

2004年央视第一届朗诵电视大赛（沃尔沃杯）举办，我不仅当评委，还应邀在颁奖晚会上参加演出，是单人的。这次朗诵“明月几时有”，我在“不胜寒”处“胜”字使用的是第一声，而且加入了些许停顿，然后气音读出“寒”字。圈内的朗诵艺术家说感觉到了“禁不住”，应保留下来。

一晃过去了十年，2014年我们申请了国家艺术基金项目“重温经典——名家名篇朗诵会”，在全国十个城市演出三十场，遵照习近平主席教导，坚守文化自信，选出诗经、楚辞、汉赋、唐诗、宋词、元曲、明清小说等佳句，与老百姓重温诵读，其中当然少不了宋代苏轼的《水调歌头·明月几时有》。排练过程中，我们对每一个节目进行了探讨，谁承担？单人？多人？什么形式？什么背景……包括怎么出场，下一个节目怎么接，都有了想法。并在每个节目排练时，导演组全体在场一起发表意见。

我们觉得，酒后大醉之时的语言还可将字拉开，“不胜寒”的“胜”字，可再延长，“寒”字可加上手抖抚身之意。第一站演出在内蒙古包头，八十岁高龄的作家郑少如发文写道：“高处不胜寒”这个“寒”字，从我的后脊椎骨一直冰到脚下。

词朗诵后，三人演唱开始，仍是“明月几时有”，形成了完整的流动画面。

《水调歌头·明月几时有》

（宋）苏轼

明月几时有？把酒问青天。
不知天上宫阙，今夕是何年。
我欲乘风归去，又恐琼楼玉宇，高处不胜寒。
起舞弄清影，何似在人间。

转朱阁，低绮户，照无眠。
不应有恨，何事长向别时圆？
人有悲欢离合，月有阴晴圆缺，此事古难全。
但愿人长久，千里共婵娟。

2004年，在中央电视台“沃尔沃杯”第一届朗诵电视大赛颁奖晚会上朗诵苏轼词《水调歌头·明月几时有》

诗与画的融合

——朗诵郑板桥《竹石》

在抗疫（新冠肺炎）的高潮时期，2020 年冬天，我们经常在中央台的屏幕上看见一个警句“千磨万击还坚劲”，而在 2021 年脱贫攻坚战斗中又有一个警句经常出现“一枝一叶总关情”。

这两句都出自哪位诗人之手呢？ 2018 年在第二届天怡国宾杯“中国 · 白帝城”国际诗歌节开幕式文艺晚会上，我和总政话剧团艺术家刘纪宏老师一起朗诵郑板桥的两首画竹诗——《竹石》和《潍县署中画竹呈年伯包大中丞括》。“千磨万击还坚劲”是《竹石》的第三句诗。“一枝一叶总关情”是《潍县署中画竹呈年伯包大中丞括》的第四句。这两首诗被称为郑板桥具有代表性的题画诗。

郑板桥是清代大画家、大书法家、大诗人。他的人格品质被人们称颂，有坚韧、顽强、正直不屈的气节。所以他才能写出这样好的诗。

在抗疫时期，全国人民在党的领导下像竹子一样，从来都是团结在一起，有多大的困难，都是藐视它的。郑板桥写出的“任尔东西南北风”，乐观、洒脱，正象征着战胜一切困难的浪漫主义精神。千磨万击不改其色。据史料记载，郑板桥又是爱百姓胜于爱自己的人，他对普通老百姓有人道主义情怀，他为拯救当地灾民，一人做主开仓放粮而被罢官。临别时，老百姓自动集结前来送行。正因这样他才能写出百姓疾苦声“一枝一叶总关情”这样的诗句。

诗句流传至今，人们读起来仍受鼓舞，仍有律己的作用。2020 年，在抗疫期间，我与瞿弦和在海南的竹林前把朗诵《竹石》的视频发给湖北武汉大学，反响很好。在抗疫阶段胜利之时，我们又在北京喜剧院的新年诗会上朗诵了《竹石》。

第二首诗中，我着重处理了“萧萧竹”和“疾苦声”这两点，把这两个语句读成一样的颤颤的、高调下滑的语势。说明郑板桥，看见竹子在夜晚的晃动发出的声音，就像听到老百姓挨饿受冻的疾苦呻吟。因而“萧萧竹”这个词语就要读出老百姓疾苦无奈时的呼喊，这样才能体现出郑板桥是时时刻刻惦念老百姓的好官。

第一首中“千磨万击还坚劲”与第二首中的“一枝一叶总关情”很有生命力，无论是在抗击疫情的战斗中，还是在扶贫攻坚的工作中，全国人民在党的领导下团结得像竹子一样。这两句诗恰如其分，鼓舞了大家，坚定了共同的信念。

咬定青山不放松，立根原在破岩中。
千磨万击还坚劲，任尔东西南北风。

这首诗表现出一种精神，那就是历经成千上万次的折磨，依然坚韧不拔。

衙斋卧听萧萧竹，疑是民间疾苦声；
些小吾曹州县吏，一枝一叶总关情。

这首诗表现郑板桥非常深切的爱民之情，习近平主席引用此句为切入点，让人们理解以人民为中心的思想。

这首诗用郑板桥竹画作为背景，加入抗疫、抗洪生动的宣传画，观众更能理解作者的意图。

竹子常常是坚贞不屈的象征，而且竹子绝没有单棵生长的，它们是多棵生长在一起，互相遮风挡雨。风暴来临，它们一起向着一个方向摇动，以抵御风暴的攻击。竹子弯而不折、折而不断，象征柔中有刚，是团结奋斗、高风亮节的象征。

郑板桥一生只画兰、竹、石，自称：“四时不谢之兰，百节长青之竹，万古不败之石，千秋不变之人。”

《竹石》

清　郑板桥

咬定青山不放松，
立根原在破岩中。
千磨万击还坚劲，
任尔东西南北风。

《潍县署中画竹呈年伯包大中丞括》

（清）郑板桥

衙斋卧听萧萧竹，疑是民间疾苦声。
些小吾曹州县吏，一枝一叶总关情。

2018年，在第二届“中国·白帝城”国际诗歌节上张筠英与艺术家刘纪宏朗诵郑板桥诗《竹石》

2020 年，抗疫期间在海南朗诵清代郑板桥诗《竹石》

笑看人生

——朗诵杨慎《临江仙·滚滚长江东逝水》

《滚滚长江东逝水》，作为电视连续剧《三国演义》的主题歌，经男中音歌唱家杨洪基演唱，传遍了大江南北。

我们“重温经典”巡回演出时，也曾想在节目中安排。开场六位艺术家分别朗诵诗经、楚辞、汉赋、唐诗、宋词、元曲中的选段，然后请歌唱家演唱代表明清小说——《三国演义》的开篇词。但编导组经过讨论，坚持用朗诵贯穿下来，也就是在场的六位老艺术家用集体朗诵的形式完成，我们很想把这一实践记录下来。

《滚滚长江东逝水》的作者是明代文学家、明代三大才子之首杨慎，是杨慎所作《廿一史弹词》第三段《说秦汉》的开场词，后在明末清初毛宗岗父子评刻《三国演义》时，将其放在卷首。

它是一首咏史词，它借叙述历史兴亡，抒发人生感慨，它豪放但其中有含蓄，它高亢但其中有深沉。一开始读，人们会想起宋代苏轼的“大江东去，浪淘尽，千古风流人物”。

我们让两位女演员先读“滚滚长江东逝水”，读出长江的气势，然后六人同读“浪花淘尽英雄”，也就是比喻出历史的进程，一切终将被历史的长河带走。“是非成败转头空”是对历史的总结，两位女演员轻读，慢读，描绘出江水淘尽世间事，化成一片潮流，表达历史总要不断向前推进，从不以人的意志为转移。

下面的“青山依旧在，几度夕阳红”很有象征性，当年的江山依旧存在，太阳还是日升日落，我们安排其中下场口的两位男演员边走边读，既有视像，又有交流。大自然和宇宙是永恒的，不会改变，而人的一生却容易流逝，由此产生悲情。上场口的另外两位男演员读接下来的经典词句“白发渔樵江渚上，惯看秋月春风”，作者杨慎经历几十年漫长的人生，他看穿了人生，他仿佛就是词中的“白发渔樵”，他似乎就坐在历史长河边上。两位演员读得非常悠哉。

“一壶浊酒喜相逢”，由一个男演员读，似乎和老友见了面，痛快地畅饮。只要有一壶浊酒，有几个知己，就应很满足了。此时，眼中的其他的五位同台者，就像是朋友，要突出“喜相逢”三个字。

在这之后，导演张筠英安排了一个六人“笑”，没有规定统一笑法，而是让每人根据自己的体会，自己的感悟，苦笑、冷笑、嘲笑、狂笑……但要在一定时间内结束。笑过之后，统一呼吸，一起读出“古今多少事，都付（停顿）笑谈中”。

《临江仙·滚滚长江东逝水》

（明）杨慎

滚滚长江东逝水，浪花淘尽英雄。
是非成败转头空。
青山依旧在，几度夕阳红。
白发渔樵江渚上，惯看秋月春风。
一壶浊酒喜相逢。
古今多少事，都付笑谈中。

2017 年，在第五届中国诗歌节闭幕式（湖北宜昌）上集体朗诵明代诗人杨慎诗《临江仙·滚滚长江东逝水》

抓住《勤训》的精髓

——朗诵李文炤《勤训》

我们在高等教育出版社录制了很多古诗文、故事、散文。录制工作从他们没有搬家的沙滩后街就开始了，至今已有三十余年了。

他们要求得很严格，特别是字音方面，在录《论语（全版）》时编辑李爱叶事先在很多字旁标明了注音，我们在准备的时候也一再查字典，录制的时候挺顺利，但小李告诉我们："别乐观，我们还要请教多位专家审核，所以你们可能还要来改。"结果各位专家都提出了一个或几个读音的不同见解，我们要修改多次，但是为了作品能得到认可，这是应该的。我们很高兴地完成了任务。

在我们家的桌子上方一直摆着一幅字，那是北大著名教授章雄题写的"业精于勤"。这是 1973 年弦和调回北京后，他的表哥章雄送给他的。

在清朝诗人李文炤的论说文《勤训》中明确地说明，"训"就是要训勉、告诫他人；"勤"就是不要好逸恶劳，要养成勤勉不懈的美德，珍惜光阴，力求进取。

这篇文中引用了邵子的"一日之计在于晨，一岁之计在于春，一生之计在于勤"。文中写道："夫天地之化，日新则不敝。故户枢不蠹，流水不腐，诚不欲其常安也。"这两句至今常常被引用，人们也当作警句鼓励自己。

全文采用正、反、合的论说方式，第一段正面说明"勤"是多么重要；第二段从反面指出贪图安逸享乐，对所有的人都有害无益的；最后一段归纳正、反两个方面。举圣贤珍惜光阴为例，劝说人们要争分夺秒，勤学苦练。

朗诵要把正、反论点用语调区分开来，第一段正面的论述就要把"勤"放在重音之处，语调因此而变化。而第二段反面论述，因此要把不好的、反面的用不屑一顾或略带嘲讽的语调朗诵，让观众唾弃这些。那第三段是总结，要义正词严，要用劝解指正的较严肃的口吻，特别是最后的反问要引起听众的深思。

我们既是朗诵者，又是听众，相同点在于朗诵时也是受益之时。我们从 1961 年考上中央戏剧学院开始，就立下了志愿，为自己的专业而奋斗一生。我们在学院都是好学生，每门功课都严格要求自己。弦和从上一年级开始，每堂课无论是文史课、外语课还是表演、台词、形体、声乐都有笔记，至今保存完好。对于表演专业的人来说，一致认为这样的笔记是前无先例，后无来者，独一无二的。我们的表演启蒙老师马惠田在一次被采访时调侃说："哎呀，给这样的学生上课，有点可怕，弦和呀，我讲的每一句你都记下来了？我没说错话吧！"

我们现在已是近 80 岁的老人，周围的人和我们的经验告诉我们，凡是成功的人无不是勤奋的人，天道酬勤呀！我们虽不是什么成功人士，但在自己的专业表演、朗诵、教学方面也得到许多鼓励和赞扬。

我们在结婚四十周年纪念相册中写道："'业精于勤'是我们的座右铭。从少年宫宫友、大学同班同学，直到现在，我们从事的艺术专业贯穿在家庭生活中。我们有机会同台演戏，对播小说，共同主持，配合朗诵；有机会一起讲课，一起评分，一起颁奖，我们的儿子、儿媳（现在已有孙辈）也活跃在影视界，生活中充满艺术的欢乐。"

儿子为 1987 版《红楼梦》的贾宝玉配音，也在《飞向未来》《绿色钱包》等电影中担任主角。儿媳也拍了多部电影，如《蓝风筝》《黑雪》《她来自台北》等。

2016 年为 80 岁以上的歌唱家举办的"光荣绽放"晚会中，我们和孙子一起朗诵，真是言传身教，潜移默化。看到小孙子那认真劲儿，我们放心了。当然他在北京景山学校学习很优秀，每年都是学霸，又是景山学校少先队大队长。

"业精于勤"是我们一生的座右铭。我们的事业得益于它，时时刻刻也不能忘记它。

1986 年，在家中探讨朗诵艺术

《勤训》

（清） 李文炤

治生之道，莫尚乎勤。故邵子云：“一日之计在于晨，一岁之计在于春，一生之计在于勤。”言虽近，而旨则远矣！

无如人之常情，恶劳而好逸：甘食褕衣，玩日愒岁。以之为农，则不能深耕而易耨；以之为工，则不能计日而效功；以之为商，则不能乘时而趋利；以之为士，则不能笃志而立行；徒然食息于天地间，是一蠹耳！

夫天地之化，日新则不敝，故户枢不蠹，流水不腐，诚不欲其常安也。人之心与力，何独不然？劳则思，逸则忘，物之情也。大禹之圣，且惜寸阴；陶侃之贤，且惜分阴，又况圣贤不若彼者乎？

“业精于勤”是我们的座右铭，我们认真完成在电台、电视台各类录制工作

2014年，在高教出版社录制李文炤《勤训》

儿子瞿佳看爸妈练功

百篇
百感

外国作品

百篇百感

身临其境

——朗诵安徒生童话《卖火柴的小女孩》

我在中央戏剧学院入学考试时，初试时因为临时找的材料没有背下来，主考老师让我抬起头来念，我说："不行，因为没有背下来。"老师问我为什么没准备好，我说因为我在准备考中国科技大学的生物物理专业。老师说："好吧，复试一定要表演一个背下来的，我们总要看看你的眼睛吧！"我答应了。二试我背诵了《卖火柴的小女孩》这个童话的片段，这是中学老师曾让我们背诵的。作为考试作品，为了生动一些，朗诵中每次划火柴时，我都用"哧……哧……"的模拟声，给老师们留下很深的印象，开学后表演老师总学我这一声"哧……哧……"，全班同学也跟着都学会了，它成了我的一个标志性语言。

在这篇童话故事里，"真实"这两个字最重要。任何一点虚假都不能引起观众共鸣，更何况大部分听众都是小朋友。在这篇童话中有两个点要体现得生动，那就是火柴的点燃和熄灭——现实的残酷（冻得几乎僵硬了，只好把火柴点燃）、梦幻中的美好（在火柴的微弱亮光中展现出）。而这美好与毁灭是在一瞬间转换的，再加上这一转换是在新年这个规定情境中，在下着雪的街上发生的故事，更增加美好与毁灭对比的浓度。

对于语言的表现力来讲，第一要素是真实。朗诵要以生活语言为基础，以生活语言为标准，生活语言，我在前面曾讲过，真实的感觉是产生语言的基础。生活中，都是有了感觉才能产生语言，这语言是自己感觉后的语言，不仅真实，而且似乎是无过程就产生的，非常快。其实你冷静下来，把过程扩大，像慢镜头一样分析一下，就会明白了。

如一个"冷"字，"天气冷得可怕，天正下着雪……"我们想一个情景，最普遍的一个上班吧，一推门，说了一句："今天真冷啊！"这是经过出门一接触到风，感到皮肤一阵发紧，甚至会起一点儿鸡皮疙瘩，同时意识到自己穿少了。

生活中语言产生的三个阶段——感觉、思维、发声，不再详说。在这篇文章有这样的描写，这是一个寒冷的夜晚，一个赤脚的小女孩在无人的街道上走着。朗诵时这个"冷"的语气也要注意，第一，感觉到雪，空气中的风，脚下的冰，一吹气都是雾水；第二，在大脑中形成“冷”的概念，一系列形体的感觉传送到大脑中，经过思维在脑中形成冷，很冷；第三，语言是“天气冷得可怕”。提醒朗诵者在第一句语言出来之前，眼前先要有一个除夕的各种灯的光亮，而在街道的一角，一个小女孩可怜的形象，主要是看到她在雪中冷的感觉，然后再朗诵出第一句话“天气冷得可怕”。

但是，是不是“雪”天就能给人冷的感觉呢？根据人物心情、人物所处的环境、所处的地位，“雪”给人的感觉是完全不一样的，以诗词为例：

如“柴门闻犬吠，风雪夜归人”，唐代刘长卿的诗，同样是雪，同样晚上，情况却不同，因为没有除夕夜的规定情景，不是一个小女孩，因而这句诗是惨淡的、静谧的感觉。

再如“孤舟蓑笠翁，独钓寒江雪”，说的是漫天大雪中，一条孤单的小船上有一位渔翁独自在钓鱼。这首柳宗元的诗写的是他傲岸清高的境界，是幽僻的氛围。

再如毛主席的诗词《沁园春·雪》，“北国风光，千里冰封，万里雪飘”，此时毛主席看着这冰雪，壮观，雄伟的情景而产生了壮阔的想象。

而唐代韩愈的诗句“白雪却嫌春色晚，故穿庭树作飞花”，晚到的雪花像飞花姗姗来迟，早春的季节草木刚发芽，看到像飞花一样的雪，是优美、飘逸，是喜不自禁的暖暖心情。

一个“冷”的感觉是如此不同，但却有共通的地方，就是需要先感觉，再思考，最后出语言，有了前两个过程，朗诵时语调是不一样的。

做到真实当然还不算完，因为朗诵语言还有表现力，语言的表现力的技巧，等等。永无止境是真理。

《卖火柴的小女孩》（节选）

丹麦　安徒生

天气冷得可怕。天正下着雪，黑暗的夜幕开始垂下来了。这是一年中最后的一夜——新年的前夕。在这样的寒冷和黑暗中，有一个光头赤脚的穷苦的小女孩正在街上走着。是的，她离开家的时候还穿着一双拖鞋。但那又有什么用呢？那双拖鞋是那么大，以前一直是妈妈穿着的。她在匆忙越过街道的时候，两辆马车飞快地闯过来，吓得她把鞋子都跑落了。有一只鞋，她怎么也找不到，另一只又被一个男孩捡起来抢跑了。他还说，等他将来有了孩子的时候，他可以把它当作一个摇篮使用。

现在小姑娘只好赤着一双小脚走路了。这双脚已经冻得又红又青。她的旧围裙里兜着许多火柴；她手中也拿着一束火柴。这一整天谁也没有向她买过一根；谁也没有给她一个铜板。

可怜的小姑娘，她又饿又冷，哆嗦着向前走。这简直是一幅悲惨的画面。雪花落在她的金黄色的长发上——这头发卷曲散在她的肩上，看起来非常美丽。不过她并没有想到自己的美。所有的窗子都射出光来，街上飘着一股烤肉的香味，因为今天是除夕。是的，她在想，今天是除夕。

张筠英 1961 年报考中央戏剧学院表演系，朗诵［丹］安徒生作品《卖火柴的小女孩》

厘清脉络 分清阵营

——朗诵高尔基散文诗《海燕》

俄罗斯作家高尔基的《海燕》，是一篇既有浪漫主义又有战斗激情的散文诗。不仅比喻、拟人的手法使全诗生动多彩，而且诗的内容既内涵又深刻，朗诵者易于表现，全诗以当时俄国的革命斗争的严峻形势为背景。

诗的最后一句“让暴风雨来得更猛烈些吧”，不仅在俄罗斯，在中国也是几乎从大人到孩子都能熟悉地喊出来的语句。有意思的是这句话不仅出现在小品的台词中，也作为语文课本的教材在很多朗诵比赛中屡屡作为首选作品。但是一些朗诵者一味强调歌颂海燕，忽视了斗争中反面力量的挣扎，甚至没有分清敌我，失去了朗诵这首诗的意义。

所以，海燕作为本篇的主角，是正面力量的代表，那么反面的敌人是什么，中间懦弱的势力是什么？这是要让观众听懂的第一个问题，我们在朗诵前首先要弄清楚。

第二个问题，双方势力究竟进行了几次搏斗，在搏斗中双方势力的胜利、失败体现在什么语句中？

第三个问题，从头到尾怎样体现海燕的战斗激情，应该用什么形式和方法来体现？

为什么要提这三个问题呢？往往我在看一些学生朗诵这首诗时，大部分从头到尾都是高调处理，从头喊到尾，因为他们认为“勇敢战斗”就都是像战场冲锋一般。其实这样会把反面力量也处理得很重，叙述环境的语句也不像叙述语言了，这样主角海燕也就无法突出了，而演员到后半部分也会声嘶力竭。

第一个问题，让我们来分分敌我阵营。

海燕在俄语中有“暴风雨的预言者”的称号，是勇敢而欢乐的象征，是无产阶级革命先驱者。

大海象征人民群众的力量，暴风雨象征革命的浪潮风暴，太阳象征光明。狂风、乌云、雷电象征沙皇反动势力。海鸥、海鸭、企鹅象征懦弱的不革命者。

我们分清了敌我阵营，就要用不同态度对待他们。对海燕等革命者是钦佩、歌颂的态度，对狂风、乌云等恶势力要用在斗争中抗击、对视的态度。而对第三类懦弱者是蔑视、不屑一顾，如“这些海鸭呀，享受不了生活的战斗的欢乐，轰隆隆的雷声就把它们吓坏了”。蔑视、不屑的态度怎么表达呢？要用不是常规的重音、语调，把重音放在“这些”海鸭呀，“享受不了”生活的战斗的欢乐，轰隆隆的雷声 就把它们吓坏了。

第二个问题，双方势力究竟进行了几次搏斗？第一次搏斗从文章开始处，描写的是海燕与乌云的搏斗：在乌云和大海之间，海燕像黑色的闪电在高傲地飞翔。紧接着写道：“一会儿翅膀碰着波浪，一会儿箭一般地直冲向乌云，它叫喊着……”；第二次搏斗：“乌云越来越暗……狂风紧紧抱起一层层巨浪……”，描写敌人在疯狂地进攻，而海燕则“叫喊着，飞翔着，像黑色的闪电，箭一般地穿过乌云……”；第三次搏斗也是最后一次搏杀，敌人一起反扑，在文章的最后描写道：“狂风吼叫……雷声轰响……”，乌云、闪电……组合成暴风雨，而海燕高傲地飞翔，并叫喊着“让暴风雨来得更猛烈些吧！”

基本上本文分为三个搏斗的段落。朗诵者要心中有数，在强调海燕战斗的姿态时，把狂风、乌云等反动势力的不甘失败垂死挣扎的丑态要形容清楚，用旁观者的立场即可。

第三个问题，体现的问题。可以用一幅好的油画风格的有大海、乌云、海燕飞翔的画面，突出大屏幕上的大海怒涛翻滚的场景，用作背景的大屏幕画面。朗诵者上场后在台上可 45 度角站立，朝大屏幕朗诵出 1~2 段词儿。然后转身，在自己想象中的台左前上方为敌方（乌云等）的集聚点。而中间派蜷缩在相反的台右的角落之处，当海燕的形象再次出现时，朗诵者可向台中冲向前几步，突出海燕的战斗大无畏精神。后面可反复用这三个视像的点，加深印象。这样的视像安排把三个阵营用直观的方向表达出来。

要注意，只表现海燕一个主角是不够的，把它斗争的环境，乌云、狂风、雷电交替向海燕的进攻一步步紧逼而来，把这些过程描述得活灵活现，才能衬托出海燕的为了革命胜利的大无畏精神、乐观主义精神。

《海燕》

俄罗斯　高尔基

在苍茫的大海上，狂风卷集着乌云。在乌云和大海之间，海燕像黑色的闪电，在高傲地飞翔。

一会儿翅膀碰着波浪，一会儿箭一般地直冲向乌云，它叫喊着，——就在这鸟儿勇敢的叫喊声里，乌云听出了欢乐。

在这叫喊声里——充满着对暴风雨的渴望！在这叫喊声里，乌云听出了愤怒的力量、热情的火焰和胜利的信心。

海鸥在暴风雨来临之前呻吟着，——呻吟着，它们在大海上飞窜，想把自己对暴风雨的恐惧，掩藏到大海深处。

海鸭也在呻吟着，——它们这些海鸭啊，享受不了生活的战斗的欢乐：轰隆隆的雷声就把它们吓坏了。

蠢笨的企鹅，胆怯地把肥胖的身体躲藏在悬崖底下……只有那高傲的海燕，勇敢地，自由自在地，在泛起白沫的大海上飞翔！

乌云越来越暗，越来越低，向海面直压下来，而波浪一边歌唱，一边冲向高空，去迎接那雷声。

雷声轰响。波浪在愤怒的飞沫中呼叫，跟狂风争鸣。看吧，狂风紧紧抱起一层层巨浪，恶狠狠地把它们甩到悬崖上，把这些大块的翡翠摔成尘雾和碎末。

海燕叫喊着，飞翔着，像黑色的闪电，箭一般地穿过乌云，翅膀掠起波浪的飞沫。

看吧，它飞舞着，像个精灵，——高傲的、黑色的暴风雨的精灵，——它在大笑，它又在号叫……它笑那些乌云，它因为欢乐而号叫！

这个敏感的精灵，——它从雷声的震怒里，早就听出了困乏，它深信，乌云遮不住太阳，——是的，遮不住的！

狂风吼叫……雷声轰响……

一堆堆乌云，像青色的火焰，在无底的大海上燃烧。大海抓住闪电的箭光，把它们熄灭在自己的深渊里。这些闪电的影子，活像一条条火蛇，在大海里蜿蜒游动，一晃就消失了。

——暴风雨！暴风雨就要来啦！

这是勇敢的海燕，在怒吼的大海上，在闪电中间，高傲地飞翔；这是胜利的预言家在叫喊：

——让暴风雨来得更猛烈些吧！

2019 年，在江苏宿迁参加《人民日报》“大地之爱”诗会，朗诵［俄］高尔基作品《海燕》

撕开虚伪的面纱

——朗诵克雷洛夫寓言《狗的友谊》

俄国作家的寓言《狗的友谊》是很受欢迎的讽刺作品，我经常在朗诵会中表演。它的“行动性”是揭露现实生活中人与人之间存在的虚伪自私的丑恶现象，抨击个别言行不一、道貌岸然的伪君子。从这一“行动性”出发，可以联想到生活中的人和事，我设想第一只狗波尔卡如同夸夸其谈的演说家，高谈阔论时慷慨激昂，甚至唾沫飞溅；而另一只狗巴尔鲍斯如同令人肉麻的伪善者，说起话来细声细气，矫揉造作，甚至声泪俱下。

这样在全文的一开始，我就用不同的语调来区别它们，如同动画影片中出现的象征性音乐那样，用粗鲁的语气塑造“波尔卡”，用尖酸的语气塑造“巴尔鲍斯”，使朗诵一开始就有明显的形象区别。

我把两只狗“表达友谊”和“争抢骨头”的两种面目进行了明显的对比。寓言中有这样的词句：“……接着两个新朋友就拥抱和接吻起来……争吵、妒忌、恶意都给滚开吧！不幸这时候厨子从厨房丢出来一根骨头……友谊与和睦都哪儿去了？……”我是这样处理的：在“不幸”之前，要达到忘乎所以的程度，好似牢固的友谊已经建立起来了，然后语调突变，急转直下，我向观众冷冷地读出“不幸……”这一句。这时我没有去细致地描述厨子从什么方向扔出一根什么样的骨头，而是向观众暗示：情况变化了，它们要原形毕露了。在这一句之后，我停顿了片刻，让观众去想一想会出现什么样的后果。实践证明，这一句并无幽默的语言，每次都能收到观众会意的笑声，因为他们听懂了，想到了。接着，我再慢慢地向观众提出一个问题：“友谊和和睦都哪儿去了？”使观众对现实生活产生更多的联想，也使作品的思想意义更加深了一步。

作品中两只狗在表达“友谊”中连称呼都发生了变化，“我的奥列斯特”，“我的庇拉德”，了解这两个称呼必须请教一下专家。我专程到中央戏剧学院戏剧文学系的专家孙家琇教授家里，她说：“你是表演系学生，怎么到我这儿来了？”当我说明来意后，她说：“你是个好学生！”她走到一面墙那么大的书架前，熟练地抽出两本书，“这是英文版的，这是俄文版的”，都是克雷洛夫寓言。打开后，我发现页面上写满了标注和阅读记录，孙教授告诉我，“奥列斯特”和“庇拉德”两个人在西方视为友谊的象征，是做朋友的典范，读出来似乎就是最高点了……弄清楚后，朗诵时心里就有依据了。

在朗诵语言时，要注意寓言中的许许多多动物都是人的化身，朗诵者设计的形体动作，应有恰当的选择。当我读到两只狗说“我们来握手吧”时，我伸出右手，但手腕是弯的，90 度像狗爪一样，现场的孩子们都哄堂大笑。

寓言朗诵是训练中增强形象性的有益手段。

《狗的友谊》

俄罗斯　克雷洛夫

波尔卡和巴尔鲍斯在厨房的窗口下晒太阳。虽说它们在院子门口看家，比较来得合适，可是它们已经吃得饱饱的，而且这两只狗都是彬彬有礼。白天对谁也不乱叫，这样，它俩就纵情谈起各种事情来了：谈到狗的职务，坏事情、好事情都谈，最后谈起友谊来了。

“还有什么更快乐呢，”波尔卡说。“除了跟朋友真心诚意地一起生活，什么事都能互相合作，同喝同吃，全力保卫咱同类，最后，互相了解地看看，抓紧幸福的一刻，安慰朋友和让朋友愉快，把整个自己的幸福放在友谊的幸福上！如果我们能够建立这样的友谊，我敢大胆说一句，我们就不会觉得时间的过去了。”

“当真吗？这倒挺有意义！”巴尔鲍斯回答它，“波尔卡努什卡，我早就很痛心，你我虽然同住一个院子里，我们简直没有一天不打架，这究竟为了什么呢？感谢我们的主人，我们从来不饿肚子，住得又好舒服！而且，说来真惭愧，狗的友谊自古就传为美谈；然而狗与狗之间的友谊，真好像人与人之间的友谊，几乎从来没有看到过。”

“在这年代，我们来做现代友谊的模范吧，”波尔卡喊道，“我们来握手吧！”

“来吧！”接着两个新朋友就拥抱和接吻起来；高兴得不知道把对方比作谁好：“我的奥列斯特！”——“我的庇拉德！”争吵、妒忌、恶意都给滚开吧！

不幸这时候厨子从厨房丢出来一根骨头。于是两个新朋友争先向它飞奔过去。友谊与和睦都到哪去了？奥列斯特和庇拉德对咬起来，只见一蓬蓬的狗毛在飞扬，最后好不容易用了水才把它们冲开了。

世上到处都充满这样的友谊。对于现在许多朋友们来说，这并不算罪过，在友谊中几乎很相好；叫起来，大家好像一条心——然而只要丢给他们一根骨头，就会像狗儿一样！

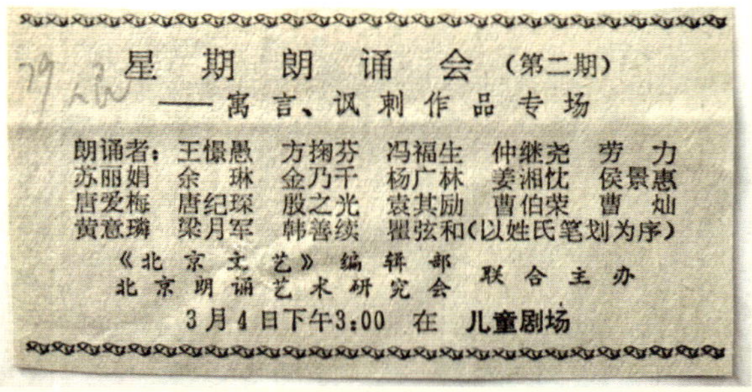

79人民

星期朗诵会（第二期）

——寓言、讽刺作品专场

朗诵者：王憬愚 方掬芬 冯福生 仲继尧 劳力
苏丽娟 余琳 金乃千 杨广林 姜湘忱 侯景惠
唐爱梅 唐纪琛 殷之光 袁其励 曹伯荣 曹灿
黄意璘 梁月军 韩善续 瞿弦和（以姓氏笔划为序）

《北京文艺》编辑部
北京朗诵艺术研究会 联合主办

3月4日下午3:00 在 儿童剧场

1979年，在北京星期朗诵会上朗诵［俄］克雷洛夫寓言《狗的友谊》，向孙家琇教授请教

双语朗诵的选材

——朗诵普希金诗歌《假如生活欺骗了你》
朗诵海涅诗歌《乘着歌声的翅膀》

国际上的诗歌盛会或诗歌节，世界各国的诗人们喜爱用双语朗诵，即除流通的英语之外，还用其本国的语言介绍自己的作品。艺术家们在出访演出中，也会在异国的观众面前，演唱所在国家人们熟悉的歌曲，演奏家喻户晓的音乐，此种景象都会掀起一股热潮，拉近不同国家、不同肤色、不同民族心与心的距离。

我在高中和大学期间，学的都是俄语，有一种俄罗斯情结，俄罗斯的戏剧、文学有着鲜明厚实感，俄语的卷舌音别具特色，它的各种变格又吸引着你去不断地学习。我喜爱俄语，我喜欢用俄语朗诵诗歌。

我高中时期（北京二中）的俄语老师是来自外语学院的大学生，他（她）们特别强调日常生活中的实际运用，从见面打招呼、上课值日生向老师的报告，到用俄语背诵著名诗人的作品，非常有吸引力！

我选哪首？老师帮我选了俄罗斯诗人普希金的短诗《假如生活欺骗了你》。老师说，这首诗不长，你便于背诵，这首诗有意义，它热烈而又深沉，有“乐观向上，面向未来”之感。

我查阅到，这是诗人普希金被沙皇流放的日子里，俄国革命如火如荼，他却被迫与世隔绝，但在这样的环境下，普希金没有丧失希望与斗志。“我们的心，永远向前憧憬”，就是经典的表达。

自从高中时代用俄语朗诵了此诗，我就从来没有忘记过。几十年来，无论是出访俄罗斯，还是各类的联欢会晚会，只要有俄罗斯朋友，或使用俄语的朋友，我都会朗诵一遍，当然是汉、俄双语。在中央戏剧学院主办的学院奖的颁奖晚会上，我还和俄罗斯戏剧家圣彼得堡艺术学院教授娜塔莉亚女士（她是斯坦尼斯拉夫斯基第四代传人），一起用俄语朗诵了这首名作，这可是难忘的经历啊！

在纪念普希金二百周年诞辰的专场诗会上，我的双语朗诵，也成了诗会唯一用外语朗诵的节目，一场在北京音乐厅，一场在天津大剧院。

2009 年中国煤矿文工团编排了大型歌舞晚会“俄罗斯的伏特加”，所有的节目都要求用俄语演唱和朗诵，我再次选用了普希金的诗《假如生活欺骗了你》，这首诗当时已被列入了中学语文课的教材，大部分中学生都会背诵。我想，这样一首有影响的作品，应当下功夫进行包装，我把此诗安排在晚会的开场，幕起时天幕上是俄罗斯白桦林的背景，我装扮成一位俄罗斯的老者，服装设计师邢小玲为我设计了一件长外套，花纹及样式颇有俄罗斯风格，我手拄拐杖，拿着烟斗蹒跚而上。在一个富有陈旧感的邮筒里取出了一个纸卷，打开后读出“普希金”三个字，仿佛是诗人留给后人的作品，又象征着经典文学的传承，老者的身份不具化，有些神秘感，汉、俄双语读出“假如生活欺骗了你”。

应当说，双语朗诵的选材，一定要选择所在国人们非常熟悉的、几乎是人人皆知的作品。在波兰、在保加利亚、罗马尼亚，我都格外注意这一点，分别用波语、保语、罗语朗诵波兰的密支凯维茨、保加利亚的保泰夫、罗马尼亚的爱明内斯库的作品，都产生了轰动效应。甚至当你突然忘词儿的瞬间，外国朋友们就会齐诵出下面的诗句。

2020 年北京外国语大学俄语学院、北京外研书店举办了一场有意义的活动“我记得那美妙的一瞬——第四届俄罗斯经典诗歌朗诵”。主办方付帅先生邀我用俄语朗诵《假如生活欺骗了你》，我毫不犹豫地将录音发过去，播出时，付帅来电说：“大家都觉得非常棒，您这真是童子功，让人感佩！”我正在沾沾自喜，第二个电话来了，有一位老师听出有一个错误，我急忙重听自己的录音，啊呀，把一个字尾的音读错了，这是低级失误啊！

我马上给俄语的高级翻译、我崇拜的李铁军老师去电，我说：“您怎么不批评我？”他笑了笑说：“我听出来了，不止这一个地方，但我觉得你对俄语的喜爱，对双语朗诵的执着使我感动，年龄这么大，能念就不错了，可以原谅，再说我欣赏您的气场，要学习您的精神，没关系，下次注意就行！”

是啊！正如这首诗最后一句所写的：“一切都是暂时的，转瞬即逝，而那逝去了的，将会变成可爱。”

双语朗诵中还可以考虑音乐的因素。2000 年德国诗人海涅的作品《乘着歌声的翅膀》，我们在广州电视台朗诵，与交响乐队合作过。2018 年“重温经典——庆祝中华人民共和国成立 69 周年诗歌朗诵演唱会”在北京音乐厅举行。节目中安排了一组“一带一路”沿线国家的诗歌作品，要求演员们用双语展示。

张筠英和我一样，大学时代学的是俄语，但她从小学习小提琴，少年时期又是北京市少年宫舞蹈组的成员，还喜欢唱歌。在导演组构思时，她选择了德国诗人海涅的诗《乘着歌声的翅膀》，这是海涅最有影响的爱情诗之一。“亲爱的随我前往，去到恒河的岸旁……在那边椰子林中……做甜美幸福的梦……”诗句自然热烈，单纯质朴，人们非常喜爱。不仅如此，作曲家门德尔松还为诗谱了曲，曲调优美飘逸，模拟了山谷中回声的和谐，奇妙的效果使人产生身临其境之感，增加了诗句的魅力，世界各国的合唱团都曾演唱过。�英采用了用德语演唱、汉语朗诵的形式，她特意请教了德语翻译胡剑羽，演出获得了好评。

随着国际文化交流的日益增多，双语朗诵对中国文化走向世界以及中国读者加深了解世界都会起到推动作用。我们在“一带一路”诗会中做了有益的尝试。

选材上我们注意选择世界名著，选择中国读者熟悉和喜爱的诗歌，用汉语和作者所属国的语言朗诵。比如法国作家雨果的诗歌《播种季——傍晚》，艺术家刘纪宏用法语、汉语朗诵；智利诗人聂鲁达的诗歌《寂静》，曲敬国教授用西班牙语、汉语呈现；印度诗人泰戈尔的名作《我一无所求》，年轻艺术家何凯鹏不仅用印度语、汉语朗诵，还有舞蹈家汪凡以独舞形式共同演绎。

作品中，我们还特地选择了富有战斗性的、鼓舞斗志的诗歌《不可征服》，这是南非领袖曼德拉在狱中最喜欢读的作品，北京人民艺术剧院的艺术家孙星充满激情地用英语、汉语表达。

印度尼西亚是“一带一路”沿线的主要国家之一，印尼民歌《星星索》是世界各国人民所熟悉的，我们将歌词用印尼语、汉语朗诵，青年艺术家胡乐民、雷凌还载歌载舞完成了演绎。

演播家虹云双语朗诵了哈特·克莱恩的《外婆的情书》，配音艺术家任亚明、王磊等，还用小语种波斯语、阿拉伯语进行了双语朗诵。

《假如生活欺骗了你》

俄罗斯　普希金

假如生活欺骗了你，
不要悲伤，不要愤慨！
不顺心的时候，暂且容忍。
相信吧！快乐的日子将会到来。

我们的心永远向前憧憬，
即使活在阴沉的现在，
一切都是暂时的，转瞬即逝，
而那逝去了的，将会变成可爱。

《乘着歌声的翅膀》

德国　海涅

亲爱的随我前往
去到恒河的岸旁
最美丽的好地方
那花园里开满了红花
月亮在放射光辉
玉莲花在那儿等待
等她的小妹妹
玉莲花在那儿等待
等她的小妹妹
（紫）罗兰微笑地耳语
仰望着明亮的星
玫瑰花悄悄地讲着她芬芳的心情
那温柔而可爱的羚羊
跳过来细心倾听
远处那圣河的波涛
发出了喧嚣声
远处那圣河的波涛
发出了喧嚣声
我要和你双双降落
在那边椰子林中
享受着友谊和安静
做甜美幸福的梦
做甜美幸福的梦
幸福的梦

2000 年，在广州电视台录制，朗诵［德］海涅诗歌
《乘着歌声的翅膀》

2009 年，在中国煤矿文工团演出的“俄罗斯的伏特加”歌舞晚会中用汉、俄两种语言朗诵［俄］普希金诗歌《假如生活欺骗了你》

2017 年，在北京音乐厅国庆诗会用汉、德两种语言朗诵演唱［德］海涅诗歌《乘着歌声的翅膀》

昭示与宣告

——朗诵顾拜旦《体育颂》

《体育颂》是世界著名的诗作，不仅蕴含有“更快、更强、更高”的奥林匹克精神，而且体现了“同一世界，同一梦想”的追求。

中央电视台2006年在演播大厅举办北京奥运会倒计时两周年的大型活动，我朗诵《体育颂》。虽然是节选，但诗的主要精神突出，在“啊，体育”之后，有五个不同的段落。

朗诵时要注意每段开始的两个字及每段对应的重点诗句。如“你就是美丽”，“美丽”和此段的“无与伦比”对应，“正义”和“公平合理”对应，“勇气”与“敢于搏击”对应，“荣誉”与“公正无私”对应，最后“和平”“友谊”“进步”是竞争的动力，更体现永存的精神。

朗诵是在主持人出场前，非常有仪式感。奥林匹克主题音响起，我走到台中，在18个曾举办过奥运会的国家国旗前开始朗诵，而台前有两排戴着红领巾的少年儿童，彰显奥林匹克的生命力。

整体朗诵，朗诵者要精神饱满，但不是从头到尾喊叫，比如第三段“敢于搏击”之后，“若不为此，敏捷强健有何用？肌肉发达有何益？”要读得清楚，提出问题，让听众思考。我从小就喜欢体育，妈妈是体育老师。我想起她常说的“参加体育活动，一定要有章法”，正像诗中所写的“发挥人类最大能力而又无损健康的肌体”，这也是体育永存的精神。

再次朗诵《体育颂》，是2018年上海东方卫视的春节节目“奔跑吧　新时代”中，仍然很有仪式感。

朗诵者的背后，有几十位曾经获得各项世界体育赛事的世界冠军，他（她）们的参与本身就体现着“永存的精神”，正是他（她）们发挥人类的放大的能力，遵守规则，敢于搏击，为祖国赢得荣誉，为世界创建了奇迹。与他们一起朗诵顾拜旦的“体育颂”，是庄重的、神圣的。

合作者杨澜告诉我，世界冠军们都很高兴，认为我们朗诵的段落划分得很合适，四个段落男、女分别担当，而最后全体一起合诵“你就是和平，你就是友谊，你就是进步”，正是他（她）们内心最想表达的永存精神。

《体育颂》（节选）

法国　顾拜旦

啊，体育，你就是美丽！你的作用无与伦比，可使人体和精神和谐统一，可使人体运动富有节律，使动作变得优美，柔中含有刚毅。

啊，体育，你就是正义！你体现了社会生活中追求不到的公平合理。取得成功的关键，只能是体力与精神融为一体。

啊，体育，你就是勇气！肌肉用力的全部含义是敢于搏击。若不为此，肌肉发达有何益？

啊，体育，你就是荣誉！荣誉的赢得要公正无私，反之便毫无意义。

啊，体育，你就是进步！你告诉人们遵守规则，发挥人类最大能力而又无损健康的肌体。

啊，体育，你就是和平！你在各民族间建立愉快的联系。使全世界的青年学会相互尊重和学习，使不同民族特质成为高尚而和平竞赛的动力。

2006年，中央电视台录制“奥运系列”，［法］朗诵顾拜旦《体育颂》

2018年，在上海电视台录制“奔跑吧　新时代”晚会，与艺术家杨澜朗诵［法］顾拜旦作品《体育颂》

体验与体现

——朗诵裴多菲诗歌《我愿是急流》

19 世纪匈牙利伟大诗人裴多菲的诗《我愿是急流》是老中青三代人都喜爱的作品。

我们在文化部(今文旅部)的春节晚会、在湖南卫视“2012 中国演艺界十佳模范夫妻”颁奖晚会、在上海图博会、在中国广播 60 年晚会上都朗诵过。

全诗分五个诗节，以诗人自喻的五种形象“急流”“荒林”“废墟”“草屋”“云朵”划分，表达了对爱情的坚贞不渝和由衷奉献。有年轻的朗诵爱好者要我们辅导，如果是单人朗诵，我们会告诉他，把握“牺牲自己”的连贯动作，表达好诗人对爱情的态度；如果是双人朗诵，我们会建议他们，五个诗节，可以第一、三诗节男声，第二、四诗节女声，第五个诗节双人完成。

随着年龄的增长，阅历的增加，我们也有了新的朗诵处理。2017 年我们结婚五十周年金婚纪念，我们在影像集“悦”中写下这样一段话：“谁的一生没有沟沟坎坎，没有遗憾，我们是深一脚浅一脚走过来的，但这个过程都是互相搀扶着、享受着，因而也是快乐的。”

朗诵《我愿是急流》这首诗，更应突出“爱情需要奉献”这一点，也就是“同甘共苦”，无论是顺境还是逆境，始终如一。

诗人自喻“急流”“荒林”“废墟”“草屋”“云朵”，而把爱人比喻成“小鱼”“小鸟”“常春藤”“火焰”“夕阳”，是多么纯洁高尚啊，而“我愿意”“只要”在五个诗节重复出现，加深了“甘愿奉献”。

我们特意把男女合诵的诗句做了调整，原男声独立朗诵的段落，变为双人合作。如第一诗节，男声开始读“我愿意是急流”，而“只要我的爱人是一条小鱼”由女声读，一下子把两人融在一起，分不清谁在谁的“浪花中”，下一句“快乐地游来游去”男女合诵，表现爱情的幸福。

再如第二诗节，女声读“我愿意是荒林”，“在河流的两岸，对一阵阵的狂风，勇敢的作战”由男声朗诵，女声在“勇敢地作战”这句加进来，表现为爱情奉献是相互的。

然后男声再读“只要我的爱人是一只小鸟”。

我们尝试加进了演唱，音乐开始后，边唱边上场，女声独唱后引进诗句，结尾男女重唱，并在音乐的余音中重复“鲜艳的辉煌”，第一遍读出“苍老”，第二遍读出“金色年华”。最后在音乐的尾句中加上朗诵“鲜艳的辉煌”。

如果使用背景大屏幕，我们尝试过分段用“山间的溪流”“河畔的荒林”“山崖的废墟”“谷底的草屋”“天边的夕阳”……很美，但容易分散观众对朗诵的关注，也显得变化突兀，我们发现自始至终用“天边夕阳”或“晚霞的光”，图像下方有隐隐的溪水，这样就统一了，也可彰显一生对爱情的忠贞与奉献。

《我愿是急流》这首诗，我们在许多场合朗诵过，而每一次朗诵都有不同的体会，其中有几次难忘的经历。央视“艺术人生”栏目，编导组成员李晓蕾找到我，说你们这一期，我们想突破原来的“主持人与嘉宾一问一答、插播资料”的模式，力图变化丰富些。她插进了歌舞、小品、朗诵的表演，于是歌星黄鹤翔与电影学院毕业生陈哈妮编排了表现我们大学期间生活的小品；中央戏剧学院毕业生何恺鹏和青年演员白蓓蓓朗诵了60年代我们曾朗诵的诗歌；表演艺术家贾雨岚、许文广、楚健等人的小品又形象地表现了我在文工团工作岗位上的状态……在这样的氛围中，我和筠英现场朗诵这首《我愿是急流》，在每个段落，我们都会浮现生活中真实的场景：大学时期一起温习功课、婚后分居两地的思念、工作中遇到的困难和战胜困难的喜悦……朗诵格外充实。

湖南电视台“中国演艺界十佳模范夫妻”颁奖盛典上，我们接受采访后，现场朗诵《我愿是急流》，舞台上恰好有颁奖用的特殊布置的红色地毯，那一瞬间，我们仿佛是迈入婚礼的殿堂，弥补了我们结婚时没有仪式的缺憾，朗诵时格外有仪式感，像爱情的宣言。

金婚五十年，河北卫视“中华好家风”导演高璐让我们演唱《我愿是急流》，作为出场的背景音乐，作为七十多岁高龄的老夫老妻真是回忆人生之路，别有一番滋味在心头。

《我愿是急流》

匈牙利　裴多菲

我愿意是急流，
山里的小溪，
在崎岖的路上，
岩石上经过……
只要我的爱人
是一条小鱼，
在我的浪花中
快乐地游来游去。

我愿意是荒林，
在河流的两岸，
对一阵阵的狂风，
勇敢地作战……
只要我的爱人
是一只小鸟，
在我的稠密的
树枝间做窠，鸣叫。

我愿意是废墟，
在峻峭的山岩上，
这静默的毁灭
并不使我懊丧……
只要我的爱人
是青青的常春藤，
沿着我荒凉的额，
亲密地攀援上升。

我愿意是草屋，
在深深的山谷底，
草屋的顶上
饱受风雨的打击……
只要我的爱人
是可爱的火焰，
在我的炉子里
愉快地缓缓闪现。

我愿意是云朵，
是灰色的破旗，
在广漠的空中，
懒懒地飘来荡去，
只要我的爱人，
是珊瑚似的夕阳，
傍着我苍白的脸，
显出鲜艳的辉煌。

2012 年，在湖南电视台录制［匈］裴多菲诗作《我愿是急流》

2018 年，在全国政协礼堂“中国电视六十年”晚会 朗诵裴多菲《我愿是急流》

注意人物身份

——朗诵“法国戴高乐、美国罗斯福演讲词”

美国总统罗斯福、法国总统戴高乐的讲话都是历史的经典，都出现在20世纪40年代的关键时刻。

在两次有纪念意义的诗会上，我分别朗诵了这两篇演讲词，一是2001年在北京中山公园音乐堂举办的“影响世界的声音——演讲篇”，二是2016年在中国传媒大学举办的“历史的回声——第17届齐越节”。后者在中国教育电视台一套播出。

这两场演出，现场的反应十分强烈，观众对主办方的选材给予肯定，因为这是人类历史上值得纪念的两次讲话，令人难以忘怀。

我有两点体会，一是要注意仪式感：戴高乐的演讲地点在巴黎凯旋门广场，时间是1945年11月11日第二次世界大战结束，迎接为法兰西捐躯的烈士灵柩而发表的演讲。如何体现这一隆重的仪式，诗会的主办方合理运用了音乐堂的舞台条件，这里经常举办的是音乐会，没有转台和升降设备，但指挥台是可以升降的。当我朗诵这段演讲词时，指挥台升起，上有一立式话筒，我从下场口走出，仿佛是走上检阅台的讲台，庄重，居高临下，能看到广场上的人群和车队。

罗斯福总统是令人尊敬的身有残疾的总统，这段讲话的时间是1941年6月第二次世界大战爆发。我选定用坐姿朗诵，传媒大学为我准备了一把单扶手的靠椅，降低了的立式话筒摆放在靠椅前。朗诵结束后，我起立向大家谢幕，以示这是演员朗诵的罗斯福总统的话。

二是要不忘“统帅”的身份。戴高乐总统的话中，充满了对烈士的尊敬和敬意，表达了对祖国法兰西的热爱。语调是沉稳而坚定，比如“经历了我们的一切痛苦和胜利的烈士现在回来了”，“他们聚集到这里了”，而当他向法兰西人民发出号召时，朗诵者必须注意演讲的鼓动性，例如：“不做无谓的争执，迈着同样的步伐，唱着同样的歌曲，在同一条道路上携手前进！”“我们要让重新团结起来的伟大人民的视线和胸襟面向未来！”戴高乐总统在演讲的最后，高呼“法兰西万岁”，朗诵者可选择符合“统帅”身份的手势。

罗斯福总统的讲话，表达出对独裁者的唾弃，而对胜利充满信心。朗诵者应有肯定的语气，总结的口吻，如“这是我们所追求的世界必须具有的基础”，又如“我们所追求的世界，与独裁者企图用炸弹炸出来的，那种所谓‘新秩序’的暴政正好相对立”。

朗诵演讲词中对胜利充满信心的语句则要用明朗向上的动势，如“我们的国家已经将她的命运交托给千百万自己的男女公民，让他们的双手、头脑和心灵来决定”。

其中有一句“我们的目标一致，使我们得到力量”，我突然轻读，处理成内心独白，想表现罗斯福总统的初衷。而演讲的最后“这崇高的观念”一句，我把右手高举过头顶，手保持不动，眼光坚定，继续读出“除了胜利之外，没有”，然后在手势向下的同时干脆地读出“别的结局”。

在凯旋门广场上的讲话

戴高乐

这些为法兰西捐躯但同法兰西一起凯旋的人，在日日夜夜决定着我们命运的战场上牺牲的战士，经历了我们的一切痛苦和胜利的烈士现在回来了！

他们代表着在我国备受屈辱的时候选择了光荣道路的许多人，他们现在安息在只有上帝才知道姓名、高举神圣的火炬、在30年战争的最初战斗中牺牲的民族精华的周围，受到2000年来为保卫祖国而献出生命的人们的英灵的保护。现在，他们聚集到这里了！

但是，面对这些使我们流泪和自豪的死者，我们活着的法国儿女，应该接受他们刚刚留给我们的教训。

我们应该了解我们国家的安全很久以来就是没有保障的，因为在我国漫长的历史过程中，曾不得不为那样多的危急付出重大的牺牲！我们应该认清，祖国的利益永远是至高无上的法律，在严酷的世界和艰难的时局给它造成的形势下，一切，是，一切！都应该服从效忠祖国的义务！

为了医治遍体鳞伤的法兰西，我们应该团结如手足。如手足！就是说，不做无谓的争执，迈着同样的步伐，唱着同样的歌曲，在同一条道路上携手前进！

当这些烈士到安葬他们的圣地去永远守卫首都以前在这里停下来的时候，当在我们旗帜下生活于我们领土的各个角落和海外各处男女同胞们回忆我们的光荣并为死者默哀的时候，我们要让重新团结起来的伟大人民的视线和胸襟面向未来。

法兰西万岁！

1945 年 11 月 11 日

罗斯福演讲词

这不是对遥远未来的黄金时代的幻想。这是我们所追求的世界必须具有的基础，这世界可以在这个时代，由我们这一代人赢得。我们追求的世界，与独裁者企图用炸弹炸出来的，那种所谓“新秩序”的暴政正好相对立。

我们用道德智慧来反对那种新秩序。一个好的国家，能够毫无恐惧地面对企图主宰世界以及在别国发动革命的各种计划。

我们的国家已经将她的命运交托给千百万自己的男女公民，让他们的双手、头脑和心灵来决定；我们目标一致，使我们得到力量。这崇高的观念除了胜利之外，没有其他结局。

2001 年，在北京中山公园音乐堂朗诵［法］戴高乐的演讲词

2016 年，“历史的回声——第 17 届齐越节”朗诵［美］罗斯福演讲词

激情的分寸

——朗诵电影、话剧中的独白

电影《人证》1977年在日本上映，好评如潮，1978年“上影”译制了此片。在国内上映后，打动了无数人，我就是其中之一。

母亲八杉恭子的形象、影片中的《草帽歌》、八杉恭子的黑人儿子乔尼单纯朝气的样子……让人不能忘怀。

而此时朗诵活动也很频繁，需要一些新的内容来补充。所以我自然而然地想到电影《人证》，想到八杉恭子的形象。《人证》的主要情节是八杉恭子扭曲的人生经历，悬念丛生的情节，起伏跌宕的节奏，是足以吸引观众的。

既然是根据电影改编，那应有一个能集中表现情节的适当的地点、环境，该是什么呢？

于是我想到八杉恭子在自杀之前是有忏悔之心的，况且她是一位母亲。母亲的心都有最柔软的那一面，那就是母爱。她割掉母爱成为杀人凶手，而且杀死自己的儿子，她的心路历程是什么样的？我想在这篇独白中表达清楚，而最合适的地点应该是法院。虽然与影片中细节有些不同，但为了适应舞台演出，只能把情节集中在一个片段中，这样改编完成了。开始我用了“是的，警官先生，乔尼是我的儿子”。这个事实的承认，是八杉恭子纠结的核心。下面就是要交代与乔尼有关的一切事实。

在朗诵的准备工作中，第一句话一出，就很容易激动得泪流满面，声音颤抖，再下去，与乔尼父亲的相遇、生下了乔尼以及草帽和《草帽诗》、亲手杀死儿子……朗诵者在回忆中自然难以控制自己的情绪。

我们从电影中看到的八杉恭子是个稳重、雅致、深沉不露的女性。不轻易把情感暴露在人们面前，这是她的经历、她的地位所决定的。但是她内心的波澜起伏应当定在什么样的基调上呢？因为这是一段认罪的独白，我朗诵时要求自己从开始就有不平静的心境，所有的事实已经不再能为自己辩驳，要勇敢地面对这一切，无论是社会的不公，种族的不平等，舆论的压迫，还是一切客观的原因，都不是根本。自己受虚荣心的驱使，选择了错误的决定。因此她是既勇敢又懦弱，既想掩盖事实又不得不承认事实。因而冷静的外表下，内心波涛汹涌。术语是“冰下的涌动”，应该是含泪不流泪。平静语调下的细微变化，多处停顿，表现出压抑下的动情。

在进入回忆的情节中，在描述与乔尼的最后见面时，要讲得生动明了，加上实时出现的《草帽歌》的旋律，听众会心潮起伏。

特别强调的是乔尼的三句话，我每次都是以最激情的、最纯粹的、最真诚的语调朗诵出来的，第一句是：“妈妈，我爱那草帽”；第二句是：“妈妈，你觉得我碍事儿了是么”；第三句是：“妈妈，你快走，马上就会来人的……”。这样善良的、多情的、永远为别人着想的儿子，被母亲杀害了，这是件令世人都遗憾、都痛心的事，是对那个社会黑暗面最好的抨击。在我首次演出这个片段后，很多演员也选择了这个段子。后来作为教材也教过一些学生，朗诵这个片段均得到了好评。

著名话剧《霓虹灯下的哨兵》中春妮的一段独白是很多人都能背诵的，我在戏剧学院教师们演出的此剧中扮演春妮，对这段独白我首先明确信是写给自己的丈夫陈喜的指导员的。舞台上的处理，是在前景不动的情况下，后台方的一角出现一束聚光，聚光中春妮头包白毛巾，身穿农村妇女典型的中式浅蓝上衣……

从一开口，已是控制后的激情下，说出的肺腑之言。第一、第二段是以回忆为主，第三段是她对丈夫的变化的担忧，她是在请求指导员关心帮助陈喜，这里恨他不是主要的，要讲出爱，出于对丈夫的爱才是她的主导思想。爱得越深，越是担忧，越是伤心。在最后一段中，质朴地、焦灼地请求指导员：“你拉他一把吧……”。

所以在这个激情的独白中的分寸也很重要。美好的回忆中，包括内心的伤痛，严肃的批判中饱含着爱，诚恳的请求中贯穿着焦急。复杂的情感表达中贯穿的是爱，不是抱怨，不是发泄，这也是分寸掌握的依据。

在教学的独白课中，我为学生史可选定了北京人民艺术剧院的《蔡文姬》中的一段独白。这个段子有点类似戏曲的定场诗一般，这是蔡文姬在父亲墓前的一段“忏悔”的讲述。朱琳老师的这段独白，在演出中非常突出。她台词的功夫令我久久不能忘，因此在给史可上课时，我给了她这一段。为了原汁原味地借鉴老师的精髓，在我遇到朱琳老师时，请求她给我寻找这段独白。当时是小盒式录音机，我把小盒带也交给了朱琳老师。第三天，朱琳老师来电话告诉我去取录音带。我立刻请人去取。回家后我反复听，反复学习，然后上课时把带子交给史可。朱琳老师不仅教我们班的台词，还亲自录音，让我的学生学习，这种传、帮、带的精神，也真是我的学习榜样。

电影《人证》

日本　八杉恭子独白

是的，警官先生，乔尼是我的儿子。

我和乔尼的父亲威尔逊是在大战结束，他们进驻日本时认识的。

一次，一伙流氓纠缠得我毫无办法时，威尔逊救了我。他虽然是个黑人，但却是一个有男人气概能体谅我的好人。我们，恋爱、同居了，并且生下了乔尼。

到雾积去时乔尼刚满两岁，在那里看到了西条八十写的《草帽诗》。诗很美，给乔尼留下了深刻的印象，那顶草帽也是那次回来的路上买的。

不久，威尔逊接到回国的命令，不准许非正式的妻子随同，而我们又没有正式结婚，我娘家是名门世家，不会同意我和黑人结婚，只好由威尔逊把乔尼带回美国了。《西条八十诗集》是我作为去雾积的纪念送给威尔逊的。

我本来计划说服父母之后去追随他们，可命运安排我和郡阳平结了婚，又生下了儿子恭平和女儿洋子，他们都不知道威尔逊和乔尼的事。

我接到羽田机场打来的电话，乔尼来了！我们在东京商业饭店见了面。站在我面前的是一个24岁的青年，中等身材，油黑油黑的皮肤，明亮的眼睛，微卷的头发，啊！这就是我的乔尼！他拿着那本诗集和那顶草帽跪在我的面前。

“妈妈，我爱那草帽！可是，一阵清风将它吹走，我是多么懊恼，妈妈，那时迎面走来一个卖药的青年，他花了多大的劲，想帮我捡，可是还是没有捡到，那可是个深谷，草长得和我的身体一样高。妈妈，那顶草帽真的怎样了？……”多少往事啊！……

乔尼告诉我，他不愿再回美国了，他要定居日本，入日本国籍，不给我添麻烦，只想待在我的身边。可是他的存在迟早会泄露我的秘密，可我的名誉、丈夫的事业，那一双儿女的前途，家庭的安宁怎么办？劝他回去他又不肯，我已经走投无路了啊！

我决定杀死乔尼。我叫他在九月十七日晚八点，在清水谷公园等我，那里晚上没人，逃跑方便。

他来了，还拿着那本诗集和那顶草帽。多少次我的决心动摇了，可是，要保全自己的家庭，只有走这条路。

我拿出了刀刺向他的前胸，由于手发抖，刺得并不深。可是乔尼他全都领悟了，他说："妈妈，觉得我碍事了是么？……"我永远都忘不了他那悲惨的目光，他把手放在我刺了一半而松手的刀柄上，使劲地、深深地戳了进去……乔尼还对我说："妈妈，你快走！马上就会来人的，你快走啊！妈妈你快走！"

就这样我杀死了自己的儿子。

《霓虹灯下的哨兵》独白

指导员：

我非常难过，不是为自己，是为陈喜。我们俩从两小无猜到参加革命，没有斗过一回嘴，生过一回气。我觉得有这样一个好丈夫，真是幸福！

婚后第三天，我亲自送他参加自己的队伍，听说他常立战功时，欢喜得我呀挑着担子唱着歌把军粮送往前方！谁想到刚刚胜利，刚刚进入大城市，陈喜的思想就起了变化，多大的变化呀！

我密针细线给他缝的布袜扔掉了，那绣着一对鸳鸯的针线包，是我作姑娘时，背着人偷偷给他缝的，也当着我的面扔掉了！指导员，他是把部队的老传统扔掉了，把解放区人民的心意给扔掉了，把他自己的荣誉扔掉了！

指导员，我多么为他难过，党培养他这么多年，没倒在敌人的枪炮底下，却要倒在花花绿绿的南京路上了！我真为他的前途担心！指导员，我知道你一直对他很好，你拉他一把吧……

《蔡文姬》独白

父亲，大家都睡定了，我现在又来看你来了。你怕会责备我吧？曹丞相苦心孤诣地续我娶我回来，应该是天大的喜事。但我其不应该呵，我总是一心想念着我留在南匈奴的儿女。虽然有四姨娘在那里替我照拂他们，但他们总是一时一刻都不离开我的心。（起立屏营）我离开他们已经一个月了，差不多每晚上都睡不好觉。我总想在梦里看见他们一眼。但奇怪的是他们总不来入梦。爹爹，你说，我离开了他们，他们是怎样地伤心呵。特别是我那才满半岁的女儿。我都在这样思念她，她怕天天都在哭吧？唉，我一听见小孩儿的声音，就好像他们的声音。我一看见别人的小孩儿，就好像他们来到了我的眼前。但是，一个月了，我总不能梦见他们一次呵！（抚墓碑发问）呵，爹爹，该不是孩子们生了病吧？该不是碰到什么灾害吧？该不是……唉，我真不敢想象呵，但我的心却一刻也不让我停止想象。我无时无刻都在想呵，饭也不想吃，觉也不能睡。像这样，我到底能够做些什么呢？呵，我辜负了你啦，爹爹！（跪下）曹丞相要我学那班昭，让我回来继承父亲的遗业，帮助撰述《续汉书》。但我现在已经成了一个废人。我有什么本领能够做到班昭？我有什么力量能够撰述《续汉书》呢？呵，父亲，请你谴责我吧！谴责我吧！我为什么一定要回来？我为什么一定要回来呵？……”（倦极，倒在墓前，昏厥）

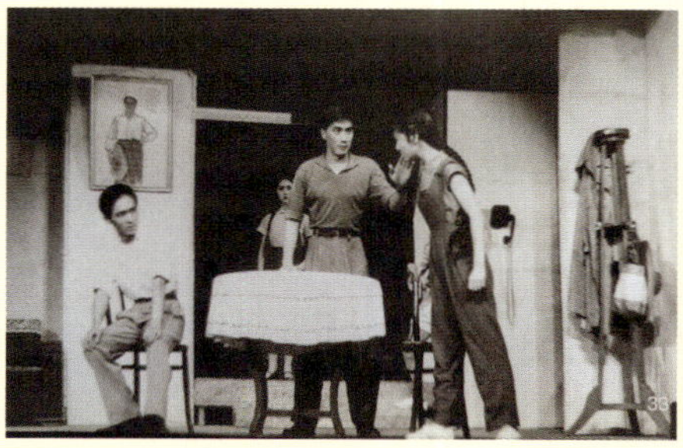

1963年，在话剧《年青一代》中张筠英饰演林岚、瞿弦和饰演林育生

1965年，在话剧《青松岭》中张筠英饰演秀梅、瞿弦和饰演张万山

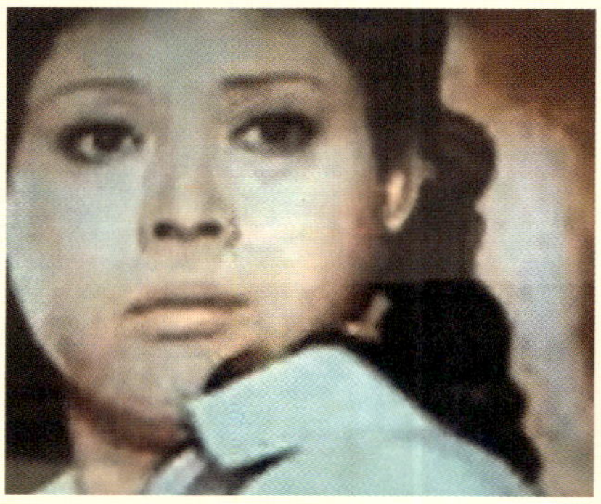

1978年，张筠英根据日本电影《人证》八杉恭子的人生经历，编写了独白，并在教学中使用

1978年，张筠英在中央戏剧学院演出话剧《霓虹灯下的哨兵》，在剧中扮演春妮

1979年，张筠英在话剧《杨开慧》中的“劝降”片段

1979年，在话剧《杨开慧》中扮演陈独秀的特派员黄亚男

被动与主动

——朗诵话剧《基督山伯爵》中的人物台词

这个话剧片段是我专门为导演系的学生吴晓江（现为中国国家话剧院导演）摘选的，后来收编在中央戏剧学院教材中。《基督山伯爵》是法国作家大仲马的作品。这本书是20世纪70年代末开始在中国流行，当时书很少，要人传人、手对手，预约好时间去拿书。还要规定两天内传到另一个同事手中。观看电影《基督山伯爵》时，一票难求，有些人甚至是站着看完的。在这之后，哈尔滨话剧院改编成了话剧，其中“法庭”一场的改编很成功。这段法庭上的诉讼词类似独白，演员演出时很过瘾，观众也掌声不断。这一段拿来作为台词片段真是再好不过了。我们拿到哈尔滨话剧院的剧本，迫不及待地把这一段摘下来，并进行了一些改动。

学生考试时，这个片段震动了同学和在场的老师，得到一致好评。当时聘请的北京人艺的董行佶老师第一个发言说：“《基督山伯爵》这个片段很好，学生进步明显得很，可以得5分。”（当时是5分制）我当然很高兴，替学生谦虚了一下，得了5分减。

这个片段的特点是，在审判的法庭上如何变被动为主动，不仅为自己辩护，也把审判官揭露得体无完肤。第一段中他不按常规出牌，请求打破法律程序。请求，从态度上讲是低下的，所以是被动的。允许后逐渐变为主动。所以第一段是谦卑的讲道理的语气。

第二段开始叙述自己真实的身份和有关人的身份及与自己的关联。至第四段是平和了自己的心情后，较冷静的叙述，为最后的指证做铺垫。

第五段开始是重点，已经把矛头指向他要指证的人，就是他的亲生父亲——今天正坐在审判席上的检察官。他的父亲把他活埋的事实，当然后来又奇迹般被救活，到了育婴堂，又被养父收养，这些点题的语句要当作重点来朗诵，因为这些都是他人生的几个转折点。也想说明没有这几个转折点，他早已死掉了，因此虽然是平静地说这些历史，但心中对他亲生父亲的痛恨，仍是他贯穿的情绪，并在叙述中一些重点语句中表现出来。是压抑、爆发、又压抑的反复过程。

第七段是抱着感激的心来讲述自己的继父，对他的教育——做个善良的人，不要怨恨世界、社会。如果人生中还有一点恨就诅咒那个作恶的人——他的亲生父亲。

他再也压制不住自己，变被动为主动，终于正面指证检察官，并指证检察官为杀人凶手。他正义凛然指出：一个罪恶多端、狠毒残忍的、就是坐在审判席上的大检察——维尔福。因为有了人证（自己）物证（印着名字的餐巾），真相大白，无可抵赖。他不仅从被动转为主动，并且以掌握审判庭的审判长的气势，指认这个道貌岸然的检察官。此时是复仇后的痛快的感觉。彻底发泄，从一个谦卑的被告变成骄傲的原告。

但也不能忘记，在最后一句时，他多年的积怨、委屈而形成伤感的一句话“上面还有您的名字哪！——霭——敏”，这里要表现出他对母亲的最后一丝怜悯。所以，这句要以带有颤音的语调，每一个字都难以出口，用这样的语气来总结他痛苦的一生。

这个片段是以讲述一个人生故事来塑造人物。这个人物复杂的悲剧式的经历，使他已经成长为一个内心坚定，足智多谋，能单打独斗的令人敬佩的人物形象。

只要把握好几个大段落的转变，不忘记这个人物心里隐藏的仇恨，不忘记他所在的法院审判时的规定情境，不忘记由被动变主动的基本语调变化，朗诵这段独白是会成功的。

《基督山伯爵》话剧片段

贝尼台多

贝尼台多请原谅我，审判长阁下，我看您是采用了普通的审问程序，用那种程序，我将无法遵从。——我要求——而且不久就可以证明我的要求是正当的——开一个例外。我恳求您允许我在回答问题的时候遵从一种不同的程序，但所有的问题我都愿回答。

我二十一岁，说得更确切些，再过几天就满二十一岁了，因为我是在一八一七年九月二十七日在巴黎附近的阿都尔生的。

最初，我是一个伪币制造者，然后变成了一个贼，最后我成为一个暗杀犯，在座的诸位，请不必惊奇，我并不是卡凡尔康德王子，仅仅是一个孤儿。

你们似乎对我的姓名很感兴趣，可是我不能把我的姓名告诉你们，因为我的父母遗弃了我，我根本就没有姓名。但是，我知道我父亲的姓名，可现在不能告诉你们，我需要先解释一下，为什么我是个孤儿。

我现在再说一遍，我是在一八一七年九月二十七日晚上在阿都尔降生的，我降生的地点是苏丹街二十八号，在一个挂着红色窗帷的房间里。我的父亲把我抱在他的怀里，对我母亲说我是死的，就把我包在一块餐巾里，抱我到后花园，就在那里活埋了我。

你们问我怎么知道这一切细节，我来告诉您，审判长阁下。有一个人曾发誓向我的父亲报仇，他早就留心杀死他的机会。那天晚上，他偷偷地爬进我父亲埋我的花园，他躲在一丛树木里，他看见我的父亲把一样东西埋在地里，就在这个时候上去刺了他一刀，然后，一心满以为里面藏着某种宝物，他挖开地面，发觉我还活着。于是，那个人抱我到育婴堂，在那儿我被编为五十七号。三个月以后，他的嫂嫂从洛格里亚诺赶到巴黎来，声称我是他的儿子，把我带走了。

当然喽，抚养我的那些人很钟爱我，我本来可以和那些好人过很快乐的生活，但我那乖戾的本性超过了我继母竭力灌输在我心里的美德。我愈变愈坏，直到我犯了罪。有一天，当我在诅咒上帝把我造得这样恶劣，给我注定这样一个命运的时候，我的继父对我说："不要亵渎神明，倒霉的孩子！因为上帝在赐给你生命的时候，并无恶意。罪孽的是你父亲，不是你——是你的父亲，他连累你生遭孽极，死入地狱。自从那次以后，我不再诅咒上帝而诅咒我的父亲！"

……假如我这一番话加重了我的罪名，那么请惩罚我，但假如我已经使你们相信：自从我落地那天起，我的命运就悲惨、痛苦和伤心，那么请怜悯我。

现在我应该告诉你们我父亲的名字了，他就是在座的检察官先生，名字叫维尔福！维尔福先生，我就是你二十年前活埋的儿子！父亲你忘了吗？！……母亲，难道你也忘了吗？看！这就是包我的那块餐巾，上面还有您的名字哪！——霭——敏。

导演艺术家吴晓江在排戏中时常以自己的经历强调演员台词基本功的重要性

张筠英在中央戏剧学院导演系任教台词课，并将话剧《基督山伯爵》人物独白选为教材

踌躇与抉择

——朗诵话剧《哈姆雷特》中的独白《生存与毁灭》

第一次观看电影《王子复仇记》，就被孙道临老师的声音所吸引，他为哈姆雷特的配音不仅显示了深厚的台词功力，而且刻画了人物鲜明的性格。

英国的剧作家莎士比亚在1599—1602年创作了世界最负盛名、篇幅最长的一部悲剧《哈姆雷特》。剧中第三幕哈姆雷特的独白是举世闻名的。讲好这段独白对每一个演员都是挑战，可以说它是能否演好哈姆雷特的一块试金石。

在“文化大革命”时期，西洋戏剧几乎脱离了人们的视线，十一届三中全会吹响了改革开放的号角，人们的思想解放了，各类朗诵会上选择的作品有了世界名著，莎士比亚的名字也和各国艺术家的名字一起，再次映入人们的眼帘。

1979年“诗刊社”在北京工人体育馆举办了“外国诗歌作品朗诵会”，我在演出中朗诵了哈姆雷特的这段独白。我穿上父亲的一套灰色西服，打上领带。当时演出时连乐队演奏员都还是中山装呢！

演出前，我们再次对独白进行了分析，也请教了中央戏剧学院研究莎士比亚的专家孙家琇教授，她提醒我，哈姆雷特身份是高贵的，这一段是在得知父亲被害真相后难言的痛苦加上义愤，处于极端矛盾之中。

我们把开始的“两种行为”区别开来，“生存还是毁灭，这是一个值得考虑的问题”之后，一个是“默然忍受命运的暴虐的毒箭”，一个是“挺身反抗人世的无涯的苦难，通过斗争把它们扫清”。其中“忍受”与“反抗”要有鲜明对照，下一句“这两种行为”的“两”字，要让观众与你一起思索。

翻译后的中文，朗诵者要注意外语的“倒装句”，如“谁愿意忍受人世的鞭挞和讥嘲、压迫者的凌辱、傲慢者的冷眼，被轻蔑的爱情的惨痛、法律的迁延、官吏的横暴和费尽辛勤所换来的小人的鄙视”之后，就是倒装句：“要是他只要用一柄小小的刀子，就可以清算他自己的一生？”

前面指出的一件件一桩桩的现象，正是对当时文艺复兴时期社会背景的反思，也是哈姆雷特对命运的反思，读出痛恨感。而读倒装句中“刀子”之后，要有停顿，也可利用刀子的道具，举起凝视，内心独白是：“若死能解决一切，那该多好啊！”

独白中几处“醒悟”之感，也要注意呼吸及节奏变化，如“睡着了也许还会做梦。嗯，阻碍就在这儿”“被审慎的思维盖上了一色灰色”等，要读出结论的语气。

2007年中国戏剧家代表团访问北欧，我特意到丹麦王宫遗址参观，下意识地坐在台阶上沉思，仿佛对哈姆雷特这段独白感同身受。

2014年在央视“回声嘹亮”节目中，我再次朗诵这段独白时，加进了闭眼、低头、沉思的环节。

哈姆雷特若要做出抉择，需思考很多方面，他对邪恶命运的抗争精神、勇于挑战自我的精神值得尊敬。所以演员在这段独白中，要从头至尾把握基调和分寸，那就是高贵、义愤——踌躇顾虑。

不仅是哈姆雷特这段独白，在中国历史话剧《赵武灵王》中也有这样的体会。这是剧作家王昕的力作，1982—1983年期间中国煤矿文工团演出近百场，我在剧中扮演武灵王，北京电视台录像播放，剧中赵武灵王有大段独白。这段独白的特点是变化丰富、语调鲜明，它从感悟环境开始，夜深人静，殿中独自一人，然后进入回忆，回想白天与顽固保守的王叔的争论，回忆战场上笨重的盔甲致使与胡人交战的失利……悟出“改”的急迫，痛下学“胡服骑射”的决心。

我是话剧演员，需要掌握舞台上的语言的动力，包括人物的对白、独白、旁白。对白中，有许多剧中人物的大段台词，都曾作为台词训练的教材。

比如：我在中央戏剧学院台词课上，读过话剧《二七风暴》中施洋大律师的演讲；在话剧《年青一代》中扮演林育生，读过父辈留下的血书；在毕业剧目《青松岭》中扮演张万山，站在石墩上那段铿锵有力的话语，至今难忘，一手持赶车的鞭子，一手指着患有老寒腿病的膝盖，掷地有声地说：“这儿，骨头是硬的！”

而独白是戏剧中某个人物发出了声音的思想活动，这是人物在观众面前剖露自己内心深处的思想、感情，表达自己内心愿望的一种戏剧手段。

1988年，我们曾在北京广播学院出版社出版的《口才艺术选刊》上发表《朗诵艺术谈》。文中写到有关独白的朗诵：生活中，人人都有独白的体验，因为人们每天时时都在进行思维，但往往是不说出来。俗话说“眉头一皱，计上心来”，前半句是外部表情动作，表示人物的内心活动，如果用有声语言把“计”产生的过程表达出来就是独白，不说出来的叫作“内心独白”，所以戏剧中的独白是有生活根据的。

在戏剧中，由于演员是连贯着演下来的，因此遇到独白时，思想感情自然会有积累，不会感到突然拔高，而朗诵独白时则不一样，一张口就是思想感情的高点，不允许你缓缓进入规定情境。朗诵者要特别注意把产生独白的背景、来由了解清楚，把人物此时此刻的内心状态把握准确，迅速进入角色。

广播剧《贝多芬的故事》中的独白，更具代表性。中央人民广播电台文艺部导演胡培奋让我演播贝多芬。作曲家贝多芬三十二岁那年，事业取得成功之时，病魔缠住了他。当他和学生利斯在田野上散步时，利斯听到了从远处传来的笛声，而他却没有听到，于是他发现自己是真的聋了，他发疯一样地狂奔，冲进屋子，倒在床上，两手蒙住了脸。独白是这样开始的："这是真的啦！……我是个聋子、我是个聋子……音乐家是个聋子，太可怕了！"

为了体现贝多芬的性格，我开始用颤抖的声音，表现他极度痛苦的心理状态，然后用爆发式的高强度声调读出"音乐家是个聋子"，表现他绝望的心情，再用茫然的低语调说出："太可怕了！"表现他似乎不想再活下去的绝望心态。

我们可以看出，独白是人物在短暂时间内出现的内心思想活动，是人物思想最活跃、行动最积极、人物内心感受最深切时的活动过程。

《哈姆雷特》中的独白《生存与毁灭》

英国　莎士比亚

生存还是毁灭，这是一个值得考虑的问题；
默然忍受命运的暴虐的毒箭，或是挺身反抗人世的无涯的苦难，
通过斗争把它们扫清，这两种行为，哪一种更高贵？
死了；睡着了；
什么都完了；
要是在这一种睡眠之中，我们心头的创痛，
以及其他无数血肉之躯所不能避免的打击，都可以从此消失，

那正是我们求之不得的结局。
死了；睡着了；
睡着了也许还会做梦；
嗯，阻碍就在这儿：
因为当我们摆脱了这一具朽腐的皮囊以后，
在那死的睡眠里，究竟将要做些什么梦，那不能不使我们踌躇顾虑。
人们甘心久困于患难之中，也就是为了这个缘故；
谁愿意忍受人世的鞭挞和讥嘲、压迫者的凌辱、
傲慢者的冷眼、被轻蔑的爱情的惨痛、法律的迁延、
官吏的横暴和费尽辛勤所换来的小人的鄙视，
要是他只要用一柄小小的刀子，就可以清算他自己的一生？
谁愿意负着这样的重担，
在烦劳的生命的压迫下呻吟流汗，倘不是因为惧怕不可知的死后，
惧怕那从来不曾有一个旅人回来过的神秘之国，
是它迷惑了我们的意志，使我们宁愿忍受目前的折磨，
不敢向我们所不知道的痛苦飞去？
这样，重重的顾虑使我们全变成了懦夫，
决心的赤热的光彩，被审慎的思维盖上了一层灰色，
伟大的事业在这一种考虑之下，也会逆流而退，
失去了行动的意义。
且慢！
美丽的奥菲利娅！——女神，在你的祈祷之中，
不要忘记替我忏悔我的罪孽。

1979年，北京工人体育馆“诗刊社”举办“外国诗歌作品朗诵会”，朗诵哈姆雷特独白《生存与毁灭》

1979年，在话剧《江南一叶》中饰演叶挺

1982年，在话剧《赵武灵王》中饰演赵武灵王

1984年，在话剧《特别记者》中饰演肖医生

1992年，在话剧《特洛亚妇女》中饰演卫队长

1996 年，在话剧《高山巨人》中饰演魔术师

2007 年，在话剧《打春》中饰演李鸿章

2014 年，在中央电视台“回声嘹亮”节目中朗诵［英］莎士比亚话剧《哈姆雷特》独白《生存与毁灭》

参观丹麦王宫遗址

论　文

百篇百感

朗诵艺术三要素

应朗诵艺术爱好者的要求，将在“戏剧学习”“朗诵艺术谈”和“语言战略研究”上发表的三篇文章进行整理，合并为此篇。

一、行动性

“行动”是“由意志产生”的“有一定目的”的活动，“行动性”的语言都具有明确的目的、鲜明的态度、强烈的愿望。

如何理解“行动性”？我和张筠英是中央戏剧学院表演系1961班同班同学，第一堂表演课的情景至今难忘。

学院教学楼有两间供表演课的教室。启蒙老师马惠田是苏联专家列斯里的得意门生。他坐在中间，两旁各有八位我们表演系61班的来自全国的学生。在我们前面是表演区，放了一把椅子。他让一位女生坐到椅子上。

马老师说：“现在做第一个练习，坐在椅子上的是一个即将出嫁的新娘，其他同学都是参加婚礼的嘉宾，大家可以评价这个新娘。”同学们相识时间不长，都在小声议论。“大声说出来！”马老师要求着。于是，“挺好看的，就是耳朵大了点”“眼睛怎么是单眼皮呀”“衣服颜色跟鞋不配”……议论纷纷，椅子上的女生满脸羞涩。“停！”马老师问她，感觉怎么样，她说“太紧张太难受了，有地缝都想钻进去”。

马老师说：“现在做第二个练习，我在椅子上藏了一根针，你把它找出来。”

女生开始找针，把椅子翻了个底朝上……“停！”“这次感觉怎么样？紧张吗？”“不紧张，可还没找着哪，我接着找吧。”“不用了，我根本就没藏针。”

马老师接着说：“第一个练习，你没有具体任务，不知所措，第二个练习，你有明确的目的，真实自然。这就是我们第一堂表演课要讲的‘行动和任务’，也是斯坦尼斯拉夫斯基体系中的表演元素。”

从那时开始，每次排练话剧，我们很自然地都会去寻找剧本和角色的“最高任务”和“贯穿动作”。这是两个戏剧术语，前者指揭示和传达出作家作品的思想，后者指贯穿全剧或角色的基本的动作线（动作意向）。

1. 朗诵是具有"行动性"的艺术

有人说："朗诵和演戏是两码事，话剧演员不宜多朗诵，越学朗诵越不会演戏，行动性只是对表演的要求。"有人甚至反对话剧演员进行朗诵训练，把朗诵这一语言表演艺术和话剧表演艺术对立起来。

这种看法是不科学的。

中华人民共和国国庆三十周年会演，我在话剧《江南一叶》中扮演叶挺军长，全剧以大义凛然的《囚歌》为结尾，这首诗以台词的形式出现在舞台上：在阴森的国民党监狱里，叶挺穿着破旧的新四军军服，面对前来劝降的敌人，以《囚歌》表达革命者宁死不屈的斗争决心。

演出时，有同台演员和布景道具，因此读这首诗时，第一，对象很清楚——针对前来劝降的敌人；第二，目的很明确——拒绝写悔过书、戳穿劝降阴谋、表达自己视死如归的决心。也就是说，在剧中朗诵这首诗时，和说其他台词一样，具有鲜明的"行动性"。

在朗诵会上读它，尽管环境变了，没有布景道具，没有了同台者，并增加了新的交流对象——观众，但我仍然感到有假设的同台者存在，仍然把假设的同台者作为主要的交流对象，而且除了增加了向观众直接交流的内容外，朗诵时的思想、态度、愿望都是和剧中读"囚歌"时一样的，"行动性"依然很强烈。记得斯坦尼斯拉夫斯基有句名言："假如我们称，画家是线条和色彩的大师，音乐家是声音的大师，那么演员是什么？演员是行动的大师。"我认为的确是这样，无论演戏还是朗诵都离不开行动。

大家会发现，朗诵会上，经常选择的作品是以第一人称出现的。叶挺将军的《囚歌》、苏轼的中秋词《水调歌头·明月几时有》、鲁迅先生的《自嘲》、毛泽东同志的《蝶恋花·答李淑一》、艾青的《大堰河——我的保姆》、雷抒雁的《小草在歌唱》等，作者直抒胸臆。作家魏巍的散文《谁是最可爱的人》，以讲述抗美援朝的壮烈场景，来表达自己的心声。即使不以第一人称出现，无论是诗歌散文、故事和小说，同样在表达作者对事物、人物、景物的评价，对大世界的感悟，均有鲜明的"行动性"。

朗诵是具有"行动性"的艺术。一篇朗诵作品"行动性"的确定是基于对作品所揭示的内容以及作品产生的时代背景等的深刻理解，"行动性"是朗诵者在整个朗诵过程中的核心问题，只有掌握了"行动性"，才能有处理作品的依据，有了"行动性"，朗诵者，就可以进入作者的心灵，就可以通过体验将作者的诗句融进自己的心灵，就可以通过体现，使诗句飞进听众的心灵。

诗人艾青的《大堰河——我的保姆》诗中表述，"我是地主的儿子，也是吃了大堰河的奶而长大了的大堰河的儿子”，细腻地讲述了自己的奶妈、保姆，一个普通的农村劳动妇女对自己的哺育，情是那样的真挚。艾青老师曾经告诉我，这是他在狱中，透过高墙上的小铁窗看到外面飘过的雪花，想起他给大堰河扫墓的情景，我又到艾青老师故乡看到大堰河的住房和墓地，身临其境的感受，我把“呼唤”选为朗诵的行动性，艾青老师是对大堰河在天之灵的感恩表白。

当朗诵得到听众（观众）的欢迎和喜爱，并得到作者的认可时，也正是验证朗诵的“行动性”被把握了的时刻。诗人艾青的夫人高瑛告诉我们：“那场朗诵（大堰河）诗会结束后，回程的路上在小车里艾青对剧作家曹禺说，我写大堰河没有哭，可听瞿弦和朗诵这首诗，我就会流泪。”我觉得，他认为我读出了他的心声。

斯坦尼斯拉夫斯基反复强调：“任何时候都不要忘记最高任务，没有最高任务就没有体系。”

2.准确把握朗诵的“行动性”，从行动性出发处理作品

由于朗诵和演戏毕竟有所区别，因此要想准确地掌握“行动性”，并不是一件很容易的事情。在朗诵中，揭示作品的思想意义是由朗诵者一个人担当的。朗诵者处理一篇作品时，既是演员又是导演，不像我们在话剧中扮演人物时，只担当一个角色的任务。再者，我们所朗诵的文学作品，有时以作者的自白出现，有时又以叙述和对话夹杂出现，尤其是诗的语言，不像话剧的台词那样生活和连贯，因此，要做到准确地把握全篇的“行动性”，以至每一段、每一句的行动，那是需要下一番功夫的。

1976年秋天，我接受了朗诵诗人郭小川的遗作“秋歌”二首的任务。其中《团泊洼的秋天》一诗开始有一段景色描写。

> 秋风像一把柔韧的梳子，梳理着静静的团泊洼；
> 秋光如同发亮的汗珠，飘飘扬扬地在平滩上挥洒。
> ……
> 蝉声消退了，多嘴的麻雀已不在房顶吱喳；
> 蛙声停息了，野性的独流减河也不再喧哗。

我自认为了解了作品的主题，明确了诗人的意图，于是就把注意力放到技巧处理上。我觉得作者写得很美，很细腻，朗诵时应当有丰富的视像，应该是抒情的基调。演出的前一天，我来到郭小川同志生前的战友葛洛同志家里，在那里见到了冯牧、周增勳等同志和郭小川同志的女儿，我当即按照自己的处理给他们朗诵了一遍。没想到他们听后一

句话也没讲，沉默了片刻，却谈起郭小川同志的战斗经历，“四人帮”长期剥夺了郭小川同志歌唱和创作的权利，对他进行了残酷的迫害和打击，几次隔离审查，几次“下放”改造，但不论在什么样艰难困苦的环境下，他从未屈服和妥协……我听着听着，仿佛看到了郭小川同志生前一幕幕的战斗情景，仿佛看到郭小川同志，独自站在农村的场院上，凝视周围的景象，浮想联翩，周围是那样的静，死一样的静，蝉声、蛙声、麻雀声、水声都停息了，消退了。“四人帮”一伙的横行霸道，使一切生命都停止了，但人们压在内心的愤恨，却像炽热的岩浆一样沸腾翻滚……我突然感觉自己原来的理解是多么肤浅，我只是单纯对字面的理解呵！他们的谈话给我留下很深的印象，进一步充实了自己的内心感受，使我重新调整了基调，这一段的景色描写不是一般的抒情，而是压抑中孕育着反抗，静中孕育着动，应当把“行动性”定为“揭示”。行动性准确了，朗诵起来就会读得很慢、很沉重，不是给人以“美”的印象，而是给人以“冷”的感觉，冷得像冰一样。不仅使自己，也把观众带入规定情境之中，并为第二部分：“团泊洼，团泊洼，你真是这样静静的吗？”做了充足的铺垫。

鲁迅先生的《自嘲》一诗，写于 1921 年，全诗只有八句：

运交华盖欲何求，未敢翻身已碰头。
破帽遮颜过闹市，漏船载酒泛中流。
横眉冷对千夫指，俯首甘为孺子牛。
躲进小楼成一统，管他冬夏与春秋。

诗名叫《自嘲》，诗中又有“运交华盖”“破帽遮颜”“躲进小楼”等词句，朗诵时的“行动性”又是什么呢？真是自嘲吗？反复阅读全诗，可以发现不是这样。其中几句我们可以这样理解：“横眉冷对千夫指，俯首甘为孺子牛”可解释为面对敌人的围剿，我怒目横视，疾恶如仇，为了无产阶级和人民大众，我甘心情愿做一头俯首遵命的老黄牛。“管他冬夏与春秋”可解释为管他外面反动派的政治气候有什么变化，我坚守岗位战斗永不休。

从这几句诗中，我们可以看到这正是诗人的“自勉”，而嘲笑的是制造白色恐怖的反动派，从“自勉”这“行动性”出发，朗诵时既不能对白色恐怖轻描淡写，又不能有垂头丧气的感觉，基调是深沉坚定的，是冷中见热的调子，表现诗人在危险环境中的坚强意志。

如果在朗诵中不能准确把握“行动性”，而是演员自己在抒发感情或不知道自己说出来的话要告诉观众什么，让观众懂得什么，这样就使朗诵者或是在舞台上过分紧张、无所适从，或是自我陶醉、表演情绪，目的不清、态度含混。与此相反，如果在朗诵时抓住了“行动性”，不仅可以消除紧张，找到正确的自我感觉，还可以使思想清晰、态度明朗，使作品有更强烈的感染力。

1979 年，在北京中山公园音乐堂，我参加“向张志新烈士学习”朗诵会，有过这样一段经历：演出之前，人来人往，热闹非凡，闪光灯亮个不停……马上就要开演了。在嘈杂的后台，我镇静了一下自己，将我朗诵的诗人雷抒雁的长诗《小草在歌唱》从头到尾默诵了一遍，牢牢把握朗诵的“行动性”——为惨死的英雄伸张正义！然后全神贯注地走上舞台。在朗诵过程中围绕着伸张正义，我紧紧抓住了回忆、自责、剖析、戳穿、控诉、召唤等一系列具体的行动，使观众时而寂静无声，时而爆发出掌声，在“如果罪行得不到清算，地球，也会失去分量”这一诗句之后，观众情绪激昂，演出达到了为英雄伸张正义的目的。

语言是人们相互行动，相互影响，相互了解的交流工具。苏联戏剧家碧尔曼在《论语言动作》一书中说：“斯坦尼斯拉夫斯基蔑视没有行动性的朗诵和说话，这种朗诵和说话尽管像煞有介事、很浮夸，但同样没有意义。”这也就是说，演员不仅在舞台上扮演角色时需要掌握“行动性”，在朗诵时也需要从“行动性”出发处理作品。

二、形象性

形象，是指文学艺术区别于科学的一种反映现实的手段。它是根据客观现实生活各种现象加以艺术概括所创造出来的、有一定思想内容和艺术感染力的具体生动的图画。“形象性”是文艺作品用形象的特殊形式反映现实生活所具有的具体、可感、生动、能唤起人们思想感情的属性。

朗诵的“形象性”的体现，要求朗诵者在朗诵时通过语言、视像、形体变化等手段再现作者创造出来的具体生动的图画，并使观众（听众）从朗诵者那里真切地感受到。

1. 生活的经历、亲身的体会、周围的人物是“形象性”的依据

在我的生活经历中，奔赴大西北青海工作、深入矿区为煤矿工人服务占了大半生。

诗人贺敬之的《雷锋之歌》《西去列车的窗口》、杨牧的《我是青年》等，都反映了我们这一代人的生活。在朗诵中，自然会浮现出很多真实的场景。

我从中央戏剧学院毕业时，主动申请到青海工作，在火车上写下第一份入党申请书，当年的青海省民族歌舞团团长王宗吉已是百岁老人每次见到我都会提及此事。朗诵《雷锋之歌》中的诗句“……哪里是我最迷恋的地方……哪条道路可能引我走上最壮丽的人生”，心中会有真实的回忆。

在大西北，我还偶遇北京二中的老同学——在格尔木工作的北大毕业生廖安珊、在柴达木工作的清华毕业生高澍，由于艰苦的环境，他们黝黑的皮肤、深邃的眼神已超出

真实的年龄。朗诵《我是青年》中的诗前自我介绍："……前额已刻有三道长纹、两道短纹，额顶已秃去百分之二十五左右的头发……"眼前就会浮现他们的身影。

诗人屈金星的诗歌《煤啊，我的情人我的黑姑娘》，表达了煤矿工人对事业的忠贞、对煤的热爱。祖国的矿区遍布长城内外、大江南比，我经常下井和矿工一起劳动、体验生活，我也曾被多家矿务局授予"名誉矿工"的称号，每次朗诵诗句"……在八百米深处，只有你用乌黑的嘴唇吻我裸露的肩膀……"就会激情满怀。而每当我读出"煤啊"两个字后，在场的煤矿工人都会齐声应和："我的情人我的黑姑娘！"朗诵的"形象性"得以升华。

哲理诗《甜的和咸的》，其中有句"苦恼的时候，果汁由甜变成咸"，读时会有什么生活的联想呢？还是和煤矿有关。我所在的中国煤矿文工团是煤矿工人孕育成长的，有相当比例的经费是各矿区的支持。20 世纪 90 年代末矿区自身遇到了困难，我这个当团长的，求助时真难于启齿，与矿区领导见面时，餐桌上摆在眼前的甜果汁，喝起来真不知是什么味？！这小小的细节也会为朗诵者提供"形象性"的依据。

2. 影视剧的镜头、小说中的描述、美术类的展品是"形象性"的借鉴

朗诵者有时会问，"心中想到的、眼中看到的"不容易都做到，特别是不同时代、不同地域……不可能都亲身经历、亲眼所见。但是我们可以借鉴。

我们朗诵过诗歌"战火中的婚礼"，也多次朗诵过《烈士诗抄》，革命先烈抛头颅、洒热血的壮举，我们可以通过观看电影《红岩》《惊沙》《刑场上的婚礼》等，使我们身临其境地了解那个时代，其中的许多细节镜头都会在朗诵者脑海中浮现。

《小草在歌唱》一诗，开始就提到"刑场"：

风说：忘记她吧！
我已用尘土，
把罪恶埋葬！
雨说：忘记她吧！
我已用泪水，
把耻辱洗光！
是的，多少年了，
谁还记得，
这里曾是刑场？
行人的脚步，来来往往，
谁还想起，

他们的脚踩在
一个女儿、
一个母亲、
一个为光明献身的战士的心上？
只有小草不会忘记。
因为那殷红的血，
已经渗进土壤；
因为那殷红的血，
已经在花朵里放出清香！

多么含蓄深沉而又有意境的诗句啊，作者的构思又是那么巧妙，使这首诗的开头非常吸引人，并且不同寻常。那么诗句产生在什么样的环境之中呢？我设想作者托物言志，仿佛是站在张志新烈士当年牺牲的刑场上，对着那空旷的，只有小草的刑场，感慨万分而写下的诗句。

刑场是什么样的，我没有见过，我想起在中国美术馆观看画家闻立鹏的作品展，其中一幅油画《大地的女儿》，震撼力极强。画面上张志新烈士身着白衣躺在大地上，身旁的红色花朵格外醒目，象征鲜血，更象征着红色的理想，给我留下难忘的印象。

我又想起在报纸上看到的解放军某部战士的一篇文章，那篇文章中，比较详细地描述了张志新同志在刑场上牺牲的经过。通过这些，刑场的具体环境在我脑海中逐渐完整起来，张志新烈士坚贞不屈、毫无惧色、为真理而斗争的形象在我心中逐渐树立起来，甚至可以感到，经过这里的风啊、雨啊，他们是在带着痛楚的心情来抚摸张志新同志的英灵，特别是刑场上唯一有生命力的小草，因为它的躯体已经融进英雄的鲜血，因此它在风中雨中不停地唱啊说呀，哭诉着心中的悲伤。小草象征着人民群众，是见证人，是同情者。

没有联想没有想象，朗诵者无法进入作者的心灵中去，也就无法在自己的头脑中展开形象的画面。联想、想象可以说是艺术工作者的天性。朗诵一部作品时，随着诗句的描写，朗诵者就会展开带有金翅的联想和想象，把自己置身于诗的生活图画之中，让自己的全身心活跃起来，让这些图画也活跃起来，一幅幅活动的画面构成了诗的活动背景。朗诵者站在舞台上，就像是个诉说者，他在诉说自己所看到的、听到的各种使人激动的形象。他在倾诉自己心中的爱、恨、欢欣、痛苦……他要告诉观众的思想，“就像水晶散发出来亮光一样，从作品中散发出来”（别林斯基）。

作家李本琛的《丰碑》，描述了万里长征途中，军需处长把御寒棉衣让给战友，英勇献身的事迹。朗诵者脑海中可以浮现出这样一座雕塑——被冻僵了的老战士，左手食指和中指间夹着纸卷的旱烟，右手微微向前伸着，好像为战友指明前进的方向……凡是看到这座雕像的人，无不为之动容，也是朗诵者讲述时最好的借鉴。

3. 音色的运用、视像的展示、形体的变化是形象性的体现

我们常说“眼睛是心灵的窗户”“眼是心中图”……朗诵的“形象性”离不开朗诵者的视像。太阳、月亮、山脉、河流、土地……出现在各种体裁的文学作品中，朗诵者在视像展示时，必须把握距离、高低、宽窄……增添环境感，增加可信度。诗人纪宇的《风流歌》中有“询问朝阳”“凝视北斗”，有树、有花、有蝴蝶、有蜜蜂……朗诵者要在视像中细腻区分，要真实，要杜绝似乎看到、其实什么也没看到的“空泛的目光”。

拟人化的音色也可区分形象。克雷洛夫的寓言《狗的友谊》，两只狗的形象一出现，就可用音色区别，分别用慷慨激昂的厚音和矫揉造作的细音体现，把人世间对待友谊的言行不一和虚伪暴露出来。

朗诵中的形体动作必须加以选择，既要合理又要适度，助于体现“形象性”。

朗诵《小草在歌唱》，可在环顾四周后双手摊开，读出“这里曾是刑场”；朗诵《黄河大合唱》中“黄河怨”的连接词，可在结尾“悲惨的歌声”后慢慢后撤几步，轻轻退场，引出女高音歌唱家；朗诵《水调歌头·明月几时有》可在“不胜寒”的“寒”字时，用一只手颤抖地在胸前画圆；读寓言《狗的友谊》可在“我们来握手吧”时，加一个模仿狗爪子伸出的动作……

三、音乐性

这是指语言本身所具有的音乐色彩。在一篇文学作品的朗诵中，有时气势磅礴，有时娓娓动听，有时层层递进，有时一气呵成，有时一字一句从容不迫，静时万籁俱寂，动时倒海翻江。朗诵的这种起伏跌宕、变化多端的色彩，犹如一首乐曲一样，具有音乐之美。剧作家果戈理曾经说过：“用语言表达出来的心灵的声音比音乐远为复杂多样”。戏剧家斯坦尼斯拉夫斯基近六十岁时说，他的台词不够表达普希金诗剧全部丰富的内容和那种感人的力量。他希望把他演过的角色重新再演，要加强台词的音乐性。

我认为“音乐性”可分为：朗诵语言本身的音乐性、乐句式的背景音乐、基调式的背景音乐、特定的背景音乐。

朗诵语言本身的音乐性是富有魅力的，它由重音、停顿、语调结合完成。

雷抒雁诗《小草在歌唱》结束前有这样的一段：

你看，从草地上走过来的是谁?
油黑的短发，披着霞光;
大大的眼睛，像星星一样明亮……
母亲呵，你的女儿回来了……
孩子呵，你的妈妈回来了……
去拥抱她吧，
她是大地女儿，
太阳，给了她光芒;
山岗，给了她坚强;
花草，给了她芳香……

这一段是描述英雄虽死犹生。明确地告诉观众，烈士的精神永存，号召大家向张志新学习。朗诵时要真的“看”到张志新烈士向我们走来，“看”得越具体，读起来越有情。具体的处理是——“看”烈士一步步走来，光彩夺目的形象越来越高大，节奏逐渐加快，如同充满希望的音乐由弱渐强；读到呼唤母亲和女儿“去拥抱她吧”一句，达到节奏的高点，好似乐队在演奏一曲描述人民和英雄重逢的音乐，仿佛我自己看到了这一感人的情景；然后突然停顿，从合奏中出现小提琴独奏，深情缓慢地读出“她是大地女儿”，使人感到有一种抑制不住的凄凉感觉，感到现实中，她是死去了；紧接着，再从低到高逐渐加强力量，读出天地日月给了她新的生命，使烈士的形象，进一步升华，把作品的思想曲尽奇妙地表达出来。

乐句式的背景音乐，是指朗诵者选择的现成的音乐，无论是管弦乐还是民乐。这些作品有鲜明的特色和特指性，需准确运用在朗诵的某一句或某一段上，不允许错位，选择时必须有依据。

我在湖北钢琴之城宜昌曾朗诵过诗人欧阳江河的作品《一夜肖邦》，其中有三处选择了诗句与音乐的配合。

音乐编辑杨洋做了细致的工作。配乐分为三段：第一段选用了肖邦夜曲集当中的 e 小调开始，是通过小调的特性将诗歌当中的静谧、忧郁、徘徊之情进行烘托和表达。旋律线条悠长唯美，百听不厌，犹如生命的轮回，与诗歌当中“死于一夜肖邦，然后慢慢地、用整整一生的时间活过来”所要表达的情感不谋而合。

第二段随着诗歌当中“可以把肖邦弹得好像弹错了一样”的这一句，编配了肖邦的练习曲集当中的一首。由于肖邦音乐民族性特征的始终相随，采用了非常规的传统和声的连接方式，或许对听感是一种挑战，初听的确如弹错音般混乱，但随着旋律不断展开，所要展现的画面及情感又以别开生面的方式映入眼帘，就像诗歌中提到的“只弹经过句，像一次远行穿过月亮。只弹弱音，夏天被忘掉的阳光”。

诗的最后两段的背景音乐选择了肖邦的圆舞曲，也是全诗的结束段落。华丽与感伤并存，是肖邦圆舞曲的一大特性。就像诗人写到在灵魂接受过狂风暴雨般的洗礼之后，留下的其实是人性当中最柔弱的部分。人性就是矛盾的统一体，而肖邦的圆舞曲恰巧就将这两个极端的矛盾融于音乐中，形成了一种复杂而特别令人回味的情感！

乐句式的背景音乐选择要格外准确，演出时要提前告知音响师放音点，使音乐与诗句相得益彰。

基调式的背景音乐是诗会上使用最为普遍的，甚至经常出现整场朗诵会从头至尾都有背景音乐，似乎成了一场音乐会的错觉。我不反对配乐，但必须选择得准确，选择与作品内容基调相符的音乐，否则会起干扰作用。从目前的情况看，使用中国管弦乐《红旗颂》《激情燃烧的岁月》和德国钢琴家克莱德曼的钢琴曲等作为朗诵背景音乐较多。要注意诗句在哪个乐句开始。我经常朗诵毛主席诗词《沁园春·雪》，背景音乐选用的正是《激情燃的岁月》，我特意在大提琴开始演奏时读出“北国风光”，而当高潮乐句出现前，读出“俱往矣”，并与强音一同“还看今朝”。要注意背景音乐的音量，不要与朗诵者争大小，要使音乐有助于语言的表现。还要掌握节奏，不要出现音乐结束了朗诵还未完，或是朗诵收尾了音乐还在不停地演奏的现象。基调式的背景音乐要和朗诵相辅相成。

特定的背景音乐，首先会想到的是《黄河大合唱》的朗诵。这部20世纪华人音乐经典是极为特殊的，从诞生之日起，朗诵与音乐就是不可分割的，特别是第三段《黄河之水天上来》，词作家光未然、曲作家冼星海就将其定位为“朗诵歌曲”，体现语言与音乐

弦和在三本书中发表的论文，现综合为《朗诵艺术三要素》

的水乳交融。

我担任《黄河大合唱》的朗诵近四十年，回忆起著名指挥家严良堃的排练，真是感慨万千。他强调朗诵者要为演唱做铺垫，要引领人们进入每个唱段的规定情境，《黄河船夫曲》《黄河颂》《黄水谣》《河边对口唱》《黄河》《保卫黄河》《怒吼吧黄河》，这七段不仅要节奏准确、衔接流畅，更要情绪饱满。而第三段则要以朗诵为主，音乐要助力诗句的表达，琵琶的演奏必须丝丝入扣。

特定的背景音乐还包括作曲家为诗歌量身定做的音乐，多为乐队或乐手与朗诵者同台演出的。我们俩朗诵的《黄山大合唱》中的《山赋》，陈毅元帅的诗作《记淮海前线见闻》等均如此。我们的体会是，理解指挥意图、感悟音乐内涵、把握节奏转换，才能与音乐融为一体。

朗诵与说话

——朗诵艺术三标准

面对广大朗诵爱好者，我特别想用最普通的道理，来说明朗诵所应遵循的方向。如果每位朗诵者都能从中有一丝丝收获，或是能找到自己的问题所在，有所提高，那是一件有意义的事。所以我想讲讲朗诵者接到作品后，应该做哪些准备工作。工作的步骤是什么？应遵循的方向是什么？达到的标准是什么？

可能有人说，这篇文章的题目是“朗诵与说话”，是不是朗诵就是说话呢？其实不然。

朗诵的确是一种容易普及、门槛比较低的一种艺术形式。简单地说朗诵就是响亮地朗读作品，也就是把无声的书面语言变成有声的口头语言，当然不光是响亮，还应该是典型化、艺术化的口头语言。因为文学作品是作家根据自己的世界观、人生观、价值观发表对周围的人和事的感悟和看法，把这些写在自己的作品中，当然多数情况下，用虚拟的手法借用主人公来表达自己的心声，表达自己对社会、对人的看法。当然也有自传体的、以真实姓名出现的作品。总之，文学作品是代表作者的思想感情。

朗诵者则是用有声语言代表作者发声。虽然朗诵者在表达作品时是二度创作，但是，二度创作一定要在深刻理解作品的基础上才能完成。然后寻找表现手段——真切、真情、真实，“三真”是朗诵作品理解表现的三个标准。

①真切——我们用这个词代表理解作品的标准，就是要真正地确切地诠释作品，从而找到朗诵作品的基调。

②真情——只有真诚的感情才能打动观众，有了真情才能有激情，激情是朗诵作品高度所在。

③真实——作品语言表达的最基础的要求，“真实”是以生活语言为标准的。

现在我们先来讲讲朗诵者接到作品的第一步工作，当然是理解、解读、赏析、诠释作品。与一般阅读作品不同的是：不仅是读懂，还要找到可听可看的声音形象的基调，找到作品的思想变化的脉络，找到应当强调的中心词、激情点的语言。这样我们二度创作第一步工作——真切地理解作品就完成了。

基调要从几个方面入手才能确定下来呢?

第一，主题思想要理解分析正确。如前面文章讲到的《若我归来》歌颂的是抗击新冠肺炎的战斗中的白衣天使。她们舍身为民，具有高尚的精神境界。并代表了所有视自己为平凡的普通人的英雄群体。

再如《我爱这土地》，艾青老师的这部作品因为是1938年的作品，时代背景、人文环境、社会背景对于理解这篇作品就更为重要了。

再如舒婷的《致橡树》歌颂爱情是一目了然的，再挖掘下去，爱情观真有很多类型。有人认为男人挣钱养家，女人只要貌美如花，其实无论古今，一个人特别是女人，只有真正的独立才能够平等地去面对一份感情，才能够被对方尊重。所以这首诗的基调绝不能是小鸟依人，而是并驾齐驱。主题思想是作品的灵魂，作品所表达的中心思想会贯穿在作品的全篇。要挖掘出内心的深刻的含义，才能找到表现作品题材的要求的基调。

第二，作品的风格、题材、特征、是根据作家的审美而选取的风格，文学作品大致分为诗歌、戏剧、小说、散文。无论是哪一类文体都是作者思想感情的表达方式。目前朗诵最多的是诗歌，我们以诗歌为例：有人说诗歌像跳舞、散文像走路。诗歌的语言凝练，有鲜明的节奏、韵律，语句分行排列……因此韵律的语言美，很适合朗诵，但因为语言的高度概括性，语句之间的过渡往往被省略，这样就更需要朗诵者用自己的感觉、语气来填充。要求朗诵者在二度创作中发挥自己的想象。特别是古典诗词，言简意赅，言有尽而意无穷，在前面的“百篇百感”中，古典诗词我们选用的有豪放性的，如苏轼的《赤壁怀古》、曹操的《观沧海》……也有抒情诗词，如李煜的《独上西楼》、白居易的《琵琶行》……还有议论性强的李文炤的《勤训》，孔子的《论语》……

这些都有明显的风格特征。而现代诗歌当然更是风格迥异。如《若我归来》，我归纳基调为淡淡的美、微微的笑、暗暗的伤、彻彻的悟，是独白式的诗歌。对于艾青老师的诗歌《我爱这土地》，我把基调归结为嘶哑地呐喊、悲壮地号召、急切地呼唤、刻骨的热爱，因此这首诗的基调不同于《若我归来》，不是娓娓道来，而是“悲壮地呐喊”。而《小姑的亲事》则是幽默的、生活化的对白式的诗歌。而《从石库门到天安门》《百年交响》则是严肃的、歌颂式的、有仪式感的颂歌。也还有一些是议论式的哲理性的诗，则需要说明性更强，与观众交流互动更多，如古文《勤训》《兰亭集序》等。

每篇作品都是唯一的、独特的，没有这点也不能称其为名著。因此接到作品后要反复读、反复诵。正如古人所说读书三诵法：默诵、背诵、朗诵。说的就是不要接到一篇作品，马上背下来，就上台演出，这样，如果作品的基调都不准确，应该说朗诵是失败的。

理解作品的达到真情第二步就是要摸清作品的脉络，找到作者为了表达他的贯穿主题时，用了什么递进的段落，或者用了什么样的正反或因果关系的手法，达到他表达的思想呢？举例说明，《若我归来》其实只分两大段，“若我归来”与“若我归不来”。“归来”是由几个大段落组成，而“归不来”只是最后一小段。那么特别注意一大段的最后一小段“胜利属于人民，属于国家”，这是大爱，具有豪迈气概的语调。到“若我归不来”，突然的跌宕起伏的变化如此之大，既要有大起大落的语调的转换，又不能让观众感到唐突，就要在第二大段的“若我归不来”的“若”字上下功夫，要像戏曲行家经常说的“紧接慢唱”，在“若”后的停顿和大的换气中找到转换的机会。“若我归来”第一大段还要分清小的段落，最简单的就要把自然段的内容掌握好。1~2 自然段就是在讲“若归来”后的平静生活，3~4 自然段与 1~2 段是因果关系，1~2 段是天真想象的感觉，3~4 段是肯定的理智的语气，5~7 自然段是想象中的甜美、幸福生活，第 8 自然段是用正能量的、有力量的语言肯定我们的祖国，人民的团结在党的领导下的决定性的胜利的内在力量所在。而第二大段，则应用镇静、从容的态度致敬舍身为民的白衣天使们。

《三门峡——梳妆台》的段落及转换则是很清楚，分为三个大段落，第一大段，黄河水利工程前：黄河之水来势凶猛，造成灾难；第二大段，黄河水利工程开始，人民崭新的幸福生活；第三大段，黄河远景的眺望，美妙的前程，无限的美好。清晰的内容让朗诵者用不同的节奏变化的语势把这三段区别开，逐渐达到区别不同情绪的高潮及转换。

第三，分析、体会作品的特殊规定情境，是开始进入感受作品的重要阶段。因为规定情境是作品中作者或代表作者的主人和所规定的具体环境和实际生活情况，也可以把朗诵者在二度创作中对作品的想象所做的补充内容融合进去。规定情境是朗诵者创作声音形象的前提。如果规定情境朗诵者没有想好或根本没有想象，那么你的朗诵也就失去了依据，失去了根基。诗句中很多细微的内涵，作者在诗中的潜台词也挖掘不出来，观众会对你的朗诵失去兴趣。因为你的朗诵是空洞的无味的。不如去看书，不听朗诵，让自己驰骋在书海中。如曹操的《观沧海》规定情境比较明确，曹操在碣石山登山望海时写作，人在高处，望远看近，大海吞吐日月，包蕴万千，山河雄伟壮丽，诗人胸怀天下。因此基调在描绘真实的景物中，抒情，在壮丽的山海间抒胸中大志。

再如《海棠花祭》这篇悼念周总理的散文。在作品中，通过描写的景物可以在脑海中形成一个很具体的规定情境，海棠花树下，邓颖超与周总理这对恩爱夫妻在难得清闲的时间里，坐在树旁，喝上一杯清茶回忆青年时代、回忆战争年代……但如今人去楼空，伤心但幸福的回忆成为这篇散文的基调。议论性的诗歌也要分析出基调才能开始朗诵，如《未必》《甜的和咸的》。容易听清楚，但引人深思的地方，如何强调，引发听众的同感的诗词如何处理，这里是要花些工夫去考虑的。唐代诗人刘禹锡所作《陋室铭》全文短短八十一字，集描写、抒情、议论于一体。真正的是在于表达自己的高雅的风度和两袖清风的情怀。这篇作品规定情境是他被迫三次搬家，屋子一次比一次小，遂愤然提笔。

这个斗室当然是具体的环境。心境是既有愤然又有超脱，既有自嘲又有傲骨，这两种看似矛盾的心理状态，形成一种高雅幽然的基调。有了这样具体的规定情境，处理作品就容易多了，因为你有了最具体的、能发挥想象力的基础了。

总结一下：正确地理解作品，通过第一步通读全篇找到基调，厘清脉络，找到语调、语势、节奏大的变化的依据，如果前两步我们比喻为面和线，那么第三步就是要追踪到点，这个点是更具体地找出要突出的词或语句。这样朗诵者在演出或演播前会心中有数。有了重要的点、次重要的点，也就会知道哪里是铺垫，哪里是高潮前的酝酿，哪里是起承转合的重要转折点……对于朗诵者来说理解作品后二度创作可以说做到细微准确了。

这个“点”我们来举例说明。前面的“百篇百感”中有一些作品是我们接到作品时就有非常打动人的点。如《一月的哀思》中开头的几个“我不相信”、《生命，多么神奇》中“当太阳升起时，两个世界又将分开”、《我爱这土地》中“连羽毛也腐烂在泥土里面”、《七子之歌》中“请叫儿的乳名，叫我一声澳门”，再如《若我归来》中“敬业、救人、报国，这是父之言训，母之叨爱，一切都是理所应该”。这几点是感情色彩浓重的点，是催人泪下的点。同样，在另外一些作品中，革命的豪情同样也是高点，例如《从石库门到天安门》誓词似的诗句“一个拳头，又一个拳头，在他面前庄严宣誓”用的是重复手法，《北大红楼》多次出现的“北大红楼”用的是男女声合诵，加以强调。在《比一滴水更年轻》中“隔着万水千山，我想告诉你们，我有幸代替你们见证了今天……”同样也是激情点。

这个“点”代表的是强调的点，强调的方法，重音停顿、语调，我们在前面的文章已讲过，现在讲讲通过这些点的强调引发的激情。激情是真情的最高点表现。

我们都是爱激动的人，每当我们在舞台上出现激情的时候，每当我们知道观众被这种激情感染了的时候，心里是非常愉快的，这是一种演员进行艺术创作时的幸福的心情。每一个喜爱朗诵的人，总是怀着满腔热情走上舞台的，而喜爱欣赏朗诵的人也总是怀着一腔热望走进剧场的。演员是不激情不过瘾，观众是不被感染不满足，这恐怕也是艺术特殊的魅力吧！

诗，是最注重抒情的语言艺术。唐代诗人白居易说：“感人心者，莫先乎情，莫始乎言，莫切乎声，莫深乎义。诗者，根情，苗言，华声，实义。”说得多么精辟！情——感情，言——语言，声——声音的表达（也可以说诗的节奏——音乐性），义——思想。这四者中，情与义——思想感情，是根与实；言与声——语言及其表达方式，是苗与华。也就是说，思想感情是根基，语言表达是外在体现形式。诗的创作是这一规律，诗的朗诵也要遵循这一规律。

首先，朗诵者要热爱生活，使一系列生动的形象在自己头脑中活跃起来，可以联想，可以想象，可以根据自己的生活面加以补充，来捕捉诗中的形象。这样，你在反复的朗读中就和诗中的形象熟悉起来，也许诗里所描绘的就像你自己一样，也许就是你周围的人，也许是你常见到的事，也许是你盼望中的人和事……于是你便会喜爱它，便会产生生活中那种真实的，想要向别人讲述的欲望，便产生了创作的热情。

在我朗诵过的很多诗歌、小说、散文中，母亲的内容颇多，20 世纪 80 年代我读过一首散文诗《一个母亲的独白》，这是一位母亲对他的吸毒儿子说的话，舞台上有一扇牢狱的门，母亲的自责，不仅让我激动，台下的观众惋惜、痛心与我同感。记得我下面的一个节目是歌唱家韦唯的女声独唱，彩排后她对我说：“正式演出时我可不在侧幕候场，因为我哭得嗓子已是半哑，不好唱了。”

同样是母亲，最近的一个戏剧小品中，导演给我安排了一个角色——烈士夏明翰的母亲，在接到儿子牺牲前的一封信时，有一段仅有五十多个字的隔时空对白，这么少的词要达到一下子进入高潮必须想些办法。我与导演商议，可不可以手持一封信上场。“我看到了，我看到……”这几个字有非常明确的潜台词：第一个“我看到了”——焦急地回答儿子，生怕儿子着急信没有交到母亲手中。第二个“看到了”——手中抚摸着儿子的遗书，说不下去了，重复地说出“我”字，再说“看到了”。紧接着，为了安慰儿子，鼓励他的正义行为——英勇就义的决心，我要自己振作起来，于是一个大喘气后，又乐观地说出：我理解你，佩服你。紧接着母亲想到了儿子即将牺牲，再也见不到了，内心的坚强已经无力支撑下去，说出了此刻的心里话“可是，母子心连心哪！”……我看到了，我看到了，我理解你，佩服你，可是，母子心连心啊……这里的每一个字都是那么珍贵，处在情绪巅峰的起起伏伏，转换得迅速而又有依据，要把潜台词注入台词中让观众听懂，听进去，观众就会和你同呼吸共命运了。

激情的点确实是处在高点，更容易产生激情的点是有矛盾心情的，反复交替的转换点，就是对比的点，我们可以用取与舍、攻与守、曲与直、雅与俗、刚与柔、简与繁、新与旧、虚与实、真与假、外与内、入与出……在这些的转折点，激情的爆发很自然就表现出来。语言的技巧，此时也是需要的，就拿呼吸来说，呼气、吸气、偷气、换气、喘气、憋气、提气、倒吸气等都可灵活运用。

其次，你要从这样活生生的形象中集中分析出理性的思想意义，也就是分析一下你朗诵这篇作品究竟要引导观众明白一个什么道理，是学习什么，还是抛弃什么。这种理性的分析并不是分析的结束，而是用思想意义对形象加以归纳和整理，使你头脑中产生的初步形象得到深化和丰富。这个感性——理性——感性的过程反复多次地进行直至演出，使朗诵者不仅具有初步的创作热情，而且在分析理解体验的过程中正确地把握作品的思想感情。这时候，你就能够在诗人的作品中遨游了，可以代替作家说话了，你就会像诗的作者一样，为作品中的形象和画面而激动起来，朗诵到诗中那些让人欣喜、愤怒、悔恨之处时，像喷泉一样涌出你的激情。

激情不是凭空产生的，有扎实的思想基础，有丰富的形象内容。它是你抛弃了虚伪、浮夸、做作的感情之后而产生的真实的感情——真情的一种升华和凝练。热情——真情——激情，是朗诵能打动人心的法宝。

在朗诵过的诗歌中，有一些是我们非常喜爱的，即使过去了很长时间，仍不会忘怀，而且每次重读这些作品，都会非常激动。比如雷抒雁的《小草在歌唱》，在这首诗中作者让小草作为一个拟人的形象出现，这是什么样的小草呢？风吹不倒，脚踏不伏的小草，因为它的叶脉中融进了张志新烈士的鲜血和精神，它坚贞不屈，顽强不息，使人们从小草的身上汲取力量。当读道：

我敢说，
如果罪行得不到清算，
地球，
也会失去分量！

因愤怒而大声疾呼，正义的精神定会胜利，正像太阳和地球永存一样。这种疾呼，在听众中得到了热烈的反响，他们用掌声表达了相同的情感。

《风流歌》是纪宇同志的一首长诗。作者在诗里饱含着对年青一代的期望和信任，感情是那样真挚、诚恳，使我们深受感动，也怀着满腔的热情，用诗的语言和青年人谈谈心：

多少回呵！我随英雄报深仇，
一声吼，“不扫奸贼誓不休”。
多少次呀，我伴志士同登楼，
高声唱，先天下之忧而忧……
血沃的中原呵，古老的神州，
有多少风流人物千古不朽！

这几句诗使我们联想起多少历史上的风流人物，优秀的中华民族呵，爱国爱民的英雄辈出。想到这些不由得使我们心中升腾起一种民族的自豪感，这同样是激情，是民族之情，祖国之情，人民之情。同样具有鼓动人心之力量。

作为朗诵者，有了内心的激情，其体现方式有时可能自然流露，但有时也需要朗诵者精心安排，有时还需要斟酌运用声音语言的各种技巧。如声音的高低、强弱，吐词的技巧，换气的方式，重音的突出，心理的停顿，各种语调、语势……但这些技巧的运用同样是在挖掘内心感受的基础上产生的。

如诗人贺敬之的《三门峡——梳妆台》有这样几句：

挽断白发三千丈，
愁杀黄河万年灾！
登三门，向东海：
问我青春何时来？！

在这里，诗人运用大有倒海翻江之势的语言，表达人民由于治理黄河的心愿得不到实现而发出的控诉，这是人民的呼声，是诗人感情的爆发点。为了表达这种激情，我们将前三行诗句一气呵成，读出一种向上推进的动势，在第四行“青春”两字时达到最高点，然后突然停顿，这是个较长的停顿，最后读出“何时来”这几字时，则由深沉而高昂的语气读。这样人民急切的盼望心情，更能突出强调出来。

再如诗人李瑛的《一月的哀思》中有这样几句：

车轮呀，莫再转动，
马达呀！快快停息。
敬爱的周总理，
难道你再不能回到我们中间……

这首诗是诗人李瑛同志为悼念周总理而作。诗中真实地描绘了十里长街送灵车的悲壮情景。抒发出当时积郁在人民心中对周总理的思念之情，及对压制悼念的愤愤不平。这几句诗是在灵车即将走出人们视野的一刹那，恋恋不舍，破心撕胆之情，使人们竟想阻止车轮的转动。为了表达这种激情，在“转动”“停息”“周总理”三个地方都要不停顿，但为了达到层层递进的语势，又必须换气，每吐一口气之后语调向上提一点，而吐气又要非常短促，使人感觉不到才好。短促急切的语调，清晰的重音，整个段落就能再现出当时的真情实景。

每一首好诗，都有激情，但诗人表达激情的方式各不相同，思想内容也没有完全相同的。艺术的特点之一在于“新”字。朗诵者永远不能企求得到一个一成不变的、一般的表达激情的方式。同样的一个景色会因诗人心境不同而被描绘成不同的色彩，同样一句诗，会因不同的人、不同的态度产生不同的内容，同样的喜、怒、哀、乐，不仅有程度的不同，往往还是彼此混杂在一起而比重不同的复杂感情。因此朗诵者要善于揣摩诗中感情色彩的独特性。

喜爱朗诵的朋友们没有一个不是充满激情的，我们在生活中都有热情、真情与激情，因此，我们的朗诵也必须再现生活，充满激情，做到真情。

下面，我想讲讲“真实”二字，无论是真确、真情，都要做到以真实为基础，没有这一点，就无从讲起真确、真情，朗诵也就失去了意义。因为真实是以生活语言为标准的，也就是我们常说的艺术要接地气，人们生活中的口头语言是他们欣赏朗诵艺术的唯一沟通工具。一位艺术家说接地气、被感动是中国电影的两个标准。而只有以生活语言为基础的典型化，艺术就是提高的能感动观众的好的朗诵。

语言的口头表达即说话，朗诵也可以说就是代替作者说话。

生活中的说话是每个人每天都在进行的，通常不会感到表达起来有什么困难，语气，语势，重音，停顿，语调，声音的高低、强弱、快慢的变化，都是自然而然地产生的。同时，也从没考虑过说话时手脚要如何配合，眼睛该看哪儿，这些也是应运而生无须顾及的。朗诵虽然也是“说话”，但却会发生诸如以下一些情况：不知如何处理语句的语调，全身紧张，手脚不知所措，找不到眼睛应看什么地方，声音也不听使唤，背好的词会忘掉……如果我们能让朗诵与说话一样自然、生活化，那该有多好啊！那可以使我们的朗诵做到第一步——不紧张，从而能自由地表达作品的内容。也只有使朗诵做到自然、生活化，才谈得上典型化、艺术化的问题。

朗诵与说话都是语言的表达方式。不过一个是表达书面语言，一个是表达口头语言。书面语言代表作者的思想感情，口头语言代表说话者本人的思想感情；书面语言是作者经过构思而规定好了的语言，口头语言是说话者本人此时此刻产生的随意的语言。这二者之间的差别在于——作者与本人，规定好的与此时此刻。这两点是根本区别。那么，我们只要能把作者的思想感情变成朗诵者本人的思想感情，把已经规定好了的变成此时此刻产生的想法，朗诵岂不是与说话差不多了吗？是的，这就是一条根本途径。这里我们再看看说话和朗诵的过程，以便从中找到实现这条途径的方法。

生活中每说一句话都要经过三个阶段：

①感觉阶段；

②思维阶段（即“想”）；

③用发声器官表达的阶段——产生有声语言。

朗诵时一般认为只有两个阶段：

①书面语言。

②有声语言。

从两者的对比，我们可以发现，朗诵时缺少了说话时的感觉和思维的阶段，变成了直接表达的阶段。

其实，作者在写作时也要经过感觉——思维的两个阶段才产生书面语言的，只是朗诵者首先接触到的是第三阶段（这里成了书面语言形成阶段）前两个阶段需要朗诵者挖掘、想象才能得到，不像说话时是自然而然产生于语言阶段之前的。我们朗诵时，如果能将作者的感觉和思维过程挖掘出来，并融进语调里，作品的语言就真的活跃在朗诵者的脑海里了，他也一定会感到像生活中说话一样自然了。

也许有人说，那么，朗诵就仅此而已了，只需要像自己说话就行了吗？当然不是的。还必须把说话进行加工、提高，才能达到典型化、艺术化，才能使听众感到既可信，又能得到艺术的享受。

作为一门艺术，人们要求的标准是很高的，不仅要求朗诵者声音响亮，而且要富于节奏的起伏，音调的和谐，音色的优美。语调要生活化且富于变化，使听众从你的朗诵中感到作品中的形象仿佛可以看到、可以听到、可以触摸到，宛如活动在面前一样。书面语言所涉及的范围是如此广泛，以至于朗诵者本人纵使具有最好的声音条件和语言表现能力，也是不够用的。必须通过借鉴和模仿来丰富自己的语言宝库。最好、最简单易行的学习就是在生活中注意观察别人的典型的语言特征，就是借鉴和模仿别人的说话，运用到朗诵中去。生活中，如果你有意识地观察就会发现，由于每个人发音器官有所差异，发出来的声音高低、宽窄、大小各不相同。有的圆润、有的沙哑，有的洪亮、有的微弱，有的低沉、有的高扬，这种特点，从典型化的角度来看，是能够反映人物的思想和性格的。根据这些特点，我们可以在一定程度上分辨出有的人庄重、有的人轻浮，有的人沉静、有的人狂躁，有的人真挚、有的人矫揉造作，有的人呆板、有的人热情……生活中声音的色彩真是太丰富了，如果能运用到朗诵中去，你一定不会感到缺少表现手段了。假如我们能借用生活中某些人呆板的语调，或是狂躁轻浮的语调去表现作品中丑恶的形象，那一定会使作品中所抨击的对象更让人生厌；而如果借用那些热情、真挚、沉静的语调去表现作品中美好的形象，那一定能使被颂扬的对象更令人喜爱和景仰。

反过来说，一个热爱朗诵、善于鉴别说话的人，他会在不断地朗诵实践中发现自己说话的优点和缺点，会把已经形成习惯的说话的缺点加以克服，因为朗诵是对一个人语言习惯最好的检验。我们在朗诵时发现，生活中懒懒散散的人，朗诵时也会松松垮垮；生活中自我欣赏的人，朗诵时也会矫揉造作；生活中对外界很冷漠的人，朗诵时也会平平板板、毫无激情。

综上所述，朗诵与说话可以说是互相补充、相辅相成的。说话是朗诵的基础和源泉，朗诵是经过加工的，艺术化、典型化的说话。

有很多朗诵爱好者经常感到一些作品的内容自己不熟悉和不好体会，于是不知该怎么朗诵。这实际上是如何挖掘作品产生的感觉和思维过程的问题。对这个问题，我想用我朗诵过的诗句加以说明。

纪宇同志所写的《风流歌》中有这样一段：

我就是风流，我就是风流，
我是僵化的敌人，春天的密友。

我像一朵鲜花，开在枝头，
我像一个姑娘，目光含羞；

我像一只牡鹿，跳涧越沟，
我像一头雄狮，尾摇鬃抖。

有时，我是无影的，像清风徐徐，
有时，我是有形的，似碧水悠悠；

有时，我化作新娘秀发上的一段红绸，
有时，我变成战士躯体上的一副甲胄；

有时，我是明眸里的一丝火花，
有时，我是笑靥上的一涡蜜酒。

有时，我是铁马冰河风飕飕，
有时，我是气吞万里雄赳赳！

这是把风流作为我——第一人称来叙述的一段诗句。在这段中有十四个“我”出现。如果我们仅满足把这段背下来，就会朗诵得很平，很不生动。我对这一段中的十四个“我”的处理，首先展开想象，让它们在脑子里活跃起来；同时，努力调动自己的各个感觉器官，去感受每一个形象的特征。然后，再去寻找能够体现这些特征的语调。比如：“鲜花”给人以美好的感觉，语调应该是优美的；“含羞的姑娘”，可以想象成一位少女因为幸福即将到来而害羞的感觉，语调上是含蓄的；“跳涧越沟的牡鹿”是一个轻快敏捷的形象，语调上应该是跳跃轻快的；“尾摇鬃抖的雄狮”，则给人以勇猛之感，语调上要有叱咤风云的气势。“清风徐徐”是柔和的，“碧水悠悠”是流畅的；“新娘秀发上的红绸”可读得俏皮一些，而“战士躯体上的甲胄”给人以刚劲有力和坚实感；“明眸里的一丝火花”是闪动的、热烈的，“笑靥上的蜜酒”甜蜜得使人心醉；“铁马冰河风飕飕”，要能使人仿佛听到战马在冰河上风驰电掣般驰过的呼啸声；“气吞万里雄赳赳”，则应读出磅礴的气势。而最后一句，是具体形象的升华，是十四个“我”的总结和概括，因而要读得有力、严肃，哲理性强一些。

上面这一例说明，当你朗诵某一段诗句时，首先要仿佛看到作品所描绘的形象，还要“听到”它的声音、感到它的质量，并把这些加以综合思考、提炼，形成你对这一形象的态度。然后，由此而产生相应的语调。其实，举例中所说的那些感觉和态度，在生活中都是有的。如美好、轻快、刚劲、俏皮……只要你能把生活中这些感觉和态度借用过来，一定能产生很自然、很生动的语调，像在述说自己的肺腑之言一样真挚感人。

还有一个朗诵者经常遇到的问题，就是如何夸张。由于朗诵要面对众多的听众，不夸张听众会听不清、听不懂。所以，音量就一定要加大。同时，文学作品又是高于生活的，其思想感情的浓烈程度远远超出生活语言，所以在表现上也应是夸张的。夸张时应注意什么呢？首先要注意的是，外部表现的夸张要以内心感受的激烈程度为尺度，内心感受越强烈，越需要强调，语调越应夸张。同时还要注意，夸张不是脱离说话的基础，要把生活中说话的语调按比例地全面放大，就像数学中相似形的放大一样。切忌个别、局部地放大。如果只加大音量，而语调的起伏节奏没有变，其结果会是一片叫喊声；如果只把语调的快慢节奏人为地安排得变化很大，而不注意相应的高低、轻重及语势的变化，也会造成人工气很浓的“绕口令”式的朗诵。语调变化的这些因素必须是协调的，只有这样，才能使朗诵做到既生活化又有艺术性，既自然又感人。

朗诵不仅是为观众服务的事，同时也是自律学习的过程。在与诗人、作家、观众的接触中，我也得益颇多。

比如在与艾青老师的接触中，他的乐观、幽默、开朗让我终生难忘。在生活中常常会遇到不愉快的事或是遇到困难，这时我真的会想起艾青老师，他在新疆时写的小说、散文都是歌颂建设兵团的战友们。没有抱怨，没有灰心，完全是正能量。回到北京后，写出《光的赞歌》等歌颂光明、歌颂人民、歌颂土地的长篇诗歌，使我感动，给我力量。他曾为我们题词并亲自撰写“懒惰的人等待幸运，聪明的人依靠勤奋”，时刻提醒我们要努力学习，要珍惜时光。

朗诵让我们有机会能得到锻炼的机会能认识那么多前辈、老师、朋友、学生，这也是快乐的源泉。

现在我用我们为“中华好家风”栏目中的感言作为本文的结束语：

快乐不等于不辛苦，不意味着不刻苦，不限于别人给予自己的爱，更在于给予别人所获得的快乐。

快乐来自爱，爱父母，他们给了我们生命，让我们成长。对长辈的付出不仅是责任，更是感恩，更是依赖。

小时候我们是不懂事的孩子，长大了，他们成了老小孩。

对孩子的爱，自不必提，但我先要做到是把他们当作朋友平等出发，一切都会顺理成章。

对朋友、对学生、对老人、对孩子，所有的付出都应该是不求回报。

这样，不会有抱怨，不会有责备，而是欣慰、愉悦。

其实周围的人喜爱你，关心你，安慰你，围绕着你，这种快乐是想找都找不到的，想寻也寻不着的。

这是一种无与伦比的世界上最沁人心脾的快乐。

1985 年，花城出版社出版袖珍诗丛《朗诵诗》，雷抒雁、程步涛编，朗诵提示：瞿弦和、张筠英

2021 年，在革命圣地延安张筠英朗诵《母亲写给夏明翰的信》

2021 年，在黑龙江卫视张筠英朗诵《抗联英雄语录》

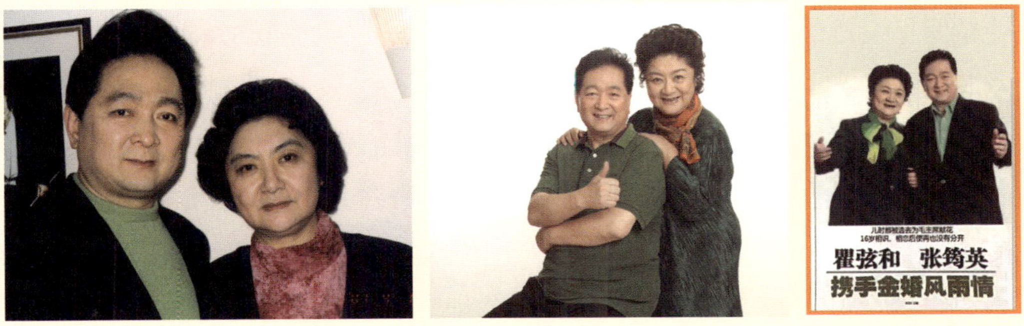

朗诵是我们钟爱的艺术事业

演播与配音 ①

张筠英

演播与配音虽然同样是通过电声的语言艺术，但二者的区别还是很明显的。

一是创造性与借鉴性。演播与配音者是一种再创造性的劳动，都是把书面语言变成有声语言的再创造劳动。译制配音是有视觉形象和听觉形象借鉴的创造性劳动，而演播在形成有声语言的过程中是没有借鉴的。演播者要自己设计语调，节奏变化，挖掘出书面语言的内在含意，展开想象，使书面语言变成活生生的形象。同时在演播时，还要把感觉、思考、再产生有声语言的过程，再现出来。从这一点来讲，演播是有一定难度的。

二是自由性与制约性。从另一方面看，演播者创作自由些，时间的限定是大范围内的，对作品的处理可自由发挥。而译制配音的时间性是严格而又严格的。每一句话，每一个字都限制在屏幕原型人物说话节奏中，每一次喘息，每一个停顿，都要达到一致。在如此严格的限制中。创作是比演播要困难的，我们也可以笼统称为“对口型”，对口型有没有规律可遵循呢？现在的电视译制片没有专职的口型员，有些翻译熟悉译制工作，剧本的口型好对一些。有些翻译的剧本可能个别地方有出入，在这种情况下，就需要演员自己来校对。

三是单一性与复杂性。演播者的对象是话筒联系着的假想听众，注意点仅仅是语言和话筒。配音时除以上两个注意点之外，还要顾及画面原型人物的口型、感觉，还要注意与其他配音演员的声音与语调的谐调，在这种多重注意力同时集中于配音的演员一身时，还要做到不说错台词，保持声音力度，实在说不是一件容易的事。

配音时正因为有了视觉形象，因而要求视听形象一致是自然的。所以“对口型”绝不仅仅是口型张合一致，必须把中文的重音安排与外语的重音安排一致起来。因为画面原型人物的声音强调与他的表演是一致的，重音、语调会影响他的形体和面部表情，而形体动作的变化也会带来声音相应的反应。即使人物不说话时，也有与对手的交流和反

① 原载于《当代电视》，1993 年第 2 期。

应。总之，注意力一时也不能放松。因为，配音演员的工作包括了塑造整个人物声音形象的全部内容，而且不能是一般化的，而是要性格化的完整的声音形象。

画面上的视觉形象是神采各异的，听觉形象也是对比鲜明。所以在选择演员时，要了解他们的声音特征，一般有高低、粗细之分。

除声音特征外，还有语言特征，比如：气息的运用，呼吸时气浮，人则感觉轻浮；呼吸沉稳则稳重；气深则老诚，气浅则年轻。

语音特征也不容忽视。说话时吐字规范，感觉此人做事认真；出字困难，感觉不善于表达情感，呆板。有人句尾甩腔，则感觉骄傲；有人字很松，吐字归音不规整，感觉他玩世不恭；有人出字快，感觉他很利索；有人出字慢，感觉他迟钝……这些语音特点，中国人、外国人都是共有的，我们可以用来创造有个性的声音形象。

作为一个配音演员，应该具有多方面的修养才能塑造不同的形象，如唱歌、说一些外语等。在日本电视剧《空中小姐》中，一群爱笑爱闹又爱唱的姑娘，像一群喜鹊，她们不仅要说英语（当然是简单的，听众一般都知道的）而且还要唱，高兴时唱，生气时也唱，聚会时唱，分别时也要唱。这些唱不是一般地烘托气氛，强调色彩，而是与塑造人物有关，与推动剧情发展有关。因而在录制前，我作为导演，先把乐谱记好，把中文词改编好装填进去，让演员们先学会。在录制时，几段带有情绪的唱，很顺利地通过了。

虽然配音演员的注意力是分散的，但应在准备过程中，熟悉过程中，解除一切负担，以便在录制时集中精力，表达人物情感。情是统帅，气托声、声传情，这是我们常说的。演员在录制过程中产生激情是宝贵的，导演应加以保护，如果因为一些不重要的原因要重新录制时，导演应慎重考虑。

1985 年，与孙敬修老师一起录制广播剧，参加者：陈铎、瞿弦和、房露、滕滕

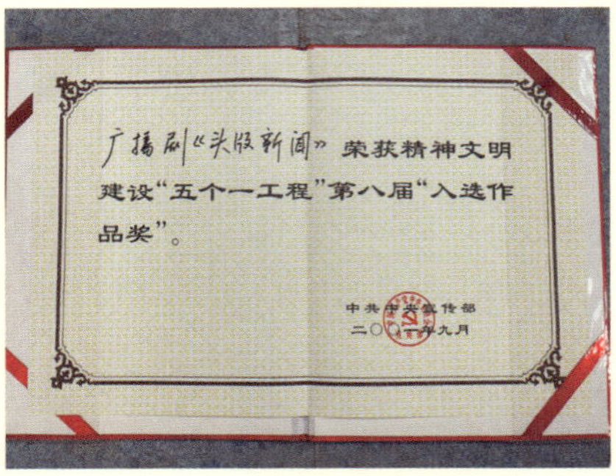

2001 年，张筠英与叶咏梅合作的广播剧《头版新闻》获中宣部颁发的第八届“五个一工程奖”

2018 年，张筠英编导的三集广播连续剧《我不去，谁去！》获第十六届中国人口文化广播影视类一等奖

张筠英在录音室

导演张筠英和录音师姚程制作译制片工作照

颁奖典礼现场

追求听觉艺术的语言内在美[①]

——谈演播长篇小说的人物塑造

张筠英

演播中长篇小说对我来讲，是一项既艰难又很有兴趣的工作。兴趣也是一种动力，它会促使你去钻研、探索，进而从中获得教益。我是戏剧学院的台词讲师，是研究舞台语言的。一般地说，一个舞台演员在处理自己角色的台词时，往往只注意大段落的总体情绪以及伴随而来的动作、手势和面部表情，不可能像演播作品时那么细致地推敲一句、一词、一字所包含的内容和体现形式。也就是说，大部分舞台演员往往比较注重内心感受的充实和自我感觉是否良好，而忽视语言的表达是否准确；在处理人物的时候，比较注重形象上的性格刻画，而忽视语言性格化的塑造。

中长篇小说从演播的角度来看可分叙述和对话两部分，其中最生动、最吸引人的部分是各种人物具有鲜明特色的对话。由于中长篇小说篇幅大，容量大，因而人物一般都比较多，包括了男女老少，不同阶层、不同身份、不同性格的各具风采的人物。要求单纯靠声音使听众能感到“其人的装束、形容、颜色、气象及举止瞻顾”，演播者是需要花费巨大劳动的。

必须做到两个统一：语言内在实质与外在体现方式的统一；视觉形象与听觉形象的统一。在这两个统一中，语言内在实质与视觉形象是基础。必须从语言内在实质出发寻找外在体现形式，必须从视觉形象出发寻找听觉形象。

怎样才能创造出准确、鲜明、生动的人物听觉形象呢？我从三个方面谈谈自己的体会。

① 原载于《中国长篇连播历史档案》，1984 年 7 月 14 日。

一、从作品出发，确立对人物基调的设想

寻找人物的基调，在处理人物语言中是第一步和重要一步。

作品本身是提供一切的依据。因此，首先是熟悉作品，在通读和细读的基础上开始进行分析归类的整理工作。我的习惯是列一张人物总表。表中把作品提示有关每个人物声音特点的内容摘录下来，归成各种类型：先分成男女两大类，每一类又按老中青再分成几小类。男女年龄是提供、区别声音音域和频率最基本的条件。广播是以实际生活为依据的。但它是一门语言艺术。艺术是源于生活、高于生活的，它是以实际生活中带有典型性的、有规律的东西为依据的。譬如：老年人一般身体较虚弱，气力不足，而声带又会较年轻时松懈，因而不能处理得尖润结实，往往是较低涩虚弱。当然在实际中，有时我们会碰到与此相反的事实。有的老太太可能说起话来犹如十七八岁的姑娘，但如果你和她很熟悉，也并不会因为她的声音而不相信她的年龄。生活中你会看到她的整体形象及言行，而在广播中只有声音的听觉形象，自然要把老太太的声音处理得虚而低，不能圆润明亮，否则听众是不会承认的。和老年人比，年轻人的声音高而实，因为年轻人一般身体健壮，气壮力足，声带的弹性又好。成年人中，男的声区低，女的声区高。儿童的声音一般则是嫩而娇，频率更高一些。

把音域区分好，这只是声音造型的普遍规律，因为在中长篇小说里，每一类的人物都可能是若干个，必须在音域大致相同的人中间，找出它们的差别。因此，第二步工作就是摘录书中有关人物声音、语言、语调特点的内容，添入每个人物的栏目中。而这类内容又分直接和间接两种。

直接的是指小说直接描写即提供的人物语言特征。如某人说话瓮声瓮气，某人油腔滑调，某人具有女高音的歌喉，某人总是沙哑着嗓子；有的人说话舌头显大，有的人说话总像是从牙缝中挤出来的，有的人经常有气无力，有的人总是粗声粗气；某人说话总是命令口吻，某人经常撒娇耍赖，某人说话咬文嚼字，某人说话囫囵吞枣，某人说话是标准的普通话，某人说话带有浓厚的地方口音……这些内容为我们提供了设计人物基调时最有利的根据。

但是小说中不可能把每个人说话的特征都描绘出来，并且一个人物的完整听觉形象，是各方面因素综合而成的。人物的身份、职业、经历，对人物声音造型就很有影响。譬如：《她的代号白牡丹》一书中，仅男性中青年国民党军官和我方的地下工作者就有好几个，这些人物的音域都是在一个范围内的。但他们各自身世和所处的地位不同，也就会出现不同的声音造型。年轻的国民党军官，他有文化，讲话经常咬文嚼字，由于受到上级的赏识，因而自认为是世界上最聪明、最能干的。我想，这样的人说话时一定拿腔拿调，语句结尾

有些甩腔，表现出自我欣赏，又令人作呕。为了从声音造型上区别于他人，我又设计他说话时略带鼻音。这样，就可以把他那种骄横、狭隘的性格特征更好地表现出来。

再如：《北国草》中的三个年轻姑娘的形象，音域也是属于一个范围的，又都是正面歌颂的三个女主角，不能用声音的缺陷去区别，只有在深入研究她们的经历、身世的基础上找到她们思想性格的特征，来区分她们。邹丽梅出身资产阶级与封建世俗混合的家庭，并且是独养女，生活上娇生惯养，但从小在后妈面前长大，在社会上又常常因为出身不好而被歧视，因此她有自卑感；但她是极善良的人，向往爱情和美好生活，这样的感受在她的内心中是非常热烈的。综合这些，我在处理她的声音造型时突出她柔和、娇媚、冷中有热，音量稍小可表现她的胆怯。俞秋兰则突出大胆热情、泼辣直爽的一面。虽然作品也描写了很多在爱情生活中她细腻温柔的一面，但这不是主导方面。她的柔媚表现也是和邹丽梅有所不同的，可以多赋予她顽皮、挑逗的语调，因而俞秋兰说话是大嗓门儿，并且常常哈哈大笑，节奏欢快而明朗，语调起伏大。被称作大姐的唐素琴，因在生活中受骗而变得冷漠，但她又很善良、细心，我在设计这个人物声音造型时则突出她较稳重的一面。虽然有时热情一下子爆发出来，但毕竟是一瞬间。因而声音稍低，只是稍低，不能处理成中年妇女，节奏稍缓，但声音较实。这样，三位姑娘在音频的高低、节奏的快慢、声音的虚实、音量的大小上都有所区别了。

另外，每个人的面目特征、身材、装束打扮等纯属视觉形象的特点，对处理人物听觉形象也是起很大决定性的作用的。这里有一个俗成的观点：见棱见角的方形脸或壮实的五短身材似乎不会发出柔声细语，而应该具有强硬的口吻，粗声粗气的语调，甚至呼吸都会是大声喘息。单薄纤弱的身材，清秀的面庞，会使人感到声音应该高而细弱。而衣着入时，不恰当地注重修饰，描眉画鬓的人，形象上给人以自我欣赏，矫揉造作之感，声音造型上必然是有点拿腔拿调，故作媚态。

书中常常见到作者对有些人物面部形象描写得很细腻。譬如：薄薄的嘴唇，一双灵活转动的大眼睛，形象上给人以聪敏之感，可以想象到此人大概反应极快，因此语言节奏必然是快而灵活的。而那种臃肿的面庞，下垂的眼帘，嘟囔着的厚嘴唇的形象，使人想象到此人反应一定比较迟钝，有些痴呆，因而语调一般平缓。

综合上述这些方面，从性别年龄（大致音域范围）、书中直接描写的人物语言特征、间接与语言特征有关的人物身世、经历、职业、地位、思想气质外形特征，我们就可以大致掌握每个人物的基调了。

但在继续熟悉作品，做好演播前的开头工作过程中，需要全面统观一下人物基调是否需要调整。我是从两个方面出发考虑的：

首先，褒贬是否清楚。因为我们塑造人物形象，最根本的是要反映人物的思想实质，使听众能更清楚、更明确地理解作者的意图。赞美作品中那些情操高尚、让人敬佩的人，鞭策那些品质恶劣、使人憎恶的人。因而首先得保证那些正面人物的声音造型要优美、舒服、给人以美感。

然后，若发现人物之间有雷同的情况，需加以调整，以作品为依据，加强人物之间形象的对比。任何艺术形象都是对比而来的，内容上的对比必须用形式上的对比来体现，必须要把雷同的人物在听觉形象上区别开，并且要区别得鲜明准确。直到这时，确立对人物基调的设想工作才能算基本完成。

二、运用发声技巧，实现对人物基调的设想

上面所说的对人物基调的设计，是演播者的想象或设想。想象的力量是无穷的，任何形式的文艺工作都离不开想象。古人云“独照之匠，窥意象而运行”，就是说有独特见解的工匠，凭着想象中的形象进行创作。我们演播者也是一样。但这些设想和想象最后必须落实到演员的具体感觉上，落实在各个与发音有关的器官的运用上。否则，设想只能变成空想。

声音除了高低粗细之外，还有什么色彩呢？不深入钻研进去，似乎认为声音一定是单调的，内容一定是不丰富的，其实不然。古人云：“声有声之形，其形惟何？大、小、阔、狭，长、短、尖、钝，粗、细、圆、扁，斜、正之类是也。”

大与小指的是音量，音量的控制在于气息，呼出的气力量强、密度大，冲击声带有力，音量就大，反之则小。长与短指声音延续的时间而言，属音长的范围。粗与细、尖与钝是属于音域的高和低的音质问题（主要指如何运用共鸣腔）。阔与狭、圆与扁、斜与正则属于音色的问题（和发音、吐字器官都有关）。

从上面可以看出，发音器官的各部位的运用能够决定声音的色彩。下面我就谈谈在演播长篇时对发音器官的一些运用技巧。

1. 吐字的器官：唇、齿、舌、牙、腭，每个部位的变化都能产生出不同的声音造型

牙齿的上下部分开合的大小，上突出或下突出，能使你在同样的声音高度、同样的声音强度中塑造不同的声音形象。舌的突出与收缩，喉部的紧张与松懈，唇的拢与放，同样对声音的造型起很大作用。如两唇向外，牙齿稍合，形成扁的口型说话，能给人年轻俏皮的感觉，过于扁则给人以嗲的感觉。把喉头卡紧，发出喉音较重的声音，可使人感到有沉重之感，过分的喉音也可使人感到造作。关闭鼻腔，使上腭松懈下来，形成鼻音很重的声音，可造成病态感冒的声音或给人以“反派”人物的感觉。如果把整个喉部

捏紧，加以气的冲击，能够发出沙哑的声音。口腔的局部关闭，使用其他部分能发出各种特殊的声音，可以使用到特殊人物的声音造型中。

2. 几个共鸣腔的运用：口腔、鼻腔、咽腔、头腔、胸腔

一般，需要发出高频率的声音，如小孩、中年女子的类型，多用头腔和鼻腔，而老年男性、中年男子可多用胸腔共鸣。《蒲柳人家》的贯穿人物是一个四岁的小男孩，我用头腔和鼻腔的共鸣塑造了这个小男孩何满子的声音。

3. 气息不仅是声音的支柱，对塑造人物作用也很大

气息的深浅、长短，气口安排的多少、气音的运用以及提气、憋气、偷气、托气、急换气、倒吸气、大喘气、颤抖用气的运用，以前认为在表达人物思想感情时至关重要，实际上，抓住一个人物呼吸上的特点，对塑造人物听觉形象也是重要的手段。如一个人呼吸时气总是浮的，则此人显得不踏实，而稳重的人气一定是沉的。气深，显得人老成，年龄感大；气浅，显得人年轻单纯。演播中，气音是经常运用的，不仅可以表现人的身体虚弱、人的心情胆怯，同时也可以表现人的性格柔和、谦虚或虚伪等。

4. 对人物语言特殊习惯加以推敲，加以声音造型，形成完整的听觉形象

汉语语音是有特点的，每个字的发音是枣核形，可分为头、腰、尾三部分。每个人语音习惯都不一样：有的人说话吐字很规整，使人感觉他做事一板一眼；有的人吐字很困难，使人感觉他不善言辞；有的人字尾爱甩腔，使人感觉他骄傲；有的人字头字尾都很松，使人感觉他有点玩世不恭；有的人吐字时头、腰、尾三部分过渡很快，使人感觉他利索直爽；有的人过渡很慢，使人感觉他做事拖泥带水，很迟钝……甚至有时可用方言，或用带浓厚地方色彩的字音语调来塑造人物。

譬如：《北国草》中就用北京口音、广东口音塑造了两个年轻姑娘的形象。在《蒲柳人家》中，有三个年龄相仿的老头，作品把这三个老头描写得都很可贵，很正直，很憨厚。在处理这三个老头时，除了根据性格特点在语言的建设节奏上有所区别外，我特别强调了他们语言的特征：一个突出他咬文嚼字、字正腔圆；一个运用老北京的口头语“啊”，说话前和说话当中适当加上“啊”；另一个字的头尾部较松，在能听清字的范围内，使人感觉口齿不伶俐。

上面所谈的这些技巧的运用，完全是为了内容的需要，必须从人物实质出发，“数逢其机，机入其巧，则义味腾跃而生，辞气丛杂而至”，就是说，技巧运用得好，时机又巧合，那么意义和情味就跳跃般涌现出来。而运用不当，则会起破坏作用，因此还要注重内在

与外在的统一。

三、在基调的规范中，灵活地变化人物的语调

有了人物基调，我觉得好比火车有了轨道。至于火车行进的速度，何时停车，何时启动，何时进山洞，何时过桥，以及是行驶在平原还是山区，转什么样的弯，是平坦还是惊险……是千变万化的。人物的语调也是如此，但无论怎样变化都是不能出轨的。这就是基调和语调的关系。具体地说，演播时人物的基调是具体落实到人物每一句具体的语调上的，而语调又是在人物基调的规范中灵活机动地变化的。具体的语调设计不仅受到人物基调规范的限制，而且还受到作品基调的限制和人物对话所处的特定场景及情绪节奏的限制。总之，具体的语调从三个规范出发，即作品基调、人物基调、情节节奏，以这三个方面为依据。

古人云："凡音之起，由人心生也，必唱者先设身处地，模仿其人性、情气，宛若其人自述其语，然后形容逼真，使听者心会神怡"，"故必先明曲中之意义曲折，则启口之时，自不术而合"。这里强调了两个方面，一是要设身处地，二是要明其意义曲折。的确，这两点指出了演播人物对话时最重要的两个问题。

1. 设身处地，就是平常说的进入角色，以人物之所想而想，以人物之所说而说

也许因为我是学表演的，每当演播人物对话部分时，虽然是在播音室，是对着话筒，却禁不住手之舞之，足之蹈之。把握人物感觉，细致地揣摩人物内心状态，体验说话时的神态，对演播能否生动、能否如见其人是不可缺少的。有时为了帮助自己捕捉到活生生的人物语调，除了要深入分析、反复实践，把重音、气口、语调都安排好之外，还要标上一些作品上没有的神态特征，譬如：此时嘴角下撇、此时眼睛半睁半合、此时眉飞色舞、此时指手画脚、此时头发根竖起来了、此时手指颤抖。这样，在演播到这里时，感觉就能一下子抓到了。

2. 意义曲折，就是要抓住人物语言的内在含义和目的

要找到准确的潜台词和内心独白，有了这个内心的依据，才能做到；没有这个依据，往往使人感到肤浅，严重的会文不对题，就是我们常说的"太白"了。有时往往很简单的一小段对话，抓到准确的潜台词和内心独白，对话的双方就从内心交流起来、沟通起来，产生意想不到的情趣。

小说的文学特征最重要的是塑造人物，塑造典型环境中的典型人物，而对于人物细

节的描写是否成功会直接影响人物的可信程度。所以在演播时必须仔细研究作品对人物行动、心理、性格细节的刻画。

反过来讲，又不能只注重细节，丢掉大局。长篇小说的主要人物多是贯穿始终的，有时只重情绪的浓烈，人物的基调全跑了；有时注意主要人物，次要人物的语调也跟着主人公跑了。所以，要在人物基调的轨道上塑造，不能出轨，否则人物就没有完整的听觉形象。

我不知道还有什么比自己的创造得到理解更幸福。偶尔看到听众来信，把书中的人物当作生活中真实的英雄来学习，为书中人物的命运担忧、鸣不平，我就会有一种说不出的兴奋之感。

古人云："音实难知，知实难逢，逢其知音，千载其一乎。"其实，现在广大听众是热情的，知音是很多的。作为一个演播者我又多么希望成为作者的知音，成为书中每个人物的知音。这样我们就可以把作品中的文字变成情思，并且沿着文字表面的支流追溯到源头，把作者隐微的情思显露于听众，让听众能随其情而动，顺其理而被折服，以其德融化在自己的身上。到这时，听众也就成了作品和演播者的知音，我们演播者的目的也就达到了。

1983年，在北京人民广播电台与作家康式召、编辑赵春甫研究小说《大学春秋》录制工作

我们录制过的部分小说

与中央人民广播电台编辑叶咏梅、录音师姚程研究小说中人物的塑造

骑自行车去电台录音

叙述语言的技巧处理①

瞿弦和

过去我为电台录制的节目以诗歌、散文为主，在演播这些作品时我觉得较轻松自如，能驾驭自己，能抒发激情。有人还玩笑地说我是激动派。近几年来，我开始接触中长篇，演播时我却总感到叙述语言显平。开始的时候我有这样一种观念：叙述部分只要注意语言的逻辑重音和停顿，注意字音的标准，让听众听清楚就行了；另外，还怕叙述语言和人物对话分不清，想使叙述语言保持一种基调，尽量注意减少变化。这样一来，往往造成叙述语言很像念书不像说话，平淡无味，缺乏热情，过分客观。在实践中，我认识到叙述语言在中长篇小说演播中的重要性，要使作品演播成功，不仅要求用声音成功地塑造人物形象，同样包括叙述语言演播上的成功，那么，我为什么不能用朗诵诗歌、散文的长处表现好中长篇的叙述语言呢？

演播者应当像作者一样，不仅是真实生活的反映者，而且是生活的解释者，是带有倾向性的。比如中篇小说《锅碗瓢盆交响曲》歌颂经济改革中的先进人物，长篇小说《北国草》是讴歌献身北大荒的知识青年的，《春天的呼唤》是赞颂十一届三中全会以后对知识分子落实政策的，而《大学春秋》又是展现20世纪50年代社会主义大学生生活的。作者的主观意识是鲜明的，演播者就应当以这样的意识去吸引听众、感染听众，因此，叙述语言是和听众直接交流的手段，它和演员在舞台上表演一样，有着明确的目的和任务，是演播者不可忽视的部分。

那么，如何在演播中把握好叙述语言呢？

首先要注意对象感和对听众的吸引力。要把话筒前的空间，想象成有无数位听众在听你的讲述，他们的眼睛里闪着探寻的目光，仿佛在问你："怎么回事？""后来呢？""再后来呢？"……这样，你就会时时刻刻注意自己的语气，注意他们可能出现的反应，就可以将"读字"慢慢变为"说话"，使叙述语言口语化。

① 原载《中国长篇连播历史档案》，1984年。

叙述语言不仅需要口语化，而且需要有吸引力，引人入胜，使听众爱听。在一部分作品中，人物语言容易演播得绘声绘色，给听众留下深刻的印象，而要如何处理好叙述语言在小说中可起的各种不同作用，就不那么容易了。演播者要注意进行细微的分析。我把叙述语言分为三类。

一、叙述语言揭示典型环境

这里包括时代背景，社会状况，自然环境……这类叙述语言要从渲染典型环境的整体气氛着想，来设想这些段落的基调及其感情色彩。

比如《大学春秋》一开始，在不长的篇幅里就有两个不同年代的背景介绍：

> 一九三五年十二月五日夜，古城北平，笼罩在极度紧张不安的气氛中。天是出奇的冷，西北风呼啸着；枯树的落叶，白天被军警撕毁践踏的学生们游行示威的纸旗和标语的碎片，被卷着肆意在空中飞舞。马路上行人稀少，昏黄的路灯闪着半明半灭的暗淡的光，不时传出尖利的警笛声和摩托车声……

这一段演播的基调是压抑的、紧张的。与这段相隔不远，作者又把我们带进了 50 年代。时光过去了 20 年，演播时的基调就应当变为欢快的、明朗的：

> 一场春雪，把校园装扮成了银色世界。代替往日那斑斓陆离、绚丽多彩的色泽，是白茫茫的一片。画栋飞檐，碧瓦红船，道旁齐腰的松墙，湖畔挺立的高塔，全都披上了白色的素装，显得格外的柔和恬静，雅洁多姿。那纷纷扬扬的雪花，还飞呀，飞呀，飞个不停。然而，大自然的宁静，却压不住年轻人心头的火热。这是一九五三年初春，中华大学新学期开学的前夕。校园里那些回家过寒假的同学们，带着仆仆风尘，带着各地社会主义建设的喜讯，接二连三地回来了……

基调的区别还是比较容易做到的。但作者对环境的描写绝不是纯客观的，因此要格外注意演播时的感情色彩。《文心雕龙》一书中曾这样写道：“物色之初，心亦摇焉”，“物色相召，人谁获安”。阴沉的天气使人感到凄凉，阳光的天气使人感到舒畅……新年春气发扬，情怀欢乐而舒畅；初夏阳气蓬勃，心情烦躁而不畅；秋天天高而气象萧森，情思阴沉而深远；冬天大雪纷纷，渺无边际，思虑严肃而深沉……一年四季有不同的景物，不同的景物有不同的形貌，感情由于景物而发生变化。在演讲这类的叙述语言时，感情色彩一定要浓，要给人身临其境之感，增强对听众的吸引力。

比如长篇小说《北国草》中的白黎生曾在赴北大荒的火车车厢里做了一个梦，梦见自己和俞秋兰在草原上相会。作者在白黎生回忆梦之前有一段叙述，叙述中描写了蒙蒙秋雨如烟似雾，这种大自然的景象，对人物内心活动起着很强的衬托作用，所以演播时可以采用虚一点的声音，造成梦幻似的境界：

白黎生第一个从硬卧床板上爬了起来，他看见窗外抖落着成串的小水珠。呵！原来窗外下着蒙蒙秋雨。对于久居在城市鸽子笼式楼房里的白黎生来说，北方旷野的雨简直是一种奇观。水云如烟似雾，田野迷迷蒙蒙，村舍、树林、水塘、野花……都淹没在一片混浊的水雾之中。他睁大眼睛望着、望着，心头上那团雾，也升腾了起来。

再比如《北国草》中马俊友和邹丽梅单独谈话一段，作者为了揭示萌发的爱情闯入了两个人的心扉，对草原当时的景象有一段叙述。为了突出宁静的气氛，为了加强两个人物之间内心的交流，我在演讲时，采用了稍慢的节奏，句与句之间的停顿加长一些，给听众一个发挥想象的机会：

草原没有一点声响。特别是中午，天空中没有一丝风，树不动，草不摇，天和地都笼罩在一片宁静之中。远处，拖拉机唱着单一的歌，近处只有那两只天鹅亲昵说着什么，剩下的就是这两个青年人的心跳声了……

我在处理这一段叙述语言时，就是要给听众创造一种在“静”的意境里的想象。

二、叙述语言塑造典型人物

这一类的叙述语言在小说中是相当多的，演播者在处理时要细致充实、具体、有分寸。演播小说中的人物形象不同于电影、话剧和戏曲，因为它没有具体的视觉形象，而是一种听觉形象。作者在小说中对人物外貌的描写有其主观的态度，演播者要充分理解作者的意图，并尽力去寻找生活中的依据，使自己的脑海中产生具体的视觉形象。叙述时，仿佛能够看到这一形象，这样就不会显得死板。

比如《锅碗瓢盆交响曲》中有许多当代人物形象，有服务员、作家、复员军人、售票员、干部等。演播前，我从自己接触过的人中寻找类似的形象，使小说字面上描写的人物具体化：

……饭店里唯一的先进人物崔芬，腆着六个多月大肚子，忙得脸上水泼汗洗。她除去走路和弯腰不大方便，两只手的动作却是十分利索和干净。她把一大摞盆子送到厨房回来，很吃力地弯了一下身子，还没够着，便直起腰，用脚尖一钩就把筷子挑起来了，一伸胳膊接在手里。背后立刻有人愤愤地哼了一声："那是筷子，不是足球，顾客要往嘴里吃的，能用脚踢吗？"崔芬不用回头就知道说话的是孙连香，这个女人脸长得像一只大鞋底子，线条全是横的，一天到晚脸上老是阴天，看不见笑样。因此，有一个政治色彩很浓的绰号——"阶级斗争脸儿"。

这一段中作者对孙连香的外貌描写得十分具体，而且这段叙述又在她的语言之后，所以我做了这样的处理，在"长得像一只"之后稍微停顿，以突出"大鞋底子"；"线条全是横的"这个"横"字是需要强调的，拉长一些；下一句"一天到晚脸上老是阴天，看不见笑样"要读得连贯，中间不停，只把重音放在"老"这个字上。这样就有助于突出"阶级斗争脸儿"这一形象。

对人物外貌和性格的描写与人物语言的基调应当是一致的，也就是说让听众感到这样的语言出自这样的人的口是可信的。我在《锅碗瓢盆交响曲》的演播中，对桑原蓁这一人物使用了热情、文气而又带有南方口音的语调，为什么呢？作者提供了他的外貌是"敦敦实实的身材，微胖的圆脸上戴着一副眼镜，年纪有三十多岁"，并多次提到他的性格"十分豪爽"，"十分健谈"。如果这些叙述语言给听众留下印象，那么当人物语言出现时，听众就会觉得自然而可信：

刘俊英不好再拒绝，只好随着牛宏走出了饭店大门，门旁边的暗影里走出一个人，用带有南方口音的普通话说："你怎么才出来？"

"我有点事耽搁了。"刘俊英脸上挂羞，稍有一点发窘："老桑，这就是新来的牛经理。"

牛宏一惊，打量着这个"老桑"，敦敦实实的身材，微胖的圆脸上戴着一副眼镜，年纪三十多岁。牛宏一时还没弄明白这个"老桑"和刘俊英是什么关系。

"老桑"却十分豪爽，上前一步握住了牛宏的手："经理同志，你好！我是桑原蓁。"

"哦，您就是有名的作家桑原蓁？"牛宏更加惊异。

桑原蓁十分健谈："你的部下背地里说了你不少好话。看来你出任这个饭店的经理，对我们春城里的居民来说是个福音。"

"您也住在春城里？"

"就在饭店的左边，你看，那十栋楼就是所谓的'高知楼'。七栋二十五号，有空到我家去坐坐。"

"哎……"牛宏忽然发现了一个奇怪的现象，每栋高知楼的中间都是黑的，而一楼和五、六楼的用户里却亮着灯光，就好像过节日用的彩色灯泡标出大楼的天地轮廓一样。他问："这是怎么回事？"

桑原蓁摇摇脑袋："这名为高知楼，国家是想解决知识分子的问题，可是知识分子都分配在一、五、六楼，而二、三、四楼都叫行政人员、后勤人员和干部住了。到了晚上，二、三、四楼的人们早早就睡了，要不就坐到楼下乘凉聊天，所以房间里一片漆黑。而住在一、五、六层的人，都是夜猫子，肚里有牢骚，还想出点成果，不得不开夜车苦战。所以出现了你看到的这种今古奇观！"

而在《北国草》中，对"疙瘩李"这一人物我又采用了一种特殊的语调，给人一种舌头不大灵活的感觉。这样处理的依据是什么呢？就是为了使这种语调显得合理而不生硬。我注意了有关对"疙瘩李"的人物外貌和性格刻画的叙述语言：

李忠义来自长城脚下的一个山区农业社，他之所以被冠以"疙瘩李"的外号，不仅是因为他脸上长满了大大小小的青春蕾——粉刺儿；更因为他有爱抬死杠的毛病，撞了南山也不回头。……虽然，这个山沟里来的青年，常常以愚昧代替科学，流露出与20世纪50年代青年极不协调的色彩；但是他力气过人，在贺志彪和卢华等几个大力士中，"疙瘩李"也算得上一个"力拔山兮气盖世"的猛士。他干活像一头竖着鬃毛的狮子，从来不知疲累，也许正因为他具有这样的素质，对垦荒队中学生出身的伙伴，有一种先天性的轻蔑。除此之外，这个小伙子还有一个显著的特点，那就是对于领导说的任何一句话他都言听计从坚决照办。在那抬头只见一线天的山沟沟里，支部书记就是党的形象，党的化身；因而会场上迟大兵遭到垦荒队员们议论的时刻，他本能地站了起来。

在这一段的叙述中要着重突出他憨厚、愚昧、言听计从的特殊性格，也突出他劳动不知累，对党信任的可爱的本质，因为这个人物是个本质好，前后有转变的人物。而叙述中有关"脸上长满粉刺儿"这种外貌反而不必过分强调，这一分寸也要掌握适度，否则就会把这个人物过分丑化了：

邹丽梅对这个满面青春疙瘩的小伙子本来并没有什么好感。因为他在白黎生失踪后的辩论会上，公开站在迟大兵的立场上，和诸葛开瑞唱过对台戏；前两天，因为去铃铛河的挑水问题，自己又和他抢过扁担。迟大兵任何一句话，好像对他都是法律，他毫无考虑地遵命照办；这在八十一个伙伴中，他算是蝎子拉屎——独一份，因而格外引人注目。但在这冷得透骨的早晨，邹丽梅捧着一碗热粥时，她不感动命令他夹送粥的人，却有点被这个彪悍的雪里送炭人感动了。

李忠义督促着说："吃嗨！干吗总发愣？"

邹丽梅开始喝粥。几口热粥下肚，她感到身上有了一点热力。便说："谢谢你了，待会我把碗送回去。"

"不行。老迟交代给俺了。这碗喝下去，再叫你喝上两碗热粥，才算俺完成任务。"

邹丽梅被他的坚决样儿逗笑了："我没有这样大的肚子，比不了你呀！一顿能喝一桶粥。"

"小邹，没有肚量也得吃。"

"那为什么？"

"听党的话不能打折扣，这是党对你的关怀！"

"迟大兵一个人，就能代表党吗？"

"坦白地说吧！你们这些喝过墨水的垦荒兵，就是跟党三心二意，总不是那么听话。"李忠义来了词儿，像大河拉开了泄水闸门一样，滔滔不绝地说了下去，比如说俞秋兰吧，是个团支部书记，竟敢不听迟支书的话；诸葛开瑞是狗掀门帘子——全凭那张嘴，还和迟支书唱洋梆子。你是个刚入团不久的青年团员，那天迟支书叫俺去铃铛河挑水，你就敢抢俺的扁担，这都是不尊重党的表现。俺在长城根下农业社的时候，俺们党支部书记说过，"谁是党？俺就代表党，听俺的话就是听党的话。"别看俺肚子里没有墨水儿，俺对资产阶级的玩意，可看得清楚了，哪个是白瓢的葫芦，哪个是红瓢的西瓜，都瞒不过俺的眼睛。俺的双眼，就是一杆不镶秤星的标准秤。

"那我算白瓢葫芦还是算红瓢西瓜？"邹丽梅还从来没有见过这样的一个年轻人，也没听说过这样的革命理论，惊异使她忘记自己内心的隐病，因而一直专注地凝视着疙瘩李的面孔。

"你吗？俺说了你可不要生气，你是个白瓢葫芦。"

“我什么时候才能变成红瓤西瓜？”

“就像你这样不听党的话，说句不好听的，来世出身个贫下中农以后，再说吧！”

邹丽梅丝毫也不见怪李忠义。邹丽梅认为，他赤裸裸地讲述他的“真理”，虽然带着明显的荒谬，却是容易分辨的，而迟大兵却不同了，他读过一些革命理论书刊，总是善于把他个人的一切行为，用富有革命色彩的理论包装起来。和李忠义的愚昧相比较，邹丽梅越来越感到迟大冰的可鄙。她遵照李忠义之命，匆匆吃完第二碗粥，并把窝头咽进肚子之后，趁疙瘩李给她去端第三碗热粥时，她麻利地戴好狗皮帽子，从帐篷后面，独自奔向了茫茫雪原。

这一段中，前半部的叙述语言揭示了人物关系，要向听众介绍清楚，也就是为什么会有下面的对话，对话为什么会是这样一种分寸感。中间的叙述烘托对话时气氛，要把对方的反应、谈话时的一些动作向听众做些渲染；后半部的叙述则是站在较高的角度，议论一些道理。

描写人物心理活动的叙述语言在小说中就更多了，处理的方法也是多种多样的。比如《锅碗瓢盆交响曲》中有一段对牛宏内心活动的描述，我把其中一部分当作人物的内心独白来处理，夹在叙述当中，显得更充实一些：

牛宏作为一个人，而且是个年轻人，怎能没有自己的抱负和自己的理想？甚至还有他自己的梦想和幻想！当他知道自己没有被领导器重，根本就不可能被提升时，他不想当官是真的。当提升变为可能的了，当官已成为现实，他的心有所动，想法也随之有所改变。不，我不应该失掉这次机会，要抓住自己命运的线索。有人一辈子都在寻找自己命运的线索，尚且不一定找得到，我为什么要放弃？人应该过一种有智慧的生活，有胆量地自己投进生活，在生活中认识自己，发挥自己，动用全部智力。我既然不想往上爬，不怕官运不亨通，为什么不借着春城饭店这块宝地试一试？对，试一试！我经营科干了五年，别的没有学会，对游刚那一套算是看透了，按他那一套无法搞好饮食行业。要想干出个样儿来，领导人必须要有新的风度，新的面貌，新的办法，新的魄力……

叙述语言在人物对话的前后出现，对人物对话起着重要的作用。不仅对整段对话的气氛起到烘托作用，同时还对人物对话时的具体态度提供了可靠的依据。

三、叙述语言承上启下交代情节的发展、转折和变化

遇到这一类的叙述语言，演播者要注意节奏，要用虚实、强弱、高低、快慢的对比来加强情节的发展、转折和变化。

前面我说过，中长篇小说的叙述语言占的篇幅比人物语言多，所以在演播时要格外注意节奏的变化，这种变化并不是固定的，而是随着小说中情节的发展而产生的。正像古人所说："闲时宜缓""急事宜促""摹情况景宜缓，辩驳疾走宜促……"但是"徐必有节，神气一贯"，"疾亦有度，字句分明"。也就是说快慢的速度节奏要调整适度，慢不能散，也要有突出的地方，快不能无限制，必须使人听得清。

这里特别要注意转折时的衔接部分。衔接的方式可能是低收高起，可能是强收弱播，可能是平收平接，也可能是快收慢起……下面我用例子来说明吧！

比如长篇小说《天京之变》中这样一段，在演播这段时，特别要注意中间情节的突然变化。在"……纷纷扯起帆篷，准备解缆离岸"之后，稍微停顿，然后语气突然变为紧张而神秘，节奏变快，读出："就在这时，六骑骏马飞出了仪凤门……"以平收突起的技巧，让听众感受到情节有了转折。

长篇小说《天京之变》中的另外一段与此就完全不同，在情节衔接时，用的是快收慢起的手法：

> 韦昌辉向珍珠帘狂挥着天王赐给他的斩妖剑。珠子哗哗地响着，像骤雨一般滚落下来。剑尖儿划破了床头的宫灯，宫灯剧烈地摇晃着。杨秀清从水晶床头一跃而下，刚刚抄到韦昌辉的侧面，韦昌辉的斩妖剑却从斜刺里抡了过来，把他的短刀打飞了。韦昌辉挺剑而上，把他逼到了墙角。现在，杨秀清看清了韦昌辉的歪扭的脸……韦昌辉在得意地狞笑："九千岁！天王爷今天不会在你身上下凡了！"

这一段中，在"……把他逼到了墙角"这句之前，节奏要非常紧凑，渲染东王杨秀清处在危险之中的气氛，然后突然停顿，慢慢地读出："现在，杨秀清看清了韦昌辉的歪扭的脸了……"这样处理，就能更深刻地揭示争权夺势如何取代了同甘共苦的手足之情，也能增强对听众的吸引力。

中长篇小说中许多衔接部分是从现实进入回忆的，或从回忆中回到现实。演播者要格外注意叙述语言的虚实结合。一般情况下回忆部分应当虚一些，因为它毕竟是回忆，

是曾经发生过的事情，给人一种距离感。比如：《北国草》中垦荒队长卢华失手打死了小马驹之后有这样一段：“……荒原实在太辽阔了，任凭卢华极目眺望，仍然看不见它的边缘。绿色，鸟鸣，到处都是悦耳的鸟鸣。望着这浩渺的如同大海一样的草原，他的冲动立刻冷却下来；他深深地吸了两口草原上的新鲜空气，不知为什么想起了刚刚复员到煤矿上的一件往事，那也是发生在初夏的事情。有一天，他刚从矿井下回来，在浴池洗过澡之后，匆匆往宿舍走着。突然，煤矿脚下农业社的社长拦住了他……”这一段中从“有一天”开始要慢一点，虚一点，帮助听众进入一个规定情景之中。当然，在回忆部分结束时，也需要有一个间歇，然后有回到现实的感觉。这种虚实的变化要鲜明，要让听众有时间变化之感。

最后我再谈谈叙述语言的播讲还要注意两个字，一是“灵”，二是“情”，也就是演播者的二度再创作。“灵”是指演播者在演播时可以灵活处理。有的部分用对话就可以完全反映出当时的生动情景，那就不必在对话之前加上“某某回答说”或在对话之后添一句“某某接着讲”，因为通过人物对话的语气就可以将人物的身份表明，啰唆的叙述语言就可以删减掉。有的段落，叙述语言的位置可以前后调动，看放在什么位置更为合适，原则是看对整个故事情节的发展起什么作用。还有的时候，要根据需要，增加一些叙述语言，比如每一讲的开始，或是读小说时易懂，而听小说时不易懂的地方。在《锅碗瓢盆交响曲》的每一讲开头，我把作者题记都播一遍：“刀，怎能不碰菜板？勺，怎能不碰锅沿？我们的铁的饭锅里，好不热闹！”这样可以加强故事的趣味性，主题也可以更为突出。

“情”是指演播者一定要动情。前面提到当我朗诵诗或散文时，能和作者感情融为一体，比较容易抒发自己的感情，而演播小说中的叙述语言时，容易陷进客观的介绍，缺乏应有的激情，这是应当特别警惕的。每一部中长篇小说，都有感人至深的章节，如果你自己都不动情，听众又怎能受到强烈的感染呢？《北国草》播出后，许多听众来信都谈到了马俊友救火牺牲的场面。这一段是激动人心的，要求演播者不仅注意节奏，更要注意动情：

马俊友的笑声刚刚出口，只听老乡一声呐喊：“快起来，那烧死鬼又活了！”马俊友闻声而起，看看前边麦田里并无火光，扭头一看，一件使人意想不到的事情发生了：那不顾断气的火苗，不知道啥时候把那棵被雷电击落了皮的老橡树给点着了，那棵早已枯干了的老橡树，一着了火，立刻向枝枝杈杈蔓延，瞬息之间烧成了一个圆圆的火球。使马俊友触目惊心的是，疾风不断把烧断了的枝杈，从高空直直地抛向防火道，特别是筑在树尖的乌鸦窝，着火之后，风吹着它的散落枝叶，像天女散花般地把火星吹进了麦田。

马俊友像疯了一样喊了一声："乡亲们！抢救麦田——"便朝着麦田跑去，还没容他跑进防火道，麦田已经起火了。马俊友反身跑到麦田边上一个蒿水坑旁边，在淹没膝盖的泥水里打了一个滚儿，又往脸上、脖子上抹上几把稀泥，带着满身泥水，向起火的麦地冲了过去。他用双手捂着脸，在烈焰中翻滚着。

老乡们被马俊友的行为感动了。他们兵分两路，一部分老乡用铁镐去刨那棵着了火的老橡树，想刨断火源；年轻的后生们则跟在马俊友身后，一字长蛇阵地冲进了麦地。他们一边手持各种武器灭火，一边焦心地朝马俊友喊着："快起来！"

"退出火圈……""危险！危险……""麦子烧了可以再种……""人比麦子贵重……别死心眼啦……"马俊友什么也没听见，这个稳重、老实，心中从来无我的年轻人，把自己的血肉之躯变成一台压路机，只是不断地东滚西滚。

成熟了的小麦，比草原更为易燃，他压灭了这边的火，那边的火又烧着了；火势带着噼噼啪啪的爆响，在几十亩麦田里东游西蹿。

马俊友的头脑里只觉得自己越来越恍惚，他身子虽然还在不停地滚动着，思想却好像飞离了这块麦田：那是什么？那不是天安门前国徽上的麦穗吗！那是什么？那不是蛇在蠕动，是爸爸吃剩的那根断了的皮带！那是邹丽梅那双长长的辫子！那是什么？白白的像雪片？不，那不是雪，那是妈妈头上的银丝！那是什么？是诸葛开瑞脚上脱落的指甲盖儿！那是什么？

那是卢华带着兄弟姐妹冲进了麦田！

蒿水池的泥水被垦荒队员们滚干了，垦荒队员们在麦田里组成了一支"压路机队"。当队员们的压路机队和打火的老乡一块把大火扑灭——几十亩的麦田，被大火烧掉了将近一半。

这时，大雨破天而落。垦荒队员在瓢泼的大雨中呼喊着：

"马俊友——""马俊友——""马俊友——"

风声。雪声。却没有马俊友的回答声。他静静地躺在灰烬之中，带着年轻人绚丽的梦，离开了他献身的黑土地。暴雨熄灭了他衣服上的烟火，暴雨洗净了他脸上的泥巴，大火夺去了他黑亮的头发，烧焦了他浓黑的眉毛和鼻翼下刚刚钻出的胡须；大火唯一没烧毁的、也永远夺不走的，是在他胸膛前闪亮而晶莹的不锈钢……

邹丽梅没吐出一个字，就扑倒在马俊友的胸膛上——她昏了过去。

天哭，地哭，垦荒队员与老乡们的泪水和着雨水同流……

以上是我对演播小说中有关叙述语言如何处理的点滴体会。我刚刚开始尝试这一工作，望广大听众多多指教。

为了使小说中的叙述语言的演播具有更大的艺术魅力，我体会要注意三个方面、三个区别。要注意的三个方面是：要注意叙述语言的几种作用如介绍典型环境、揭示人物性格、交代情节发展、烘托对话气氛等，并从这些出发来处理叙述语言；要注意演播时对听众的吸引力；要注意灵活并且有激情。

三个区别是：注意叙述语言与人物语言的区别，注意说出来的语言和心里想的语言的区别，注意叙述语言本身的变化和发展。这样才能使叙述语言既生动活泼，又有层次和变化。同样又能保持叙述者本人的基调，使之自然、真实、可信。

瞿弦和播讲的《三国演义的故事》由北京师范大学音像出版社出版

瞿弦和录制的《三国演义的故事》获“首届全国优秀教育音像制品奖”

瞿弦和在录音室录音

我们录制过的历史小说

《游子吟》朗诵教学示范课设想

张筠英

这是一堂有些特别的辅导课。交给我任务的杜敏老师是这样说的：元月 28 日我们的“中华好童声”颁奖典礼将在首都博物馆礼堂举行，我想让你在舞台上示范教学古诗《游子吟》，这个设想，你来完成最合适。

接下了这个任务后，静下心来一想：这到底是表演小品呢，还是上辅导课呢？如果二者合一，既要有像剧本一样的提纲程序，又要有现场发挥即兴的部分，二者如何结合呢？

经过一番思考，我先设定了舞台上要有三位小朋友，这样可以有互动的谈话、可以有现场提问、小朋友也可以讲述。一般的课，如果学生不会，可以下堂课再回答；如果老师讲得不明白，可以下次再补充。而这些，这次都是不允许的。另外，还要有时间观念，十五分钟内必须结束。

我让舞美人员在台左摆一把椅子，在台右放三个小凳子，形成八字形。我要求小朋友出场前准备一个家长对自己关爱的感人短故事。开始之后，分几个步骤：

①三个小朋友自我介绍姓名、年龄、年级，三人一起朗诵“游子吟”；

②我介绍古诗“游子吟”的写作特点及思想意义，讲明此为五言诗，篇幅短小、语言通俗、清新自然、有民歌风味。诗分两层意思，前四句通过缝衣的细节歌颂母爱，后两句以小草难于报答阳光来比喻，描写儿子对慈母的孝心。

③请小朋友用生活语言讲出《游子吟》故事的前四句。我会提醒几点：母亲什么时间缝衣？那个年代桌上点的是什么灯？母亲缝衣时是什么心情？在提醒过程中，告诉小朋友描述情景必须想象丰富灵动，要有影视般的画面出现在眼前。

④接下来，我要讲《游子吟》的后两句，这两句不是描述，而是感叹，属于抒情范围。用什么语调呢？反问自己？教育别人？还是自愧做得不够，表达今后要好好孝顺父母？……

此时，请三位小朋友每人讲出准备好的“家长关爱自己”的短故事。孩子们讲完，我以妈妈、奶奶的身份讲讲自己对儿孙的爱。

先讲一个儿子的故事：20 世纪 70 年代，“文化大革命”时期人们的服装几乎是千篇一律的。一天，儿子瞿佳吃晚饭时对我说：“妈妈，我们学校有一个男生穿了一件很好看的上衣。”

“是什么样的？”

“就是那种下面比上面紧的那种。”

“噢，我知道了，是夹克衫，对吧？”

“大概是吧。”

晚上儿子睡了，我搬出手摇缝纫机，又找出一本杂志，终于找到一款夹克衫的样子，然后翻箱倒柜找出一块深灰色底、带暗红和深蓝格子的料子，再用儿子当时穿的一件衣服作为尺寸的标准，拿出画粉、尺子……裁剪开始，接着上缝纫机……老天有眼，裁剪得非常准确，缝制也很顺利！晚十一点半，一件夹克做好啦，我剪去多余的线头，用熨斗熨平，十二点，完成了。

第二天早晨，儿子起床后，我给他穿上新夹克，他迫不及待去照了照镜子，高兴地说：大合适了，太合适了！我们学校的那个同学穿的就是这样的！可能因为这件衣服是妈妈亲手缝制的，袖子肘部破了还在穿，我发现了，就用一双旧的皮手套剪成椭圆形补在袖肘上，成了一件当时很时髦的夹克。

再讲一件我和小孙子靓靓的故事。当我知道他要出国留学时，心里非常不舍，觉得不能天天见到他了，他却反过来安慰我说：“奶奶，一放假我就回来看你！”分别来得太突然，几天之后就要走，我想，应该给他带些什么呢？我用黑底金色图案的围巾做了一个礼品袋，里面放了祝福平安的料器，我最喜欢石料，因为它实实在在、天长地久。然后写了一封信，我本想读给他听，但是我的小孙子按住这封信说：“别念，不要念，我走以后一个人时再看。”他说完转过脸，偷偷擦了一下眼泪……停顿片刻，我说：“靓靓，奶奶是用心给你写的，希望你别丢了，放在一个保险的地方，若有不愉快的事情，或有犹豫不决的时刻，你可拿出来看看，或许有点帮助。”因为我在装信的盒子面上写了四个字——坚强、快乐。围绕这四个字，我写了我的经历、体会，写了他的过去以及未来可能遇到的问题，要一生记住你自己的行为原则“淡定”，能做到荣辱不惊才能使自己一生平安。在信的最后，我送给他一首大家都熟悉的歌词：“……你拥有我，我拥有你……在很久很久以前，你离开我去远方翱翔，当你觉得外面的世界很精彩，我会在这里祝福你……当你觉得外面的世界很无奈，我还在这里耐心地等待你。每当夕阳西沉的时候，我总是在这里盼望你。天空中虽然飘着雨，我依然等待你的归期。”

后记：在舞台上当我讲完我给儿子做衣服时，台下突然有一个人站起来说：“我是首都博物馆的书记，想问张老师，您做的这件衣服还在吗？我们可以收藏。”我赶忙说：“衣服是有，但不够博物馆的档次。”书记笑着说：“够格、够格。”在场的人都笑了。

此时我想到那年送儿子出国，在返回北京的飞机上，放的音乐是《故乡的云》，相当长的时间，直到现在，我都不敢听这首歌，一听就会掉泪。这次当我轻声唱起“外面的世界”时，我流泪了，没想到，现场的观众鼓掌了，也流泪了，还跟我一起唱。

2018年1月于北京

2018年，在国家博物馆示范教学唐代诗人孟郊诗《游子吟》

2020年线上朗诵讲座

2020年，在海南线上朗诵讲座

2021年线上朗诵讲座

2021年，在广西柳州朗诵讲座

在主持人培训班上的讲座

大学毕业后，到剧团报到，除演出话剧外，很快接触到报幕员工作。20 世纪 70 年代末，我为舞蹈家陈爱莲独舞晚会、歌唱家郭兰英歌剧片段晚会报幕，不仅在剧场演出，还在北京电视台屏幕上亮相。随之在中央台及各地方台参与元旦、春节、元宵、清明、端午、国庆等晚会，并主持了国家级大型文艺晚会，其中包括：国庆 60 周年、建党 90 周年、抗日胜利 70 周年、长征胜利 80 周年。

今天曲敬国教授让我给来自全国各地的主持人讲课，这是名牌大学——解放军艺术学院办的主持人训练班，我想通过自己的亲身感受，讲三个内容：

（1）关于主持人的概念。

（2）担当主持人的条件。

（3）主持人应注意的问题。

20 世纪 80 年代前，我们习惯“报幕员”的称谓，主持人应该是具有采、编、播、控等多种业务能力，在一个相对固定的节目，作为主持者和播出者，集编辑、记者、播音员于一身的人。

1981 年中央人民广播电台“空中之友”栏目设置主持人，由徐曼主持之后，中央电视台赵忠祥主持“北京中学生智力竞赛”，节目中使用“节目主持人”一词，开启了中国电视节目主持人之先河。

回顾广播电视的历史，可以看到主持人早期的样式，“广播员”“播音员”“报幕员”均在其中。

在广播事业的创建过程中，播音形成了端庄大方、义正词严、热情奔放的风格。

1947 年毛主席在陕北曾表扬一位女播音员：“……讲到我们胜利是那样兴奋彩烈，痛斥敌人又是那样痛快淋漓。”可以看出我们在表达中追求的是真理的声音、人民的声音，尚未注意每个人自身的特点。随着时代的发展，一代又一代能说、能采访、能编辑、能驾驭节目的主持人大量涌现。

有关资料显示，从主持形式上分，有报幕式的主持人、串场式的主持人、播报式的主持人、操作式的主持人、解说式的主持人、组织式的主持人、访问式的主持人。从节目内容上内容上分有新闻类、经济类、文艺类、文化类、体育类、少儿类、学术类的主持人。

说到这里大家的脑海中自然会浮现出那些熟悉的主持人的形象，也会把他（她）们划分到某种类型中，这就引出了第二个问题——担当主持人的条件。

每一位担当主持人的，都具有一定的天赋，就像这次培训班的学员，来自全国各地，每个人的形象、声音、气质，都经过选拔，才走上工作岗位。我们也会发现，大家所熟悉的主持人，大部分都毕业于专业艺术院校，以播音主持专业为主，中国传媒大学（原北京广播学院）为最，另有话剧演员、影视演员、歌唱演员、曲艺演员转变身份的，还有学理工科的、文科、外语专业毕业的，他们都发挥了自己的特点，取得优异的成绩。

我今天要强调的是，担当主持人有两个重要条件，那就是热爱生活、关心时事和注意学习、认真刻苦。

我们主持任何一档节目或一场晚会，都有它的主题，在突出主题的过程中离不开这个时代、离不开国家民族、离不开现实生活。主持人必须热爱生活、关心时事、了解社会，才能驾驭，否则连简单的名称、清晰的政策都会说错，这是不能容忍的。

准备的过程中，对涉及的历史典故、时代背景、人物传记、名人名言等也必须了如指掌，不怕多，只怕不够，否则在主持过程中也会出现不知所措、尴尬的场面。

上课之前，一位学员对我说："瞿老师，我经常在电视上看您主持，您一定要给我们讲讲主持人应当注意的问题。"我对他说："我是话剧演员，不是学主持专业的，但我可以把我的体会告诉给大家。"

我觉得有这样几点：把握基调、控制节奏、穿针引线、外松内紧。每档节目、每场晚会类型不同，我认为：主持纪念活动，要庄重大方，体现成就感；主持联欢晚会，要活泼热情，体现幽默感；主持知识竞赛，要引人入胜，体现神秘感；主持年终总结，要亲切自然，体现幸福感；主持红白喜事，要分寸得当，体现仪式感；主持民俗节目，要清晰准确，体现历史感。

这里所说的各种类型节目都要注意节奏，不仅是主持词的快慢，还要注意导演要求的整台哪里有节奏的变化，哪处是节目的高潮，并想方设法达到导演的要求。

比如陈爱莲的独舞晚会，舞蹈的风格不同，而且每个舞蹈中都有节目之间要留给她换服装的时间，这个空当中主持人的用词必须得当，时间长短合适，有助于整场晚会的节奏变化，所以我采用了几段"题外话"，比如："为了保证演出的顺利进行，在灯光操作间、在音响操作台、在后台的服装室、化妆室还有许多人在默默无闻地工作着，他们是真正的无名英雄，让我们向他们表示感谢。"观众的掌声是真挚的、热烈的，演出节奏也有了变化。这句主持词我一直灵活地运用到今天。

比如中国文联举办的经典咏诵会，老子的《道德经》，孔子的《论语》……每位历史人物的名句都有解说词，这就要求主持人讲清楚、讲明白，有承上启下、穿针引线的作用。每一小段的主持，既可以像讲故事，又可以结合今天这个时代讲感受，使整场演出连贯，富有整体感。

比如在北京工人体育馆举办的纪念五四运动的大型演出，因为党和国家领导人要光临直播现场，整台晚会彩排了很多遍，主持词应当非常熟了，但作为主持人依然不能掉以轻心，必须精神高度集中。直播即将开始，我们已经登上了高高的平台，总导演急匆匆赶来，向我喊："把六个主办单位报出来。"天哪，几次彩排都没报啊，我们词很熟了，谁都没拿手卡，女主持人问我："怎么办？"我说："我来！"因为心中有数，六个主办单位顺利地、准确地说出来了，女主持人走下高台，不停地说："我真为你捏把汗啊！"

比如申办奥运会的演出活动，主持中突然灯光出了问题，舞台上没了照明，出现冷场，但话筒还有声音，我便在暗中加了一句："正像申办奥运一样，我们会遇到很多意想不到的问题，我们要有充足的思想准备战胜各种不同的困难。"话音未落，灯光复明，大家情不自禁鼓起掌来。主办单位负责人对我说："词加得好，还有哲理。"

时间关系，不能多讲，希望在座各位学员，在解放军艺术学院老师们的教导下，取得优异的成绩，成为合格的主持人。

2014年3月21日

1979 年，北京电视台录制，“舞蹈家陈爱莲独舞晚会”

1993 年，与张宏民、刘璐、孙小梅共同主持中央电视台春节歌舞晚会

2004 年，在北京人民大会堂与艺术家倪萍、濮存昕、周涛共同主持“小平你好——纪念邓小平诞辰一百周年大型晚会”

2009 年，与艺术家丁建华在北京人民大会堂主持“复兴之路——纪念中华人民共和国成立六十周年大型晚会”

2010 年，主持戏剧大师曹禺诞辰一百周年晚会

2011 年，瞿弦和与艺术家朱媛媛在北京人民大会堂主持“我们的旗帜——纪念中国共产党成立九十周年大型晚会”

2014 年，瞿弦和主持京剧大师叶盛兰诞辰一百周年晚会

2015 年，瞿弦和与艺术家温玉娟在北京人民大会堂主持“胜利与和平——纪念世界反法西斯战争胜利七十周年大型晚会”

2016 年，瞿弦和与艺术家刘小娜在北京人民大会堂主持“永远的长征——纪念长征胜利八十周年大型晚会”

2016 年，瞿弦和主持舞蹈大师戴爱莲诞辰一百周年晚会

2017 年，瞿弦和在北京音乐厅主持雷佳博士毕业音乐会

2017 年，瞿弦和主持相声大师侯宝林诞辰一百周年晚会

朗诵艺术谈（节选）[1]

朗诵的语调

语调就是语言所具有的声音色彩。优美的音乐有动听的旋律和节奏，语调好比是语言的旋律和节奏。

它是语言表现的外在声音形式。它是千变万化的，是完全根据思想感情的变化而变化的。如果你想找到一成不变的形式，那只会使你的朗诵成为固定的腔调，令人昏昏欲睡了。

现在我们首先来研究一下语调变化的基本因素。

一般人简单地理解语调的变化只是高低的变化，实际上语调的变化是由高低、快慢、强弱这三组不同的因素构成的。

只有高低的变化，或只有强弱、快慢变化的语调，会给人以重复之感，也是造成朗诵腔的原因之一。而这三组因素综合的运用，则会使语调千变万化，产生意想不到的艺术效果。当然，我们不能为变化而变化，变化是受人物的思想感情和行为动作制约的。

生活中人们的语调是判断个人思想、性格、行为的有效手段。同一行为所产生的同样的语言，由于从不同的人嘴里说出来会产生不同的语调。同样的语言在不同的规定情景下会产生不同的语调。

下面我们举几段独白加以说明。

《基督山伯爵》是大家所熟悉和喜爱的作品，小说中一位假王子——贝尼台多，在他又一次杀人之后被押上审判台。他在被审时的一段供词是一篇很好的独白。

①审判长阁下，我看您是采用了普通的审问程序，用那种程序，我将无法遵从。——我要求——而且不久就可以证明我的要求是正当的——开一个例外。我恳求您允许我在回答问题的时候遵从一种不同的程序，但所有的问题我将都愿回答。

②我二十一岁，说得更确切些，再过几天就满二十一岁了，因为我是在 1817 年 9 月

[1] 原载于路宝君主编：《口才艺术选刊》，北京广播学院出版社，1988 年。本文选取书中第四讲、第六讲。

27日在巴黎附近的阿都尔生的。

③最初我是个伪币制造者，后来我变成了一个贼，最后我成了一个暗杀犯，在座的诸位，请不必惊奇，我并不是什么卡凡尔康德王子，仅仅是一个孤儿。

④你们一定想知道我的姓名吧！可是我不能把姓名告诉你们，因为我父母生下来就遗弃了我，所以我根本就没有姓名。但我知道我父亲的姓名，可我现在不能告诉你们，我必须首先讲一讲，我为什么是个孤儿。

一般情况下，犯人的态度，应该是认罪的、悔恨的，语调应该是低沉的、徐缓的，虔诚的。但是，贝尼台多不是一般的犯人，他的这几段证词并不是为了开脱自己的罪责，也不是被逼无奈而说的供词。

这几段供词实际上的目的是揭露与报复，揭露在座的检察官先生是抛弃他的亲生父亲。他报复的是包括他父亲在内的那些贵族们。因而在第一段中他是以恳求的态度为主，要显示出贵族绅士——假王子的身份。

第二段，前面一句把对象转向旁听的贵族，主要是要弄他们的口吻。第二句转向检察官，为的是暗示他，不要忘记自己曾经抛弃过亲生儿子的行为。

第三段，要用得意扬扬的口吻，因为这样会使得把他当成王子看待的那些贵族被戏弄得发狂，从而达到他复仇的目的。

第四段，转向审判长先生，要用极快的速度讲述，目的是免得激怒审判长先生而不让他讲下去。

以上例子说明，语调的变化是因人、因事、因时而不断变化的。

当然，这些变化总是离不开快慢、强弱、高低这些因素。在一般情况下，人们兴奋的时候，说话的音频会提高，力度会加强，速度会加快，于是形成高、强、快的语调。而当一个人在悲伤痛苦的时候，说话的音频会下降，力度会削弱，速度要减慢，因而形成低、弱、慢的语调。但是这样的变化规律绝不是一成不变的。比如人们在讲述一件激动人心的事而不想让外人听见时，力度就会减弱，形成高、弱、快的语调。有时，为了表达一种崇敬的心情，会产生高、快而弱的语调；有时为了表达对一种人或某种事物的憎恨，会产生低、慢而强的语调。比如高尔基的《海燕》第一自然段：“在苍茫的大海上，狂风卷集着乌云，在乌云和大海之间，海燕像黑色的闪电，在高傲地飞翔。”最后一句不要用高强的语调，而要用弱而低、慢的语调来突出强调崇敬的心情。如果相反，用强、快、高的语调来朗诵，则难以表达出崇敬、赞扬的感情。

下面要说明的是语调与重音、停顿的关系。重音，停顿是构成语调的重要因素，但同时也受到语调的制约。重音、停顿本身也是不可分割的，互相配合的。如果一句话中重音与停顿安排在不同的地方，语调就会随之不同。例如叶挺将军的《囚歌》：

为人进出的门紧锁着，
为狗爬走的洞敞开着。

我们来试试先把重音与停顿放在“人”与“狗”处，形成前高后低的语调。

再试试把重音和停顿放在“紧锁着”“敞开着”处，形成前低后高的语调。

实际上这两种读法，听众可能听起来都感到不满意，或者感到表达得不太准确。原因在哪里呢？一是有刻板的感觉，因为重复单调的语调会给人以刻板之感。二是想表现叶挺将军的什么思想感情不清楚。那么应该怎么朗诵呢？我认为应该把重音放在“人”和“洞”上。为什么呢？我理解第一句是体现叶挺将军作为一个革命者所具有的宁死不屈的崇高品德，把“人”的含意升华到革命志士的高度。不要强调“紧锁着”，这样会给人造成一种错觉：似乎叶挺将军在惋惜“门”没开。第二句强调“洞”。目的在于强调他断然拒绝了敌人的劝降，把敌人给他指出的出狱的路比作“狗洞”。

大家如果有兴趣，可以自己试一试，看看这样的安排是否合适。大家实践的时候，一定要注意一点，可能自己思想上认定的重音、停顿和我们一样，但读出来可能感觉不对，这是缺少实践的原因，也可能是由于自己习惯的朗诵腔造成的。这个问题只要反复实践是可以解决的。

再反过来说，为了能造成语调的高势，低势，重音和停顿都要经过一番苦心安排。

比如高尔基的《海燕》中有这样一句：“它们这些海鸭啊，享受不了生活的战斗的欢乐，轰隆隆的雷声就把它们吓坏了。”这句必须要体现出作者对海鸭的蔑视和嘲笑的态度，生活中这种态度所产生的语调一般是前重后轻，带有甩腔的语调。比如：“这个人哪，简直什么都不行。”就是这种语气。那么《海燕》中的这句话，重音和停顿安排在什么地方合适呢？一般朗诵者很自然地放在“生活的战斗的欢乐”这一词组上，形成弧形的语调。这样朗诵的结果不仅使人感觉不到蔑视的态度，反而会给人以肯定的感觉。经过几番实践，我认为把重音放在“这些”上比较合适，并在“这些海鸭啊”后放一个停顿，相应的后面的“享受”可作为次重音，形成另一个小的前高后低、前重后轻的语调，再一次强调其嘲笑的态度。

以上我们所说的语调，实际上只是语调的一部分——句调。语调还应包括段落的整体语调。一篇作品开始段落的整体语调，往往体现作品的基调。而高潮的段落的整体语调，则体现作品的中心思想、作者的激情。

例如，贺敬之的著名诗作《三门峡——梳妆台》是一首朗诵者非常喜爱的诗。其中的一个段落是前半部分的高潮：

梳妆来呵，梳妆来！
——黄河女儿头发白。
挽断白发三千丈，
愁杀黄河万年灾！
登三门，向东海：
问我青春何时来？！

这段是作者表达深受黄河之害的劳动人民盼望根治黄河的强烈愿望。由于旧社会统治者不关心人民疾苦，因而这种呼唤是带着悲愤的、近乎绝望的控诉。所以整段的语调要从低到高，从悲到愤，从较缓慢到紧凑，每一句的句调的起头，都要接上一句的语调再向上升。不要每一句都从头开始，这样永远也不能形成高潮。

当然这里重音和停顿的安排也是很重要的。如在把“青春”两字推到重点后，处理一个停顿，而且是一个较长的停顿，只是声断意不断，最后再读出“何时来”。“何时来”前面的停顿，对突出重音起了强调的作月，使高潮的形成更富有回旋的艺术魅力。

至于人们处在平静的心情时，可把语调分为平、升、曲、降的问题，这里就不多述了。

朗诵的气息运用

朗诵和演播是一门有声语言艺术。声音是体现语言的基本条件。声音和语言这两方面的技巧都应该掌握。

首先我们第一步应该掌握正确的发声方法。有人常问：“我嗓子好不好？能不能当演员？”其实这句话应该理解为“声音条件好不好”？从生理的角度来看是指声带结构怎么样，有没有病变？共鸣腔（口腔、鼻腔、头腔、咽腔、胸腔）的结构好不好？对于业余爱好朗诵和播音的人来说，一般都没有问题。绝大多数人是由于自己的嗓子好才喜爱这门艺术的。但是有了好的声音条件，没有好的发声方法仍然达不到朗诵和演播的要求。因为朗诵和演播所需要的声音是圆润、持久、可塑性强。不经过练习是不容易达到这些要求的。

有的人可能要问，你为什么不提声音要洪亮呢？这恐怕是随着电声的出现而带来的观念上的变化。不仅是演播，即使在舞台上现在也有电声设备，声音的扩大有了电声的帮助，变得容易多了。以前在剧场为了能让最后一排观众听得见，必须大声地说话，现在通过扩音设备可以很轻松地传到剧场的各个角落（个别的声音结构很好的剧场不用话筒）。所以我们现在认为声音洪亮并不是很重要的标准，而声音的穿透力这个概念应该得到重视，因为麦克风也不是什么声音都承认的。不信你试试，没有穿透力的声音，通过麦克风也依然不能收到好的效果。

所谓“穿透力强的声音”，是指声音有力度，发音通畅，也就是有气的支持，并且有共鸣点的声音。音量大而散的声音就没有穿透力，声音弱而薄也没有穿透力，声音紧而浊也同样没有穿透力。有些人平时说话似乎声音洪亮，但通过麦克风后，却感觉声音发闷，没有光彩。其实他平时说话一般是喉音很重，舌根发紧，结果声音都含在嗓子眼儿了。通过麦克风把其缺点放大，就会变得发闷。有的人声音很散，气音多于坚实的声音，通过麦克风后会感觉就像喇叭坏了一样，沙沙拉拉，一盘散沙，稍稍放大一点音量就会有声嘶力竭之感。有的人鼻音很重，通过麦克风会感到他像是个感冒患者，鼻子堵塞。有的人声音不集中，常常分叉，大家开玩笑说：这叫自带双声道喇叭，当然不会悦耳……声音上的问题有很多类型，以上仅举几例，闷、沙、捏、过于尖厉或含混的声音都是要不得的。

也许有人会说，沙的声音有特点，带鼻音也是可以塑造反面人物的……其实这是错误的观念，塑造人物所用的特殊声音处理，是指音色的变化，它是在正确的发声方法的基础上变化而来的；而错误的发声方法，会使声音不持久，声带发生充血、水肿、小结等病变。而且没有正确的发声方法，声音音色不会有变化，显得单调而没有表现力。因此一定要区别开音色与音质的不同。上面所说的那些不好的声音，不是属于声音的特色，而是毛病。原因主要是呼吸方式不对，共鸣点没有找到。声音发沙是因为舌根紧张，因而气息不能顺利通过，造成共鸣点靠后靠下。发沙的声音，由于气息太浅，发声时用不上，单靠压迫声带发声，鼻音太重是因为口腔内的悬垂肌下垂，堵住气流使一部分气流从鼻子流出……

正确的发声位置——共鸣点在哪儿？起声点是在口腔小舌头后上方，鼻咽腔相接之处，与唱歌的发声点很相似，比唱歌的发声点略略向前向下一点，从嘴到鼻咽的斜线上来看，是属于一个方向的。由于口鼻腔的肌肉是摸不到、看不见的，不好控制，因此需要自己用耳朵判断自己的发声位置。

更重要的是要掌握正确的呼吸方法。我们说，根在气，气化力，力贯唇舌，口鼻发音。说明正确的呼吸方法是发声的基础，但往往对呼吸方面的讲解往往不能具体，因此下面着重谈谈呼吸方法。

实际上发声时的呼吸方法与生活中正常的呼吸是类似的，千万别认为，要朗诵了，要演播了，就改变自己正常的呼吸感觉，因为这样你会感到无所适从，变得紧张起来。生活中当我们由于某种原因感到局促不安和紧张时，气就会浮到胸上部，呼吸节奏变快，发声会感到困难、干涩。因此，应该找到自己平静时的状态。甚至可以在睡觉时，躺在床上感觉一下自己的呼吸状态。吸气时感到两肋下面鼓胀，而不是胸部扩张。这就是我们所说的“气沉丹田”。

呼气时则与生活中有所不同，因为生活中呼气时胸部肌肉是松弛状态是不会用力的。在生活中和朗诵演播时发声说话是用呼声状态。平时说话音量和音长都没有一定标准，随意性较大，而在艺术语言发声时，则需要有控制的、有力量的、能调节的呼气状态，胸部肌肉是不能做到这一点的。所以要调动起两肋下部的肌肉的和腰部、腹部肌肉来控制呼气状态。真正扩展胸腔，是要把胸腔与腹腔的横膈膜向下拉，向下拉的力量也要用腰腹部的肌肉来控制，所以正确的呼吸方式应称为胸腹—两肋联合呼吸法。

检查呼吸是否正确的方法，最简单的就是看看吸气时自己的肩部是不是提高了，提高了说明气吸得太浅。说一句话，看看是否前一两个字说完后气就感到不足，若不足，说明气保持得不好，就是说控制呼气的腰、腹部肌肉没有用上。

如果你用双手反叉腰（拇指向前）放在肋骨最后一条的腰部，吸气时能感到肋部向外扩张，向外顶住了你的手，那么你的吸气状态就对了。不过注意，扩展的方向应是向着斜下方，不要水平方向向外。

呼气时比吸气时复杂，因为又要送气，又要控制不能一下子送完，所以必须有相反方向的两个方向的力。如果所有的肌肉都向着一个方向，就会或是不送气，或是一下子送完。所以先是吸气状态正确，说话还不定能用得上气。脐带以下二指处——丹田为一组肌肉，其作用是向外送气。而腰部肌肉为一组，用向外扩张的力使气量出得尽量少。

呼气时，我们根据自己的实践经验，总结为三个步骤：坐气——出第一字时要坐气。保气——说话过程中保持气量到说完为止。调气——根据思想感情变化调节气量的大小和密度。

坐气——吸气时要只吸七八分满，说话前一瞬间，用脐作中心，腹部肌肉收紧，后腰部向脐部顶住；两肋肌肉向外扩张，比吸完气时再扩张一些，并且方向是向斜下方。这就是坐气。

保气——出字后，三个方向的作用趋向平衡，尽量用三组肌肉保持住气量。保持住横膈膜的位置，至下一次换气前最后一个字说完，才能把肌肉松弛下来。

调气——出气量的大小是根据音量决定的，要想把音量扩大，不能靠喉部肌肉捏紧，压迫声带，而是把出气量加大，气量的大小由腹部丹田肌肉来控制，紧缩的力量加大，气出得就多。反之则小。

另外，调气还要随着语势的高低推进而变化出气的密度，密度是指压力的大小，就是指疏和密的对比。在语势逐渐向上推的时候，就要逐渐加强出气的密度，此时，丹田肌肉的力量加强，而两肋的肌肉反要压紧，造成对胸腔底部的压力加大。反之则小。

以上三点，是我们在实践中总结出来的体会。要想做到这几点，须不断练习，现在介绍几个练习气息的方法。

①闻花—吹灰。

像闻花的香味一样吸气，像吹掉桌上的灰尘一样呼气，吸与呼都要慢，特别是呼气，要越慢越好。

②狗喘气。

有节奏地一呼一吸，要吸得快，呼得快，像炎热的夏天，小狗吐着舌头喘气一样。

③默数数。

呼气后默默地用不被人听见的声音数 1、2、3、4……越长越好。

④明数数。

用正常说话的音量数数，越长越好。

⑤数枣。

用绕口令内容锻炼气息的控制。出东门，过大桥，大桥底下一树枣儿，拿着竿子去打枣，青的多，红的少。一个枣儿，二个枣儿，三个枣儿……十个枣儿，九个枣儿，八个枣儿……一个枣儿。这是一个绕口令，一气儿说完才算好。从头至尾不换气最好，起码的要求是数枣时从 1—10—1 不换气，练习保持气的功力。

⑥练习吸气蓄气的绕口令。（V 为换气）

天上看，V 满天星。V 地上看，V 有盘冰。V 坑外长着一老松，V 松上落着一只鹰，V 鹰下坐着一老僧，V 僧前点着一盏灯，V 灯前搁着一部经，V 墙上钉着一根钉，V 钉上挂着一张弓。V 说刮风，V 就刮风，V 刮得那男女老少难把眼睛睁，V 刮散了天上的星，V 刮平了地下的坑，V 刮化了坑里的冰，V 刮倒了坑外的松，V 刮飞了松上的鹰，V 刮走了鹰下的僧，V 刮灭了僧前的灯，V 刮乱了灯前的经，V 刮掉了墙上的钉，V 刮翻了钉上的弓。V 只刮得：V 星散、坑平、冰化、松倒、鹰飞、僧走、灯灭、经乱、钉掉、弓翻的一个绕口令。

说这个绕口令时注意，V 为换气，换气要快，换空不能影响类似快板书一样的节奏。换气虽快，但仍然要求吸得深，还要沉入丹田。最后的一小段要一口气说完。

为了帮助大家了解控制呼吸的要领，现在我来介绍几位老师的关于控制气息的口诀：

①提神。

头如顶碗立如松，
直背收臀要展胸，
眉宇舒展心畅快，
凝目远视神志清。
②开肋。
兴奋从容两肋开，
展胸垂肘肩莫抬，
胸围腰背八分满，
不觉吸气气自来。
③收腹。
重吹半口缩小腹，
脐作中心紧收住，
开肋绷胃稳如钟，
力如爆竹声如柱。
以上是王稼祥、苏民老师的口诀。
解放军艺术学院一位老师讲呼吸有五个要领：第一，活于腹；第二，顿于腰；第三，出于胸；第四，力于颈；第五，蓄于口。
大家如果比较了解戏曲艺术的话，就知道戏曲艺术家们是如何重视气的作用了。古代的老艺术家总结出以下一些经典语言：
①气与声音的关系。
气粗则音浮，
气弱则音薄，
气浊则音滞，
气散则音竭。
②气与情的关系。
欢：气充满前胸。
怒：气在心中转。
悲：气深，紧吸慢呼。
忧：深吸气，紧呼气，
惊：急吸气至深处，稍停。
思：气停于胸。

以上可以看出气对于声音、对于感情表达的重要作用，我们认为掌握朗诵播音技巧的顺序是：气，声，字，句，文。首先要把气息调节好，能发出好的声音。然后掌握吐字的技巧，正确地表达每一句话的思想，最后把整篇文章精神风格体现出来。

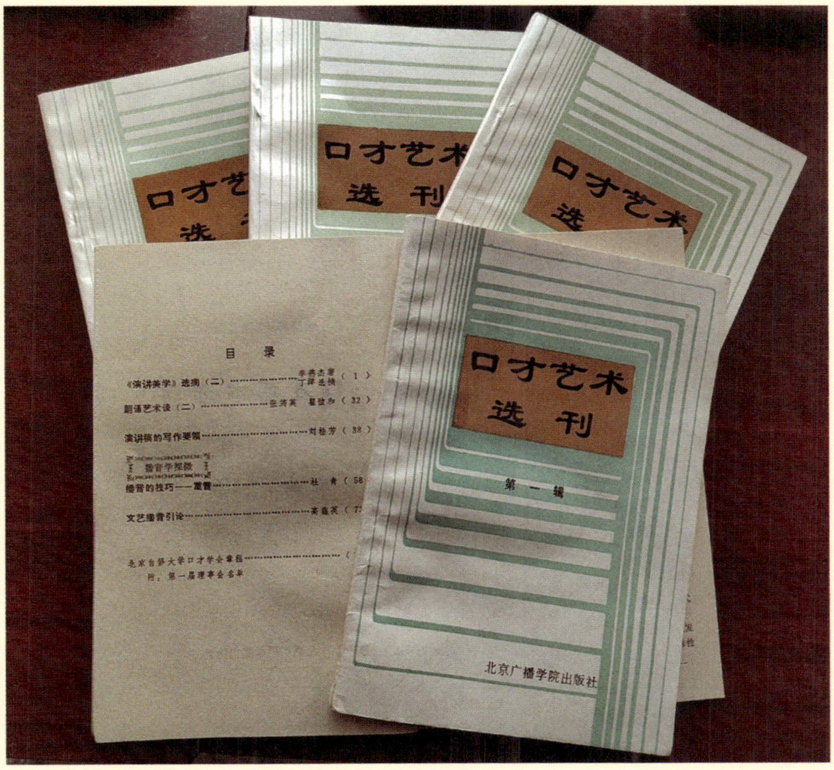

北京广播学院（现中国传媒大学）出版社，1988年连续刊登《朗诵艺术谈》
主编路宝君、副主编徐丹辉（摘自第四讲、第六讲）

让朗诵艺术立体化[①]

张筠英

从古人的诵读到现代人的舞台朗诵，至现时代兴起的广播、电视、网络等媒介的朗诵相继兴起，人们已可以借助各种媒介朗诵自己喜爱的作品，并可同时学习、欣赏别人的朗诵，从而提高自己的水平，与社会、与他人建立互相交流的关系，从而使朗诵这一艺术事业更快地兴旺发达起来。

朗诵艺术虽然目前还没有作为一门独立的艺术形式被社会承认，但是，像目前广泛的朗诵活动在全国各地均有开展。不仅在成年人中，在青少年中也是参加者众多。涉及的人数众多，体裁之广泛也是前所未有的，特别是国家对“文化自信”“传承经典”的大力提倡，为朗诵活动提供了引领的方向、支持的力量。

那么，能够利用现在几乎家家都有的电脑、手机，在网络平台上不仅是有声语言、有画面的视频的作品呈现，能更直观更形象地、更生动更深刻地表现作品，岂不是更好。

说句心里话，朗诵也不能落后于时代。只不过拍摄确实是费力、费时，但只要一想到如果拍摄得好一些、精致一些，能给后人留下一点东西，还是值得的。

特别是当我们得知截至 2020 年 12 月，我国网民规模达 9.89 亿，手机网民规模达 9.86 亿，互联网普及率达 70.4%，能够通过这样广泛传播的形式把作品呈现给广大观众，更是一件令人觉得是有价值的事情。

幸亏文化和旅游部、中国作家协会、很多作家及其亲属对此给予大力支持，这个愿望才得以部分实现。

下面，就我们拍摄的一些心得体会呈现给大家。

① 原载中国诗歌学会朗诵演唱专业委员会、中国戏剧家协会朗诵专业委员会主编：《中国朗诵艺术史话》中国文联出版社，2021。

（一）创作意图

自从我退休之后，就一直有个愿望，想留给后人点儿东西。留什么最好呢？我们想到了朗诵。朗诵是我们热爱的、熟悉的一种艺术形式，我从上戏剧学院二年级开始就学习朗诵，几十年来几乎没有停止在舞台上朗诵，在电台演播诗歌、散文、小说等文学作品。但是广播里的演播只有音频，舞台上朗诵留下的视频也有一定的局限性，能否用较完美的音像记录下高水平的朗诵作品呢？是的，这个想法得到了文化和旅游部及其他有关部门的批准和支持。

筹备拍摄时，我意识到这其实是一项抢救性的工作。比如，计划拍摄诗人郑敏、贺敬之、李瑛等三位高龄健在的诗人，其中著名诗人李瑛先生在我们采访完不久的 2019 年 3 月 28 日不幸去世，享年 93 岁。还有朗诵艺术家曹灿先生于 2020 年 1 月 8 日不幸去世，享年 87 岁。这些人民的艺术家，都留下了不朽的中华民族的经典作品，但他们的逝去使得对艺术作品的理解留下了很多遗憾和悬念。在对作者的采访中他们自己叙述的作品背景是那么的真实而有触感，有些作品自己诵读很多遍就是找不到准确的感觉，但经原作者一句话的点拨，立马顿悟。如何在有限的资金和时间内抢救性地挖掘这些中华民族艺术宝库中的“活字典”，成为我们项目创作意图很重要的一方面。

我们很快就拍出了样片，专家对样片的艺术质量给予了很高评价。

首都师范大学吴思敬教授说：“‘世纪诗人’项目聘请我做艺术顾问和文学撰稿，我很荣幸。这是一种新的尝试，因为它不是传记片，不是纪录片，也不是故事片，而是诗人作品的艺术片。在选材方面除了要把诗人的代表作，特别是脍炙人口的诗作选出来，同时还要注重立体化多侧面的表现诗人，并且每一首诗都要体现时代背景，主题思想。”

“世纪诗人”项目的导演和摄制组花费了大量精力，组织老中青三代演员参加拍摄，努力做到一诗一景，为子孙后代保存了形象化的诗歌作品，同时也记载了朗诵者的艺术成就。

参加观看样片的一位日本的诗歌研究专家说：“诗歌还能这样表现，我太惊讶了！运用视频多种变化的画面，包括音乐，再加上演员的表演，这些手段的综合运用很生动，很丰富，很有美感，我很感动，我回去后也想试着学习一下。”

来自广东的朗诵学会会长史子兴说：“这种活儿，没人跟你们抢，太复杂，太费力，又没有经济利益，但是你们做了一件很有意义的事情。”

参加拍摄的歌唱家、国家一级演员陈丽媛说：“导演组把戴望舒的诗《路上的小语》，设计成了男女声二重唱，中间还有朗诵。无论是歌唱还是朗诵，演员都要在人物感觉之中，就像是小歌剧，我从中学到了不少表演技巧，我想诗与歌一体，一定能为诗作增添色彩，避免人们审美疲劳。”

（二）展示内涵

朗诵诗歌作品，归根结底是要展示作品的内涵。想准确掌握作品要表达的内容，首先是要全面地了解作者。包括作者所处的历史环境、地理环境、人文环境、生活环境，综合起来为作者描绘出一个可以概括他一生的特征，然后才能考虑表现手段的运用。

艾青老师的一生是追求光的一生，是爱土地、爱人民、爱国的一生，是渴望自由的一生，是把自己的命运和诗融合在一起的一生。吴思敬教授评价艾青的写作特点是：没有去写旧体诗和格律诗，毕生都是去写自由诗。他强调诗歌的真实品质，并逐渐深刻地追求哲学的层面，追求人性的深层认知。这样理解艾青的诗歌，朗诵时结构的处理自由度就更大一些。

闻一多先生的《红烛》，让我们看到一颗天真纯洁、晶莹透亮的赤子之心，能领悟到一种燃烧自己、照亮别人的献身精神。“红烛”精神集中体现了闻一多先生的高尚品格。在敌我斗争的残酷的时代，闻一多先生的作品很多是在斗争的高峰时讲演的诗文。在这样的作品中朗诵者要用慷慨激昂的语调才能体现闻一多先生高度的革命英雄主义精神。

而对诗人徐志摩，吴思敬的评价则是三个词，一个是“爱”，一个是“自由”，一个是“美”。这是他一生的追求，他是大诗人，也是大情人。抒情和美的升华可以说是徐志摩诗歌朗诵的基调。

戴望舒被称为“雨巷诗人”，一位“诗作活在中国读者口头”的诗人。《雨巷》诗作的音乐性是大家共知的，全诗形成一种回环往复的旋律与流动的节奏，进而唤起某种求而不得的寂寞惆怅的情绪体验。当时他也是一位在国难当头、坚贞不屈大声呼唤民族觉醒的诗人。朗诵者掌握他的大部分“雨巷”式的诗作时，要读出他的诗的音律，抒情的韵律。

而郑敏老师是一位“九叶派”的女诗人，她的诗作中的哲学的深度是别人很难比拟的。她写作的诗歌犹如水晶般晶莹剔透，光彩照人。解读郑敏老师的哲学思想是对朗诵者突出的一点要求，诗的逻辑，内在的联系，必须要讲清楚。

贺敬之老师是毛泽东《在延安文艺座谈会上的讲话》的忠实实践者，为人民歌唱，为时代歌唱，是他毕生的信念。朗诵者读贺老的诗，要了解诗作的历史环境、时代特征、体现时代的呼唤，体现正能量的传递。

张志民老师是红小鬼出身，是革命队伍中培养出来的优秀诗人。他的诗像一个普通人在说故事，在他的自画诗“劲节凌云立巉岩，铁骨铿锵傲气寒”中充分表现了他的傲骨气节。张志民老师的诗作朴质、真实，朗诵者需注意生活化的语言节奏与语调。

李瑛老师具有把诗人的使命、个人的存在与诗歌融合在一起的人生态度，他坚持写作七十余年，他的诗歌有强烈的现实感和意向化的表情方式。朗诵者要以作者将诗视为人生的热情，火一般的燃烧的心理解他的诗。

从这些诗人的经历、人生中，对作为朗诵者和以音像来表现诗作的导演来说，真的是在学习他们的精神，以他们为人生的榜样，历练自己的精神和内涵。激励我们更多地发挥余热，多做一些对朗诵事业有益的事情。

（三）一诗一景

音像工程最重要的是前期拍摄。实景可以提供真实的画面的基础，为朗诵者提供更真实的思想情感产生的基础，更能捕捉作者创作诗歌时的灵感。因此我们为每一位诗人选择了一个或一个以上的主要拍摄景地。如戴望舒的诗作拍摄地点，选定在戴望舒生活的江浙地区江苏省常熟市古里镇的“铁琴铜剑楼”和天然公园“红豆山庄”。这个古镇上书卷气十足的“铁琴铜剑楼”，有石板路、小巷、书屋，南方的楼宇、宫灯、石板桥流水。而“红豆山庄”为我们提供了大片古槐、勿忘草、丁香花树及古典院落庙宇……为他的主要作品《雨巷》《示长女》《在天晴了的时候》《我的记忆》《秋夜思》《断指》《夕阳下》等代表作提供了景地。这是在大城市已经找不到的具有时代感的旧物、旧事痕迹，为拍摄戴望舒唯美的诗篇提供了绝佳的环境。

李瑛老师的诗作，我们摄制组则选择了青海的青海湖，被称为“军旅诗人”的李瑛老师的诗作有了他的军人的品性和情操发挥的地方，有些诗我们又选择了北京几处外景地，包括平谷的山区，那些保留了几个时代的旧屋老舍等。

贺敬之老师的名作《西去列车的窗口》需要 20 世纪 60 年代的绿皮火车及那个时代的火车站，我们通过北京铁路局介绍，找到尚在运营的通州西站，有北京—承德的绿皮火车。车站外形还保留 60 年代特点。为了更真实一些，我们经铁路局领导允许，在火车停运时间拍摄，车牌也换上我们做的道具“上海—乌鲁木齐”。

而在拍摄郑敏和张志民的诗作时，我们选择了有北京四合院特点的北京朝阳区黑庄户快板刘文化大院，以及北京门头沟斋堂镇山区的山峰、村庄、柴火堆、冒着炊烟的山沟……另外还有陕西延安窑洞、河南三门峡、山西太行山、抚顺“雷锋纪念馆”、江苏徐州“王杰纪念馆”、现代文学馆“张志民工作室”、湖北浠水县“闻一多纪念馆”、青海省佛教圣地塔尔寺等。最不能忘怀的是“艾青故居”“徐志摩故居”，里面的历史痕迹历历在目，我们拍摄了不少特写，加强了诗作的时代感。

场景的选择不仅是各地的外景，有些诗作的环境是可以借鉴的，“制造”一个有时代感的、有特殊意义的景也可以达到真实的氛围。如在快板刘的四合院，我们把它的“影壁墙”从现代的花鸟鱼虫改成灰砖的老式影壁墙，把门窗的窗帘改成最朴素的布帘，一个四合院稍加改造，用多个角度就可适合的房屋背景结构。

再如监狱的环境，在戴望舒的名作《我用残损的手掌》中出现，在张志民的名作《梦的自白》中也有出现，但这两个环境时代不同，地点不同，诗作体现的思想内容也截然不同。因为真实监狱是不可能随意去拍摄的，在我们布置这两个监狱环境中，《梦的自白》中基本调子是光明的。我们选择的诗的片段是“梦中与亲人相会”，还是美好的，最后安排他的出狱是为了增加他的诗作的光明的一面。

郑敏的哲理诗《圆的窒息》，这样的纯哲理的诗如何安排环境呢？怎么才能把内在意义通过音像冲出内心表现出来呢？首先是圆，古代人是从太阳、月亮得到的圆的概念，从人生的哲理来讲，为人处世要圆融、和谐，自身修炼要周而复始不懈地运动……有了这样的认识，安排环境就有了办法。我们选择中式灰色影背砖墙作远景，用高处的一束光柱，直照地上形成明显的光的圆形，并让朗诵者用太极拳法与诗句结成一体，形成和缓而有韧性的美的表现。

再如李瑛老师的《我骄傲，我是一棵树》，篇幅不短，诗句写了大自然和社会的各种事物。诗句的三大段，必须找出中心思想，并用三个既有不同又有一致的环境。反复读，反复思考，我把诗的三段总结为“生为树，活为民，死为煤”，全心全意为人民，甚至死后还要化为煤发光发热。因此我们选择了一棵足有三米粗树干的老槐树作为第一段主体，第二段以两边是树林的道路为环境，而第三段选择了露出年轮的树根，并把一块煤作为道具，拍摄的效果是相当不错的。

（四）戏剧手段

我们是学戏剧的，因此在用音像表现朗诵作品时，加上一些戏剧元素是很自然的事。戏剧元素的加入可以使朗诵者更能发挥自己的表演才华，挖掘出诗歌作品的戏剧元素，能使观众看到更自然、更立体化的诗歌作品。

张志民老师的作品《小姑的亲事》看上去像戏剧舞台上的对白，但只有一个人在场，而另一个是对白中的对象——没有台词的小姑，实际上很像一个小小的独脚戏的风格。

那么在镜头前，能不能不让她一个人对空，或只对着镜头说话，不然这个作品会非常枯燥，朗诵者会难以表现明快、洒脱、风趣的人物性格。

于是，我们把假设的小姑变成实际存在的人物，但不能改变诗作，只能合理地安排她不说话。所以一出场是小姑从嫂子的屋子里出来很生气地跑回自己的房间关上门。因为嫂子故意气她，使小姑又懊恼又生气，而嫂子追上来解释，开始了第一段的诗句……后面镜头在嫂子、小姑中来回穿插，小姑在自己的屋子里，时而从窗帘后露出来，时而在门后面……而嫂子在院子里一边干活，并不时想与小姑交流……最后嫂子解释清楚，笑着走出院子，替小姑提亲去了。

再如，艾青老师的作品《火把》，以“火炬大游行”为背景，刻画了一位年轻、有爱国热情但沉湎于个人爱情的女性，最终在时代洪流的冲击之下，投身革命运动。是一个有人物、有对话也有叙述的中篇诗作。我们征得艾青夫人高瑛老师同意，把《火把》改编成诗剧，诗中人物全部由着装富有时代感的真人扮演。背景有群众场面举着火把的游行队伍出现，并穿插在人物的前面当前景。把诗中一段稍加改变，安排成学生的示威场面，有聚集、疏散，有歌唱，还有口号声此起彼伏，场面热烈……主人公是青年男女，按照诗句用对白的形式呈现，并且安排在不同的场景中。而叙述的诗句则用两个主持人的朗诵展开。这样，一部小型的诗剧《火把》就形成了。

再如：徐志摩的散文《死城》中有很长的一段是写作者本人与看墓人老汉的对话。我们把作者叙述和作者本人第一人称的对话摘编后，由一位演员扮演，而看墓人由另一位演员扮演。北京人艺的演员孙星、严燕生很到位地把人物表现出来。最后用“化妆朗诵”来命名这部作品。

闻一多先生除了是一位诗人还是教授、学者，为了体现这一方面，由吴思敬教授主笔，从诗经《芣苡》原文出发，以闻一多先生教案为参照，展开审美想象，重现闻一多先生在课堂上的风采，其景地是选在清华大学“闻亭”拍摄。清华大学文艺社团的学生充当群众演员，一个个生龙活虎，使这个特殊课堂形成既有时代感又活泼生动的话剧小片段。

张志民的《边区的山》选在太行山山区，通过山歌、放羊娃、革命群众支援八路军场面，并选用展览馆中战争场面……丰富多彩的画面将全诗描写的根据地生活完美地体现出来。

（五）音乐元素

语言与音乐表面看来是属于两种文艺类型，但从本质来看是艺术家根据自身的感受选择了不同的艺术形式来体现。

音乐表达内心感情的意义是可以容纳不变性的。有时可根据欣赏者的解释而变化，而语言比起音乐来讲是较有特指性的，但两者的结合音乐使语言包含的范围更扩大，而语言使音乐更具有可辨性，更易理解。

闻一多先生的《七子之歌》写于1925年。这首诗的传颂是在澳门回归的1999年。这首诗能推向高潮是因为1998年《澳门岁月》电视纪录片中作曲家李海鹰为闻一多的《七子之歌》之一澳门谱了曲子，由澳门小学生容韵琳领唱。在拍摄中臧金生老师充满激情的朗诵与演唱交织在一起，一样的词语，不一样的艺术形式，形成有层次的，逐渐地走向高潮，再加上钟声的几次敲响，宣告澳门的回归。

朗诵与演唱结合的《七子之歌——澳门》后来又有几次在舞台上演出，最重要的是庆祝澳门回归的大型晚会和2019年6月民族宫礼堂建国70周年《红旗颂》晚会上，瞿弦和担任朗诵与少儿合唱团配合，共同完成了这个节目。

戴望舒的诗作《路上的小语》描写一对初恋男女的约会，表白爱意，纯洁而美好。说来也巧，我的中学同学陈敦秀的父亲陈田鹤是20世纪三四十年代的作曲家，为此诗曾谱写了一首男女生二重唱，而且旋律很好听，我们请了青年歌唱演员陈丽媛、赵越为此首歌录了音，当然也重新做了伴奏带并合成好。并编排了两个人的表演朗诵，场景有几百年的相思树，有亭子、小桥、柳树、丝条、流水……并让演员用真的相思树结的相思豆作为信物。而中间的朗诵由两位歌唱演员自己表演。现场的教学——表演中的判断、交流等元素，他们一学就会。而拥抱、示爱等形体动作也完成得很好，一首表现初恋情景的诗歌音乐小品就圆满完成了。

郑敏老师的悼念自己爱人的诗《生命，多么神奇》，前面的序就是舒伯特的《小夜曲》的歌词，这一定是她与爱人在生活中经常合唱的歌，而我也在学习小提琴的时候学会并经常演奏这首曲子。于是我决定以《小夜曲》贯穿全诗。而《小夜曲》开始是男声独唱，然后用排箫为领奏的乐队为辅的协奏，紧接是钢琴伴奏的小提琴独奏，因我学过九年小提琴，此时也真的演奏了两个乐句，以表示回忆过去她与爱人的充满着和谐高雅的生活乐趣，直至最后又提起笔在月光照耀的睡榻上把这段梦幻般的追忆写成富于人生哲理的优美的诗篇。

徐志摩的《山中》《偶然》不仅具有诗律的音乐美，当年就有很多作曲家为诗谱了曲，《山中》是由已逝老艺术家周正老师临终前朗诵的最后一首诗，是在他家录制的。虽然他患有帕金森病，但他仍然控制着形体，虽有些颤抖，但尽量用他那漂亮的嗓音朗诵完全诗。遗憾的是他没能看到中央台的报道就去世了。

紧接着是以这首诗为歌词的女声独唱，由歌唱家陈倩倩请作曲家重新谱曲配器。我们选择了草地、小路、山坡、大松树，小型庭院……为了与周正老师的屋内相接，朗诵后，音乐开始的前奏是在室内灯下的钢琴演奏开始，然后转出室外，独唱的结尾与开头呼应，从钢琴演奏推至桌灯黄色的灯罩，直至虚化结束。

而徐志摩的另一首诗《偶然》是当年与林徽因一起创作的小歌剧中的一个段落。既然是二重唱就有排成小歌剧的可能。总政歌剧团歌唱家王丽达、汤子星担任男女演员，这首词很朦胧，不像《山中》那样单纯直接，两人想接近又有一定距离，他们一次又一次相遇，曾经热烈的，但又淡漠了的感情时而热、时而冷，两个人互相主动又在相互退让，为两个人的调度提供了基础。镜头中两人手的相互抚摸、推开走去又回头望等与歌词结合得很紧密，音乐在时而引领、时而辅助，把两个人心灵的起起伏伏表达得合情合理。

（六）演员激情

在“世纪诗人”工程中出演的有老中青三代演员，虽然年龄不同，并且来自全国各地，但他们都是专家及观众都很认可的有水平的演员。他们对于创作是极其认真的，并不辞辛苦地奔波于各个景地，因此拍摄时在演员方面就不用花费什么功夫，他们的朗诵都是可圈可点的。

在这里要说的是有几位演员在朗诵中，激情的表现令人赞叹。

瞿弦和朗诵的《大堰河——我的保姆》中，一开始在飘落雪花的监狱高高的小铁窗后，朗诵者开始“今天我看到雪使我想起了你”，深情地望着远方，而后移至大堰河的雕像前，朗诵时感觉雕像上怀抱的孩儿就是他，于是那种找到母亲的温暖感觉油然而生，眼里饱含着对母爱的回忆，走向大堰河故居的路上，朗诵者回忆大堰河用奶水把他养大，当他回到自己家的大门时，推开门刹那间的不习惯。大堰河对他的不舍，他对大堰河的不舍，随手摸着生他的雕花的大床时，眼里的泪花不停打转儿，那是一种奇怪的不该有的陌生感……随后在大堰河故居那破旧的屋子里，不仅是同情她贫困的生活，还回忆起他与大堰河的几个儿子的情感，比亲兄弟还亲的亲情……最后在大堰河的墓地真诚地祭拜，眼泪终于抑制不住流下来。这样的长诗从头到尾饱含激情，控制激情的分寸感直至最后激情的宣泄，非常打动人。

在李瑛的诗作《挽歌：哭小雨》中，李瑛老师对女儿的怀念是一种侵入肺腑的痛，正因为是白发人送黑发人这种伤痛是无法解脱的，只有寄托于诗中。从他在追悼会上送的挽联中就看出这一点，“雨：珍重自己，请放心我；盼常到我梦中来，爸爸”，这就像他的诗句一样真挚，看了让人难以忘记。朗诵者刘纪宏，在诗的一开始入镜后走到乘凉的椅子上坐下，从小桌子上拿起一个小纸片写下年、月、日，然后放在女儿相册的封面小插兜上，当他翻开相册时（一个相册特写后摇到朗诵者的手，再到脸上），随着诗句的展开，朗诵者迷离的眼睛流下眼泪……后面在我们设计的鸟笼旁，他关上鸟笼的小门，对着院子里女儿平时养护的花花草草、兔子、流浪猫……读出：“小雨，对你的离去，我不愿告诉任何人……”看得人们不由得激动起来。

郭凯敏朗诵的《红烛》，在一群少先队员簇拥下走到闻一多纪念馆中的大油画《红烛》面前时，一支支红烛逐渐亮起，少儿手中的红烛也一片片亮起来，照得郭凯敏的脸上红红的，诗句“红烛啊！既制了，便烧吧！烧罢！烧罢！烧破世人的梦……”朗诵者与烛光融为一体，似乎这些诗句是从烛光中发出来的，这种激情是由心中发出，久久不忘。

拍摄闻一多的《最后一次讲演》，是在清华大学闻一多雕像前，这种情景加强了感染力。演员胡乐民在雕像前移动时，雕像总能给予他力量，给予他为革命而献身的精神力量。朗诵者浑厚的声音加上激情的语调，充满着正能量。

张志民的长诗《死不着》是他二十一岁那年写的，他细致地观察贫苦人民生活。由一个人来朗诵十多分钟的诗效果不会好。我们用演员以第一人称自述，交流的对象是村子里的少先队员。而中间穿插了很多戏剧性的回忆场面：两个小孩，一个是地主的儿子，另一个是死不着，地主儿子拿着馍馍打死不着，死不着还手，馍馍从坡上滚下来，地主管家拿算盘来逼债，把妈妈抢走……一家想逃荒，地主管家夺去包袱，二人空手远去……解放了，全村人欢天喜地，死不着在毛主席像前结婚……这样把诗句中的景象表演出来，诗作的生动场面充分展现在观众眼前，也起到震撼的感人的作用。作为这首诗的新旧社会的对比，很让人感动。朗诵者楚建以第一人称的画外音朗诵，是一种富有讲解感的激情的朗诵。

天津的老艺术家关山老师于 2020 年逝世，但他留给我们的作品至今不能忘怀。

在音像集中，我们为他安排了闻一多的名诗《洗衣歌》，这也是他朗诵了几十年的作品，诗作在他的脑海里，已经是他熟悉的自己的心里话了。在画面中我们诗的序：洗衣是美国华侨最普通的职业。因此留学生常常被人问道：“你的爸爸是洗衣服的吗？”……变成一群男男女女的人鄙视的骂声，叫喊声由大至小，关山老师在这种声音中仿佛看到被欺凌的中国洗衣工。

关山老师用他那同情的目光开始了他的表演。当他从拐角的楼梯上走下来，目光从同情变成愤怒，火一样愤怒，伴着最后两句诗“洗衣要洗干净，熨衣要熨得平”喷发出来。关山老师把“干净”和“平”拉得很长很长，并且在穿透力很强的优美的嗓音支持下，“平”的尾音不是弱下来，而是扬上来，刚劲顿挫地收住。独特的表现是属于关山老师一个人的激情的表现方式。

（七）艺术形式

朗诵作品由一人来朗诵的形式是最常见的，在音像朗诵中也是如此，但绝不能是唯一的形式。

双人及多人朗诵在每个诗人的诗集中几乎都有。如徐志摩的诗作《我不知道风是在哪一个方向吹》是双人朗诵，还有贺敬之老师的《放声歌唱》，李瑛老师的《看海》，郑敏老师的《晚会》。

而集体多人的朗诵有艾青老师的《光的赞歌》，贺敬之老师的《雷锋之歌》，张志民老师的《王九诉苦》《死不着》等。

另外，为了体现作者的特殊的地方色彩的诗歌，以诗为词改编戏曲、曲艺或山歌的形式。

如张志民老师的《死不着的后代们》，语句的结构与快板有些类似的地方，于是请快板刘改编并与他的徒弟二人用快板形式表现这首诗。

艾青老师的诗作《当黎明穿上了白衣》由婺剧导演改编成婺剧，因为艾青老师的故乡是浙江金华，这里正是婺剧的发源地。

苏州评弹是戴望舒生活的江浙地区的一种用吴语讲说演唱表现的传统曲艺说书形式，入选第一批国家级非物质文化遗产名录，用评弹来表现戴望舒的作品《乐园鸟》，诗作对家乡的热爱、对环境的保护意识以及诗的韵律美，展现得更充分。

白茆山歌是江苏省常熟一带白毛镇民歌，用戴望舒诗作《流水》的部分诗句作为歌词，加强了此诗的广阔自然的氛围。

青海的藏族歌手才旦卓玛身着民族服饰，呈现了带有西藏民歌风格的创作歌曲《青海湖之恋》。歌词是李瑛老师在深入生活到青海创作的诗歌。这首诗在青海湖边、在盛开的油菜花中拍摄，载歌载舞，表达了对生活博大、真诚的爱。

郑敏的诗作有多个对于大自然春夏秋冬的描写，我们把这些多年积累的诗作集中挑选了四首由一人朗诵，而用舞蹈体现春夏秋冬的自然天气变化，表现作者的内心不同的感受，并将对亲人的深情贯穿其中，衬托诗人任岁月流逝，世事变迁，不变的是她那颗永远年轻的诗心。

（八）细节安排

细节往往是成败的重要环节。尤其是在音像的拍摄过程中，绝不能疏忽大意，它是创造真实环境、激发演员真实感的重要环节，服（服装）化（化妆）道（道具）效（效果）的细节是不可缺少的环节。

刘纪宏老师在拍摄张志民诗《昨日星辰》时，自己借了一套老将军军服和十枚真的抗日战争和解放战争的军功章挂在胸前。化妆师为他化了老人装，染了白发。这个人物造型一出现，还未开口，一进入镜头画面，就让人们相信这个人物历经沧桑的英雄本色。

在《小姑的亲事》中，我们准备了在院中的小矮桌、小木板凳、洗菜的箩筐、韭菜、

芹菜、洗菜盆等

在贺敬之老师的《西去列车的窗口》中，除了站台上的旗语，每个支边青年的穿着都是20世纪60年代的典型衣裤，车厢里的长把大铁壶、写决心书的纸张，部队首长的小针线包、上海青年的背包、帆布箱子、老式皮箱……一应俱全。而诗中有时描写了同样的环境，由于描写的时代不同，情节不同，人物不同，思想不同，主题思想不同，要处理成完全不同的，这时候细节的不同作用就很大了。

如戴望舒的《我用残损的手掌》和张志民的《梦的自白》同样是牢狱，却是完全不同的环境细节。《我用这残损的手掌》作者是内心压抑，而对祖国大地的一片黑暗，山、河、树林、渔船皆是破碎的、残损的，因此诗中的牢狱只有一扇高高小窗，一个小板凳，当朗诵者伸出残损的手掌时，才能有一个完整的手的光影，才能当表现他向往延安时，一束红光温暖地照在他身上，表现他渴望革命的一颗火热的心。

而《梦的自白》也是监狱，但却是完全不同的氛围，白白的墙，亮亮的光，正常的床、被褥等生活用品摆放得整整齐齐的。而朗诵者身上穿的是黑棉袄、黑棉裤、棉布鞋、白袜子，短短的头发……而当跨入光的墙壁进入梦境时，已是平常穿的灰色毛背心、衬衫、皮鞋……家里的小院中有高椅、孩子玩耍的小桶、铲子……当扮演女儿的小女孩出现时，他和妻子、女儿三人拥抱在一起时的无比暖心的时刻，真和诗中描写的一样，此时他的心愿是：不要消失，再延长一分钟也是可贵的……

在戴望舒诗作《我的记忆》中，作者戴望舒写了很多记忆中的小物件，这些物件饱含作者对它们的喜爱与浓浓的思念之意。于是我们在现场的书桌上放上了我们细心搜索到的日记本儿（换了皮）、旧骆驼牌香烟盒、毛笔架、笔杆上我们为它贴上百合花的小图案、那个时代的粉盒、西洋酒瓶（并调制了半瓶有色液体），以及黄色的稿纸（上面已有写好的文章），另外还买了文竹、台灯，还有笔洗等。当这些小道具摆在“铁琴铜剑楼”的古典木质书桌上，真是与诗中所描写的一点儿都不差，于是诗句加上每一样小道具的特写，用丰富的画面细致地体现诗句内容的真实性。

诗是爱的琴弦上弹奏的生命之歌，诗人郑敏说过，诗歌就是她的爱丽丝，是梦中的爱丽丝在冥冥之中指引着她的诗歌道路，因此在拍摄《致爱丽丝》这首诗时，钢琴是最主要的道具和背景。因为贝多芬的《致爱丽丝》是众人皆知的名曲，我们把诗作中的爱丽丝装扮成一个天使般的小仙女，由一位可爱的小女孩扮演。诗的前半部，以白色为主的背景加上色彩斑斓的鲜花，穿着小白纱裙、戴着小洋帽的小仙女，弹完钢琴后来浇花，然后再出现在大森林的油画旁……最后缓缓地虚化了……

追求美、追求真实、追求深刻、追求理想。是我们探索立体化表现诗歌作品，让朗诵者在诗歌作品中“奔跑”起来、“飞跃”起来的初衷，让我们今后更加努力吧！

张筠英导演《世纪诗人——艾青》专辑，婺剧艺术家演唱《当黎明披上了白衣》

张筠英导演《世纪诗人——戴望舒》专辑，艺术家金安歌朗诵《寻梦者》

张筠英导演拍摄贺敬之诗《西去列车的窗口》，再现当年站台上青年人出发时的情景

张筠英导演《世纪诗人——闻一多》专辑，艺术家孙星扮演闻一多讲述诗经《芣苡》

张筠英导演《世纪诗人——徐志摩》专辑，摄影师王大龙拍摄

张筠英导演《世纪诗人——徐志摩》专辑，张筠英朗诵《石虎胡同七号》

张筠英导演《世纪诗人——张志民》专辑，瞿弦和朗诵《祖国，我对你说》

张筠英导演《世纪诗人》专辑，摄制组工作照

张筠英导演《世纪诗人——艾青》专辑，瞿弦和朗诵《大堰河—我的保姆》

张筠英导演拍摄戴望舒诗《雨巷》时俯拍小巷中的两把油纸伞

张筠英导演《世纪诗人——李瑛》专辑，艺术家才旦卓玛演唱《青海湖之恋》

张筠英导演《世纪诗人——郑敏》专辑，艺术家孙星、张弘朗诵《晚会》

改革开放初期的朗诵活动

瞿弦和　张筠英

我们的集邮册中有两本与众不同，里面没有一张邮票，存放的都是从报刊上剪下来的演出广告。第一份，是我们1965年大学毕业剧目向社会公演的首场——中央戏剧学院表演系61班毕业剧目《青松岭》和“歌舞·演唱·独幕话剧”，演出地点：实验剧场。

五十五年过去了，绿色的集邮册外壳已脱落，但内容依旧完好，几百份演出广告，记录了我们夫妻二人参加话剧演出和朗诵会的从艺经历。大小不等的长方形、正方形的演出广告，就像一张张无齿孔的邮票和小型张被珍藏着，其中也留下改革开放初期朗诵活动的记录。

这里，我们仅以留存的演出广告为据，写下作为亲历者的回忆。朗诵是广大人民群众喜爱的语言艺术，它是时代的号角，抒发心声、陶冶情操，有着激发鼓舞的战斗作用。

习近平主席说，改革开放，“是我们党的一次伟大觉醒，是中国人民和中华民族发展史上的一次伟大革命，推动了中国特色社会主义事业的伟大飞跃”。

改革开放初期的朗诵活动富有鲜明的时代特色，十一届三中全会召开之前，中国人民粉碎了“四人帮”，我们先看看1976年11月《人民日报》的演出广告。

人们也许能记得，1976年11月第一台大型诗歌朗诵会的节目单是这样的：三军将士诗（金翼、李丽娜、肖国隆朗诵），大庆诗（瞿弦和朗诵），大寨诗（张元昌朗诵），郭沫若诗《粉碎四人帮》（金乃千朗诵），赵朴初诗《反听曲》（殷之光朗诵），贺敬之诗《中国的十月》（马加奇、刘璐等朗诵）以及合唱“红太阳”等。

北京工人体育馆、首都体育馆分别坐落在北京的东西，改革开放初期在这里举办的诗歌朗诵会成为朗诵活动的亮点，一票难求，座无虚席！习惯近距离欣赏的语言艺术在这里引发了人们强烈的共鸣。

从1977年开始，在体育馆举办的朗诵紧紧围绕“粉碎‘四人帮’”“怀念周总理”“纪念毛主席”的主题，主办单位除原文化部外，以《诗刊》编辑部，中央人民广播电台文艺部为主。

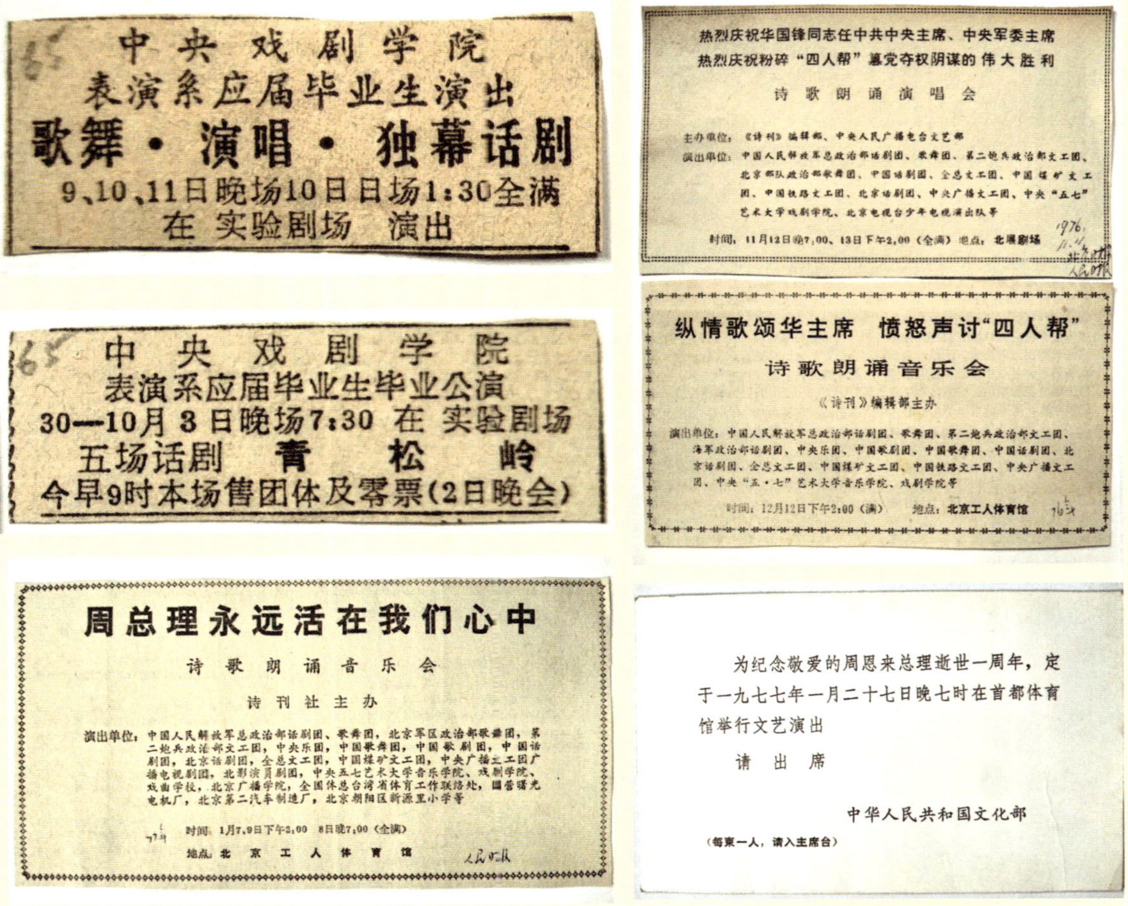

中央戏剧学院
表演系应届毕业生演出
歌舞·演唱·独幕话剧
9、10、11日晚场10日日场1:30全满
在实验剧场演出

热烈庆祝华国锋同志任中共中央主席、中央军委主席
热烈庆祝粉碎“四人帮”篡党夺权阴谋的伟大胜利
诗歌朗诵演唱会
主办单位：《诗刊》编辑部、中央人民广播电台文艺部
演出单位：中国人民解放军总政治部话剧团、歌舞团、第二炮兵政治部文工团、北京部队政治部歌舞团、中国话剧团、全总文工团、中国煤矿文工团、中国铁路文工团、北京话剧团、中央广播文工团、中央“五七”艺术大学戏剧学院、北京电视台少年电视演出队等
时间：11月12日晚7:00、13日下午2:00（全满）地点：北展剧场

中央戏剧学院
表演系应届毕业生毕业公演
30—10月3日晚场7:30 在实验剧场
五场话剧 青松岭
今早9时本场售团体及零票(2日晚会)

纵情歌颂华主席　愤怒声讨“四人帮”
诗歌朗诵音乐会
《诗刊》编辑部主办
演出单位：中国人民解放军总政治部话剧团、歌舞团、第二炮兵政治部文工团、海军政治部话剧团、中央乐团、中国歌剧团、中国歌舞团、中国话剧团、北京话剧团、全总文工团、中国煤矿文工团、中国铁路文工团、中央广播文工团、中央“五·七”艺术大学音乐学院、戏剧学院等
时间：12月12日下午2:00（满）　地点：北京工人体育馆

周总理永远活在我们心中
诗歌朗诵音乐会
诗刊社主办
演出单位：中国人民解放军总政治部话剧团、歌舞团，北京军区政治部歌舞团，第二炮兵政治部文工团，中央乐团，中国歌舞团，中国歌剧团，中国话剧团，北京话剧团，全总文工团，中国煤矿文工团，中央广播文工团广播电视剧团，北影演员剧团，中央五七艺术大学音乐学院、戏剧学院、戏曲学校，北京广播学院，全国体总台湾省体育工作联络处，国营曙光电机厂，北京第二汽车制造厂，北京朝阳区新源里小学等
时间：1月7、9日下午2:00　8日晚7:00（全满）
地点：北京工人体育馆

为纪念敬爱的周恩来总理逝世一周年，定于一九七七年一月二十七日晚七时在首都体育馆举行文艺演出
请出席
中华人民共和国文化部
（每柬一人，请入主席台）

我们留存着1977年元月7日在北京工人体育馆举行的“周总理永远活在我们心中诗歌朗诵音乐会”的演出广告和元月21日在首都体育馆举行的“纪念敬爱的周总理逝世一周年文艺演出”的请柬。

在这两场大型朗诵会上，有石祥诗《周总理办公室的灯光》（殷之光朗诵、刘诗昆钢琴伴奏），李瑛诗《一月的哀思》（冯明义 张筠英朗诵），《周总理办公室前的一张大字报》（齐越、赵风翔朗诵），三首作品使人难以忘怀。

诗言志，歌永言，是我国古代文论家对诗的本质特征的认识，即以诗句来表达自己的抱负和理想。

我们作为当年的亲历者，很想讲述几个真实的故事。

著名诗人石祥是在地震棚里创作了长诗《周总理办公室的灯光》，他想让周总理身上那种谦虚谨慎，高风亮节，鞠躬尽瘁、死而后已的高尚品格感召后人，让大家在思念和缅怀中去继承弘扬我们伟大的爱国主义精神，让更多的人知道今天的幸福生活来之不易。周总理办公室那束灯光从不熄灭，它始终照耀着人们前进的方向，给人以不竭的力量。

诗中写道："夜呀，静悄悄、静悄悄 / 当祖国度过了沸腾的白天 / 当人们在梦中发出甜蜜的微笑 / 当熟睡的婴儿脸上现出幸福的酒窝 / 当晶莹的露珠挂上嫩绿的幼苗 / 啊，同志啊，/ 你可知道我们敬爱的周总理的办公室啊，灯光又亮了。"

殷之光老师说："我和刘诗昆排练到深夜，那场演出，首都体育馆爆满，连演了五场！"

石祥老师回忆说：到首都体育馆现场听殷之光朗诵这首诗那天，因观众满场，人很多，我到达时已经开演了，门口两位女同志提醒我，带手绢了吗？一会儿你自己会用……随着朗诵，人们仿佛又看到了周总理操劳的身影，场内哭声一片，人民群众把对周总理的深厚感情化作奔涌不止的泪水表达了出来。

诗人李瑛诗《一月的哀思》是 1977 年发表的，它描述了十里长街送总理的真实情景，从头到尾，读诗的人无不感动，让人难以看完，难以读下去，欲语泪先流。

诗中写道："我不相信，一九七六年的日历 / 会埋着个这样苍白的日子 / 我不相信，

死亡竟敢和他的生命连在一起 / 我不相信，迎风招展的红旗会覆盖他的身躯 / 我只相信，即使把他交给火 / 也不会垂下辛勤的双臂。”

诗人选择典型的细节描写，运用排比句式，表达内心的激情。筠英是此诗的首诵者之一，今天回忆起在北京工人体育馆的朗诵还沉浸在感动之中。

筠英回忆：接到任务，最先看到的是《一月的哀思》500 多行的全诗。读第一句“我不相信”，心就揪起来了，一口气读完我已泪流满面，真想大哭一场。到了演出场地北京工人体育馆，我与合作者冯明义还忐忑不安，不知观众是否和我们感同身受？但随着全场的寂静、沸腾的掌声，我们体会到“人民总理爱人民、人民总理人民爱”的真正含义。中国唱片社破例出版了唱片，这也许是朗诵类完整诗歌的第一张。中央新闻电影制片厂决定拍摄，只因现场同期录音问题未能实现，现在想来，真是可惜。

《一月的哀思》这首诗本来是请北京人民艺术剧院的董行佶老师朗诵的，筹备组的小高专程去董老师家，董老师说：“我近期身体不适，我给你们推荐个合适的人选，她叫张筠英，是我学生。”刚从部队复转的小高回来问瞿弦和：“你认识张筠英吗？”“认识。”“你知道她在哪住吗？”“她住在我那儿。”“什么？”“她就是我爱人。”小高恍然大悟。

中国传媒大学刘鹏老师在《追寻　致敬》一文中写道：“改革开放初期的诗歌朗诵活动在全国各地蓬勃开展，当时，朗诵不仅仅是对历史的记录，更是时代的召唤、情感的抒发、力量的凝聚，对于人们的影响也一直延续至今，并引领着年青一代的朗诵艺术爱好者们。2018 年，中国传媒大学播音主持艺术学院的青年师生们为拍摄世纪诗人李瑛专辑，组建了‘一月的哀思’摄制小组。同学们积极准备，收集图片，了解历史背景，一起观看了十里长街送总理等珍贵资料，一起瞻仰了周总理塑像。师生们还找到了张筠英和冯明义老师 1977 年录制的‘一月的哀思’黑胶唱片，反复倾听了这部具有历史意义，影响广泛的朗诵作品。朗诵者情感饱满，铿锵的语调、鲜明的节奏、丰沛的情感，让同学们感受到来自诗歌和朗诵结合后的独特魅力，也让同学们感受到了全国人民对周恩来总理的热爱和周总理逝世后的悲痛与怀念。”

在朗诵会中，唯一不是诗体的作品是《周总理办公室门前的一张大字报》，作者是总理身边的工作人员。

遥想当年，稍能识文断字的人，没写过大字报者不多，没看过大字报的人更少。大字报是当时中国政治生活中一道独特的风景线。

而这张大字报与众不同，它朴实无华，充满真情。文中写道：总理，“我们要造你一点反，就是请求你改变现在的工作方式和生活习惯，才能适应你身体的变化情况，从而你才能够为党工作得长久一些，更多一些。”

担任朗诵的是新中国第一代播音员、开国大典在天安门上转播实况的齐越老师和北

京广播学院的赵凤翔老师。他们出现在朗诵会现场，本已引发观众极大的关注，而在读到“才能适应你的”后面特别停顿了一下，再读出“身体变化情况”，重音又放在“变化”两字上，表达出人们对总理健康状况的担忧，情真意切。

时隔四十多年，近日与齐越老师女儿齐虹通电话，她又一次告诉我们，齐越老师特别珍惜这场演出的经历，演出剧照也保存完好，一直压在书桌玻璃板下，旁边一张就是天安门城楼上毛主席、周总理和少年儿童在一起的照片，那个小女孩就是张筠英。

当时，在北京的民族宫礼堂、北展剧场、儿童剧场、天桥剧场、北京市工人俱乐部、中山公园音乐堂、首都剧场、二七剧场、人民剧场以及西单剧场、红塔礼堂、首钢剧场也都举办了各类朗诵会。同时期朗诵的作品还有光未然诗《伟大的节日》、郭小川诗《秋歌二首》、尹世霖诗《丁丁要参加盛大的游行》、黄树盈的《大锤赋》等。

参加演出的单位有二十余家，既有部队系统的总政、海政、二炮、空政、铁道兵、工程兵、战友、八一电影制片厂，又有文化部系统的青艺、儿艺、实验话剧院、戏剧学院、音乐学院、中央乐团、中国歌舞团、歌剧院、北影厂，还有各部委文工团全总、煤矿、铁路、广播以及北京市的话剧团、评剧团、京剧团、广播学院等，可以说在京的专业文艺团体、院校几乎都参加了。

我们可以这样概括，改革开放初期的朗诵热潮，声势浩大、真情参与、流泪倾听、诗作难忘。

《诗刊》1978 年 4 月号刊登了周增勳撰写的诗讯：“在欢庆五届人大和五届政协胜利

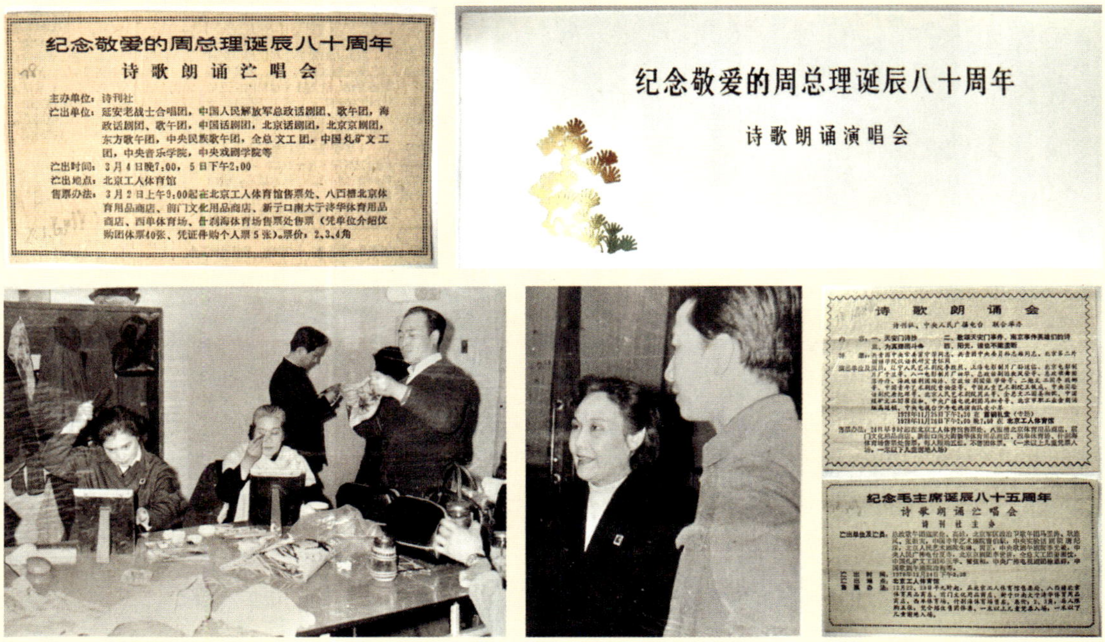

召开的日子里，迎来了敬爱的周总理八十诞辰。为了歌颂周总理光辉的一生、不朽的功绩、抒发亿万人民对周总理的无限热爱和深切怀念，诗刊社于三月四、五两日在北京工人体育馆举办了大型诗歌朗诵演唱会。会上配乐朗诵了周总理青年时期的诗作《大江歌罢掉头东》和《生离死别》。郭沫若，胡乔木，吕骥、臧克家，魏传统，柯岩、傅庚辰等同志专为纪念周总理80诞辰而作诗、谱曲。人大代表、革命老人李淑一吟诵了怀念周总理的诗词。延安老战士合唱团满怀深情地演唱了《巍巍青山高——献给周总理的歌》等歌曲。首都近20个文艺单位的部分演员朱琳、周正，曹伯荣，黎信昌，李双江等同志参加了演出，出席五届人大和五届政协的京剧演员李世济、关肃霜，电影演员白杨、赵丹、张瑞芳、秦怡等同志也赶来参加了演出。”

我们找出了邮册中当年的演出广告，还有留存的电影演员白杨到场、秦怡和张瑞芳在后台化装的照片。

1978年11月和12月，《人民日报》的两份演出广告格外醒目，不仅有演出单位和演员名字，还有四部分内容的介绍。

其中一场是“为真理而斗争专题诗歌朗诵会”。作家胡先锋先生在中国传媒大学出版社出版的《中国当代朗诵史》中写道：“为了歌颂伟大的四五运动，发扬天安门革命精神，进行新的长征，诗刊社和中央人民广播电台于 1978 年 11 月 25 日至 27 日在北京联合举办了为真理而斗争专题诗歌朗诵会。朗诵会分别在首钢、北京工人体育场馆和政协礼堂举行。这次诗歌朗诵会得到了首都和全国 18 个电影厂、艺术团体及其演员的支持。规模较大，听众人数多，演员与听众情感交融、心心相通。会上，孙道临、于蓝、王铁成、周正、姜湘忱、苏丹丹、陶浩等分别朗诵了天安门诗抄中的《扬眉剑出鞘》《抛头何所惧》《告别》等 18 首诗词，还朗诵了一些诗人歌颂四五运动和 1976 年清明节前后，北京，南京等地悼念周总理、怒斥四人帮的诗作，如艾青的《在浪尖上》、邵燕祥的《致窦守芳同志》、张志民的《按照人民的命令》等。”

当年中央电视台负责对朗诵会进行实况转播的，是资深导演王扶林，后来他导演了 87 版电视连续剧《红楼梦》，大家更熟悉了他。那场诗会，弦和朗诵了诗人艾青的诗《在浪尖上》，诗中口语化的诗句“总理是大家的、空气是大家的、太阳是大家的、土地是大家的”直抒胸臆，上万名观众群情激昂，而朗诵到“世界上没有一个人，得到过这么多

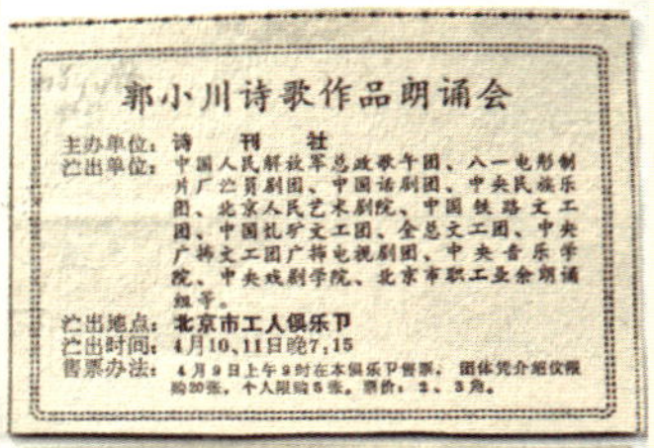

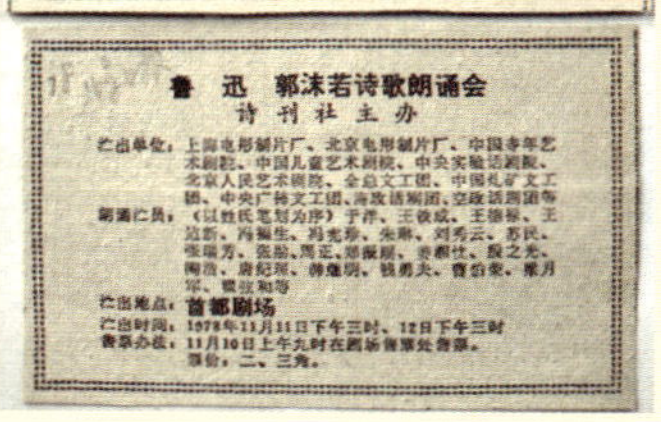

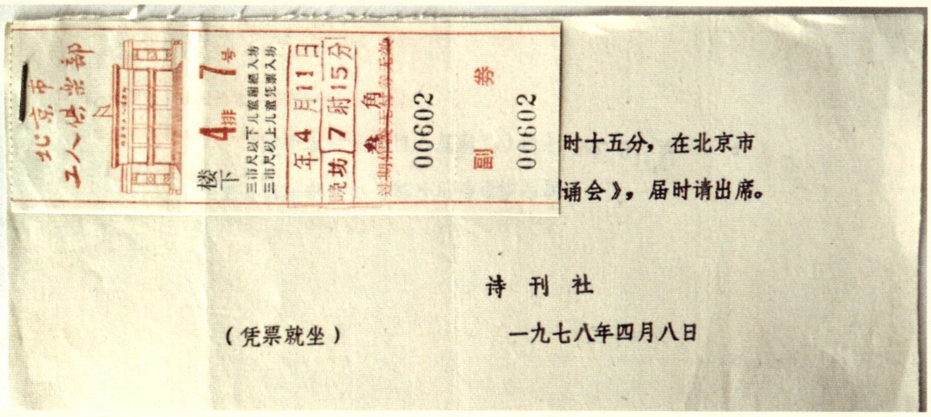

诗篇，历史上没有一个人，得到过这么多花圈”时，观众爆发出的掌声，经久不息！

演出结束后，王扶林导演径直步入场中，他兴奋地说：“瞿弦和，诗朗诵在体育馆能有这样的效果，我从没见过，镜头摇到哪儿，每个人脸上都是发自内心的激动，太棒了！”几年后，他告诉弦和：“可惜啊，当年录的像没留住，台里的寸带片库，被水淹了……”王扶林导演89岁高龄了，他叮嘱我们这些情节一定要写下来，都是真实的事啊！

那个时期，参加朗诵活动的演员、工作人员都没有额外的劳务费，各种艺术门类的演职员在本单位参演时的夜餐费也只有几毛钱。诗刊社和电台朗诵活动的筹备小组只有几个人，诗刊社的周增勳、陈爱仪、中央人民广播电台文艺部的李德文、全总文工团的姜湘忱和中国煤矿文工团的瞿弦和。位于北京市灯市口的小院、小楼、小屋可概括我们的工作环境；工作认真、不辞辛苦、连轴转可形容我们的工作状态。那时没有时兴盒饭，陈爱仪有许多朋友都伸出援手，北展剧场的林总还让全体演职员在莫斯科餐厅饱餐了一顿，每人只收了一块五！陈爱仪告诉我，真要感谢邵燕祥、柯岩两位诗刊社的领导，想出一个可行的办法，就是请诗人举办讲座，适当收费，诗人义务奉献，诗刊社送一支钢笔；举办讲座的地点安排在北京电化教育馆，门票五毛，微薄的收入可以弥补演员。诗刊社领导还给陈爱仪特别安排了一辆老丰田汽车，负责推销诗人讲座票。

1978年4月，诗歌朗诵会尝试卖票，票价二角、三角，而且报纸上的广告中开始刊登演员的单位和姓名。

看到演员的名单使人产生许多联想：名单中有电影界的于蓝、田华、孙道临、于洋、张瑞芳等，戏剧界的李默然；北京人艺的朱琳、苏民、周正、梁月军等；中国青艺的曹伯荣、曹灿、冯福生等；中国儿艺的王铁成等；中央实验话剧院的耿震、郑振瑶、唐纪琛、冯宪珍等；中央戏剧学院金乃千、张筠英、冯明义等；全总文工团姜湘忱等；中国煤矿文工团瞿弦和、张勤；中国铁路文工团张元昌；中央广播文工团殷之光、徐恩祥、马加奇等；中央人民广播电台的齐越、夏青；部队系统的狄风荣、李丽娜、李雪红，牟云、翟万臣、陶浩、王建新、张学锋、刘秀云等；还有担任报幕的苏丹丹、麦小琴。

这些艺术家的热情参与，使改革开放初期的朗诵，艺术水平精湛、朗诵风格迥异、在中国朗诵史上留下难忘的一页。

电影表演艺术家孙道临是多才多艺的，他扮演的人物形象个个栩栩如生，中英文歌曲都唱得好，我们更称赞他为电影《王子复仇记》中哈姆雷特的配音，那段“生存与毁灭”显示了他高超的语言功力！在这一轮的朗诵活动中，以“柔中带刚”的风格为观众献上了短诗《扬眉剑出鞘》。

于蓝、田华、于洋等电影艺术家都是文艺界的前辈，他们非常关心我们，见到筠英就叫她“花朵”，说起她小时候梳的两条长辫子……他们在朗诵中显现着“性格化”“人物化”，生活而真实，他们热情参加朗诵活动，2018 年纪念改革开放四十周年，中国电影家协会举办“畅想新时代”朗诵会，弦和分别致电邀请他们，于蓝、于洋、田华、王晓棠几位高龄艺术家再次出现在朗诵会的同一节目中。

戏剧界参加朗诵活动的艺术家都是各话剧院团的主要演员，个个都有扎实的台词基本功。诗人白桦的诗《阳光，谁也不能垄断》开始几句是小平同志的原话：“我们要思想再解放一点，胆子再大一点，办法再多一点，步子再快一点。”这首诗是李默然老师朗诵的，观众喜爱他在电影“甲午海战”中邓世昌的人物独白，音色浑厚，铿锵有力，在朗诵会上，默然老师用具有震慑力的语调突出了小平同志富有方向性的号召。

朗诵会上还呈现了著名诗人李季的名作《王贵与李香香》，担任朗诵的两位艺术家是总政话剧团的李雪红和全总文工团的姜湘忱，前者在电影《闪闪的红星》中成功扮演了潘冬子的妈妈，后者因在电影《智取威虎山》中塑造的八大金刚之首和电影《突破乌江》中的匪连长而被观众熟悉。两位是资深的话剧表演艺术家，对台词再熟悉不过了。即使忘了词也可根据人物逻辑救场，可朗诵不一样，忘了词不好接，有韵脚的诗更不能现场

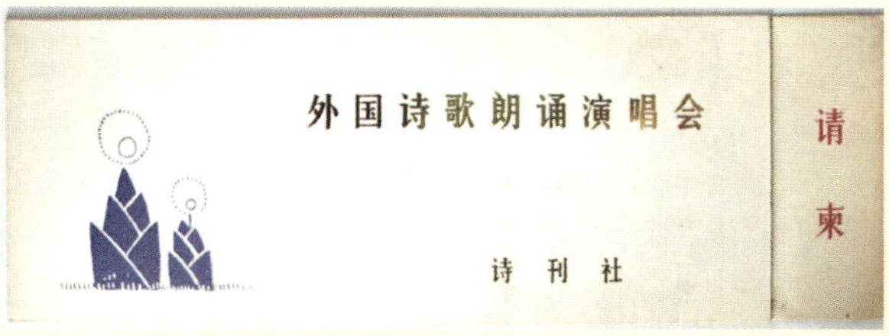

外国诗歌朗诵演唱会

演出内容：外国著名作家、诗人、作曲家：高尔基、马雅可夫斯基、普希金、雨果、莎士比亚、惠特曼、泰戈尔、舒伯特、格林卡、莫扎特等人作品；外国著名歌剧《茶花女》、《浮士德》、《托斯卡》等选段；朝鲜、罗马尼亚、南斯拉夫、墨西哥等国诗及歌曲。

特　　邀：著名作家、翻译家谢冰心、叶君健、乌兰汗等同志用外语朗诵。

演出单位及演员：中央乐团：刘淑芳、罗天婵；中央歌剧舞剧院：李光羲、娄乾贵；北京歌舞团：张权、黄飞立；中央音乐学院：黎信昌、叶佩英；中国青年艺术剧院：曹伯荣、苏丽娟；中央实验话剧院：耿震、郑振瑶、唐纪琛；北京人民艺术剧院：周正；中央广播电视剧团：殷之光；中国煤矿文工团：瞿弦和；中央戏剧学院：金乃千、冯明义、张筠英；中央歌舞团：李小玢等。

1月19、20日晚7:00　在　**北京工人体育馆**

售票办法：1月18日早9时在北京工人体育馆售票处、八面槽北京体育用品商店、前门文化用品商店、新街口南大街清华体育用品商店、西单体育场、什刹海体育场售票。每人限购5张，凭介绍信售团体票（票价2、3角）。一米以上儿童凭票入场，一米以下儿童谢绝入场。

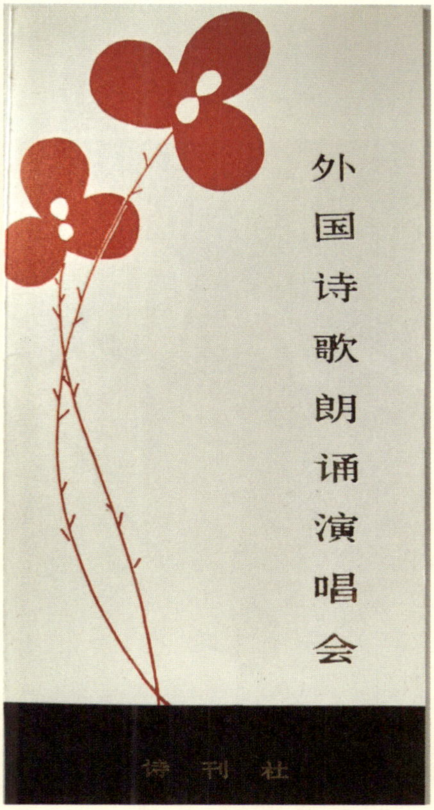

编。那天，姜湘忱因忙于组织工作，精力分散，上场朗诵中突然发蒙，怎么也想不起下一句，但他没有一丝慌张，反而从容地转头看着李雪红，这一看不要紧，雪红老师没有思想准备，反倒觉得是该自己说了，马上接了上去。这一短暂的停顿却让观众误认是女演员忘了词！一到后台，雪红老师使劲捶打姜湘忱，不停地说："你坏死了！"这个小插曲直到现在还在圈里讲述，它可谓是艺术家在朗诵活动中的花絮。

在出场的演员中还有几位很久没有演出机会的歌唱家，在民族宫礼堂，歌唱家王昆在作曲家周巍峙陪同下开始参加了演出，部队系统歌唱家寇家伦、马玉涛、耿莲凤、张振富的名字出现在演出广告中。他们演唱的经典曲目，唤起人们的无尽回忆，与一首首诗交相辉映。著名男中音歌唱家寇家伦，演出结束后回到家，心情久久不能平静，那时家里没有电话，更没有手机，他给我写了一张纸条，让人捎到办公室。"小瞿，把你朗诵的《团泊洼的秋天》诗里的四句话抄给我，我要贴在床头"。他说的是诗人郭小川在诗中写的："战士自有战士的性格，不怕污蔑、不怕恫吓，一切无情的打击，只会使人腰杆挺直、青春焕发。/ 战士自有战士的抱负，永远改造、从零出发，一切可耻的衰退，只能使人视若仇敌、踏成泥沙。/ 战士自有战士的胆识，不信流言、不受欺诈，一切无稽的罪名，只会使人神志清醒、头脑发达。/ 战士自有战士的爱情，忠贞不渝、心美如画，一切额外的贪欲，只能使人感到厌烦、感到肉麻。"寇家伦老师把这四句诗当成座右铭，也体现了

"五四"时期诗歌朗诵演唱会

诗刊社、歌曲编辑部联合举办

节目内容：鲁迅、郭沫若的《这样的战士》、《〈而已集〉题辞》和《地球，我的母亲》等诗篇。还有"五四"以来的著名诗人闻一多、朱自清、蒋光慈、卞之琳、殷夫、戴望舒的诗《洗衣歌》、《别了，哥哥》、《我用残损的手掌》等，和田汉、刘大白、刘半农的《教我如何不想他》、《卖布谣》等歌曲，以及张学梦的诗《现代化和我们自己》等作品。

演出单位及演员：中央乐团罗天婵，中央民族歌舞团蒋大为，中央音乐学院黎信昌、叶佩英、饶岚，新影乐团关贵敏，天津人民广播电台关山，中国青年艺术剧院曹灿、冯福生，中国儿童艺术剧院王铁成，中央实验话剧院郑振瑶，北京人民艺术剧院朱琳、苏民、周正、梁月军，全总文工团姜湘忱，中国煤矿文工团张勤、瞿弦和，中央广播电视剧团徐恩祥，中央戏剧学院金乃千、张筠英等。

4月29、30日晚7:15　在　**中山公园音乐堂**

4月27日早9时起在中山公园东门、南门售零票。凭介绍信售团体票。票价：2、3、4角。（一米以上儿童凭票入场，一米以下儿童谢绝入场）.

文艺工作者的人生观。

我们的回忆仍以保存的演出广告为依据。请看1979年1月举行的"外国诗歌朗诵演唱会"。1978年底，党的11届三中重新确立了"解放思想、实事求是"的思想路线，否定"两个凡是"的方针，停止使用"以阶级斗争为纲"的口号，作出把党和国家的工作重心转移到经济建设上来，实行改革开放的伟大决策，形成了以邓小平同志为核心的党的领导集体。这是党的历史上伟大的转折，是思想路线、政治路线和组织路线的拨乱反正。

这一年的朗诵活动充分体现着拨乱反正、尊重历史、改革开放、放眼世界。

"外国诗歌朗诵演唱会"使人们再次开阔了眼界，诗会上选择了文学音乐领域的世界名著，其中有高尔基、马雅可夫斯基、普希金、雨果、莎士比亚、惠特曼、泰戈尔、舒伯特、格林卡、莫扎特等人的作品。有歌剧《茶花女》《浮士德》《托斯卡》的选段，还有朝鲜、罗马尼亚、南斯拉夫、墨西哥等国的诗及歌曲。

组织者之一，现已八十高龄的陈爱仪告诉我们："当年，诗刊的两位领导诗人柯岩、邹荻帆说起有不少年轻人到编辑部来寻求外国作品、问我们'马雅可夫斯基'是谁？"我们应当举办一场外国诗歌朗诵会，有责任让青年人知道马雅可夫斯基，了解普希金。柯岩同志召开了部分翻译家的座谈会，一起选择合适的朗诵作品，并邀请他们届时到朗诵会现场。

那天，许多作家、翻译家自行来到工人体育馆，坐在普通座席上，谢冰心、叶君健、乌兰汗等还现场用外语朗诵，引发观众极大兴趣。

我们夫妇二人都参加了这场演出，弦和朗诵莎士比亚名剧《哈姆雷特》中“生存与毁灭”的读白，我帮他找出他父亲的西装，一改十年不穿西服的惯例登台，留下一张难忘的剧照。

在演出广告上，我们可以看到歌唱家的名字：刘淑芳、罗天婵、楼乾贵、黎信昌、叶佩英。在现场，李光羲、张权演唱的歌剧《茶花女》中的《饮酒歌》使观众的情绪达到高潮，“让我们举起欢乐的酒杯……”似乎唱出了人们的心境。

“五四时期诗歌朗诵演唱会”是诗刊社和歌曲编辑部 1979 年 4 月在北京中山公园音乐堂举办的，随后，中国青年报、北京文艺等单位又在首都体育馆举办了纪念五四运动六十周年的朗诵音乐会。

从广告上看，节目中既有鲁迅、郭沫若的作品，也有五四以来的著名诗人闻一多、朱自清、蒋光慈、卞之琳、殷夫、戴望舒的诗作，还有田汉、刘大白、刘半农的歌曲。广告最后还特别突出标明，有诗人张学梦的新诗《现代化和我们自己》。可以看出，这次朗诵活动的初衷是继承发扬五四光荣传统，放眼世界、尊重科学、向着现代化进军。

参加演出的除朗诵活动中的骨干之外，还有电影演员李秀明、张连文、刘继忠，歌唱演员蒋大为等加盟。其中来自天津的播音员关山朗诵的闻一多先生的《洗衣歌》尤为突出。

《洗衣歌》是诗人闻一多的名作，通过一位美国华人洗衣工的自述，反映了被奴役的华侨工人的悲惨境遇，揭露了所谓高贵者的罪恶和肮脏，表达了诗人对资本主义文明的蔑视！对种族歧视的抗争和对祖国的思念之情。诗中最后写道：“一件、两件、三件，洗衣要洗干净；四件、五件、六件，熨衣要熨得平”。关山老师吐字清晰，朗诵尾句在“熨得”两字后，有一个明显的停顿，然后把“平”字的二声读到极致，表达出内心的愤愤不平。

有人说，诗人是时代的预言家，诗人张学梦创作的新诗《现代化和我们自己》，在其副标题上就表明了自己在改革开放初期的思考——写给和我一样对“四化”无知的人们。我们再重读一下诗句：“问题是尖锐的，谁也不能回避 / 那么，思考这个问题吧 / 现代化和我们自己 / 党的十一届三中全会公报 / 响起新颖的汽笛 / 她像历史唯物主义的新篇豁然把我启迪 / 过去的，已经刻写在纪念碑上 / 辩证法，很自然地淘汰着过去 / 向前看吧——重要的，永远是现实和未来 / 任何东西都会陈旧的 / 知识、经验、生命、荣誉……为了获得永不衰竭的力量 / 必须不断地把新的营养汲取 / 在二〇〇〇年的大门上 / 挂着这样一块木牌 / 愚昧无知的人勿进 / 是真的！是真的！！学习吧！！！现代化的人们哪，我赞美你。”

可以发现，诗人连续使用了一个、两个、三个惊叹号，这是提醒，是呼唤，这就是

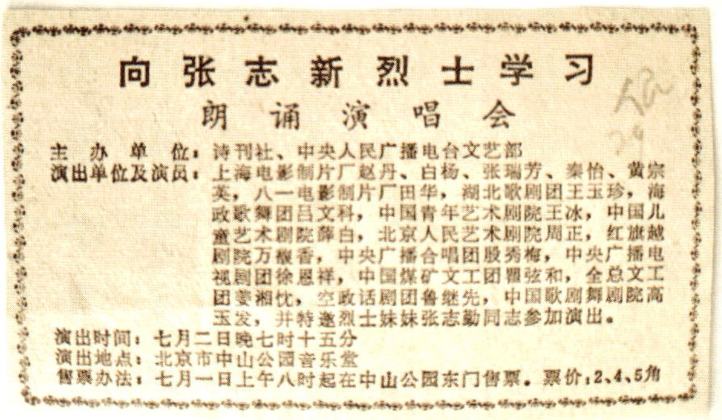

向张志新烈士学习
朗诵演唱会

主办单位：诗刊社、中央人民广播电台文艺部
演出单位及演员：上海电影制片厂赵丹、白杨、张瑞芳、秦怡、黄宗英，八一电影制片厂田华，湖北歌剧团王玉珍，海政歌舞团吕文科，中国青年艺术剧院王冰，中国儿童艺术剧院薛白，北京人民艺术剧院周正，红旗越剧院万馥香，中央广播合唱团殷秀梅，中央广播电视剧团徐恩祥，中国煤矿文工团瞿弦和，全总文工团姜湘忱，空政话剧团鲁继先，中国歌剧舞剧院高玉发，并特邀烈士妹妹张志勤同志参加演出。
演出时间：七月二日晚七时十五分
演出地点：北京市中山公园音乐堂
售票办法：七月一日上午八时起在中山公园东门售票。票价：2、4、5角

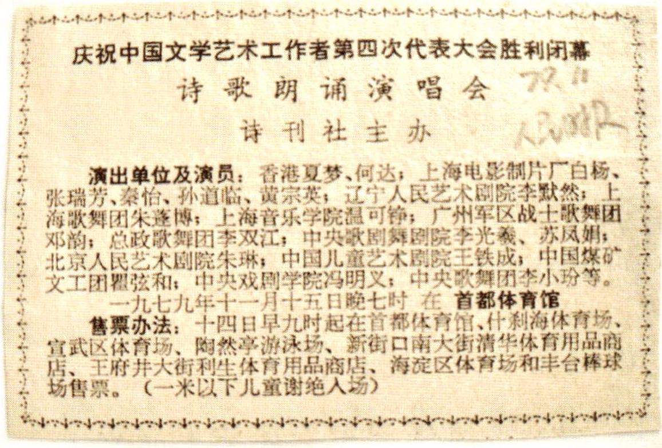

庆祝中国文学艺术工作者第四次代表大会胜利闭幕
诗歌朗诵演唱会
诗刊社主办

演出单位及演员：香港夏梦、何达；上海电影制片厂白杨、张瑞芳、秦怡、孙道临、黄宗英；辽宁人民艺术剧院李默然；上海歌舞团朱逢博；上海音乐学院温可铮；广州军区战士歌舞团邓韵；总政歌舞团李双江；中央歌剧舞剧院李光羲、苏凤娟；北京人民艺术剧院朱琳；中国儿童艺术剧院王铁成；中国煤矿文工团瞿弦和；中央戏剧学院冯明义；中央歌舞团李小玢等。
一九七九年十一月十五日晚七时 在 首都体育馆
售票办法：十四日早九时起在首都体育馆、什刹海体育场、宣武区体育场、陶然亭游泳场、新街口南大街清华体育用品商店、王府井大街利生体育用品商店、海淀区体育场和丰台棒球场售票。（一米以下儿童谢绝入场）

时代的号角！改革开放初期是诗歌的黄金时代，是朗诵活动的高潮。诗人用诗句、朗诵者用真情塑造了一代人的生活方式，情感方式和审美方式。

1979 年 6 月 29 日，《光明日报》刊载了朗诵活动的消息：诗刊社、中央人民广播电台将于 7 月 2 日在北京联合举办向张志新烈士学习的朗诵演唱会。会上将朗诵张志新烈士的遗作《迎新》《这就是一个共产党员的宣言》，还有烈士生前书信摘抄、烈士女儿曾林林的《怀念妈妈》，还将朗诵陈毅同志的诗《梅岭三章》和歌颂张志新烈士的诗篇，如《小草在歌唱》《我们要像你一样》《母亲的心》《不变》《枪口，对准了中国的良心》等。参加朗诵的将有著名电影演员赵丹、白杨、张瑞芳、秦怡、黄宗英、田华，话剧演员周正、王冰、姜湘忱、瞿弦和等。著名歌唱演员王玉珍、吕文科、万馥香、殷秀梅将分别演唱张志新烈士创作的歌曲《谁之罪》《迎新》《路》，以及歌剧选曲《红梅赞》《盼天下劳苦人民都解放》。

这场朗诵活动产生了巨大的社会反响，是清理历史是非、拨乱反正的一个亮点，而

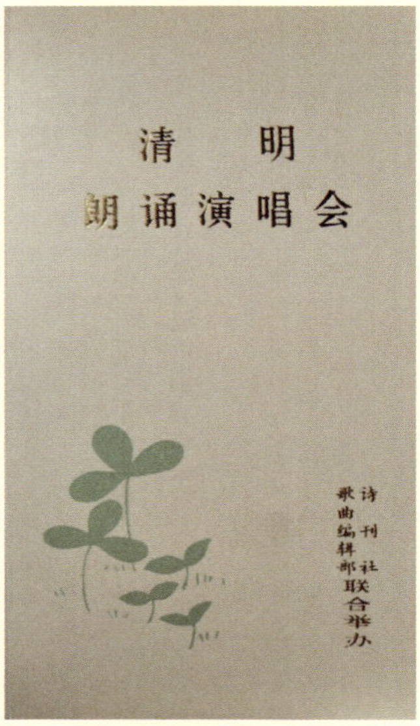

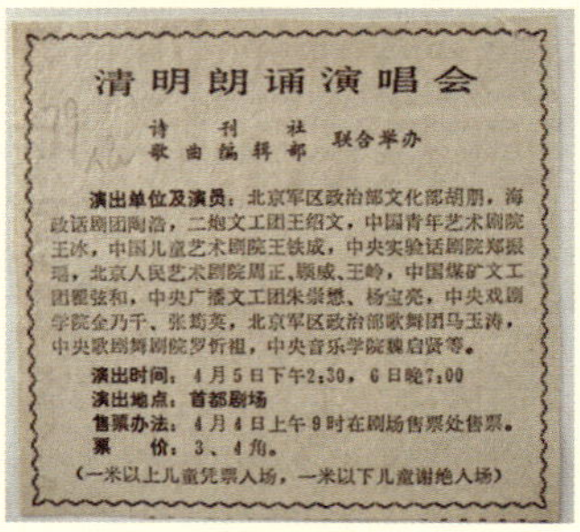

清明朗诵演唱会

诗刊社
歌曲编辑部　联合举办

演出单位及演员：北京军区政治部文化部胡朋，海政话剧团陶浩，二炮文工团王绍文，中国青年艺术剧院王冰，中国儿童艺术剧院王铁成，中央实验话剧院郑振瑶，北京人民艺术剧院周正、顾威、王岭，中国煤矿文工团瞿弦和，中央广播文工团朱崇懋、杨宝亮，中央戏剧学院金乃千、张筠英，北京军区政治部歌舞团马玉涛，中央歌剧舞剧院罗忻祖，中央音乐学院魏启贤等。

演出时间：4月5日下午2:30，6日晚7:00

演出地点：首都剧场

售票办法：4月4日上午9时在剧场售票处售票。

票　　价：3、4角。

（一米以上儿童凭票入场，一米以下儿童谢绝入场）

诗人雷抒雁的《小草在歌唱》为中国诗歌打开了一个新局面，成为文学史上的诗歌名篇。

我们节选作家古枫散文集《这里能听见心跳》中的《小草不会忘记》一文中的段落：张志新烈士是千古奇冤，曾轰动全国。雷抒雁心潮澎湃、按捺不住，彻夜奋笔疾书，含泪一挥而就。开篇就满怀激情地写道——风说，忘记他吧，我已用尘土把罪恶埋葬 / 雨说，忘记他吧，我已用泪水把耻辱洗光。一下子把人带入了那个动荡的年代，心，随之抽紧了。尤其是诗中发自内心地呐喊——我敢说，如果正义得不到伸张，红日就不会再升起在东方 / 我敢说，如果罪行得不到清算，地球也会失去分量。这正义之声，重重撞击着读者的心，成了万人传诵的名句。文中还写道："朗诵者瞿弦和优美的嗓音那天竟然沙哑了，动情之处他泪流满面，哽咽着，使原本流畅的文字接连出现暂时的停顿，台下的观众抽泣着，鼓着掌，瞿弦和不得不几次谢幕。"

弦和作为这首诗的首诵者，当年的场景历历在目。同场参加朗诵会的中国煤矿文工团演员张勤特地告诉弦和："这首诗写得太棒了，演员们也都喜欢，你上场时，赵丹在后台招呼上海来的电影明星说，小瞿念‘小草’了，听听去！”赵丹老师等电影艺术家对朗诵的喜爱、对经典诗作的关注给弦和留下深深的印象。

写这篇回忆时，赵丹老师的女儿舞蹈家赵青对我说：“我虽没在现场，但爸爸回来特别讲到这件事。他参加诗会的照片我没找到，但有一张同年代他在上海朗诵的照片发你们。”

《小草在歌唱》一诗荣获 1979—1980 年全国中青年诗人优秀作品奖。是的，诗歌的魅力、朗诵的影响经得住时间的检验，2008—2009 年纪念改革开放 30 周年的朗诵活动举办时，在山西长治、在陕西西安、咸阳，在诗人的故乡，弦和再次朗诵了《小草在歌唱》一诗，又感受到 30 年前“小草”的空前影响，也成为弦和朗诵生涯中终生难忘的经历。

我们和雷抒雁老师经常一起参加活动，记者总会问起对诗人雷抒雁的印象，弦和会说：“他代表着那个时代的激情”，而雷抒雁会谦逊地表示，“小草”一诗是自责，是一个共产党员在小组会上的思想汇报。

雷抒雁曾在《人民日报》撰文，其中写道：这首诗不仅是在追忆这位英烈，它还是在思想深处发出的裂变和觉醒，质问法律、质问良心、质问天理，反思全社会和我自己浑浑噩噩的生活，从而向社会正义和人性觉醒发出呼唤。

1979 年 10 月 30 日，中国文学艺术工作者第四次代表大会在北京召开，会期十八天。大家畅所欲言、讨论热烈。邓小平同志代表党中央做的报告，振奋人心、鼓舞士气，在拨乱反正、解放思想的形势下，他指明了改革的方向和文艺发展的大政方针。 为了庆祝大会胜利闭幕，诗刊社在首都体育馆举办了大型诗歌朗诵演唱会。

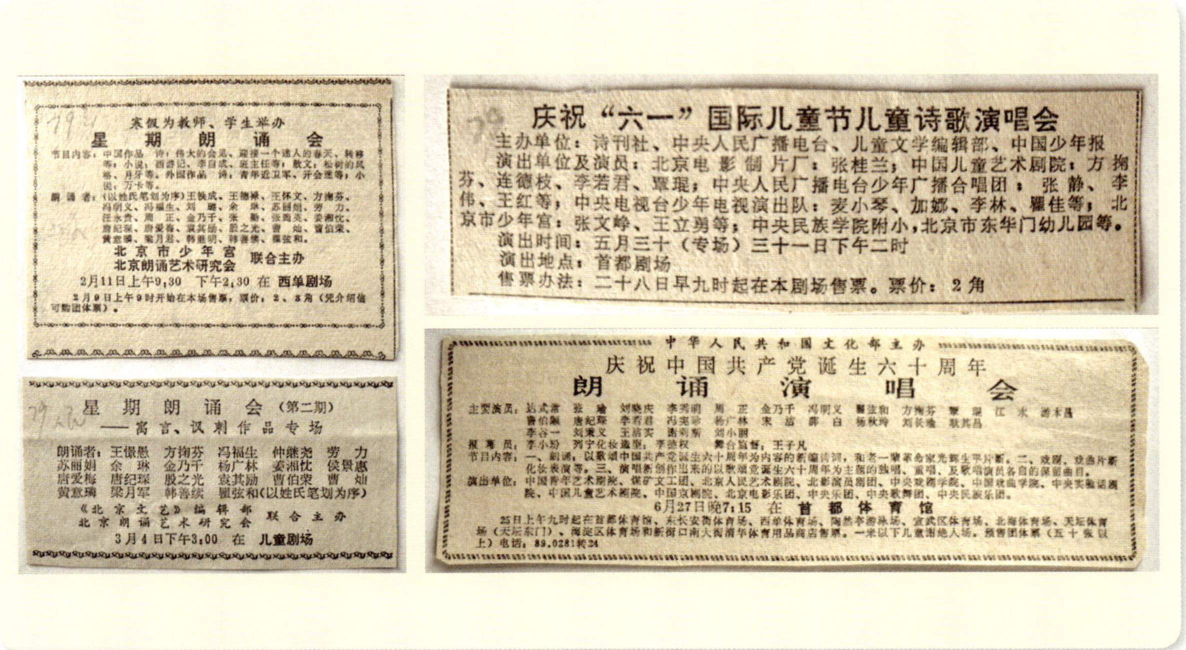
寒假为教师、学生举办
星期朗诵会
节目内容：中国作品 诗：伟大的会见、迎接一个迷人的春天、转移等；小说：西游记、李自成、班主任等；散文：松树的风格、月牙等。外国作品 诗：青年近卫军、开会迷等；小说：万卡等。
朗诵者：（以姓氏笔划为序）王铁成、王德寿、王怀文、方掬芬、冯明义、冯福生、刘 璐、余 琳、苏丽娟、劳 力、汪永贵、周 正、金乃千、张 勤、张筠英、姜湘忱、唐纪琛、唐爱梅、袁其励、殷之光、曹 灿、曹伯荣、黄意琍、梁月军、韩善续、瞿弦和。
北京市少年宫
北京朗诵艺术研究会 联合主办
2月11日上午9:30 下午2:30 在 西单剧场
2月9日上午9时开始在本场售票，票价：2、3角（凭介绍信可购团体票）。

星期朗诵会（第二期）
——寓言、讽刺作品专场
朗诵者：王愢慰 方掬芬 冯福生 仲继尧 劳 力 苏丽娟 余 琳 金乃千 杨广林 姜湘忱 侯景惠 唐爱梅 唐纪琛 殷之光 袁其励 曹伯荣 曹 灿 黄意琍 梁月军 韩善续 瞿弦和（以姓氏笔划为序）
《北京文艺》编辑部
北京朗诵艺术研究会 联合主办
3月4日下午3:00 在 儿童剧场

庆祝“六一”国际儿童节儿童诗歌演唱会
主办单位：诗刊社、中央人民广播电台、儿童文学编辑部、中国少年报
演出单位及演员：北京电影制片厂：张桂兰；中国儿童艺术剧院：方掬芬、连德枝、李若君、覃琨；中央人民广播电台少年广播合唱团：张静、李伟、王红等；中央电视台少年电视演出队：麦小琴、加娜、李林、瞿佳等；北京市少年宫：张文峥、王立勇等；中央民族学院附小，北京市东华门幼儿园等。
演出时间：五月三十（专场）三十一日下午二时
演出地点：首都剧场
售票办法：二十八日早九时起在本剧场售票。票价：2角

中华人民共和国文化部主办
庆祝中国共产党诞生六十周年
朗诵演唱会
主要演员：达式常 张瑜 刘晓庆 李秀明 周正 金乃千 冯明义 瞿弦和 方掬芬 黎泉 江水 游本昌 曹伯荣 唐纪琛 李若君 冯宪珍 杨广林 宋洁 薛白 杨秋玲 刘长瑜 耿其昌 李谷一 刘秉义 王洁实 谢莉斯 刘小丽
报幕员：李小玢 列宁化妆造型：李德权 舞台监督：王子凡
节目内容：一、朗诵：以歌颂中国共产党诞生六十周年为内容的新编诗词，和老一辈革命家光辉生平片断。二、戏剧、戏曲片断化妆表演等。三、演唱新创作出来的以歌颂党诞生六十周年为主题的独唱、重唱，及歌唱演员各自的保留曲目。
演出单位：中国青年艺术剧院、煤矿文工团、北京人民艺术剧院、北影演员剧团、中央戏剧学院、中国戏曲学院、中央实验话剧院、中国儿童艺术剧院、中国京剧院、北京电影乐团、中央乐团、中央歌舞团、中央民族乐团。
6月27日晚7:15 在 首都体育馆
25日上午九时起在首都体育馆、东长安街体育场、西单体育场、陶然亭游泳场、宣武区体育场、北海体育场、天坛体育场（天坛东门）、海淀区体育场和新街口南大街清华体育用品商店售票。一米以下儿童谢绝入场。预售团体票（五十张以上）电话：89.0281转24

演员仍以话剧、电影演员和声乐演员为主，来自香港的夏梦、来自上海的白杨、张瑞芳、秦怡、孙道临、黄宗英，话剧界的朱琳、李默然，王铁成等，来自上海、北京、广东的朱蓬博、温可铮、李光羲、李双江、苏凤娟、邓韵等一展歌喉；那时还没有主持人的称谓，担任报幕的是李小玢。登台朗诵的还有来自香港的诗人何达，北京的11月份已开始供暖了，何达先生穿着短裤准备出场，弦和惊讶地问："就这么上？"他笑着回答："我从来不穿西装，冬天也穿短裤！"这场演出最大的特点就是老作家、老诗人、老文艺家久别重逢的喜悦。

这一年《诗刊》编辑部还在首都剧场举办了《清明朗诵演唱会》，大家熟悉的演员胡朋、话剧界的王冰、陶浩、顾威、王岭和歌唱演员朱崇懋、罗忻祖、魏启贤和观众见了面。

"星期朗诵会"虽未正式恢复，但周日在儿童剧场多次举办了"寓言、讽刺作品"专场朗诵会。王景愚、方鞠芬、唐纪琛、仲继尧、劳力、苏丽娟、韩善续、黄意璘、唐爱梅悉数登场。特别应该提到的是诗刊社等单位还联合举办了"庆祝六一儿童节诗歌朗诵演唱会"使朗诵艺术在少年儿童心中扎下了根，北影厂的张桂兰、儿艺的连德枝、覃琨、李若君参加了演出，中央人民广播电台少儿合唱团、北京市少年宫、中央电视台少儿演出队也表演了节目。广告中，我们儿子瞿佳的名字也和麦小琴、加娜等人一起出现。现在想来，朗诵活动提高了孩子们的语言表现能力，也为瞿佳担任电视剧《红楼梦》（87版）贾宝玉的配音打下了基础，欧阳奋强在接受采访时说："宝玉这个角色是我和瞿佳两个人一起完成的。"

转瞬间，跨入了1980年，朗诵活动受到更多的支持，规格也更高了。1980年3月，中国作家协会、中国音乐家协会在工人体育馆联合主办了"纪念左翼文化运动五十周年朗诵演唱会"。

3月23日新华社发了消息：纪念左翼文化运动50周年朗诵演唱会今晚在北京工人体育馆举行。首都一万多名群众观看了演出。朗诵演唱会在雄壮的义勇军进行曲中开始，接着，朗诵演唱了左翼文化运动中产生的优秀诗歌、散文和歌曲。其中，有鲁迅的《为了忘却的纪念》，瞿秋白翻译的高尔基的《海燕》，任光的《打回老家去》，冼星海的《救国军歌》，吕骥的《保卫马德里》，贺绿汀的《心头恨》，以及矛盾、殷夫、柔石、艾青、张庚、光未然等人的作品，晚会上还朗诵了郭沫若的诗《民族再生的喜炮》。这些作品，当年像号角一样，曾鼓舞着人们奋起同帝国主义封建主义进行英勇斗争。今天，它又激励着人们继承和发扬左翼文化运动的光荣传统和革命精神，为四化建设做出贡献。

我们在大学期间，特别喜爱文史课，"中共党史""艺术概论""中国戏曲史""西洋戏剧史"……引起我们极大兴趣。老师们讲过"左翼文化运动"，特别强调它在历史上的作用，那就是：形成了在唯物主义基础上的马克思主义文艺批评、加快了中国文艺大众化

庆祝《诗刊》创刊二十五周年

诗歌朗诵演唱会

诗刊社主办

朗诵诗作选自二十五年来《诗刊》发表的优秀作品。

特邀著名电影、话剧演员李仁堂、谢芳、朱琳、周正、曹灿、姜湘忱、徐恩祥、林中华、金乃千、张勤、冯福生、瞿弦和、张筠英、牟云，著名歌唱演员王凯平、朱明瑛、苏小明、远征、关贵敏等参加演出。

1月14日晚7:00在 **北展剧场**

12日早九时起在本场售票处售票，即日起登记团体票。电话89.1383。

第75期·第二、三版

本台文艺部主办

艾青作品朗诵会

从1932年"左联"刊物《北斗》发表艾青的第一首诗《会合》起到现在，诗人艾青的创作生涯已经度过了整整五十个春秋。他的作品《大堰河——我的保姆》、《向太阳》、《火把》、《党的赞歌》等，就象一颗颗璀灿夺目的明珠，为祖国新诗的发展增添了光辉。

最近，在本台文艺部主办的"艾青作品朗诵会"上，瞿弦和、苏民、陈阿喜、金乃千、李蕴杰、张长水、陈希光、冯宪珍、牟云、郑邦玉、曹灿、雷恪生、徐恩祥、张炬、张筠英等，朗诵了诗人艾青各个时期的代表作品十三篇。6月20日②8:00播送这次朗诵会的实况录音。

的发展步伐、加强了中国文学和世界文学的联系、推动了中国文学走向世界。在改革开放的进程中，需要我们继续发扬这种传统，这次诗会又一次以朗诵艺术吹响了号角，观众熟知的电影演员，八一厂的王心刚、北影厂的谢芳、话剧院团的周正、郑振瑶、金乃千等把人们带回半个世纪前的岁月，而歌唱演员杨洪基、叶佩英、李谷一等又突出了歌与诗的结合，指挥家秋里、胡德风的现场指挥和总政歌舞团苏丹丹的报幕也为朗诵演唱会增添了色彩。

1981 年 6 月 27 日原文化部在首都体育馆举办了“庆祝中国共产党诞生六十周年朗诵演唱会”。

这是国家级的大型演出，《北京晚报》报道：有北京的 13 个艺术团体的演员参加表演，荣获电影百花奖的电影演员张瑜、达式常，青年电影演员刘晓庆，李秀明等届时将登场表演。话剧演员、江水、游本昌、周正、金乃千、曹伯颙、冯明义、唐纪琛、瞿弦和、冯宪珍、宋洁等将表演朗诵和剧目片段。儿艺演员方鞠芬、覃琨、李若君、杨广林和薛白将进行化妆表演，京剧演员杨秋玲、刘长瑜、耿其昌等将表演京剧清唱，歌唱演员李谷一、刘秉义、谢莉斯、王洁实、姜嘉锵、刘小丽将在晚会上演唱歌颂党诞生 60 周年的歌曲，晚会由青年报幕员李小玢担任报幕。

这场朗诵演唱会形式多样，特别是重现了革命导师列宁的形象，扮演者是北京人艺的周正老师，为他化妆造型的是中央戏剧学院的专家李德权。体育馆里再次回荡着列宁的教导：“以革命的名义想想过去，忘记了，就意味着背叛！”这也是对建党六十周年最好的纪念。当年的参演者、中国儿童艺术剧院的薛白说：“那年我才十六岁，第一次在体育馆演出，一切都觉得很新鲜，与那么多名演员同台，难免有些紧张。那天我朗诵的是一个故事‘周总理的一件军大衣’，那感人的情节至今难忘。”

这一时期，各文艺单位、报纸杂志出版社分别举办了朗诵活动，如“诗与歌朗诵演唱会”“诗歌小说朗诵欣赏”“百花朗诵欣赏会”“《爱》文艺晚会”“我爱你，中国专题朗诵会”“人生价值朗诵演唱会”“一分钟小说专场朗诵会”“1981 年优秀作品朗诵演唱会”“朗诵欣赏会”等。

1981 年在北京，“全国中青年诗人优秀诗歌奖”颁奖典礼举行，这是具有历史意义的，它是对 1979—1980 年诗歌创作的检阅，优秀作品也为朗诵者提供了丰厚的土壤。35 首获奖作品中，我们看到熟悉的诗人：（排名不分先后）雷抒雁、舒婷、杨牧、白桦、叶延滨、叶文福、流沙河、梁小斌、张学梦、公刘、刘章、赵恺等；也看到至今为止在各类诗会、各类朗诵大赛中选用最多的诗作《祖国，我亲爱的祖国》《小草在歌唱》《我是青年》等。我们忘不了，在四川都江堰田园诗会上，弦和应现场观众之邀，加演《我是青年》一诗，在诗会现场的作者诗人杨牧，走来对弦和说：“有些年轻人，没经历过那个时代，他们没念懂啊！”弦和回答：“咱们是同代人，你字里行间的表达，我都有亲身体会。”是的，朗诵者是再现作品，朗诵活动就是要让诗歌插上翅膀，把诗句送进观众（听众）的心灵。

诗刊社是改革开放初期组织朗诵活动最多的，1982 年 1 月 14 日它迎来了创刊二十五周年。诗刊社在北展剧场举办了“庆祝《诗刊》创刊二十五周年诗歌朗诵演唱会”。

朗诵内容选自 25 年来《诗刊》发表的作品，其中有毛主席在诗刊上首次公开发表的诗词,《沁园春·长沙》，老诗人艾青、萧三、冯至 1957 年在《诗刊》创刊号上发表的《在智利的海岬上》《敌后催眠曲》《西安赠徐迟》,《诗刊》第一任主编臧克家的《在毛主席那里做客》、诗人贺敬之的《三门峡——梳妆台》等作品。应邀参加这次诗歌朗诵演唱会演出的有电影演员谢芳、李仁堂，观众熟悉的话剧演员朱琳、周正、曹灿、姜湘忱、徐恩祥、林中华、金乃千、张勤、冯福生、瞿弦和，张筠英，牟云，以及观众喜爱的歌唱演员王凯平、朱明瑛，远征，苏小明等。中央人民广播电台“首都舞台”节目播出了诗会实况。

1982 年 5 月，“艾青作品朗诵会”由中央人民广播电台文艺部推出，将改革开放初期的朗诵活动推向又一高潮。

从 1932 年左联刊物《北斗》发表艾青的第一首诗《会合》起，诗人艾青的创作生涯已经度过了整整 50 个春秋。他的作品《大堰河——我的保姆》《向太阳》《火把》《党的赞歌》等，就像一颗颗璀璨夺目的明珠，为祖国新诗的发展增添了光辉。在艾青作品朗诵会上，苏民、曹灿、金乃千、雷恪生、张炬、瞿弦和、张筠英、徐恩祥、陈阿喜、陈希光、郑邦玉、李蕴杰、张长水、冯宪珍、牟云等朗诵了诗人艾青十三首诗，这是朗诵演员一次难忘的聚会。

改革开放初期，热爱生活的人们对未来充满着希望，而这时期的朗诵活动，正如诗人艾青的诗句所描绘的那样：真是“一个迷人的春天”。